독일 한인이주여성의 초국적 삶과 정체성

사회통합 총서 9

독일 한인이주여성의 초국적 삶과 정체성

2021년 4월 25일 초판 인쇄
2021년 4월 30일 초판 발행

지은이 | 김영순 · 최승은 · 정경희 · 정진헌
교정교열 | 정난진
펴낸이 | 이찬규
펴낸곳 | 북코리아
등록번호 | 제03-01240호
주소 | 13209 경기도 성남시 중원구 사기막골로 45번길 14
우림2차 A동 1007호
전화 | 02-704-7840
팩스 | 02-704-7848
이메일 | sunhaksa@korea.com
홈페이지 | www.북코리아.kr
ISBN | 978-89-6324-758-8(94300)
978-89-6324-636-9(세트)

값 25,000원

* 이 저서는 2017년 정부(교육부)의 재원으로 한국연구재단의 지원을 받아 수행된 연구임(NRF-2017S1A5B4055802).

사회통합 총서 9

독일 한인이주여성의 초국적 삶과 정체성

김영순 · 최승은 · 정경희 · 정진헌

북코리아

서문:
우리는 그녀들에게서 열망을 보았다

이 책은 인하대학교 다문화융합연구소의 사회통합 총서 9권 『독일 한인이주여성의 초국적 삶과 정체성』으로서 한국연구재단 인문사회 토대연구 지원사업의 연구비 지원으로 이루어진 것이다. 이 저술에 등장하는 주인공은 다름 아닌 독일로 이주한 한인 여성들이다. 우리 연구팀은 70대에 이른 재독 한인 여성들을 만나면서 그들의 이야기를 경청했다. 이들은 모두 현직에서 은퇴했지만, 자신의 삶만큼은 독일과 한국 사이 초국적 삶을 살고 있는 듯했다.

그녀들의 이주 경험은 갖가지 어려움으로 엮여 있지만, 영롱한 별과 같은 아름다움으로 '열망'의 이야기를 만들어냈다. 그녀들의 이야기는 이른바 '다문화'가 공존하는 한국 사회에 교훈으로 남을 것이다.

우리 연구팀이 만난 한인 여성들은 공통적으로 1960~1970년대에 독일로 이주한 경험을 가지고 있다. 당시 한국의 남성 중심적 사회 질서를 부당하다고 생각했고, 경제적 가난과 가부장적 문화의 굴레를 벗어나기 위해 자연스레 외국으로의 이주를 선택했다. 독일에서의 정주 과정에서 주체적 개인의 존재를 존중하는 사회 분위기를 경험한 그녀들은 일종의 정체성 협상을 경험하게 된다. 삶의 공간 변화가 가져오는 가치관의 변화와 주체성의 성장이라는 경험은 이 저술의 핵심 주제다.

그녀들의 고국인 이주 당시의 한국과 달리 생활세계에서 맞닥뜨리는 인종 · 민족적 다양성은 가정에서, 직장에서, 지역사회에서 일종의 모험과 도전이었지만 그녀들이 품은 열망의 기억들을 보여주었다. 우리는 이 저술에서 열망을 주체 간의 미래지향적 소통과 협상의 사회문화 행위와 과정을 아울러서 이르는 말로 개념화한다.

우리는 이러한 한인 여성들의 이주 생애담을 통해 문화 간의 충돌과 협상 과정을 엿볼 수 있으며, 열망으로 대변되는 이들의 이야기는 다른 누군가에게 또 다른 열망을 위한 동력으로 작동될 수 있다고 본다. 이 책은 바로 이러한 측면에서 혼종적 정체성, 사회적 감수성, 가치와 이념, 초국적 연대 활동, 예술 행위 등 국경을 넘나드는 사회문화적 재화들의 특성을 파악한다.

꼼꼼하게 읽은 독자들은 이 책의 이야기가 단순히 재독 한인 여성들의 생애담을 넘어 초국적 이주를 경험한 모든 여성의 이야기일 수 있겠다는 확정적 가정을 갖게 것이다. 그녀들의 이야기는 곧 우리 이웃인 이주 여성의 이야기일 수 있다. 우리 연구팀의 저술 의도는 바로 그녀들의 이야기를 통해 한국 사회의 결혼이주여성에 관한 심화된 이해를 위한 것이다.

본 총서는 4개의 장으로 구성되었다. 1장 '독일 한인 이주와 여성'에서는 재독 한인사회의 형성과 변화, 한인 간호여성 이주의 역사 등을 통해 독일 한인 이주의 역사를 이해하고자 한다. 또한 다양한 선행연구를 분석하여 독일 한인이주여성에 대한 시사점을 도출한다. 2장 '초국적 이주여성과 정체성'에서는 초국적 이주와 젠더, 정체성과 문화에 대해 이론적으로 논의한다. 정체성의 의미와 다중성, 문화와 정체성에 대한 논의를 통해 이주와 여성, 그리고 초국적 정체성을 고찰한다. 3장 '독일 한인이주여성의 생애담'에서는 총 10인의 연구참여자의 개별적인 생애담을 통해 이들의 삶과 정체성을 이해한다. 아울러 이들의 이야기를 통해 독일과 한국을 넘나드는 초국적 정체성을 살펴본다. 그녀들의 생애담을 통해 우리는 목소리를 내어 자신의 삶을 이야기하는 주체적인 여성을 만날 수 있을 것이다. 4장 '한국 사회에 전하는 메시지'에서는 연구참여자들이 한국 사회에 전하는 이야기를 중심으로 연결성과 관계성을 성찰해본다.

이 책은 재독 한인여성들의 생애사 연구에 작은 기여를 하게 될 것이다. 아울러 이주여성 생애사 연구 담론 형성에 기여하리라 본다. 이주여성을 연구하는 연구자들에게 적어도 열망의 주체적 존재로서 그녀들을 바라볼 수 있는 인식의 틀을 제공해줄 것이다.

이 책을 집필하는 과정에서 우리 연구팀은 그들의 열망을 담기 위해 분주히 노력했다. 당시 베를린에 살고 있는 월드킴와 회장을 역임한 정명렬 선생님의 도움을 많이 받았다. 정 선생님은 안식년을 맞은 필자를 위해 베를린에서의 자료 수집이 용이하도록 연구참여자 확보를 도와주셨다. 그뿐만 아니라 연구팀의 최승은 박사와 정경희 박사가 베를린에 체류하며 연구하는 데도 많은 정서적 지원을 아끼지 않으셨다. 또한 현재 통일교육원에 재직 중인 정진헌 교수는 연구 당시 베를린 윤이상하우스 관장으로 함께했다. 이런 연유로 독일과의 원거리 연구가 가능했고 직접 집필에도 참가해주셔서 무어라 감사함을 표할지 모르겠다.

연구를 시작한 시기는 바로 2018년 봄 교정이 하얀 벚꽃들로 가득할 때였다. 원고를 최종 교정보면서 서문을 적고 있는 지금, 벚꽃들이 다시 만발하다. 연구를 진행하는 동안 많은 일이 있었다. 특히 예기치 못했던 코로나19는 우리의 삶을 그 이전과는 완전히 다르게 바꾸어놓았다. 돌이켜보면 코로나19 팬데믹이 오기 전에 현지조사를 하지 않았다면 이 책은 세상에 나오지 못했을 것이다. 아마도 그녀들의 열망이 책 출간의 운으로 작동하지 않았을까 하는 상상을 괜스레 해본다.

우리 연구팀이 만난 그녀들은 이 세상에서 가장 열망이 있는 분들이었다. 이 책에서 그녀들의 가름할 수 없는 열망들을 찾아보길 바란다.

2021년 4월

다시금 인하대학교 캠퍼스의 하얀 벚꽃이 필 때

연구책임자 김영순

CONTENTS

CONTENTS

연구개요

1. 연구의 필요성 및 목적
2. 연구 내용
3. 연구 방법

1.
연구의 필요성 및 목적

인하대학교 다문화융합연구소의 사회통합 총서 9권은 한국연구재단 인문사회 토대연구 지원사업의 일환으로, 독일로 이주한 한인여성의 초국적 삶과 정체성을 탐구한 저술이다. 이와 같은 재외동포의 삶을 통해 이 연구는 한국 사회의 다문화 생활세계에 대한 이해의 폭을 넓히고자 한다.

세계화 시대는 네트워크 사회로 모든 것이 연결되어 있다. 그러나 이러한 연결성에도 불구하고 현대사회에서는 지속적으로 혐오가 심각한 사회적 문제로 대두되고 있는 실정이다. 철학자 이졸데 카림(Isolde Charim, 2018)은 타자 혐오의 핵심은 정체성의 혼란에서 야기한다고 분석한다. 따라서 초국적 이주를 경험한 이들의 삶과 정체성을 연구하는 것은 사회와 문화, 그리고 인간에 대한 반성과 성찰에서 시작한다.

이주는 문화 간 접촉을 동반한다. 이주민은 집단으로서나 개인으로서나 자신의 몸과 마음에 배어있는 문화의 주체로 낯선 문화와 협상하며 살아나간다. 이러한 문화 간 만남은 같은 성분의 물처럼 자연스럽게 섞이지 않고, 대개는 역동적인 변화의 과정을 겪는다. 기대, 공포, 당혹스러움, 오해와 이해, 포기 또는 수용, 융합과 어정쩡함 등의 감정과 이성이 교차적으로 작동하는 소통 과정이 이주민 개인들의 초국가적 일상이다. 이주민 문화의 혼종성(hybridity)은 물리적 공간 및 시간의 씨줄과 날줄이 다양하고 중첩적으로 엮이는 특성을 지닌다.

특히 '문화'라는 개념에 내재되어 있는 시간성, 특히 과거 중심의 측면을 성찰할 필요가 있다. 인류학자 아준 아파두라이(Arjun Appadurai, 2004)는 인류학에서 정의해온 문화는 주로 과거로부터 축적되어온 전통, 관습, 제도와 신념체계 등에 주목해왔다고 지적한다. 그러나 실제 사람들의 일상을 보면 미래를 염두에 둔 행위들, 즉 허구적 상상, 희망, 계획 등이 많은 부분을 차지한다. 따라서 이러한 미래지향적 활동들, 소위 미래라는 시간 영역을 문화라는 개념에 포함해야 한다고 제안한다.

물론 개인마다 다를 수 있는 미래에 대한 기대와 희망 등도 그 개인에게 체화된 문화적 습관과 규범, 피에르 부르디외(Pierre Bourdieu, 1977)의 개념을 빌리자면, 아비투스(habitus)에 영향을 받는다는 것이다. 그리고 아비투스는 특수한 역사적 환경과 권력관계에서 자유로울 수 없다. 또한 유동적 근대(liquid modernity)에서는 서로 다른 문화적 배경을 지닌 집단과 개인들이 서로 경쟁과 갈등, 협상을 통해 변화를 모색한다(Bauman, 2003). 아파두라이는 이렇게 서로 다른 문화적 배경을 가진 그룹들이 상이한 미래를 협상하여 공동의 목표와 그것을 위해 협력하는 미래지향적 실천 행위인 '열망(aspiration)'을 문화적 개념으로 제안한다. 즉, 문화라는 개념의 시간적 영역에 미래가 포함된 것이며, 행위 주체들의 능력(agency)과 주체들 간의 협상 과정 등에 주목할 것을 의미한다.

대규모 전 지구화(globalization)의 맥락에서 본다면, 다문화주의, 문화다양성, 다원주의, 초다양성(super-diversity)* 등의 담론과 실천들이 초국적 열망의 유형들이라 볼 수 있다. 서구 유럽은 식민지 역사를 통해 타 문화권에 자신들의 이질적 문화를 강요하기도 했지만, 지난 수십 년간은 그런 타문화를 본국의 영토에 공존하도록 인정해야 했다. 세속화가 빠르게 진행된 도시 지형에는 비기독교적 종교 상징물과 공간들이 들어섰으며(Van der Veer, 2015), 백인 위주였던 지역 구성원은 다민족화되었다.** 민족-국가 틀을 부수고, 유럽연합(EU) 공동체를 구성한 유럽은 독일 통일 이후에 더욱 확장되고 있지만, 최근 시리아를 중심으로 난민 유입이 급속도로 늘어나자 지역적 반발도 맞닥뜨리고 있다.***

이러한 맥락에서 사회통합 총서 9권은 한국에서 독일로 이주한 여성들을 중심으로 한인이주여성의 삶을 살펴보고자 한다. 반세기 전 독일로 이주한 한인여성****의 기나긴 역사를 반추하면서 이제는 다문화 사회로 진입한 한국을 진단하고, 한국을 떠난 이민자, 특히 독일로 이주한 여성들의 삶에 대한 재조명이 필요한 시점이다. 특히 1960~1970년대에 독일로 이주한 적지 않은 여성들은 당시 한국의 남성 중심적 사회 질서를 부당하

---

* 영국 사회학자 스티븐 버토벡(Steve Vertovec)이 만든 용어로, 서유럽 지역 대도시 대부분에서 발견되는 새로운 사회적 현상을 잘 반영하고 있으며 '문화적 다원주의'라는 오래된 개념을 대체하는 것이다. 초다양성 현상으로 대도시들은 새로운 그리고 전례 없는 사회경제적 도전에 직면해 있음을 보여준다(Vertovec, 2007).

** 버토벡(Vertovec, 2007)은 영국을 중심으로 유럽 사회가 단순히 인종적 다양성을 넘어 같은 인종과 이주민 공동체 내부에서도 계층과 정체성별로 다양성이 증가한 현상을 주시하며 '초다양성 시대'라 칭할 것을 주장한다.

*** 소위 탈다문화에 대한 요구와 타 종교의 유입으로 탈세속화가 진행되는 추세에 대한 보수진영의 저항이 거세졌다. 독일에서는 극우보수 성향의 정당 AfD(Alternative für Deutschland, 독일을 위한 대안정당)가 의회에 진입하게 됨으로써 다문화 및 난민 보호 정책 등에 영향을 높이고자 한다.

**** 한인 간호여성의 독일 이주 50주년을 기념하여 2017년 서울역사박물관에서는 〈국경을 넘어, 경계를 넘어〉라는 주제로 전시회가 열렸다.

다고 생각했다. 가부장제는 가족으로부터 시작해서 학교와 일터라는 제도적 사회 단위들을 통해 강요되고 재생산되어왔다. 경제적으로 가난했던 시절, 가부장적 문화의 굴레는 더욱 강했다. 그 문화에서 벗어나는 가장 확실하지만 쉽지 않은 방법 중 하나는 한국을 떠나 외국으로 나가는 것이었다. 그렇게 일찍이 이주한 파독 간호사들도 존재하며, 유학길에 올랐던 여성들 역시 자신의 분야에 존재한 남성 중심적 서열화에 대해 비판적이었다. 반면에 근대화 과정에서 주체적 개인의 존재론과 그 개념화에 성과를 내온 독일에서는 자신들의 고국보다 앞선 젠더관을 만나게 된다. 유럽 사회에서 동양 여성의 젠더 문제는 인종 · 민족 문제와도 긴밀하게 연결되어 있다.

독일 한인이주여성의 생애담 연구에서는 이들의 '열망'과 함께 '정체성'이라는 주제에 초점을 둔다. 곧 이주국 및 본국의 정치 지형 변화 속에서 그들 개개인이 엮어왔을 사회문화적 삶의 여정을 들여다보기 위함이다. 초국적 이주는 주체들에게 더욱 극적인 변화를 경험하게 한다. 태어나고 자란 본국에서 시간의 흐름에 따라 맞닥뜨리는 사회적 변수들이 달라지기 때문이다. 당장 언어와 식습관 등 가장 기본적 삶의 환경이 생경해지며, 인종 문제가 추가되어 계층과 젠더, 이념과 종교 등을 포함한 사회적 장들(social fields)이 넓어지고 복잡해진다.

이러한 환경에서 열망은 반드시 성공이나 긍정적 결과만을 가져온다고 예상할 수 없다. 상술했듯이 주체 간의 미래지향적 소통과 협상의 사회문화 행위와 과정을 아울러서 '열망'이라 하기에 그렇다. 더불어 이주민의 생애담은 지나간 삶에 대한 반추이지만, 그 안에서 우리는 문화 간의 충돌과 협상 과정을 엿볼 수 있게 된다. 또한 그들의 생애담은 다른 누군가에게 또 다른 열망을 위한 동력이자 비교치로 작동할 수 있다.

이주민은 자신들의 정체성 재형성 과정에서 이주국의 문화적 지형을 바꾸기도 하지만, 그에 못지않게 초국가주의에 중요한 역할을 담당한다. 바로 출신국과 체류국 간의 물질적 · 비물질적 자산의 교류를 직접적으로 실천하는 주체들이기 때문이다. 우리는 특히 이주민의 사회문화적 송금(social-cultural remittances)에 초점을 두고자 한다. 이주 사회학자 페기 레빗(Peggy Levitt, 1998)에 의하면, "사회적 송금(social remittances)은 출신국과 이주국 공동체 사이를 흐르는 아이디어, 행위, 정체성, 그리고 사회적 자본"(Levitt, 1998)으로 개념화할 수 있다. 이는 그동안 이주민이 출신국에 기여한 부분을 경제적 자본 중심으로만 보아온 이주 연구에 또 다른 관점을 제안한 것이다. 사실 '송금(remittance)'이라는 표현이 이미 물질적인 것, 특히 이주민이 이주국에서 노동의 대가로 받은 임금을 모아 자국의 가족에게 보낸 자금, 그리고 국가 간 차관이나 무역 거래를 통한 외화 수입 등을 우선시하는 것이 사실이다.

이러한 경제적 자본에 덧붙여 레빗이 관심을 둔 이주민에 의한 초국가적 기여는 금액으로 단순 환산하기 어려우나 분명히 직간접적인 접촉을 통해 교환되어 물질적 재화만큼, 혹은 경우에 따라서는 그보다 높은 가치를 지닌 사회적 자산들을 의미한다. 레빗에 이어 다른 학자들 역시 이 사회적 송금 영역을 더욱 넓게 보려 한다(Lacroix et al., 2016). 이주민은 실제 자신들의 출신국 및 이주국의 정치 지형에 영향을 미치고 있다. 나아가 예절이나 감성, 정서 등은 물론 이주민을 매개로 출신국과 이주국에 상호 호환적으로 전해지는 문화예술 요소들도 중요하다. 우리는 이렇게 이주민을 주체와 매개로 초국가적인 흐름을 이루는 사회문화적 요소들을 포함하는 광의적 의미의 사회문화적 송금에 대해 주목하고자 한다.

다시 말해, 독일 한인이주여성의 생애담을 통해 그들의 혼종적 정체성, 사회적 감수성, 가치와 이념, 초국적 연대 활동, 예술 행위 등 국경을 넘나든 사회문화적 재화들의 특성을 이해하고자 한다. 사회문화적 재화들은 실제 화폐 송금과 무관하지 않다. 돈을 보내는 행위 자체가 사회적이며, 사회적 관계에 의해 규정되기 때문이다. 그리고 사회문화적 재화의 전이는 직간접적인 접촉을 통해 이루어지므로 통신과 교통의 인프라가 발달할수록 용이하다. 따라서 시기적으로 그 내용과 영향 정도는 달라질 수 있다.

우리가 이 연구에서 만난 독일 한인이주여성의 경우에도 종종 '파독 간호사'의 일원으로 모국의 경제 성장에 막대한 외화벌이로 기여한 바가 상대적으로 강조되었고, 독특한 정서를 자아내는 동포군으로 이미지화되었다. 가난한 시기 이역만리 먼 타국에서 최빈국이던 한국의 경제 성장에 모범적으로 이바지한 영웅들로 존중, 동정 그리고 배려의 존재들로 그려져 왔다. 이렇게 경제적 · 국가주의적 관점에서 재독 한인의 위상을 자리매김하는 것은 중요하다. 그러나 경제적 통계로 단순 치환하기 어려운, 심지어 물질적 자본 규모보다 큰 사회문화적 자산들의 이동과 교류에 끼친 영향을 간과해서는 안 된다. 이 연구에서 보여주듯이, 독일 한인이주여성들 중에는 간호사로 이주하지 않고 다양한 개인적인 동기에 의해 독일에 정착한 사례들도 적지 않다.

이를 바탕으로 이 연구는 독일로 이주한 한인여성의 통계적 자료가 아닌, 개인의 삶에 주목하여 이들의 생애담을 심층적으로 연구하여 초국적 정체성을 탐구했다. 우리는 이 연구를 통해 타자로서, 그리고 역동적인 주체로서 다양한 삶을 살아온 여성들을 만날 수 있었다. 한인 이주자가 후대의 기억에서 사라지지 않도록 하기 위해서는 이들에 대해 기록할 필요가 있다. 그들의 경험은 과거에 머무는 것이 아니라 현재와 미래에 희망이 될 수 있기 때문이다. 독일 한인이주여성은 비단 '파독 간호사'로서만 이주한 것이 아니라 이민 또는 학업을 위해 이주를 결정한 여성들도 있다. 그러므로 이 연구는 한국에서 독일로 이주한 여성들을 상징하는 '애국자' 혹은 '희생자'라는 획일적인 이미지에서 벗어나 개인의 생애에서 나타난 정체성의 다양한 의미를 한인이주여성의 생애담을 통해 살펴보았다.

2.
연구 내용

총서 9권은 총 4장으로 구성하여 독일 한인이주여성의 생애담을 바탕으로 이들의 정체성을 탐구한다. 초국적 이주를 통해 경계를 넘나드는 여성들의 삶은 우리에게 다양한 정체성에 대한 이야기를 전해준다.

1장 '독일 한인 이주와 여성'에서는 독일의 개발원조, 노동 인력의 파독 및 재독 한인사회의 형성과 변화, 한인 간호여성 이주의 역사 등을 통해 독일 한인 이주의 역사를 이해하고자 한다. 또한 독일 한인이주여성에 관한 다양한 선행연구를 분석하여 독일 한인이주여성에 대한 시사점을 도출한다.

2장 '초국적 이주여성과 정체성'에서는 초국적 이주와 젠더, 정체성과 문화에 대해 이론적으로 논의한다. 정체성의 의미와 다중성, 문화와 정체성에 대한 논의를 통해 이주와 여성, 그리고 초국적 정체성을 고찰한다.

3장 '독일 한인이주여성의 생애담'에서는 연구참여자들의 개별적인 생애담을 통해 이들의 삶과 정체성을 이해한다. 총 10인의 연구참여자를 통해 독일과 한국을 넘나드는 초국적 정체성을 살펴본다. 이러한 생애담으로 우리는 목소리를 내어 자신의 삶을 이야기하는 주체적인 여성을 만날 수 있을 것이다.

4장 '한국 사회에 전하는 메시지'에서는 연구참여자들이 한국 사회에 전하는 이야기를 중심으로 연결성과 관계성을 성찰해본다. 독일 한인이주 여성이 전하는 메시지는 초국적 이주, 그 속에서 경험한 초국적 정체성을 통해 한국 사회에 중요한 시사점을 줄 수 있다.

3.
연구 방법

1) 생애담 연구

질적 연구 방법의 하나인 생애사 연구는 자기성찰, 즉 자기인식에 대한 재구성 과정이라고 할 수 있다. 내가 누구이고, 어디에 속해 있는가에 대한 자아정체성과 관계된 질문을 삶의 구술 중에 개인 스스로 자신에게 던지게 된다. 그 과정에서 개인은 자신의 정체성을 만들어나가게 되는데, 자기의 자화상에 맞는 주제를 선택하여 삶의 줄거리를 구성하며 관계를 구술해나간다.

생애 구술 과정에는 개인의 내적 가치관이나 의식, 신념 등이 갈등으로 표출되기도 하며, 구술자는 구술 과정에서 자신의 시각을 명백히 발달시키게 된다. 이러한 성찰 과정을 통해 삶의 이야기는 객관화되며, 개인은 삶에 의미를 부여하게 된다(박성희, 2016).

한 개인의 삶에 대한 기술로 이해되는 생애사 연구 방법은 다른 질적 연구 방법과 구별되는 특성과 의의를 가지고 있다. 첫째, 한 개인의 현재 삶은 과거로부터의 시간에 의해 누적되어 자리 잡은 삶이다(Goodson & Sikes, 2001). 둘째, 문화, 정치, 가족, 교육, 종교영역에 이르기까지 삶의 전반적인 맥락의 영향을 바탕으로 한다. 따라서 한 개인이 경험한 의미에 초점을 두기도 하지만, 개인이 경험한 것 이상의 넓은 사회적 · 역사적 맥락의 의미를 이해하는 데 도움이 된다(이희영, 2005; Cole & Knowles, 2001). 셋째, 한 개인이 살아온 삶의 이야기를 탐구하는 방법으로 이야기식 인터뷰를 사용한다. 이는 연구자와 연구참여자의 상호작용에 의해 이루어지는 것이므로 시간이 지날수록 상호 간에 깊은 공감자로서의 상호관계를 맺게 된다. 따라서 구술자는 객체가 아닌 자기 삶의 역사를 생성하는 주체자로서의 위치와 존재감을 갖게 된다(Casey, 1992). 넷째, 생애사 연구는 한 개인의 인생이 성공한 삶인지 실패한 삶인지를 밝히는 것이 목적이 아니라 경험의 재구성을 통해 자기 삶 자체의 의미를 찾는 것이 목적이다. 또한 연구참여자 개인의 삶의 의미를 찾는 과정뿐만 아니라 연구자가 연구참여자의 삶을 통해 자신의 인생을 되돌아보며 배우고 정체성을 찾아가는 것을 큰 의의로 볼 수 있다.

생애담 연구는 주로 민속학 및 민간전승 연구 때 활용되며, 한 인간의 생애를 화자 본인의 해석과 주관성을 중심으로 1인칭 혹은 3인칭으로 기술하는 방법론(Atkinson, 1998)이다. 손병우(2006)에 따르면, 생애사 연구와 생애담 연구 모두 개인 삶의 이야기에 주목하고, 연구자와 참여자가 구분된다는 공통점이 있지만, 생애사는 우선적으로 연구자의 연구 문제에 초점을 맞추고, 생애담은 생애에 대한 주관적 해석에 초점을 맞춘다는 차이가 나타난다. 김영천과 한광웅(2012)은 같은 맥락에서 생애담 연구는 생애사 연구와 달리 '사회적 맥락'이 빠져 있어 이를 통해 사회 수준의 통찰을 얻을 수 없다고 했다. 다시 말해 생애담 연구는 사회과학적인 거시적 통찰을 얻기보다 지나간 역사에 대한 누락과 왜곡을 수정하거나 복원을 시도하는 자기해석적 측면이 강하다고 볼 수 있다.

또한 일반적으로 생애담은 소외된 사회구성원의 관점에서 사기 역사를 스스로 해석하는 과정을 통해 정체성을 발견 · 재구성하는 과정이라는 의미를 갖는다(Giddens, 1991). 그리고 개인이나 특정 집단의 기억과 경험을 총체적으로 이해하는 방식이 되기도 한다.

이 총서의 연구 방법으로 생애담 인터뷰 방식을 활용했다. 생애담 인터뷰 방식이란 한 개인의 지나온 생애 경험을 현재로 불러내어 자신의 말로 이야기하는 것을 말한다. 이 과정에서 참여자 자신이 직간접으로 체험한 특정 사건의 내용도 포함된다(윤택림 · 함한희, 2003). 생애담 인터뷰를 택한 이유로는 독일로 이주하여 국가적 경계에 머물며 살아온 한인 여성들의 삶과 정체성 재구성의 상당 부분이 이전에 형성된 정체성에서 비롯된 결과로 볼 수 있기 때문이다. 따라서 재독 한인 여성들의 삶과 정체성 재구성 과정을 맥락적으로 파악하기 위해서는 독일 이주 전의 삶과 이후의 삶, 즉 이들의 생애 전반을 고찰(곽연실, 2020)하는 작업이 필요했다.

2) 자료 수집 및 인터뷰 질문

독일에 거주하는 한인 여성의 생애사 자료를 수집하기 위해 2019년 10월부터 2020년 4월까지 면대면 1차 인터뷰가 진행되었고, 그 외 전화와 이메일 등을 이용하여 추가 자료 수집이 이루어졌다. 면대면 인터뷰는 한국과 독일에서 이루어졌다. 연구참여자들과 심층 인터뷰를 위한 질문은 한 사람의 생애를 전체적으로 이해할 수 있도록 개인의 역사적 시간성에 따라 작성했다. 인터뷰 질문의 내용은 〈표 1〉과 같다.

생애담 관련 질문은 연구참여자들이 독일로 이주하기 전 한국에서의 삶과 이주 후 거주국에서의 삶의 과정을 이해하기 위한 질문으로 구성했다. 또한, 이주 후 다시 모국으로 향한 연구참여자들의 사회적 활동의 영향이 어떤 방법으로 그들 자신과 자녀, 그리고 친정과 모국에 발현되었는지를 살펴보고자 했다. 재외 한인이주여성은 한국에서 태어나고 자랐지만, 사회적 조건에서 한국 여성들의 삶과 차별성을 가지며 이주여성이기에 거주국 여성들의 삶과도 다른 삶의 환경에 있다. 그러므로 개인을 둘러싼 환경을 다차원적으로 살펴서 이주를 추동케 한 요인과 이주의 영향으로 이주자가 처한 국제적 환경 변화가 어떠한지 살피고자 했다. 이와 아울러 이주

〈표 1〉 독일 한인이주여성의 생애담을 위한 질문 개요

구분	질문내용
이주 전의 삶	• 개인의 출생과 성장 • 가족관계(부모, 조부모, 형제자매), 가정환경 • 학업, 친구, 학교생활
이주 동기	• 이주를 추동케 한 개인적 환경(학업, 직장) • 개인을 둘러싼 사회적 · 국제적 환경 • 이주 과정
이주 초반기	• 거주국에서의 사회 활동 • 거주국의 문화환경, 적응과정 • 거주국 구성원과의 문화교류, 언어습득
이주 중반기	• 자녀 출생과 성장, 교육(모국 연계 사회 활동) • 가치관: 언어, 문화, 정체성 등 • 거주국에서의 대외 활동
이주 후반기	• 여가 활동 • 이주의 의미 • 자기 삶에 대한 성찰 및 새로운 목표 • 한국 사회에 전하는 메시지

자가 거주하는 거주국의 국내적 환경을 탐색하고, 나아가 모국의 정치, 경제, 사회적 상황을 아울러 이 모든 환경에 따른 개인의 행위를 분석하고자 했다.

3) 연구참여자

독일 연구참여자들의 나이는 60대 후반부터 80대이며, 거주국으로 이주해서 살아온 기간도 다양하다. 이들과의 인터뷰는 한국과 독일에서 이루어졌다. 한국에서 인터뷰한 경우는 2019년 서울에서 월드킴와(World-

〈표 2〉 연구참여자 기본 정보

구분	출생 연도	이주 경로	이주 시기	현 거주지	거주 기간 (2019년 기준)	자녀	국적
연구참여자 1	1948	간호사	1970	베를린	50년	1남 1녀	독일
연구참여자 2	1944	간호사	1966	베를린	54년	2남	독일
연구참여자 3	1944	간호사	1974	프랑크푸르트	45년	2남	한국
연구참여자 4	1947	간호사	1970	마인츠	50년	1남 1녀	독일
연구참여자 5	1949	간호사	1971	마인츠	49년	1남	독일
연구참여자 6	1952	간호사	1972	베를린	48년	2남	한국
연구참여자 7	1959	이민	1977	베를린	43년	1남 1녀	독일
연구참여자 8	1939	유학	1965	베를린	55년	2녀	독일 영주권
연구참여자 9	1958	유학	1981	칼스루헤	38년	1녀	독일 영주권
연구참여자 10	1945	유학	1974	브레멘	46년	독거	독일

KIMWA: World Federation of Korean Inter-Married Women's Association, 세계국제결혼여성총연합회) 세계대회가 개최됐을 때 이루어졌으며, 독일에서는 연구자들이 현지연구를 통해 연구참여자들을 만나 인터뷰를 진행했다. 독일 한인이주여성 생애담 연구의 연구참여자는 〈표 2〉와 같다.

독일 연구참여자의 이주 시점은 1960년대 중반부터 1970년대 중·후반까지의 시기에 이루어졌다. 연구참여자들의 거주지는 베를린이 다수이며 그 외에 마인츠, 프랑크푸르트, 브레멘, 칼스루헤 등이다. 다음은 각각의 연구참여자에 관한 소개다.

연구참여자 1

연구참여자 1은 2남 4녀 중 막내로 태어났으며, 아홉 살 때 아버지가 돌아가시고 홀어머니가 6남매를 키우셨다. 가정형편이 어려웠기에 도움이 되고자 일찍이 사회에 진출하여 간호업무를 배우고, ○○메디컬센터에 간호사로 취업하여 근무하다가 독일로 이주했다. 독일에서의 간호사 업무는 한국에서와 달리 허드렛일까지 해야 했기에 매우 힘들었으며, 특히 언어소통이 잘 안 되고, 음식 등의 적응이 어려웠다. 어느 날 병원에 입원했던 (미래의) 시누이 소개로 독일 남성인 남편을 만나 결혼하게 되었고 슬하에 1남 1녀를 두었다. 2004년 위암 수술을 했고, 후에 병원 근무를 그만두고 시아버지의 권유로 호텔을 경영했다. 남편과 남편의 형이 경영자였고, 그녀는 호텔의 실질적 운영을 맡았다. 호텔을 경영하면서도 한국을 알리기 위해 특별한 아이디어를 동원하여 늘 주변의 주목을 받았고, 방송국에서도 취재를 나왔으며, 호텔은 성황이었다. 독일에 이주했지만, 늘 고국을 잊지 않고 살아가고 있다.

연구참여자 2

연구참여자 2는 경북 성주에서 태어나 초 · 중 · 고등학교도 성주에서 졸업했으며, 아버지는 한국전쟁 때 돌아가시고 어머니, 남동생과 함께 지냈다. 경북대 간호대학을 졸업하고, 서울수도의대 부속병원에서 1년간 일했으며, 신문에 난 광고를 보고 독일행을 결심했다. 1966년 독일에 도착하여 근무를 시작했다. 1970년대 오일쇼크 이후 노동자에 대한 대량 해고와 이에 반대하는 서명운동에 참여했고, 이때부터 노동운동, 여성 문제에 관심을 가졌다. 그리하여 1974년 '민주건설협의회', 1975~1977년 '서로 돕는 여성모임'에서 활동하게 되었다. 그녀는 재독 한국 여성 문화 활동을 시작으로 여성 노동자과 연대를 시작했다. 또한 독일 사회뿐만 아니라 한국 사회 문제에 여성 노동자, 그리고 이민자로서의 목소리를 꾸준히 내고 있으며 특히 위안부 문제에 대해 끊임없는 목소리를 내고 있다. 한국 결혼이주여성의 주체적인 삶을 위한 조언을 하며, 모두 함께 연대하는 것이 중요하다고 강조한다.

연구참여자 3

연구참여자 3은 기독교 집안에서 자랐으며 2남 2녀 중 셋째로 한국에서 신학대학교를 다니다가 중퇴하고 초등학교 보건교사로 직장생활을 하다가 독일로 건너가게 되었다. 청년 시절 하나님께 신학교를 가겠다고 약속했는데 4년을 마치지 못하고 2년 만에 중퇴하게 되었고, 독일에 가서 그 꿈을 이루려고 했으나 끝내 이루지 못했다. 남편은 독일에 광부로 와서 독일 국적을 가졌다가 현재는 한국 국적으로 바꾼 상태이며, 연구참여자도 한국 국적을 유지하고 있다. 연구참여자는 글쓰기를 좋아했고, 2008년도에는 한국문인협회에 가입하여 글을 썼다. 그러다가 등단하여 신인작가로서 수필도 쓰고 했더니 재일동포신문 등을 통해 전 세계에 알려지게 되었다. 이후 유로저널 기자로 활동하게 되었다.

연구참여자 4

연구참여자 4는 7남매 중 장녀로 태어났으며, 간호고등학교를 졸업하고 취직했다. 당시 한국에서는 결혼하면 직장을 그만두어야 했기에 집안이 너무 가난해서 돈을 벌기 위해 소가 도살장 끌려가듯이 눈물을 흘리며 독일 간호사로 갔다. 같은 병원에서 일하는 의사와 연애 결혼을 했는데, 남편은 무뚝뚝하여 일일이 말해주어야 아내의 마음을 알아주었다. 독일에 살면서 마음이 불편했던 점은 병원에서와 달리 동네에 나가면 사람들이 거지나라에서 왔다고 수군거리며 무시하곤 했으나 지금은 한국인에 대한 대우가 달라졌다. 마인츠 한인회에서 회장을 맡아 3년간 일했으며, 현재는 양로원을 운영하며 한인 간호사협회에서 활동하고 있다.

연구참여자 5

연구참여자 5는 서울에서 초등학교를, 충청도에서 중학교를, 다시 서울에서 고등학교를 졸업했고, 대학을 가기 위해 입학금을 준비하던 중 신문에 난 파독 간호사 모집 공고를 보았다. 외국에서 살아보고 싶다는 열망이 컸기에 한국에서의 대학진학을 포기하고 독일행을 선택했다. 독일에서 같은 병원에서 근무한 독일인 의사와 결혼했다. 그리고 독일에서 한의학을 공부하여 현재는 자신의 이름으로 한의원을 열어 운영하고 있으며, 아들도 한의학을 공부하여 현재 연구참여자와 같은 병원에서 근무하고 있다. 처음에는 주변의 양의 의사들이 한의를 하는 자신을 무시했으나 양의로 치료되지 않았던 환자들이 자신의 한의원에서 치료되는 것을 보고 신뢰하기 시작했다. 환자들뿐만 아니라 동네 주민들로부터 점점 인정받으며 독일의 사회 구성원으로 당당해진 자신을 발견했다. 지금도 한의사로서 열심히 공부하는 그녀는 공부만이 자기의 것이 될 수 있다고 강조한다.

연구참여자 6

연구참여자 6은 서울에서 고등학교를 졸업하고, 삼촌의 권유로 1972년 독일행을 선택했다. 해외개발공사에서 1년간 독일어를 배우고 간호사 업무 훈련을 받고 떠나게 되었다. 처음 도착한 곳은 독일의 뒤스부르크였으며, 이곳은 탄광촌으로 광부들도 함께 거주한 곳이다. 간호사 일을 하다가 1년 후 폐결핵에 걸렸으며, 거의 1년간 병원에서 치료를 받았다. 완치 후 베를린으로 병원을 옮겨서 다시 간호사 일을 2년 더 했다. 간호사 일을 마치고 유학생 신분으로 독일에 거주했고, 이때 플루트를 전공하던 한국인 유학생 남자를 만나 결혼했다. 그녀의 예술 세계에서 중요한 테마는 '삶과 죽음'이다. 유대인의 무덤에서 영감을 받아 선과 악, 땅과 하늘 등 한국적 정서가 담긴 작품들을 구현하고 있다. 여성 문제에도 관심이 많아 관련 강의를 많이 듣고 있으며, 여성을 테마로 한 작품들도 구상하고 전시했다. 그녀에게 그림은 '나에게 쓰는 일기'로 하고 싶은 이야기를 자유롭게 써 내려가는 것으로, 살아있는 예술이며 진실한 자기 이야기이므로 스스로에게 위로가 된다.

연구참여자 7

연구참여자 7은 고등학교를 마칠 무렵인 1977년 가족들과 볼리비아로 이민 갔다. 아버지의 투자이민으로 볼리비아에서 자동차 부품 관련 사업을 크게 했다. 이민을 갔어도 부모님은 항상 "네가 어디서 왔는지 기억해"라고 당부했고, '한국어'를 강조했다. 당시 볼리비아는 독재 국가여서 사업은 잘되었다. 그러나 쿠데타 이후 인플레이션이 심해져 사업이 기울기 시작했고, 이때부터 그녀는 대학을 다니면서 많은 일을 했다. 첫 직장은 볼리비아의 대사관이었고, 영사과 직원으로 일을 시작했다. 그리고 외교관이던 독일인을 만나 결혼했다. 볼리비아에서는 패션 디자인 관련 사업을 했는데, 남편의 발령지가 스페인이어서 1989년 스페인으로 거주지를 옮기게 되었다. 스페인에서 자녀를 출산한 이후에는 자녀 양육에 집중했다. 독일로 이주한 후 2006년 성격 차이로 남편과 이혼했고, 문화예술 활동에 더욱 관심을 갖게 되어 한국 무용단에 소속되어 공연하기도 했다. 통일자문위원으로 일하며, 지금도 통역과 가이드로 바쁘게 지내고 있다. 무용과 합창, 그리고 미술 등의 문화예술 활동을 자유롭게 할 수 있는 베를린 생활에 만족하고 있다.

연구참여자 8

연구참여자 8은 1939년 서울의 부유한 가정에서 태어나 1965년 장학생으로 오스트리아 빈에 첼리스트로 유학한 전형적인 엘리트 음악예술인이다. 남편은 독일에서 성공한 건축가이자 사업가이고, 한국의 대학교에서 석좌교수로도 있었다. 그녀는 첼로를 전공한 후 음악학교에서 30년간 학생들을 가르쳤고, 직업병에 의한 팔 부상으로 더는 연주가 어려워지면서 미술과 철학 공부를 해서 자신의 지적 · 예술적 욕구를 충족시켰다. 자녀 양육은 엄마로서 모든 걸 맡아서 두 딸이 하고자 하는 방과 후 활동들, 특히 악기도 두 개씩 하게 하느라 일일이 차로 데려다주고 데려오고 했지만, 아이 돌보미나 가사 도우미 등도 활용하면서 자기 계발과 직장생활도 지속해 나갔다. 그녀는 독일 사회에서 이주민으로 대상화되거나 차별적 시선을 받는 경우에도 경제적 · 사회적 우월성을 토대로 오히려 시기와 질투라는 식으로 치환시켜왔다. 무엇보다 독일 사회 활동에서 동양 여성에 대한 편견을 긍정적으로 활용하면서 자기 정체성을 재구성했다.

연구참여자 9

재일동포 출신의 재독 음악가로 현재 독일의 음악대학 교수로 재직 중이며, 현대음악계에서는 윤이상 작곡가의 피아노 분야 전수자로 알려져 있다. 그녀의 친조부와 친부는 제주 4.3항쟁 당시 난민으로 일본에 입국했으나, 탈출을 도운 친조모는 남은 가족들과 학살당하여 한국 근현대사의 상처가 가족사에 남아있다. 그녀는 음악가 아버지의 영향을 받아 일찌감치 피아노를 시작했고, 일본 내 각종 콩쿠르에서 두각을 나타냈다. 도쿄음악대학을 마칠 즈음 독일에서 객원교수로 온 교수의 제안과 추천으로 1981년 독일 유학을 가게 되었다. 몇 가지를 제외하고는 차별로 인한 불이익을 많이 당한 편이 아니며, 대인관계도 좋다고 여기고 있다. 반면에, 자신의 정체성을 '아웃사이더'라고 정의한다. 한국인도 아니요, 일본인도 아니요, 그렇다고 독일인도 아닌 상황인데다 법적으로 결혼한 상태도 아니기 때문이다. 그녀는 중첩적인 이주민 소수자 경험, 특히 가족사에 새겨진 근현대사의 상흔이 소위 윤이상 작곡가의 역사 문제를 다룬 작품을 연주할 때 음악이 지닌 보편적 언어라는 특성을 가지고 연주한다고 했다. 개인과 한 시대의 아픔 등이 음악으로 승화되면 시대와 세대, 지역을 초월하여 감상자 개개인의 처지에 맞게 공감대가 형성될 수 있다고 말한다.

연구참여자 10

연구참여자 10은 독일 내 한국인 음악가로는 현재 가장 인정받는 작곡가다. 1974년 독일 독일학술교류처(DAAD) 장학생으로 선발되어 프라이부르크 대학교에서 작곡, 음악 이론을 전공했으며, 여성 최초로 유명한 음악제에서 수상하여 아시안으로서만이 아닌 여성 음악인으로서도 선도적인 명성을 얻었다. 무엇보다 서양에서 유학하고 활동한 성공한 아시안계 여성 음악가로서 작품에서도 조화를 중시한다. 그리고 한국의 전통 음악인 시나위에서 많은 영감을 받아 작곡해오고 있다. 시나위는 모든 악기가 각자의 특색을 살리도록 하면서도 어우러지는 매우 민주적인 장르다. 이러한 한국적 특징을 살려서 작품을 만들어내고자 한다. 시대정신이 반영된 작품의 경우, 그녀에게는 광주항쟁이 매우 중요해 보인다. 광주 출신은 아니지만, 당시 독일 방송을 보면서 많이 울고 아파했다. 그녀의 작품 「소리」는 1980년 독일 음악제에서 초연된 명실공히 클래식 음악계에서 광주항쟁을 주제로 만들어진 첫 작품이라 할 수 있다.

1장

독일 한인 이주와 여성

1. 독일 한인 이주의 역사
2. 독일 한인이주여성에 관한 선행연구

1.
독일 한인 이주의 역사

독일의 한인 이주 역사는 세계 한인 이주의 역사에서 특별한 위치를 차지한다. 윤인진(2013)에 따르면, 재외 한인의 이주 역사는 다음의 네 가지 시기로 구분한다.

첫째, 구한말(1860년대~1910)에는 기근과 가난을 피해 농민과 노동자가 중국, 러시아, 하와이, 멕시코, 쿠바로 이주했다. 둘째, 일제강점기(1910~1945)에는 일제에 생산수단을 빼앗긴 농민과 노동자가 만주와 일본으로 이주했으며, 독립운동가와 정치적 난민이 중국, 러시아, 미국으로 이주했다. 셋째, 광복 이후(1945~1962)에는 전쟁고아, 미군과 결혼한 한국인 여성과 그 자녀, 해외 입양, 가족 재회, 유학 등을 목적으로 미국, 캐나다로 이주했다. 넷째, 기획이민(1964~현재) 시기다. 1962년 최초 이민정책 수립 이후 정착을 목적으로 한 이민으로, 중국과 일본, 소련 해체 후 러시아를 포함한 11개국 독립국가연합 외 대부분 국가에 한인이 정착한 시기다.

독일 한인 이주 역사는 '기획이민'으로, '파독'으로 대변되는 한인 이주 역사상 유일무이한 특징을 갖고 있다. 대한민국 정부의 주도하에 이루어진 자발적인 노동 집단의 이주로, 당시 한국에서는 광부와 간호 인력을 독일로 파송했다. 이들 중 일부가 남아 독일 사회에 정착하게 되면서 유럽 지역 내 최초의 한인사회를 형성했다(손대원 · 윤서옥, 2017). 진실 · 화해를위한 과거사정리위원회(이하 진실위)의 파독 광부와 간호사 관련 조사 결과(2008)에 따르면, 한국 정부는 1963~1977년에 7,936명의 광부를, 1966~1976년에 1만 723명의 간호사를 독일에 파견했다. 진실위는 이들이 1965~1975년 기간 중 고국에 총 1억 153만 달러를 송금했는데, 이 액수는 당시 수출액의 1.6~1.9%에 달할 만큼 국제수지 개선에 상당한 기여를 했다고 평가했다.

1) 독일의 개발원조

독일이 한국에 대한 개발원조(Entwicklungshilfe)에 참여하게 된 것은 마셜 플랜의 지원을 통한 경제적 성과를 경험하고 1952년 "개발도상국 및 지역의 경제개발을 위한 UN의 확대된 지원 프로그램"에 참여하면서부터다. 하지만 처음부터 독일의 지원 의지는 그리 적극적이지 않았던 것 같다고 평가된다. 1958년 한국에 들른 경제부 장관조차 한국에 대한 지원계획을 언급하지 않은 것에서 이런 경향을 유추하는 학자들이 있다. 그들에 의하면, 결국 미국의 압력이 들어오면서 그 계획은 작동하기 시작했다(김태균 · 박명준, 2010).* 독일은 1960년 7월에 이르러 향후 300억 마르크의 제3세계에 대

* 한국전쟁과 관련된 국제적인 기구들[국제연합민사원조사령부(UNCAC) 또는 국제연합한국재건단 등]과 함께 각국의 민간 원조단체들이 한국에 대한 구호에 참여했다. 이때의 지원은 한국과 독일이 맺은 협정이 아니라 독일과 미국 사이에 맺어진 원조에 관한 협정에 의한 것이었으며, 이는 독일의 대한 원조 이유가 한국 개발에 대한 독일의 직접적인 이해관계보다는 미국

한 지원을 약속하면서 그해 10월 한국에 대한 자본원조를 결의했다(이유재, 2010). 1961년 만들어진 BMZ**는 원조 정책의 기획, 입안, 결정을 담당하며 다른 부서들과 연계하여 진행하는 일들에 대해 감독하는 일을 한다. 기금의 2/3를 기술협력을 위한 지원금으로 집행했는데, 바로 이 점이 한국인 이주 노동력의 유입과정에서 중요한 역할을 했고, 이 글에서 주로 다루는 것도 바로 이 기술협력, 정확하게는 기술지원 관계다(김태균 · 박명준, 2010).

그러나 그 이전부터 독일의 가톨릭 역시 민간단체로 참여하고 있었고, 공식적인 기구의 입국은 1959년 이루어졌다고 한다. 하지만 그 이전인 1954년 독일 적십자병원이 부산에 세워져 의료 지원을 하고 있었고, 가톨릭도 1956년 대구에 파티마의원을 세우고 의료 중심의 구호사업을 진행하고 있었다. 이런 활동은 모두 이미 이전 한국에 있던 가톨릭 선교의 역사적 흔적 속에서 이루어진 것이며, 한국 상황에 밝은 수도회나 성직자들이 이 과정에서 활동하고 있었다는 점을 인식할 필요가 있다. 이들이 독일 본국 내 가톨릭 기구들이 겪는 노동력 부족 문제를 해결하는 데 상당한 역할을 했고 바로 이 부분이 한국인의 독일로의 노동이주, 특히 간호교육과 기술실습생을 중심으로 하는 이주와 연관되어 있다. 가톨릭의 여성 노동력 중개는 비단 한국인뿐만 아니라 아시아, 아프리카 등지로부터도 진행되고 있던 상황이라는 점을 함께 인식할 필요가 있다. 그리고 1961년 이후에는 이

과의 관계 속에서 진행되는 것이었음을 알려준다.

** BMZ(Bundesministerium für wirtschaftliche Zusammenarbeit und Entwicklung, 연방경제협력개발부). 기구의 명칭 자체가 '공조사업'이라는 것에서 알 수 있듯이 독일의 개발원조는 많은 기관과의 공조로 이루어진다. 개발지원 재정 확보를 위한 DSE(Deutsche Stiftung für internationale Entwicklung), 'Brot für die Welt'라는 프로테스탄트의 개발지원기구, SLE(Semanar für Ländliche Entwicklung)라는 인력양성기구 등이 외교부나 내무부 등과 더불어 협조체제를 이룬다. 독일의 개발원조정책은 기술지원과 재정지원으로 나눠지며, 재정지원의 경우 자금지원과 차관으로 구분된다. 기술원조는 기계나 도구지원, 노하우(KnowHow) 교육, 그리고 국민 교육과 재교육으로 세분화된다(나혜심, 2017).

전의 전후 복구를 위한 긴급지원이 아닌, 중장기적인 투자를 통한 개발을 지원하는 개발원조의 시작이 이들의 활동에 더 강력한 지지 효과를 발휘하게 되었다(나혜심, 2017).

한독 경제교류사에서 1960년대부터 1980년대까지는 일방적으로 한국이 원조를 받았던 시기로 규정되고 있다. 한국에 대한 독일의 개발원조는 1961년 '대한민국 정부와 독일연방공화국 정부 간의 경제 및 기술협조에 관한 의정서' 체결과 공공차관과 상업차관 형태의 자본과 기술원조로 시작되었다(이성봉, 2009). 그해 3월 이미 기술학교 설치에 관한 양국의 각서 교환이 있었지만, 본격적인 원조의 시작은 바로 이 의정서였다. 이를 기초로 7,500만 마르크(Deutsche Mark)의 장기개발차관과 7,500만 마르크의 장기 수출거래 보증이 이루어졌다. 그러나 이주노동의 역사와 연관된 독일의 개발원조 사업 진행 중 염두에 두어야 할 것은 정부의 직접적 원조 부분이 아닌 비정부기구의 존재와 역할이다. 독일은 역사적으로 이익단체가 발달해 왔고 사회적 역할과 관련해서 국가와 시민사회 사이의 경계가 다소 모호한 영역, 그리고 심지어 국가의 행위가 제약을 받는 영역도 존재해왔다. 이런 맥락 속에서 개발원조 과정에서 민간 또는 비정부기구의 활약이 절대적이었고, 비정부기구들은 BMZ로부터 지원 수단을 제공받기는 하지만 명령을 하달받지는 않는다. 그들이 일정한 권한을 갖고 사업을 입안하고 집행, 평가, 질 관리를 하며 정부와 수평적인 관계를 유지한다(김태균 · 박명준, 2010).

제2차 세계대전 이후 독일의 학문적 담론 속에서 개발원조는 많은 논의와 비판의 대상이 되어왔다. 지원 사업이 지배 엘리트들에게 이용당하는 경향이 있다거나 지원국과 지원을 받는 국가 사이는 물론 각 국가에 기형적이고 불평등한 권력 구조를 형성한다는 이유 등이 담론의 내용이었다. 또한 지원대상국의 정치적 · 제도적 개혁을 방해한다는 점, 그리고 경제적 권력을 가진 이들이 시장에서 자유롭게 활개 치도록 조장하는 부작용도 발생한다는 점이 지적되었다. 이 외에도 개발원조와 수용의 관계성 자체가 지배를 강화하려는 신식민지적인 지배종속의 관계일 뿐이라는 것, 그래서 그 지원 사업은 식민체제로부터 막 벗어난 제3세계를 경제적 · 기술적으로 다시 종속적 상황으로 만드는 행위일 뿐이라는 점을 지적하는 근본적인 비판론도 존재한다. 오히려 빈곤 국가의 발전을 저해할 뿐만 아니라 정책 진행 과정에서 정치 엘리트의 부패를 조장하고, 개혁 의지를 상실시킨다는 점도 비판 이유에 속한다. 독일의 개발원조 대상국으로 한국이 차지하는 비중은 그리 크지 않다. 특히 공적인 지원에서 그러한데, 예를 들어 한국이 1980년대와 비교해서 많은 지원을 받은 1960년대에도 독일이 아시아지역의 중점 지원대상국으로 설정한 나라는 인도, 파키스탄 그리고 아프가니스탄이었다. 게다가 1970년대 이후 급격한 산업성장의 길을 걸으면서 개발지원대상국으로서 한국의 비중은 줄어들었다(나혜심, 2017).

독일과 한국은 1960년대부터 현대에 이르기까지 두 시기에 걸쳐 개발원조 방식의 경제교류가 이루어졌다. 1960~1980년대는 독일이 일방적 경제원조를 진행했고 거기에는 정부의 공공차관, 상업차관, 기술원조가 있었다. 1980~1990년대 중반까지는 독일의 기술원조 중심의 지원이 있었으며, 이때는 일방적인 지원 방식이 아니었다. 비용의 상당 부분을 한국 정부가 부담하는 형식이었다. 이후 기술원조도 1993년 공식적으로 종료되었다(이성봉, 2009).

이와 같은 특징으로 인해 한독 간의 개발원조 관계 속에서 개인 또는 민간의 활동이 이주노동의 유입과 관련하여 상당 부분 독자적인 방식으로 진행될 수 있었고, 동시에 이들 사업의 재정적 지원은 물론 추가적인 사업의 경우에도 그에 대한 명분으로 개발원조라는 관계가 활용될 수 있었다.

2) 노동 인력의 파독 및 재독 한인사회의 형성과 변화

전후 독일은 심각한 인력난을 해소하기 위해 1955년 이탈리아를 시작으로 총 8개국과 국가 간 양해각서를 체결해 공식적 인력을 제공 받았다. 이외 국가는 제3세계 지원형식의 산업연수 프로그램을 골자로 하는 몇몇 산업 분야에 한정된 특별한 양해각서를 체결했고, 한국도 그중 하나였다. 한국은 광업과 의료 · 요양 분야로 한정하여 남성과 여성을 선발하여 독일로 인력을 파견했다(손대원 · 윤서옥, 2017).

간호 인력의 파독은 1950년대 말 민간 차원, 특히 기독교 단체의 중재로 이루어졌다. 수도원과 그에 속한 부속병원을 중심으로 간호 인력이 수급되었고, 1965년 이후에는 이수길 박사와 이종수 박사의 주선으로 이루어졌다(이정모, 2003). 1970년대에 들어와서야 한국과 독일 정부 간의 간호 인력에 대한 교류 협정이 체결되었는데, 인력수출관리공단(Men Power Export Corporation)과 독일병원협회(DKG: Deutsch Krankenhaus Gesellschaft)가 그에 대한 실무를 담당하도록 협의했다(김영진, 2003).

그러나 1973년 오일쇼크로 세계 경제의 불황이 시작되면서 독일 정부는 외국 인력 모집을 중단했다. 중동전쟁이 석윳값 상승으로 이어지면서 경제적인 불안은 실업으로 이어졌다. 또한 당시 유럽에서 외국인 이주노동자에 대한 효용성 논의가 문제시되면서 이들에 대한 반대 목소리가 높아졌다. 그에 따른 해고와 귀환 압력은 한국인 노동자에게도 적용되었다. 그러나 독일도 한국도 그들을 보호해주지 않았고, 이들은 스스로 방법을 모색해야 했다(손대원 · 윤서옥, 2017).

당시 이들에게는 한국으로의 귀국과 제3국으로의 재이주(미국, 캐나다), 그리고 독일에 남는 선택 사항이 있었다. 대략 당시 인력의 40%가 한국으로 귀국한 것으로 보고 있다(김영진, 2003). 그리고 30~40%의 인력이 초기 계약 만료 후 독일 사회에 체류한 것으로 추산된다(손대원 · 윤서옥, 2017).

간호 인력은 1977년과 1978년 가톨릭 단체인 카리타스(Caritas)의 도움으로 서명운동과 공청회 그리고 항의 집회를 가졌다. 다른 외국인노동자와 마찬가지로 5년 이상 종사자에게 무기한 노동 허가를, 8년 이상 종사자에게는 무기한 체류를 허가해 달라는 것이었다. 해당 운동이 성공적으로 마무리됨에 따라 귀환 계획이 철폐되어 간호사들은 독일에 남을 수 있었다(이용일, 2012).

한편 광산 노동자와 간호사에 비해 극소수로 이주했기에 잘 알려지지 않았지만 이 외에도 초콜릿, 양말, 속옷 등의 공장 기술교육생과 조선 기술자 그리고 병아리감별사가 당시 독일로 이주하여 이 중 일부가 체류하기도 했다(나혜심, 2012). 이러한 구성원들이 장기적인 독일 체류로 전환하면서 초기 독일의 한인사회를 형성하게 되었다.

광부와 간호 인력 파견이 중단된 1970년대 중반부터 한국에서 독일로의 새로운 이주 물결이 시작되었다. 1989년 여행 전면 자유화 시행 전에는 독일에 거주하는 가족의 초청 또는 결혼 이주를 통해 독일로 이주할 수 있었다. 해외여행 개방과 자유화가 추진됨에 따라 다양한 목적의 이주자가 독일로 유입되었다. 유학생과 상사 주재원이 독일 한인사회에 새로운 구성원으로 등장하게 된 것이다.

독일로의 유학은 한-독 재수교 이후인 1950년대부터다. 이후 1982년 한국 정부의 유학생 시험 철폐로 자비 유학이 가능해졌고, 그 수가 증가함에 따라 전공 분야도 인문학, 사회과학, 자연과학, 의학, 그리고 미술과 음악 등의 예술 분야로 다양해졌다(손대원 · 윤서옥, 2017).

한편, 1970년대부터 한국 기업의 독일 지사 주재원과 언론사 특파원들의 가족이 독일로 이주했다. 현대, 삼성, 대우, 금성 등의 대기업과 여러 금융기관이 독일에 지사를 설립했다. 이들은 한인사회에서 소위 '주재원'이라고 불리는데, 이 외에 대사관과 영사관 등 정부 기관과 대한무역진흥공사(KOTRA), 그리고 한국관광공사 등 공공기관에 근무하는 한인도 포함한다.

1980년대 중반이 되면 광산 노동자로 온 한인 남성의 경제적 기반도 변화하게 된다. 이들은 요식업, 호텔숙박업, 간이음식점, 간이매점, 여행사, 태권도장 등의 영세 자본을 가지고 설립할 수 있는 서비스업에 종사하기 시작했다. 또한 육체노동을 요구하는 전문직이나 단순 기술노동에 종사하면서 경제적인 활동을 했다.

2000년대 들어서면서 독일 한인은 한국과의 연결고리를 만들고자 했다. 한국에서는 독일뿐만 아니라 세계에 흩어져 있는 재외동포에 대한 관심이 높아져 그들과 모국의 유대를 활성화하려는 운동이 제기되기도 했다. 이에 힘입어 독일 유학생들은 한인 학생회의 주요 활동의 일환으로 2세들을 위한 한글 교육과 한글 시사 강좌를 개최했다. 이것은 독일 한인사회에 긍정적인 반향을 일으켰다. 유학생들과 2세들은 서로 다른 환경에서 익힌 문화적 차이를 극복하고 서로를 이해하려는 노력을 하게 되었다(윤인진, 2013).

3) 한인 간호여성 이주의 역사

1959년부터 기독교 단체들의 중재로 간호 학생을 선발하여 독일로 파견한 것이 한인 간호여성 이주의 시작이었다. 이후 1966년 한인 간호여성들이 프랑크푸르트 공항을 통해 다섯 차례에 걸쳐 인력 수출 유형(총 668명)

으로 독일 병원에 파견되었다. 그리고 독일과 한국은 1969년 8월 간호사 고용에 관한 정식 협약을 맺고 해외개발공사가 중재기관으로 계약조건을 일원화하여 일을 시작했다(나혜심, 2009). 이후 독일의 경제 침체와 오일쇼크로 한인 간호사의 파견은 지속되었다. 당시 간호여성 인력 선발은 해외개발공사의 신문 광고로 이루어졌다(김학선 외, 2009).

독일은 제2차 세계대전 중 노동인구의 감소를 경험했고, 경제적 성장을 지속하기 위한 소비재 생산 공정을 움직이기에는 노동력이 부족했다. 독일의 청년들은 노동조건이 좋은 곳을 선호했고, 육체적 노동이 필요한 곳이나 노동조건이 좋지 않은 곳에는 외국인 노동력이 필요했다. 공업화 중심의 독일은 생산 분야에 노동력이 집중되면서 특히 노인과 환자들의 간호를 위한 의료 분야의 심각한 인력 부족에 처하면서 외국인노동자 수용을 정책적으로 결정했다. 이에 한국에서 간호교육 프로그램을 이수하고 양성된 간호사들은 독일병원협회(DKG)를 통해 1965~1978년에 걸쳐 당시 3년의 고용계약으로 독일로 이주하게 되었다(이수자, 2006).

이러한 독일의 외국인노동자 취업정책으로 이주한 한국 간호여성들은 '손님노동자(Gastarbeiter)'로 손님처럼 잠시 왔다가 다시 돌아가게 되어 있는 체류 한계가 정해져 있었다. 상당수가 3년, 최대 5년까지의 근무 기간을 허용받고 교체되는 교대 원칙이 적용되는 외국인노동자였다(나혜심, 2009). 그러나 1973년 이후 독일이 외국인노동자 고용정책을 중단하자 한국인 간호사의 본국 귀환이 촉구되었다. 하지만 이에 거부한 한인 간호여성들은 집단적으로 서명운동을 벌였고, 이들의 체류 연장에 동의하고 서명한 독일인의 도움으로 체류가 연장되었다(김학선 외, 2009).

본격적으로 한인 간호여성들이 독일 사회에 편입하게 된 계기는 1978년 10월 독일 정부가 행정법을 개정하면서다. 한인 간호여성들의 서명운동과 인정 투쟁의 승리로 5년 이상 체류자는 무기한 체류권, 8년 이상 체류자는 영주권을 받을 수 있게 된 이들은 독일에 '손님노동자'가 아닌 합법적 이주민으로서의 자격을 갖게 되었다(김옥선, 2020). 현재 이들은 독일 사회에서 한인 이주민이라는 소수자의 위치에 있으며, 독일 이주 한인 역사의 초석을 이루었다(김학선 외, 2009). 이렇게 한국 땅을 떠난 이들은 독일에 정착하거나 제3국으로의 삼각이민을 선택했고, 오늘날 한인 디아스포라의 일부를 형성하게 되었다(박재영, 2013).

한국 간호사 송출의 배경으로 당시 한국의 시대상뿐만 아니라 전후 경제성장과 더불어 의료복지서비스의 확대로 인해 외국 간호 인력을 수입할 수밖에 없던 서독의 경제 상황과 '손님노동자'로 외국 인력을 수입하려는 서독의 이민정책을 함께 고려해야 한다. 간호사의 신분에 대해서도 단순히 간호사로 보기보다 자세한 구분이 필요하다. 1950년대 개별적으로 이주하던 시기에는 교육을 목적으로 갔다가 간호 인력으로 고용된 사람들이 많았다. 이들은 자신들이 유학생의 신분으로 갔다는 사실에 자부심이 강했다. 대규모의 송출이 이뤄지던 1960년대 중반 간호보조원 신분으로 독일로 간 사람들은 대부분 한국에서 정식 교육을 받은 간호사였다. 이들은 독일에서 전문적인 의료 업무만이 아니라 간병인 같은 수많은 궂은일을 수행했다. 이런 이유로 파독 간호사를 연구한 나혜심(2012)은 '간호여성'이라는 포괄적인 용어를 사용할 것을 제안했다(윤인진, 2013).

독일 민간 지원자의 위치, 즉 독일 내에서는 사회사업 분야의 중요한 사업기구인 가톨릭의 구성원임과 동시에 가난한 나라에 금전적 필요는 물론 교육의 기회를 갈구하는 수많은 여성이 있다는 사실을 파악하고 있던 위치는 그 두 가지를 모두 취하는 방편으로 원조의 구조와 제도를 활용하게 했다. 개발지원과 이주의 경계가 모호한 상황이 연출된 것도 바로 독일과 한국의 개발원조 관계 자체가 가지는 특성에 의한 것이었다. 국가와 민간의 협조, 그리고 한국에서 진행된 프로젝트는 재정지원은 하되 일회적 지원과정이어서 사후지원 및 원조 결과에 책임지지 않는 구조였고, 거기에는 대단히 많은 개인적인 개발원조 진행자들의 존재가 있었다(나혜심, 2017).

이 연구에서 만난 여성들은 1960~1970년대 간호사로 독일에 건너가 반세기가 넘는 오랜 세월 동안 이주자로 살고 있다. 초국적 이주는 국경을 전제로 삶의 터전을 이동하는 행위다. 이러한 초국적 이주는 전 지구적으로 정치 · 사회 · 문화 · 경제 등의 각 부문에서 영향을 나타내며, 그로 인해 초국적인 경계를 넘나드는 정체성을 형성하게 된다.

2.
독일 한인이주여성에 관한 선행연구

우리 사회에서 '한국인'으로 규정되는 근대 한인의 해외 이주는 구한말인 1860년대부터 시작되며 대한민국 수립 이후 정부가 이민정책을 수립하는 1960년대를 기점으로 그 성격이 구분된다(김민정, 2018). 이를 다시 신(新)이민과 구(舊)이민으로 구분하여 부르기도 하는데(이광규, 1996), 구이민은 혼란스러운 정치 상황 속에서 다양하게 발생한 개별적인 국제이주다. 지역상으로 만주와 연해주, 기타 중국 지역과 일본, 하와이, 멕시코, 미국 등 다양하며 그 이유와 목적 역시 농업이주에서 노동이주, 장사, 독립운동, 일본국 징용, 사진신부와 전쟁신부 등으로 다양했다(김민정, 2015). 반면, 신이민은 1960년대 이후 한국 정부의 해외개발정책이나 노동수출정책, 고등교육 유학정책 등으로 기획된 시기의 이주로 볼 수 있다(김민정, 2018).

김민정(2018)은 한국의 젊은 여성들이 미군의 아내로 그리고 간호노동자로 미국과 독일로 이주하는 상황은 해외 한인 이주의 성격을 크게 둘로 나누는 1960년대를 전후로 대략 1950~1970년대에 걸쳐 발생한다고 보았다. 예를 들어 미군 아내로 이주한 경우는 개인화된 이주이면서 사회가 이들을 낙인화하고 그 존재를 부인해온 유형이었다면, 간호노동자로 독일로 이주한 경우는 국가가 주도한 이주로 인식되고 사회가 이들의 수고와 송금의 공로를 인정한 유형이라는 점에서 대비될 수 있다. 하지만 두 경우 모두 한동안 역사적 주체로 부각되지 못하고 한국 근대사의 주변화된 과거로 여겨져왔다는 점에서는 어느 정도 유사한 처지였다고 할 수 있다.

김용찬(2007)은 신이민의 관점에서 보면 탈냉전을 포함한 전통적 이주와는 다른 국제이주의 유형이 등장했다고 보고 있다. 예를 들어 불법이주, 망명 신청자와 난민의 국제이동, 과거 소비에트연방 지역의 이주, 단기간의 국제이주 등 새로운 이주유형이다. 한편, 가장 두드러진 특징은 노동력 국제이주의 '일방향'적 성격이 '양방향'적으로 변화되고 있다는 것과 '이주의 여성화'가 두드러진다는 점을 들었다.

본 총서에서는 1960년대 이후 독일로 이주해 간 한인여성을 중심으로 이주의 배경과 원인, 독일에 정착해가는 과정과 삶을 통해 우리 근현대사에서 이주 한인여성의 주체적 삶을 재조명하고자 했다.

먼저 독일로 이주해간 한국계 이주여성에 관한 선행연구를 살펴보았다. 선행연구자료는 학술연구정보서비스(RISS)에서 '독일 이주', '파독 간호사', '독일 간호여성' 등의 주제어로 검색한 논문 중에서 2000년 이후에 게재된 학술지 논문들을 주요 대상으로 했다.

재독 한인여성에 관련한 선행연구들의 주제별 영역을 살펴보면, 독일로 건너간 한인여성의 전반적인 삶을 다룬 생애사적 질적 연구(이효선, 2007; 김학선 · 홍선우 · 최경숙, 2009; 김학선 · 홍선우 · 최경숙 · 이애주, 2011; 양영자, 2015; 2016; 이효선 · 유연숙, 2017; 은영, 2017; 박경용, 2018), 간호 인력인 노동자로서의 이주에 관한 연구(김용찬, 2007; 나혜심, 2009a; 2009b; 2012; 양영자, 2015), 페미니즘적 관점에서 살펴본 연구(이선희, 2013; 전복희, 2019), 정치 · 경제적 이주의 관점에서 본 연구(이영조 · 이옥남, 2013; 윤용선, 2014; 이영석, 2014; 나혜심, 2014), 이주국과 고국 간의 경계에서 나타나는 문화 정체성을 다룬 연구(이수자, 2006; 나혜심, 2016, 박채복, 2018; 2019), 타국에서의 문화적응과 갈등 관점에서 본 연구(강진구, 2012; 정선이 · 김순애 · 김숙영 · 이주영, 2017; 박채복, 2018; 남혜경 · 김영순, 2019) 외에 다수가 있다. 이와 같은 선행연구를 정리해보면 다음 〈표 3〉과 같다.

〈표 3〉 독일 한인이주여성에 관한 연구 유형

유형	연구 주제
전반적 삶을 다룬 생애사적 연구	• 자신의 삶에 대한 주체적인 의식보다 타인을 위한 삶으로의 동일시(이효선, 2007) • 파독 간호사들의 삶에 대한 도전, 새로운 삶 껴안기, 삶에 의미 부여하기 등의 재조명된 삶(김학선 외, 2009) • 재독 한인여성의 생애 체험을 분석하여 이주여성의 고유성을 통해 사회복지실천에 대한 시사점 논의(양영자, 2016)
간호 인력 노동자로서의 이주에 관한 연구	• 가족이 처한 사회경제적 여건에 의한 경제적 가장 역할로서의 노동이주(이수자, 2006) • 장기간 전문직 여성노동자의 이주 수용국가로의 집단이주와 영구정착에 관한 분석(김용찬, 2007) • 독일 간호 인력 부족 문제를 해결하기 위한 이주 정책(나혜심, 2009a) • 독일의 국민적 복지와 삶의 영위에 대한 한국 이주노동자의 기여(나혜심, 2012)
여성 이주민의 페미니즘적 관점에 관한 연구	• 파독 간호사들은 간호사라는 직업을 유지함으로써 경제적 독립의 주체자로 자신의 삶을 스스로 운영(이선희, 2013) • 독일 사회의 다양한 환경적 문맥, 독일 페미니즘에서 젠더와 인종에 대한 논의의 발전과 특성에 대한 고찰(전복희, 2019) • 여성의 전통적인 사회적 지위로부터의 독립과 이주 수용국가에서의 조직화 가능성을 열어둔 이주(김용찬, 2007)
이주의 정치, 경제적 관점에 관한 연구	• 당시 한국 정부가 파독 근로자의 임금을 담보로 서독 정부로부터의 차관을 위한 정치 · 경제적인 이주(이영조 · 이옥남, 2013) • 인구의 분산과 실업률을 낮추기 위한 국가적 정책에 의한 이주(나혜심, 2009a) • 자본과 산업시설이 부족한 상황에서 경제 · 사회적 문제를 해결하기 위한 이주(박재영, 2013)

유형	연구 주제
이주국과 고국 간의 경계에서 나타나는 문화 정체성에 관한 연구	• 재독 한인여성과 한국으로 유입된 외국인 이주여성이 각기 이주민으로서 타문화에 적응하면서 나타내는 문화혼성성의 양상 비교(이수자, 2006) • 이탈한 국가와 이적한 국가 또는 국적 사이의 불안한 머뭇거림의 상황(나혜심, 2016) • 독일 한인여성의 이주의 주체화 및 한국문화와 독일문화의 융합과 혼종성을 통한 한인여성의 타자화 과정(박채복, 2018)
타국에서의 문화적응과 갈등에 관한 연구	• 파독 간호사를 형상화한 문학 작품들 속에서 그들을 조국 근대화의 불쌍한 희생자나 떠도는 유랑자로 재현한 것에 대한 문제 제기(강진구, 2012) • 파독 간호사로서 독일에서의 이질적인 문화와 고국 문화 간의 갈등 및 수용, 적응을 통한 삶의 과정 조명(정선이 외, 2017) • 독일에 거주하는 한인 국제결혼여성의 문화적응 요인(남혜경 · 김영순, 2018) • 재독 한인 국제결혼여성의 문화 간 커뮤니케이션의 특징을 홉스테드(Hofstede)와 홀(Hall)에 기반한 비교문화적 과점에서 분석(남혜경 · 김영순, 2019)
기타	• 트랜스내셔널 관점과 파독 근로자 출신 독일 교민의 한국에 대한 인식(나혜심, 2013; 이영석, 2015; 정용숙, 2012)

1) 전반적 삶을 다룬 생애사적 연구

딜타이(Dilthey)는 "모든 인간은 생애사를 가지고 있기에 생애사 연구가 가능하다"라고 했다. 이와 같은 그의 주장은 생애사 연구를 과학의 차원에 이를 수 있게 했다(Marotzki, 1991). 생애사를 통한 사회과학 연구는 생애사 자료를 수집하고, 분석하여 한 인간이 살아온 인생 역사, 사건, 기억, 경험 등이 지니는 생애사적 의미를 탐구하는데 개인의 관점과 그를 둘러싸고 있는 생활환경자료가 핵심 역할을 한다. 특히 파독 간호사의 경우, 조국을 떠나 단일 전문직종의 대규모 해외이동에 따른 이주 경험의 삶은 어떠했는지 그들의 업적을 먼저 살펴볼 필요가 있다.

이효선(2007)은 간호사 자격으로 독일로 파견되었던 C의 생애를 재구성함으로써 삶의 전환점 혹은 위기로 볼 수 있는 파독 생활을 어떻게 극복하고 적응해나가는지 살펴보았다. 이를 위해 질적 연구의 한 방법인 쉿체(Schütze)의 이야기식 인터뷰를 조사 도구로 하여 자료를 수집한 후 분석했다. 분석 방법은 쉿체의 분석단계를 적용하여 피면접자가 직접 구성한 삶을 연구자가 구성한 후 C에게서 발견된 특징의 숨겨진 의미를 재구성하는 방식으로 이루어졌다. 연구 결과는 첫째, 자신의 삶에 대한 주체적 의식보다는 타인을 위한 삶을 자신의 삶과 동일시하고 있었다. 즉, 자신의 개인적 자원은 가족의 생계를 담당하는 수단으로만 사용되어왔다. 둘째, 노년기인 자신의 삶에 대한 자기평가 및 자아통합이라는 생애 과업에 놓여 있었다. 우리 사회가 집단보다는 개인이 중심이 되고 삶의 목적에서도 자아실현에 더 가치를 두는 사회로 변해가고 있는 현실에서 노인들이 살아온 과거 삶에 대한 긍정적인 자아통합을 저해하고 있으며, 이에 대한 사회적 관심과 통찰이 요구됨을 발견할 수 있었다. 이러한 연구 결과는 파독 간호사의 경험이라는 소재를 도구로 한 인간이 기존의 문화에서 벗어나 새로운 문화를 접하면서 맞이하게 된 위기를 통해 개인의 삶을 재해석하고 이해하는 차원뿐만 아니라 현재 우리 사회의 변화에 대한 통찰력을 제공하는 점에서도 그 의미를 찾을 수 있다.

김학선 외(2009)는 간호 경험의 관점에서 그들의 삶을 되찾아보았다. 이 논문의 연구 방법은 한국 간호사의 개인적인 질적 경험을 조사하기에 더 적합한 아가르(Agar, 1986)의 민족지학적 접근법을 사용했다. 자료는 독일로 파견된 10명의 한국 간호사를 그룹 토론과 개별 인터뷰, 현장 관찰을 통해 수집되었다. 연구 결과, 독일로 파견된 간호사들의 경험은 삶에 도전하고, 새로운 삶을 받아들이고, 삶에 의미를 부여하는 것으로 요약할 수 있다.

삶에 도전하는 것은 '희망과 불안'과 관련이 있으며, 새로운 삶을 받아들이는 것은 '경건과 부러움', '외로움과 슬픔'에 의해 반영되었다. 또한 그들은 모국에 기여한 것에 대해 자부심을 가지고 있으나, 제대로 평가되지 않았다는 것에 대해 아쉬움을 갖고 있었다. 이와 같은 결과를 통해 간호의 관점에서 그들의 삶과 경험을 재발견함으로써 한국의 간호 분야에 미치는 영향과 기여를 재검토하기 위한 더 많은 미래 연구가 필요함을 시사하고 있다.

양영자(2016)는 재독 한인여성의 생애 체험을 내부자적인 관점에서 분석함으로써 이주여성의 고유성을 이해하고자 했다. 이를 위해 재독 한인여성 A씨의 생애사를 로젠탈(Rosenthal)의 내러티브-생애사 연구 방법에 따라 분석했다. 그 결과, A씨의 생애는 자신을 '식민화'하는 '다수자'의 표준적인 기준에 균열을 일으켜 '탈영토화'하는 '노동자-되기', '이주자-되기', '여성-되기' 등의 '배치체'로 구성된 '노동이주여성-되기'의 과정이다. 이러한 '노동이주여성-되기'도 끊임없이 새롭게 또 다른 '배치체'로 구성된 '소수자-되기'의 유동적인 과정이며, '차이의 정치', '되기의 정치' 과정이기도 한 것으로 분석했으며, 이러한 연구 결과는 사회복지실천에 시사하는 바가 크다.

이효선 · 유연숙(2017)은 독일로 이주한 한인 1세대와 2세대의 생애발달 경험을 통해 드러나는 삶의 전략을 재구성했다. 이를 위해 각 사례의 생애사로부터 발견된 삶의 전략구조를 자원과 결핍 이론으로 숨겨진 의미를 심도 있게 탐색(해석)하는 '재구성 연구 방법'을 활용했다. 1세대의 경우 그들의 개인적 · 사회적 자원의 결핍이 더 나은 삶의 지향(미래지향형)으로 이끄는 동력이 되어 기존의 편안함과 안정을 뒤로하고 낯선 장소로의 이주를 기꺼이 선택하게 했으며, 새로운 문화에서 그들의 삶을 개척해가는 생활양식을 형성하게 했다. 반면 2세대는 1세대의 삶에 비해 개인적 · 사회적 자원이 준비되었음에도 오히려 자신의 생애발달에 소극적이거나 주어진 자원 안에 머무르며 안주하는 삶의 형태(현재 안주형)를 보였다. 부모 세대로부터 주어진 한국문화와 실제 삶의 터전인 독일문화 사이에서의 갈등과 주류 문화에 속할 수 없다는 다름의 경험은 이들의 정체성 형성에서 한국인과 독일인 사이에 머무르게 하는 결핍의 요소로 작용한 것이다. 1세대와 2세대는 모두 결핍으로부터 벗어나 더 나은 삶을 위한 선택을 하고 있지만, 1세대에게 결핍은 떠날 수 있는 용기와 새로운 것에 대한 두려움을 이겨내는 힘이 되어 개척하는 삶을 선택하도록 했다. 반면, 2세대가 갖는 정체감 형성에 대한 결핍 요소는 안정적이고 익숙한 환경에 머무르는 삶을 선택함으로써 결핍된 감정을 상쇄하게 하는 것을 볼 수 있다. 이러한 연구 결과는 한국의 다문화 사회에서 공존하고 있는 결혼이주여성의 1세대와 2세대가 어떻게 문화적으로 적응하며 정체성을 형성해가는지 각 세대의 가치관과 태도의 차이에 대한 이해를 돕는 데 기여할 것이다.

이와 같은 생애사적 관점의 연구들은 대체로 타자성의 측면뿐만 아니라 주체성과 행위성의 측면도 비중 있게 다루고 있고, 나아가 이주 이후의 삶과 이주 이전의 삶까지도 충분히 분석함으로써 기존 이주여성에 대한 연구 지형을 더욱 확장시켰다고 볼 수 있다. 그러나 지금까지의 연구들은 이주여성을 연구대상자로 객체화하는 문제로부터 여전히 벗어나지 못하고 있고, 이주 이전의 삶을 포괄한 심도 있는 분석 또한 일부 연구에서만 제한적으로 이루어지고 있음을 볼 수 있다. 이에 본 총서에서는 이주여성의 고유성에 대한 연구가 타자성이 강조된 객체화된 관점에서 벗어나 재독 한인여성의 이주 이전의 삶과 이주 이후의 삶을 주체의 내부자적 관점에서 충분히 그려낼 수 있도록 하는 데 그 방향성을 제시하고자 한다.

2) 간호 인력 노동자로서의 이주에 관한 연구

오늘날 많은 여성이 이주노동자로 이동하고 있다는 것에 대해 관심이 기울여지고 있다. 또한 최근 아시아에 여성이주가 증가하고 있고, 이 과정에서 한국 역시 이런 여성들을 받는 국가로 예외가 아니기 때문에 한국 사회에서 여성 이주노동자에 대한 관심은 더 커져가고 있다. 이에 앞서 한인 간호사의 집단적 독일 이주와 이들의 장기간 지속적 이주를 통해 독일에 정착하게 된 과정을 기초로 다룬 연구들을 살펴보았다.

김용찬(2007)은 노동력 송출과 수용국가들의 국내 상황에 의해 형성되고 지속되어온 노동력의 국제이주 유형과 노동자 정착이 여성 노동자의 자율성 확보에 미치는 영향을 살펴보았다. 이에 한인 여성 노동자의 독일 이주와 조직화 사례 분석을 통해 얻은 연구 결과는 다음과 같다. 전문직 여성 노동자가 장기간 이주 수용국가에서 집단 이주와 영구 정착을 하게 된 것은 모국의 봉건적인 가족제도와 사회관계로부터 벗어나 자율성을 획득할 기회의 장으로 여겼기 때문이다. 이는 이주 수용국가에서 자신들을 조직화할 가능성을 증가시킬 수 있다는 것을 가정한다. 실제 한인 간호사들은 지속적 이주와 영주권 취득을 통해 독일에 정착할 수 있었고, 이 과정을 기초로 한국의 전통적 가족관계로부터 탈피할 수 있었다. 이후 한인 여성 노동자는 독일에서 자신들의 조직화를 위한 다양한 활동을 전개했으며, 한인공동체 내 조직화와 공동체 활동들에 중요한 행위자로 참여했다.

이러한 결과를 토대로 한인 간호사의 경우처럼 전문직 이주여성 노동자의 집단 이주의 지속과 정착은 기존 전통적인 가족과 사회관계로부터 자율성을 확보하게 함으로써 이주 수용국가에서 활발하게 조직화할 수 있는 개연성이 높다는 것을 확인할 수 있다.

나혜심(2009b)은 1950년대 말부터 시작된 한국여성의 독일 간호 인력 파견은 한국과 독일 모두 사회 · 경제적인 요인에 의해 추동된 현대사의 한 가지 중요 사건으로 보고 있다. 그중 독일로 파견된 한인 간호여성은 국가의 필요에 의해 일시적인 이주노동자의 기간을 거쳐 더 장기적인 이주민의 지위로 변화해갔다. 이주가 더 나은 삶을 찾기 위한 인간의 본능적이고 역사적인 행위라는 점을 생각하면 당시 한국여성이 갖고 있던 개인적인 다양한 원인이 작용했음을 짐작할 수 있다. 또한 낯선 타국에서의 삶은 결혼이라는 계기를 통해 더욱 장기화되었고, 이 장기적인 기간 진행된 이주민적인 삶의 과정에서 이들이 원래 개인적으로 원했던 다양한 이주의 목적, 즉 가난의 극복과 직업적 노동의 영유는 일정 부분 채워졌다. 한편 독일의 환자들과 직접 대면하는 직업적인 성격은 이들이 독일 사회와 문화에 적응하는 데 도움이 되었고, 자녀들의 교육적인 경로 진행에서도 적극적인 역할을 하게 했다. 그러나 이들이 원래 이주를 통해 이루려고 했던 자유로운 삶의 영위는 현실적으로 어려웠다. 그 이유는 가정의 경제적 중심이 되어야 했고, 여전히 가부장적인 남성 권리가 관철되는 가정적인 환경 때문이었다. 그리고 이들 한인여성은 한국 사회에서 익숙했던 가장의 가부장적인 지위를 손상시키지 않도록 관성적으로 노력하고 있었다. 이는 가족 내 법적 지위와 경제적 상황의 안정성을 위한 중추적인 역할을 했음에도 한인 가족 내의 지위 체계에 관한 의식은 변하지 않았기 때문이다. 이러한 상황에서 한인이주여성의 육체적 · 심리적 부담은 더욱 커질 수밖에 없었다. 이러한 결과를 통해 한국 사회의 전통적인 가족제도에 대한 문제점에 대해 재고해볼 여지를 주고 있다.

정용숙(2012)은 『독일로 간 한인 간호여성』이라는 나혜심의 저서를 바탕으로 독일로 이주한 한인 간호여성에 대한 역사적 진실을 밝히고자 했다. 1960~1970년대에 독일로 간 한인 간호여성 이주 동기의 역사적 진위가 다름에도 '인력송출과 차관 관련설'에 대한 이데올로기로 재생산되고 있는 데 대해 한국 현대사에서 그들의 정당한 자리를 찾아주고자 하는 것이 주목적이다. 연구자료는 당사자들의 기록 외에도 '독일연방문서고-코블렌츠(Bundesarchiv-Koblenz)'에서 저자가 직접 찾아낸 독일 정부의 노동이주 관련 문서들과 2008년 국사편찬위원회가 지원한 한국사 구술자료 수집 사업의 '파독 한인여성 간호노동자의 증언자료'를 사용했다. 그 결과, 파독을 둘러싼 '조작된 과거'는 독일 노동청을 비롯해 노동이주 문제에 관여했던 기관들의 공문서를 통해 '차관담보설'의 최초 제기자로 알려진 백영훈의 주장을 뒷받침하는 내용이 없었다는 것을 검증했다. 그 대신 차관 회담보다 1년 앞선 주한 독일대사관에서 열린 미국 경제원조기구와 한국 상공부의 회동에 참석한 독일 측 직원의 보고서를 발견했다. 여기에는 한국인 광부 파독 제안이 미국에서 왔으며, 그것이 독일 정부로서는 돈을 들이지 않고도 한국 경제를 도울 방법이라고 쓰여 있었다. 또한, 여성사적 문제의식의 관점에서 본 파독 간호여성의 이주 동기는 '국가와 가족을 위해 희생한 존재'가 아니었다. 많은 간호여성이 "가족에게 경제적으로 도움이 되기 위해서"라는 이유를 댔지만, 그것은 파독 동기 중 일부였을 뿐 종교적 봉사, 한국의 취업난, 학구열, 외국에 대한 선망과 동경 등 다양한 개인적 동기를 더 중요시하고, 그것을 '자신의 삶을 개척하려는 적극적 의지'로 해석하고 있다. 이러한 해석을 바탕으로 더 객관적인 자료와 근거를 통해 역사적 사실을 밝히고, 정부 차원에서 공식적인 발표나 입장 표명이 이루어지는 것이 중요하다고 주장하고 있다.

나혜심(2013)은 20여 년간 진행된 한국 여성의 독일 간호이주 과정과 영향의 의미를 양국 간호의 역사를 근거로 서술함으로써 그 역사적 의미를 탐구했다. 독일에 간호이주로 건너간 현상은 단일 국민국가적 범주의 일에 그치지 않고 공간적으로 확대되어 국제적인 범주의 이동과 활약, 영향을 행사하는 초국적인 이주사의 한 부분으로 보고 있다. 따라서 이 연구에서 트랜스내셔널한 방식의 역사이해는 일국사적인 패러다임을 극복하고 공간적 이해의 틀을 확장하려는 것이다. 특히 양국의 간호문화가 그 역사적인 발전의 고유함 속에서 매우 상이했던 것은 양국의 간호문화 속에 단순한 인력 수급 의미 이상의 것을 서로에게 경험하게 했다. 그리고 그것은 시간이 지나는 동안 양 국가의 간호문화 변화와 발전에 영향을 주었다. 그런 이유에서 한국과 독일 양국 사이에 진행된 간호이주의 역사가 양국 간호의 역사와 관련해서 어떤 영향을 서로 주고받았는지 구체적으로 살펴보았다. 그 결과 급격한 인력난 속에서 독일 병원이나 요양원, 양로원은 문을 닫을 지경에 이르러 먼 거리에 있는 한국 여성들을 비롯하여 많은 외국인 이주노동력을 받아들였고 어느 정도의 숨통을 틀 수 있었다. 먼 거리에도 독일로 간 전문적인 간호 인력은 독일 사회가 오랫동안 고민하던 간호 인력의 질적인 수준 고양이라는 희망을 부분적이나마 실현시켜주었고, 독일 사회 내에서 간호업의 세분화 과정에 기여했다. 그리고 그들이 독일 땅을 떠나면서 독일 사회에는 본격적으로 간호 교육의 대학수준화 과정이 시작되었다. 반면 한국 사회에는 간호 인력의 부족이 초래되었으며, 임상의 정상적인 운용도 어려워졌다. 그래서 이를 해결하기 위해 간호 인력 배출시스템이 확장되고 간호조무사 제도가 도입되었다. 한 국가의 사회적 필요는 국경을 넘어 다른 국가의 경제적 · 사회적 고용시장의 변화를 통해 해결되고 있었고, 어떤 면에서 양 국가는 상호 필요를 충족시켜주는 노동시장 차원에서의 의존적인 관계를 형성하고 있다. 이처럼 독일 이주노동의 역사는 그들이 벌어들인 돈만이 아니라 그들이 변화된 환경에서 살아가며 느꼈던 것과 문화적응 과정, 그리고 그것이 양국의 간호환경에 미친 영향을 토대로 우리 사회에 당면한 이주문화에 반영되어야 할 시사점으로 남는다.

박채복(2018)은 독일 한인여성의 이주 역사를 재구성하고 이들의 역사를 복원하기 위해 당시 국가적 차원에서 정책적인 고려와 개발 및 국제이주라는 역사적 사실이 긴밀하게 연관되어 있다는 점에 주목했다. 이를 위해 파독 간호 인력 집단을 중심으로 한인여성의 독일 이주에 대한 역사화 작업을 시도했다. 한국의 경제개발과정에서 파독 간호 인력의 집단 이주가 개인의 선택으로 진행된 국제이주라는 점에서 이들의 이주에 영향을 준 요인들이 무엇이며, 일반적인 한인 이주의 역사와 다른 특징은 무엇인지 국경을 넘는 한인여성의 독일 이주 배경과 정책에 대해 살펴보았다. 연구 결과, 한인여성의 독일 이주가 노동력의 송출과 수용국가의 노동시장 상황에 연계되어 노동력의 국제적 이동과정에서 이루어졌고, 정주와 사회통합과정에서 한인여성들은 이주노동자에서 재독 한인여성으로 자신의 정체성을 확보해나가며 독일 사회의 일원으로 자율성을 확대해나가고 있음을 알 수 있었다. 또한 독일 한인사회의 형성과 발전과정에서 독일로 이주한 한인여성은 이주 당시와는 다른 정체성을 확보하고 독일적인 부분과 한국적인 부분이 혼재된 문화의 융합과 혼종 속에서 초국적 존재로서의 삶을 살아가고 있었다. 이들은 개인적인 존재로서뿐만 아니라 한인여성이라는 집단적인 존재로서 이들의 독일에서의 삶에 이주는 지대한 영향을 미치는 변수였다. 이들의 이주는 수용국 독일의 사회적 구조와 젠더 관계에 영향을 미치고 있었으며, 이 과정에서 독일 한인여성 이주의 주체화 과정 및 담론 형성 및 실천적 주장에 대한 분석, 그리고 구체적인 정착 과정에 대한 분석으로부터 국경을 넘은 여성들의 타자화 역사를 재조명하는 작업은 독일 한인여성을 이주의 주체로 인식하고 독일 사회의 정착 과정을 이해하는 데 매우 중요하다. 그럼에도 독일 사회에 정주하고 통합되면서 독일 한인여성의 구성과 인식에서 젠더가 작동하는 방식과 그 파급력 문제는 아직 역사적 연구대상으로 주목받지 못하고 있다. 이에 그동안 파독 한인여성에 대한 고정화된 해석과 담론을 새롭게 구성하는 작업이었다면, 앞으로 한 가지 이름으로 명명하기 어려운 이들의 생애사를 더욱 중층적으로 다루어 파독 과정뿐만 아니라 그 이후 트랜스내셔널한 존재로서의 삶과 체험이 그녀들의 '현재'에 어떤 의미로 다가오는지 심층적으로 바라볼 수 있는 작업이 필요하다는 과제를 남긴다.

이처럼 간호 인력으로서, 즉 노동자로 독일로 이주한 한인여성들은 약 반세기 전으로 거슬러 올라간다. 따라서 시기뿐만 아니라 이주의 배경과 진행 과정은 현재 한국 사회에 이주해오는 결혼이주여성과 차이가 있을 수 있다. 하지만 어린 나이, 미혼 여성들이 타국에 가서 전문적 직업을 가지고 생활하고, 가족을 이루어 독일 사회의 일원이 되어가는 과정은 한국의 다문화 사회에 많은 시사점을 부여한다. 손님노동자에서 재독 한인여성으로 자신의 정체성을 확보해가며, 독일 사회의 한 일원으로 자율성을 확대해나가는 모습은 한국 사회에 이주해오는 결혼이주여성에 대한 전문적인 역량 확보 기회와 그들의 능동적인 자조모임 조직화 등에 대한 상호이해적 관점으로 바라볼 수 있는 인식과 제도가 필요함을 시사하고 있다.

3) 여성 이주민의 페미니즘적 관점에 관한 연구

페미니즘은 19세기 여성들의 참정권 운동에서 시작되어 다양한 사상과 결합하여 진행되었다. 보부아르(Bauvoir, 1949)의 저서를 통해 선포된 '타자로서의 여성' 이후 초기 페미니스트들은 타자로서의 여성이 남성과 동등한 자유를 누리고 평등한 권리를 찾는 데 도움을 주는 다양한 이론적 모색을 시도했다. 그러나 점차 페미니스트들은 여성의 자유 및 권리를 주장하는 단계를 넘어 자신 밖의 타자를 받아들이고 배려하는 입장을 취하며 관련 이론을 정립시키기 시작했다(이희원, 2009). 독일로 이주한 한인여성들은 페미니즘이 지향하는 바를 인식하고 자신들의 삶을 살아온 것은 아니다. 하지만 그들의 삶을 돌아보았을 때 자신들에게 주어진 제도적 제약을 넘어 진취적으로 병원 생활을 통해 경제적 독립과 여성으로서의 자존감 등을 확립하고 이를 바탕으로 삶을 이끌어왔다. 이러한 페미니즘 관점에서 독일로 이주한 한인여성들의 삶의 여정을 다룬 선행연구들을 살펴보았다.

김용찬(2007)은 탈냉전 이후 국제이주의 변화로 '이주의 여성화'에 주목했다. 여성 노동자 대부분은 고용국가에서 단기간 서비스 직종에 종사한다는 이유로 단순 임금 송금자로만 여겨졌다. 또한 본국의 전통적 사회 체제로부터 자율성을 확보하고 있지 못하여 이주 수용국가에서 조직화의 가능성은 매우 낮은 상황에 처해 있었다. 그러나 이 논문은 한인여성 노동자의 독일 이주생활의 조직화 사례 분석을 통해 상반된 가능성을 제시하고 있다. 즉, 전문직 여성 노동자의 장기간 이주 수용국가로의 집단 이주와 영구 정착은 본국의 봉건적 가족 체제와 사회 질서로부터 자율성을 획득할 기회가 되었다. 한인 간호사들은 지속적 이주와 영주권 취득을 통해 독일에 정착할 수 있었고, 이 과정을 기반으로 한국의 전통적 가족관계에서 벗어날 수 있었다. 이후 한인여성 노동자은 독일에서 자신들의 조직화를 위한 다양한 활동을 전개했으며, 한인 공동체 내 조직화와 공동체의 연대를 통해 중요한 행위자로 참여하고 있음을 탐색했다.

이선희(2013)는 1960년대 중반부터 독일에 간호사로 파견된 한국 여성의 삶의 여정 및 페미니즘 관점과 관련하여 독일 사회에 정착한 다른 한국인의 여정에 대해 탐구했다. 독일로 이주한 한인 간호사들은 페미니즘이 지향하는 바를 인식하고 자신들의 삶을 살아온 것은 아니지만, 그들의 삶의 여정을 돌아보았을 때 자신들에게 주어진 제도적 제약을 넘어서 직장생활을 통한 경제적 독립과 여성으로서의 자신감, 자존감을 확립하고 이를 바탕으로 삶을 독자적 · 자립적으로 이끌어왔다. 이러한 결과적 측면에서 볼 때, 가부장제는 여성이 여전히 남성보다 열등하다고 믿게 하는 심리적 프로그램일 뿐 시스템으로서 기능한다는 것을 발견했다. 이러한 가부장제 시스템 때문에 여성은 열등한 존재로 학습되어온 것이다. 가부장적 사회에서 여성은 자신의 삶을 독립적으로 이끌거나 자신의 꿈을 이룰 가능성이 거의 없다. 그러나 기회가 박탈된 여성들 사이에서 최소한 전문적인 훈련을 받을 수 있는 것은 한국 간호사였으며, 그 배경은 그들에게 독일에 갈 기회를 제공했다. 이러한 기회를 통해 한국 간호사들은 이주 초기 단계에서 의사소통이나 새로운 업무 환경 문제로 어려움을 겪었지만, 환자와 의사는 그들의 업무에 대해 긍정적인 평가를 했다. 한인여성들은 그들의 노력과 업적에 대해 무언가를 성취했다는 의미에서 일종의 자신감을 얻었다. 하지만 그들의 경제적 독립은 공공 활동과 그에 따른 독립적인 삶의 방식과 다르게 개인의 가정 영역, 특히 부부 사이에서는 예기치 않게 행동하게 했다. 이와 같은 이들의 행동은 경제적 독립성과 생활이 부부관계를 뚫지 못할 이유가 전혀 없음에도 여전히 한국 여성의 페미니즘에는 한계가 있음을 재고하게 한다.

전복희(2019)는 독일 사회의 다양한 환경적 문맥에서 젠더와 인종에 대한 논의의 발전과 특성을 고려하면서 페미니스트 담론에 나타난 이슬람 이주여성의 불평등 문제에 대한 '젠더와 인종의 교차성(intersectionality)'을 고찰했다. 이를 위해 첫째, 젠더적 불평등과 인종적 불평등의 상호교차성에 대한 이론적 발전을 설명하고, 사회적 범주로서 젠더와 인종 내의 권력관계와 관련하여 독일 내의 젠더와 인종에 대한 역사적 이해를 간략히 설명했다. 둘째, 독일의 페미니스트 담론에서 이슬람 이주여성의 불평등이 어떻게 인식되고 있는지 셋째, 독일 페미니스트 담론의 특성과 한계를 거론하고 이슬람 이주여성의 불평등 문제에 대한 젠더와 인종의 상호교차적 접근의 필요성을 강조했다. 그 결과, 독일 페미니스트 담론에서 젠더적 불평등과 인종적 불평등의 상호교차성은 특히 '섹시즘(sexism)의 인종화' 형태와 서구 중심적 페미니즘의 사고관과 문화적 우월의식을 통해 복합적으로 작용하고 있었다. 그리고 '섹시즘의 인종화'는 섹시즘을 이슬람문화의 근본적인 특징으로 보고 이슬람 문화를 독일 문화를 위협하는 문화로 차별화하고 배제하면서 문화적 · 인종적 위계관계를 정당화했다. 또한, 서구 중심적 페미니즘과 문화적 우월의식은 억압되고, 수동적인 이슬람 여성과 자유롭고, 자주적인 독일 여성의 이미지를 대조적으로 재현하여 이슬람 이주여성과 독일 여성 간의 불평등한 권력관계를 체계화중점으로 정당화하고 있다.

이러한 결과를 통해 페미니스트들의 주장이 그들의 의도와 상관없이 사회적으로 이슬람 문화에 대한 부정적 이미지를 재생산하고, 이슬람 이주여성 및 이슬람 문화에 선입견과 오류를 확신시킬 수도 있다는 사실을 알았다. 이러한 점을 고려한다면 상호교차적 관점은 페미니스트들이 자신들의 주장과 사고에 대해 성찰할 계기를 마련해줄 수 있다는 점에서도 매우 유용하며, 이슬람 페미니스트들에게도 자신들의 주장이 이슬람 문화의 섹시즘의 비판에 소홀하지 않은가에 대한 반성, 자신들의 관점도 이슬람 문화와 서구 문화를 대항적으로 파악하고 있지 않은가 하는 점에서 반성의 기회를 제공하고 있다. 이와 같은 연구 결과를 통해 여성의 나약하고 수동적인 이미지는 선천적이고 내부적 요인보다 외부적 시선, 즉 변하지 않는 고정관념과 왜곡된 인식 등 사회구조적 개선에 대한 인식이 필요함을 시사하고 있다.

4) 정치·경제적 이주의 관점에서 본 연구

1960년대 한국의 경제수준은 유엔에서 작성한 1965년 경제통계에 따르면, 대만의 국민 1인당 GNP가 200달러, 태국이 113달러, 필리핀 237달러인 데 반해 한국은 필리핀의 절반도 안 되는 107달러에 불과했다(박승, 1969). 1970년 한국의 1인당 GNP가 251달러였을 때, 서독은 한국의 11배인 2,748달러에 달했다(Choe & Daheim, 1987). 그 시대에는 세계 최빈국 중 하나였던 한국에서 산다는 것이 미래를 앞둔 젊은이들에게는 매우 암울한 시기였다. 이러한 상황에서 정부의 파독 인력송출 사업은 사회적으로 커다란 반향을 일으켰다. 이와 같은 계기로 독일 이주를 선택해야 했던 당시의 경제적 · 정치적 현실에 관한 연구를 살펴보았다.

이영조와 이옥남(2013)의 연구에서는 1960년대 초 한국 정부가 서독으로부터 '상업차관'을 얻어오는 과정에서 파독 광부 · 간호사의 임금으로 지급보증을 한 것으로 알려져있지만, 당시의 공식문서 및 각종 자료 분석을 통해 이러한 세간의 통념이 과연 사실인지 여부를 밝히고자 했다. 특히 차관의 상한을 정한 서독과의 '경제및기술협조에관한의정서'가 체결된 것이 1961년 12월이고 광부의 첫 파독이 이루어진 것이 2년 뒤인 1963년 12월이라는 점에서 믿기 어려운 내용이지만, 적어도 세상에는 그렇게 알려져 있었다. 연구 결과, 당시 서독의 상업차관은 오늘날 우리가 흔히 알고 있는 상업차관과 달리 한국의 사업체가 고가의 설비 등을 연불조건으로 독일의 공급업체로부터 수입할 수 있게 독일 정부가 독일의 공급 업체에 제공한 보증이었고, 따라서 파독 근로자의 임금을 담보로 하여 지불보증을 할 필요도 없고 있지도 않았음이 밝혀졌다. 이 사실은 독일 관련 기관의 공식발표와 임금 처리와 관련한 파독 근로자의 증언으로도 재차 확인되었다. 따라서 이 연구에서는 이렇게 밝혀진 사실을 통해 왜곡된 사실이 진실로 둔갑하여 전해진 이유에 대해 추가로 진실규명이 필요하다는 문제를 제기하고 있다.

윤용선(2014)은 한국의 경제개발 역사는 정치적 리더십과 기업의 역할을 주로 강조하는 위로부터의 역사로 인식되어왔는데, 아래로부터 바라본 경제개발 역사는 무엇인지에 관한 문제의식에서 이 연구를 시작했다. 이를 위해 기록보존서의 1차 사료는 최근 국사편찬위원회가 수집한 독일외무성 기록보존소의 사료와 회고록, 기존의 관련 연구 등을 기초로 했고, 파독 간호사를 대상으로 설문조사를 했다. 그 결과, 취업 결정 시 국가의 경제개발에 대한 기여를 의식한 경우는 거의 없었다. 취업 결정은 철저하게 개인적인 동기에서 비롯되었으며, 그들이 국내로 송금한 외화가 경제개발에 기여했다는 사실은 그저 예기치 못한 긍정적인 부수 효과 정도로 인식하고 있었다. 이러한 반응은 다양하게 해석될 수 있다. 하나의 가능성은 서독에서의 정착이나 서독인과의 결혼으로 인해 의식이 서구화되었을 수 있다. 또 다른 가능성은 서독과의 비교에서 비롯되는 한국에 대한 실망 때문일 수 있다. 왜냐하면 가난 때문에 학업을 포기해야 했던 사람이 대학까지 무상교육이 시행되는 서독을 경험한 이들에게는 조국을 긍정적으로 보기는 쉽지 않았을 것이다. 마지막으로 1960~1970년대 경제개발 시대에는 국민 모두 산업 역군이었다. 서독보다 더 열악한 조건에서 훨씬 낮은 임금으로 일한 국내의 탄광노동자나 간호사까지 굳이 들먹이지 않더라도 저임금으로 형편없는 노동조건에서 일한 국내 산업노동자와 농민 모두가 개발독재 시대의 서발턴(Subaltern)이자 개발의 주역이었다. 따라서 한국의 경제성장은 개발의 결실을 소수가 독점했다는 점을 제외한다면, 희생적인 영웅의 추상적인 신화가 아니라 온 국민 개개인의 구체적이고 치열했던 삶의 총합이라는 점을 잊지 말아야 할 것이다.

이영석(2014)의 연구는 파독 근로자의 국가발전 기여 담론과 이들에 대한 국가적 예우의 가능성을 구체적으로 살펴보는 것을 목적으로 했다. 이를 위해 파독 근로자의 현황과 파독 근로자 국가발전 기여 담론의 등장 과정과 그 의미를 정리하고, 파독 근로자에 대한 실질적인 예우 방법을 제안하고 그 가능성을 점검했다. 파독 근로자은 광부나 간호사로 독일에 파견되었다는 공통점을 바탕으로 다양한 삶의 이력을 쌓아왔다. 이들의 거주지 분포도 한국, 독일, 미국, 캐나다, 호주 등으로 다양하며, 현재 파독 근로자의 조직도 국제적으로 다원화되어 있다. 조직의 중심을 이루고 있는 파독 광부들의 경우를 보면 독일의 재독한인글뤽아우프*회, 국내의 한국파독광부간호사간호조무사협회(한국파독협회), 그리고 재미 및 재캐나다 한인글뤽아우프회 등 지역별로 나뉘어 있고, 이를 아우르는 조직으로 파독산업전사세계총연합회가 결성되어 있다. 또 독일 내에서는 북부 · 베를린 · 중부 · 남부글뤽아우프회의 4개 지역회를 두고 있다. 파독 근로자에 대한 국가적 예우에 관한 논의를 보면 '퇴직적립금' 집행 과정에서 경험한 지연과 수습,

* 글뤽아우프(Glück auf!): '행운을 빈다'라는 뜻의 광부들의 독일어 인사말

정리의 경과에 근거한 우려와 기대를 함께 갖는다. 우려는 코리아펀드에서 비롯된 '파독 광산 근로자 퇴직적립금' 집행과 관련하여 겪은 어려움을 예우에 관한 논의와 결정, 나아가 그 실현 과정에서 다시 되풀이되지 않을까 하는 우려다. 한편 우려와 함께 기대하게 되는 것은 앞선 경험이 더욱 원만한 일 처리를 위한 자극과 계기가 될 수 있을 것이기 때문이다. 또한, 파독 근로자는 후속 인원 충원이 중단된 독특한 집단이다. 곧 시간이 흐르면서 점차 내부의 활력이 떨어지고, 장차는 후대의 기억 속에 존재해야 하는 집단이기도 하다. 후대의 기억에서 사라지는 단절을 겪지 않으려면 스스로 자신들의 의미를 찾고 평가받고 기록하여 후대에 전해야 한다. 따라서 이 연구는 국가유공자나 서훈자로서의 자리매김을 하고, 당대에 자신들에 대한 복지 혜택을 늘리는 논의를 이어가는 것은 그런 의미에 중요한 일임을 시사하고 있다.

나혜심(2014)의 연구에서는 1960년대 초반 독일로 건너간 노동이주의 역사를 개발원조의 역사로 바라본다면, 개발원조 수혜국 출신의 이주노동자를 한인여성이 갖고 있던 경제적 어려움과 송금이라는 부분으로 강하게 연결하는 경향이 있다. 즉, 일방적인 수혜의 관점으로 귀착되고 있다고 보는 것이다. 이러한 관계에 대해 역사적인 접근을 통해 그 시각이 조정될 수 있도록 하는 데 이 연구의 목적이 있다. 국제 규모의 노동이동은 오늘날 고용주 사회에 의한 개발 지원의 의미로 종종 해석된다. 이것은 노동자가 주로 얻는 이익에 중심을 둔 의견이다. 특히 1961년 이후 한국과 독일의 개발원조 관계가 1960년대 이후 노동이민과 동시에 진전됨에 따라 한국과 노동이민자는 일종의 수혜자였으며 독일은 이 담론에서 개발원조 자격을 획득했다. 그러나 노동이주는 공식적인 개발보조금 관계 이전에 시작되었고, 개발보조금의 공식적인 관계는 독일의 노동이민을 돕는 개인과 기관 또는 고용주를 위한 인력 확보의 목적을 정당화했다. 그러나 개발원조 관계를 통해 각국 정부가 가진 이해관계 속에서 실제 이주의 주체들은 시장의 요구와 자신의 지향을 선택하여 국경을 넘었다고 보고 있다. 이는 독일 노동시장의 수요와 노동력 제공자의 고용 의지가 상관관계 있는 노동이주로 본 것이다. 이 연구는 글로벌화가 촉진되고 있는 시기에 국가 간의 노동이주와 관련하여 사회적 인식에 변화를 주고 그러한 시각이 조정될 기회를 제공한다.

이영석(2015)의 연구는 그동안 파독 광부와 간호사 출신 독일 교민에 대한 선행연구들을 통해 이들의 구체적인 현황에 대한 통계 자료가 부족하다는 문제 인식에서 출발했다. 파독 광부, 간호사들이 어떤 배경과 과정을 통해 독일에 정착했고, 정착 이후 변화하는 한국에 대해 어떤 생각을 가져왔는지에 대한 계량적 자료를 마련했다. 이를 통해 파독 광부, 간호사들을 우리 역사의 한 구성원으로 이해하고, 또 그에 상응하는 정책을 수립하는 데 도움을 주고자 했다. 또한 이들의 한국에 대한 생각과 앞으로의 계획, 그리고 최근 논의되는 이들을 위한 예우와 지원에 대한 법률안 내용과 그에 바탕을 둔 한국 정부의 실천 가능한 과제를 탐색했다. 파독 근로자는 더 이상의 후속 인원이 충원되지 않는 독특한 집단이었다. 즉 시간이 흐르면서 점차 내부의 활력이 떨어지고, 앞으로는 후대의 기억 속에만 존재해야 하는 한시적인 집단이다. 따라서 후대의 기억에서 사라지는 단절을 겪지 않으려면 당대에 스스로 의미를 찾고, 평가하고, 기록하여 후대에 전할 자료를 마련해야 한다. 그동안 파독 광부와 간호사 스스로뿐만 아니라 유관 단체나 정치권에서 이들의 노고와 희생을 기념하고, 이들이 국가 경제발전에 기여한 공로를 인정하고 이에 상응하는 지원이 이루어질 것을 촉구해왔다. 특히 최근에 이들의 생활 안정과 복지 증진을 위해 발의된 「파독 광부 · 간호사에 대한 생활지원 및 기념사업 등에 관한 법률안」은 파독 광부 · 간호사의 역사적 의미를 새기고 이들을 지원하기 위한 중요한 발판이 될 수 있을 것이다. 앞으로 이 법을 바탕으로 이들에 대한 명예 부여는 물론, 실질적 복지혜택을 위한 정책에 대해 논의가 더 이루어져야 함을 시사한다.

5) 이주국과 고국 간의 경계에서 나타나는 문화 정체성에 관한 연구

글로벌화가 전개되면서 노동력의 전 지구적 이동이 가속화되고 있다. 노동력의 이동은 결국 사람이 이동하는 것이기 때문에 이 과정에서 필연적으로 문화접변이 이루어질 수밖에 없다. 특히 불균등한 권력관계에 놓여 있는 양국 간 노동력 이동의 측면에서 본다면 경제력, 즉 산업화의 정도가 현저히 다른 두 나라 간의 이동이라는 점에서 경제와 밀접히 연계된 문화적 차이가 존재한다고 볼 수 있다. 이러한 문화적 차이는 지구화의 긴 과정을 통해 문화충돌, 문화갈등, 문화적응, 그리고 문화융합 등의 형태로 나타난다. 이 과정에서 문화적 통합으로 단순화하기 어려운 다양한 문화적 스펙트럼이 전개되며, 이주민은 문화 정체성의 혼란을 경험하게 될 것이다. 이러한 관점에서 이주국과 고국 간의 경계에 서 있는 재독 한인여성의 문화정체성을 형성해나가는 과정을 다음의 연구를 통해 살펴보았다.

이수자(2006)의 연구에 따르면, 지구화는 경제적 요인과 더불어 출신지역과 이주지역의 서로 다른 문화의 접변을 필수적인 과정으로 요구한다. 또한 지구화 단계에 따라 노동력 이동의 인구학적 특성과 경제 · 문화적 요구는 다르다고 전제한다. 이 연구에서는 첫째, 지구화 과정의 전개와 산업화 단계가 상이한 두 인력 수용국의 이주민 수용 과정, 둘째, 이주의 여성화와 인력 송출국과 수용국 간의 노동조건의 차이와 문화와의 관계에 대한 현상적 파악, 셋째, 재독 한인여성과 재한 외국여성의 이주방식, 적응과정, 문화적 갈등과 적응의 단계, 그리고 이 모든 단계에서 작용한 섹슈얼리티와 문화혼성성의 성별 정치학을 연구 내용으로 설정하여 비교연구를 했다. 재독 한인여성 연구를 위해 베를린을 비롯한 5개 도시에서 총 21명을 심층적으로 면담하고 생애사적 기술을 중심으로 한 질적 연구와 기존 문헌자료와 영상자료 등을 통한 해석적 연구 방법을 병행했다. 연구 결과, 문화혼성성은 이주민이 떠나온 사회의 문화적 배경, 산업화의 정도에 따라 다르게 나타났으며, 더욱이 이주의 목적과 방식에 따라 이러한 문화적 차이는 이주한 사회로의 수용에 커다란 영향을 미치는 것으로 나타났다. 또한 이주한 사회의 관용성과 타문화에 대한 탄력적 태도가 얼마나 형성되어 있느냐에 따라 이주민의 문화혼성성의 정도도 다르게 나타났다. 재한 외국인 여성의 경우 국제결혼을 통해 이주가 흔히 결혼이나 가족 형성의 결과를 가져오고 그 과정에서 문화적응이 한쪽 문화의 일방적인 수용으로 나타날 때 이주여성의 타자성이 극복되지 못하는 결과를 보이고 있다. 이는 재독 한인여성이 독일 남성과 오랜 결혼생활을 하면서도 주체적인 삶을 영위하는 것과는 대조적이다. 이러한 결과는 문화적응 측면에서 인력의 송출국과 수용국의 문화와 사회적 관용의 정도에 따라 이주여성의 문화적 적응과 타자성이 어떻게 다르게 나타나는지를 보여준다. 이를 통해 한국 사회가 다문화 사회로 발전하는 데 사회적으로 더 많은 성찰 과정이 요구되며, 정책적 반영이 필요함을 시사한다.

나혜심(2016)의 연구에서는 오늘날 이주노동자를 바라보는 많은 관점은 대부분 그들이 삶의 개선과 자유를 위해 이주를 선택한다는 단순한 경제적 논리로만 치부한다고 보았다. 그래서 이주를 국가발전의 토대로 일반화시키는 담론들은 그들의 이주목적과 경험, 그리고 이주로부터 얻은 많은 변화의 경험을 편협하게 해석하게 했다. 이에 이 연구는 이러한 오류를 극복하기 위해 독일로 이주한 한인 간호노동자의 삶을 '난민성'이라는 측면에서 살펴보았다. 난민성을 발생시키는 요인의 특징은 떠남을 강요하는 사회와 수용의 필연성을 갖게 하는 사회 사이에서, 즉 이탈한 국적과 이적한 국적의 경계에서 불안한 머뭇거림의 상황이다. 이러한 상황은 오늘날 미디어에서 사용하는 난민, 즉 '혼란스럽게 이동하는 사람들'이라는 의미와 결합하여 지구적 규모의 탈국경화 시대 유민의 성격을 잘 표현해준다. 이때, 노동이주자와 난민을 동의어로 사용하기에는 난민의 상황이 너무 위기적이다. 그러나 한인 간호노동자이 체류권 투쟁을 하며 독일 사회의 여론을 환기하기 위해 외친 구호들은 결국 자신이 살아갈 곳을 스스로 결정하는 성과를 냈다. 이러한 체류권 투쟁은 이주자로서 막다른 지점에서 상황을 탈출하기 위한 노력의 하나였고, 그것은 난민성에 나타나는 특성과 크게 다르지 않다고 보았다. 이러한 해석은 독일로 간 한인여성이 그 위기적인 상황에 머물지 않고 삶의 기회를 찾으려 한다는 점에 초점을 맞춘 것으로, 우리 사회에 이주해온 이주민을 어떻게 바라보아야 할지에 대해 인식 전환을 재고해주고 있다.

박채복(2018)의 연구는 독일 한인여성의 디아스포라와 정체성을 더욱 정확하게 진단함과 동시에 재독 한인 연구에서 배제되고 가시화되지 못한 여성의 이주사를 트랜스내셔널 여성사 관점에서 접근하여 분석했다. 또한, 한인여성의 독일 이주를 올바르게 조망하기 위해 제2차 세계대전과 한국전쟁을 위시한 냉전이라는 세계사적 요인 및 독일과 한국의 국내적 요인,

그리고 당사자들이 지닌 생애사적 과정 및 문화의 융합과 혼종성의 배경에 대한 이해를 전제한다. 독일 한인사회의 형성과 발전과정에서 독일로 이주한 한인여성은 이주 당시와는 다른 정체성을 확보하고 독일적인 부분과 한국적인 부분이 혼재된 문화의 융합과 혼종 속에서 초국적(transnational) 존재로서의 삶을 살아가고 있다. 또한 개인적인 존재로서뿐만 아니라 한인여성이라는 집단적인 존재로서의 이주는 이들의 삶에 지대한 영향을 미치는 변수였으며, 수용국 독일의 사회구조와 젠더 관계에 영향을 미쳤다. 이러한 결과는 파독 한인여성에 대한 고정화된 해석과 담론을 새롭게 구성하는 계기가 되었다. 반면에 이제 남은 과제는 한인여성이 현재 기억하는 생애사를 더욱 중층적으로 다루어 파독 과정뿐만 아니라 그 이후 초국적인 존재로서의 삶과 그들의 체험을 더 심층적으로 바라볼 수 있도록 하는 것이다. 또한 이러한 연구가 한국 사회에서 살아가는 이주여성을 문화융합과 혼종성이라는 배경에서 이해할 수 있는 시각을 넓혀주는 데 기여하고 있음을 알 수 있다.

6) 타국에서의 문화적응과 갈등의 관점에서 본 연구

문화적응은 상이한 문화적 배경을 가진 사람들이 지속적으로 접촉하면서 서로의 문화적 경계를 좁히고 바꿔나가는 과정이다(Alba, 2009). 변화는 사회집단과 개인 수준에서 모두 일어나며, 문화적응은 사회의 문화적 관행, 제도, 구조 등의 범위에서 변화를 일으킨다(Redfield, Linton, & Herskovits, 1936). 다른 문화를 접촉한 사람들은 문화적응 과정을 경험하면서 정서적 · 행태적 · 인지적 변화를 경험하게 된다(Sam & Berry, 2010; Ward et al., 2001). 주로 더 큰 변화를 경험하는 주체는 사회 권력구조의 하위에 위치한 이주노동자, 결혼이민자, 유학생, 난민 등의 소수집단이다. 즉 문화적응은 이주자가 낯선 언어나 문화, 대인관계 또는 사회관계에 도전하고 성취하는 과정에서 정체성을 확립하고, 사회에서 인정받는 일련의 반복적인 과정이라고 볼 수 있다(이혜림, 2017).

이러한 문화적응 변화 과정에서 이주자는 개인과 환경의 상호교류에서 나타나는 불균형을 경험하게 되는데, 문화적응은 서로 간의 적응이 쉽게 일어나기도 하지만 문화 간 상호작용하면서 문화적인 갈등과 스트레스가 발생하기도 한다. 익숙한 환경에서 벗어나 낯선 경험을 하며, 갑작스럽고 과다한 변화로 인해 자신의 지지체계를 잃는 과중한 부담으로 나타날 수 있다(함진옥, 2016). 이러한 관점에서 재독 한인여성이 소수자로서 이국땅에서 고군분투하며 삶을 살아가는 경험에 관한 연구를 살펴보았다.

강진구(2012)의 연구에서는 파독 간호사를 주체로 한 문학 작품들을 대상으로 그들의 삶에 대한 다양한 담론을 어떻게 수용하여 문학적으로 표출하고 있는지를 분석했다. 문학 작품들은 파독 간호사가 서사의 주요 인물로 등장하거나 그들의 삶을 문학적으로 형상화한 정도상의 장편소설 『푸른방』, 조정래의 대하소설 『한강』, 공지영의 중편소설 『별들의 벌판』이다. 이 작품들을 분석한 결과, 파독 간호사에 대한 정형화된 도식으로 '파독 간호사'는 '불쌍한 누이'라는 도식을 만들어내는 과정을 살펴볼 수 있다. 이 작품 속의 파독 간호사들은 조국 근대화를 위한 희생자나 기회의 땅을 찾아 떠도는 유랑자, 또는 파독 당시의 기억에만 사로잡혀 있는 낯선 존재들로 재현되고 있다. 이 논문에서 저자는 파독 간호사에 대한 편견을 고정화한다는 점에서 일정한 문제점이 있음을 지적했다. 또한, 국경을 넘은 여성 이주자로 살았던 파독 간호사들의 불안정한 삶의 경험이 이주민과 함께 살아가고 있는 사회구성원들에게 귀중한 성찰의 자산이 될 수 있음도 첨언하고 있다.

정선이 외(2017)의 연구는 파독 간호사로서 독일에서의 이질적인 문화와 고국의 문화에 대한 갈등 및 수용, 성장에 대한 경험을 살펴보고자 했다. 현상학적 연구 방법을 활용했고, 심층면담을 통해 파독 간호사로 근무했던 8명을 연구참여자로 선정했다. 연구 결과, 파독 간호사들의 독일에서의 낯선 삶 속에서 특히 이들의 디아스포라적인 삶의 경험에 주목했다. 독일에서 간호사로서의 직업과 문화에 잘 적응하면서도 언어, 가치관, 문화 등 고국과 이주국의 두 문화 사이의 차이로 인한 이방인으로서의 낯섦은 '영원한 디아스포라'의 삶을 보여주었다. 고국의 터전을 떠나 낯선 세계 속에서 살아가는 디아스포라의 삶은 꽤나 낯설고, 외롭고, 방황스러움을 체험한다. 그러나 오히려 그렇기에 고국의 문화와 새로운 문화의 속성과 차이를 예민하게 관찰, 비교할 수 있고 나아가 삶의 인식 지평을 확대하는 중요한 계기가 되기도 했다. 이와 같은 디아스포라적인 구체적 삶과 생애사적 궤적을 통해 학문적 · 역사적 의미를 탐구하는 연구물은 여전히 부족하다. 따라서 연구자는 앞으로 재독 간호사뿐 아니라 한국으로 귀환한 사람, 그리고 다른 여러 나라로 이동한 이주민 등 연구대상자의 범위를 확대하고, 이들의 문화갈등에 대한 심층연구가 필요함을 제언하고 있다.

남혜경과 김영순(2019)의 연구에서는 간호사로서 독일에 이주하여 정착한 후 가정을 이룬 한인 국제결혼여성의 문화 간 커뮤니케이션을 살펴보았다. 연구참여자는 독일 거주 한인 국제결혼여성 6명과 심층면담하여 자료를 수집했다. 수집된 자료는 홉스테드(Hofstede, 1991)와 홀(Hall, 1976)에 기반한 비교문화 관점으로 문화적 소통, 언어적 문제, 사회적 적응 차원으로 분석했다. 연구 결과, 연구참여자들은 문화 간 커뮤니케이션을 하면서 문화적 소통의 경우, 개인주의 성향이 짙은 독일에서 집단주의 문화방식으로 살아가고 있었다. 가정 안에서 문화적 커뮤니케이션 방식은 서로 문화가 다르기에 남편과 자녀들과의 관계에서 정서적으로 외로움과 소외감을 더 크게 느끼고 있었다. 그러나 한국의 집단주의 문화의 영향으로 자신의 현실을 견디며 가족과 소통하려고 애쓰고 있었다. 연구참여자들은 언어 부분에서 그들의 자녀에게 모국어를 가르치고자 했으나, 성과는 긍정적이지 못했다. 자녀가 어머니의 모국어를 체계적으로 배우지 못해 대화하는 방법이 달랐고, 어머니의 언어가 내포하는 의미를 이해하지 못했다. 그렇기에 자녀와 어머니의 정서적 간극이 벌어질 수밖에 없었다. 한편 연구참여자들은 직장에서 업무수행을 할 때 거주국의 언어가 미숙하여 동료와 갈등을 빚거나 승진을 위한 수고에 더 많은 노력이 필요했다. 이처럼 연구참여자들은 사회적 적응에서 문화 간 커뮤니케이션을 위해 양쪽 국가의 사회와 지속적인 소통에 심혈을 기울이고 있었다. 처음에는 편견과 차별을 받기도 했으나, 연구참여자들이 거주국에서 지역사회 주민에게 진정성을 갖고 노력하다 보니 거주민에게 이주민에 대한 긍정적 인식을 갖게 할 수 있었다.

이와 같은 결과는 거주국의 문화를 배우고 익히려고 노력한 이주민의 열정 덕분이었다. 연구참여자들은 거주국에서 문화 간 커뮤니케이션을 실행함에 있어 모국의 긍정적 이미지를 생성하고 그들 자신의 정체성을 강화해갔다. 따라서 한국 사회에 이주해온 결혼이주여성에게도 한국의 문화만 강조할 것이 아니라 그들 문화에 기반을 두고 주체적으로 문화 간 커뮤니케이션을 실행해나갈 수 있도록 기반을 조성해주는 것이 필요함을 시사한다.

2장

초국적 이주여성과 정체성

1. 초국적 이주와 여성

1) 초국적 이주

국가 간의 이동 및 이주가 전 지구적 현상이 되면서 2000년 UN에서는 12월 18일을 '세계 이주민의 날'로 지정했다. 세계 이주민의 날이 지정되었다는 사실은 한편으로 국제적인 이주민 수가 무시할 수 없는 규모에 이르렀음을 의미하기도 하지만, 다른 한편으로는 이주민의 권리가 정착국에서 제대로 인정받지 못했음을 뜻하기도 한다. 이주민은 내국인 노동자이 꺼리는 산업 현장의 요구를 채워줄 '대체 노동력'의 상징인 반면, 문화적인 이질성으로 인해 경계심이나 혐오감을 불러일으키는 낯선 '타자성'의 기호이기도 하다(이석구, 2014).

최근 교통과 통신의 발달로 이주자가 모국과의 연결을 쉽게 지속할 수 있게 됨에 따라 모국과 단절된 이민이라는 고전적 개념에 의문이 제기되었고, 국가를 가로질러 사회적 관계망이 유지되고 확장되는 '초국적 이주'라는 개념이 새롭게 부상하고 있다. 이 개념은 이주자가 정주국과 모국의 두 사회를 동시에 연결하면서 두 사회를 하나의 사회적 장(field)으로 만들어나가는 과정을 지칭하는 '초국주의(transnationalism)'라는 개념에서 파생한 것이다. 그리고 이러한 사회적 장을 만들어나가는 이민자를 '초국적 이주자(trans-migrant)'라고 한다(Basch, Glick-Schiller & Blanc, 2005).

초국적 이주자는 정주국에 정착하는 동안에도 모국과 초국적인 유대를 발전시킨다. 그들은 2개 이상의 국가에 연결된 채 생계를 유지하며, 사회적 역할과 의무, 감정적으로 긴밀한 관계를 유지한다. 초국적 이주는 혈연, 지연 등으로 이민자, 역이민자, 취업이민자, 그리고 모국에 남아 있는 사람들을 연결하는 사회관계망을 통해 확산된다(Levitt & Glick-Schiller, 2004). 정주국과 모국 사이의 초국적인 사회적 장은 경제 · 종교 · 정치적 관계로 확장되고, 제도화된 다양한 관계망으로 강화된다. 이주자는 이러한 초국적인 사회적 장을 통해 모국에서의 소속 및 위치를 유지할 수 있고 정치 · 경제적으로 참여할 수 있다. 이들은 초국적인 공간 내에서 복수의 로컬이 주는 기회를 동시에 활용하여 자신의 지위를 유지하거나 향상시키기 위해, 자신의 기회를 극대화하기 위해 투쟁하고 있다(구본규, 2013).

초국적 공간의 출현은 글로벌화가 가져온 중요한 사회적 결과로, 기존 국제이주의 공간 개념을 획기적으로 변화시켰다. 기존 국제이주에 의한 공간이 '본국'과 '타국'으로 규정되었다면, 초국적 이주에 의한 공간은 민족국가의 물리적 구속에서 벗어나 국가 간 경계를 가로질러 형성되는 '초국적 사회 공간'으로 정의된다(김영순 외, 2014). 이러한 다양한 이주는 '디아스포라'와 관련된다.

디아스포라*의 사전적 정의는 "민족 구성원들의 흩어짐 혹은 이산(離

* 디아스포라가 역사적으로 모습을 드러낸 때는 유대왕국이 바빌로니아에 의해 멸망하고, 유대인이 바빌론에 포로로 잡혀가게 된 기원전 597년을 꼽는다. 이때 유대인 일부는 이집트로 도망

散)"이다. 특히 사프란(William Safran)은 디아스포라의 구성요건으로 "중심에서 주변으로 이산", "조국에 대한 기억과 신화의 공유", "도착국의 주류 사회가 자신을 진정으로 받아들이지 않는다는 믿음", "조국에 대한 이상화(理想化)", "조국의 번영과 보존에 모두 헌신해야 한다는 믿음"을 포함했다. 이는 그 관계가 실질적이든 상상적이든 출신국과의 관계에 대한 지속 여부가 디아스포라를 규정하는 중요한 요건이 된다(Safran, 1991). 이러한 점에서 이 연구에 참여한 독일 한인이주여성은 지속적으로 한국과 관계를 맺고 있다는 점에서 디아스포라의 패러다임 안에 있다고 할 수 있다. 민족주의의 기원과 전파에 대해 성찰한 앤더슨(Benedict Anderson)은 민족성, 혹은 같은 어원을 가진 민족 됨과 민족주의를 특수한 종류의 문화적 조형물로 보았다. 따라서 그는 민족을 "자체로 제한되어 있으면서 주권을 갖춘 것으로 상상되는, 상상의 정치적 공동체(imagined political community)"라고 정의한다. 이러한 정의에서 가장 중요하게 여겨지는 '상상'이라는 말은 민족 구성원 간의 상호 관계를 의미한다. 민족을 구성하는 모든 사람이 서로 알고 직접 만나서 대화를 나눌 수는 없다. 서로 만날 수 없는 사람들을 하나의 민족 구성원으로 만드는 것은 상상에 의한 것이다. 하나의 민족을 이루는 구성원으로서 당연히 받아들여지는 것은 민족 구성원이 갖는 동질성을 그/그녀가 갖고 있다고 우리가 상상할 수 있기 때문이다. 특히 앤더슨은 이민자가 고국의 정치 상황에 대해 지속적으로 개입하는 것을 '장거리 민족주의(long-distance nationalism)'라고 지칭했다. 이민자가 고국으로 돌아갈 것을 기대하지도 욕망하지도 않으면서 고국의 정책 결정에 영향력을 행사하는 것이다(Anderson, 1998).

가서 나일강 지역에 자리 잡게 된다. 이집트로 탈출하거나 바빌론으로 유배를 당한 유대인은 자신들만의 공동체를 형성하여 전통적인 종교와 관습을 실천하며 민족적 정체성을 보존하며 살아간다(이석구, 2014).

디아스포라의 한쪽 편에 출신국의 사회 · 정치적 현안에 적극 참여하는 '장거리 민족주의'가 있다면, 다른 편에는 출신국과의 관계가 느슨해진 '혼성적 디아스포라'가 있다. 이는 정착국과의 관계가 중요한 비중을 차지한다. 장거리 민족주의를 바탕으로 디아스포라가 "조국 지향성", "문화 보존" 등으로 특징지어지는 데 반해, 혼성적 디아스포라는 "현지에서의 문화 재생산"이 더 중요해진다(Hall, 1990). 이를테면 독일 한인이주여성 2세는 훨씬 더 혼성적인 디아스포라 양상을 보인다.

기존의 국제이주에 의한 이민자는 '본국'에서 출생하여 거주하는 불특정한 정주자의 시선 속에서 끊임없이 이동하는 타자화된 집단이었다. 그렇지만 초국적 이주에 의한 이민자는 2개 이상의 국가에 연결된 사회관계망으로, 떠나온 모국과 현재 삶의 터전이자 적응해야 할 정주국이라는 현실의 이분법적 경계를 약화하는 유연한 집단으로 간주된다. 이전까지는 이민자의 적응을 정주국에서의 온전한 동화와 주류사회로의 성공적인 진입 여부로 판단했던 반면, 현재 전 지구적 이주의 시대에는 복수의 로컬을 가로지르는 다층적인 사회관계망 형성이 이민자에게 대안적인 적응의 궤도를 제시하고 있다. 이처럼 '초국적 이주'라는 개념은 기존 이민자 이론을 대체하는 설명 틀로, 최근 이주자의 새로운 경험과 의식을 설명할 수 있다는 점에서 주목해야 할 개념이라고 할 수 있다(김영순 외, 2014).

이러한 초국적 이주 상황에서 전 세계의 재외동포 수는 약 750만 명(749만 3,587명, 2018년 기준)으로, 외국 국적 동포(시민권자) 480만 6,473명, 재외국민 268만 7,114명으로 구성된다(외교부, 2019). 코리안 디아스포라는 모국과 거주국을 연결하는 초국가적 네트워크를 형성하고 있다. 재외한인의 초국적 네트워크는 다문화 사회로 나아가는 한국 사회에도 공존과 연대를 위한 시사점을 줄 것이다.

2) 젠더와 정체성

젠더 관계는 "상식적인 범주에서 생각하는 것처럼 단순히 이분법적이고 균형적이며 보완적인 관계가 아니라 근본적으로 권력과 위계구도, 불평등을 기반으로 한 관계"다(De Almeida, 1996). 남성 되기와 여성 되기에는 다양한 방식이 존재한다(West & Zimmerman, 1987). 이것은 지리 및 역사적으로 특정한 형태를 띠며 광범위한 공간적 규모에 따라 다양하다. 젠더는 다양한 계급과 인종성을 통해 상호적으로 구성된다(Brewer, 1999). 여성 간의 다양성과 차이에 대한 인식으로 1970년대부터 젠더가 안정적인 구조물이라는 생각을 해체하기 시작했다(McDowell, 1999).

다층적 입장에 대한 이러한 탐구는 미셸 푸코(Michel Foucault)의 영향을 받았다. 주체라는 것은 장소 안에서 자신의 젠더와 함께 사회적 관계 속으로 들어가는 고정되고 안정적인 존재라기보다 항상 유동적이고 일시적이며 형성과정에 있다. 그러므로 젠더는 담론과 일상적인 행위를 통해 구성되고 유지된다. 이러한 관점에서 해러웨이(Haraway, 1991)는 "여성을 자연적으로 구속하는 '여성적인' 것은 아무것도 없다. 심지어 여성'적임' 같은 상태조차 없다. 그것은 서로 경합을 벌이는 성과학 담론과 다른 사회적 실천들 속에서 구축되는 아주 복잡한 범주다"라고 주장했다.

반면, 버틀러(Butler)에 따르면, 성화된 몸들이 이미 이원화된 젠더 관점, 과학과 의학을 비롯한 여러 담론을 통해 구성되며 몸들 또한 같은 방식으로 규정된다. 이러한 '정체성의 규정(identification)'과 유지는 그녀가 말한 '젠더 수행(gender performance)'이라는 용어로 구성된다(Butler, 1990; 1993). 젠더 수행 속에서 '이성애'라는 규제적인 허구는 대부분이 특정한 사회적 맥락 속에서 통용되는 여성 및 남성에 대한 양극화된 규범을 규정하는 헤게모니적인 규범들 내에서 행동할 수밖에 없도록 강제한다는 것이다. 그러나 버틀러의 주장에 의하면 양극화된 젠더라는 담론적인 또는 당연시된 구성은 전복적으로 수행들을 통해 도전받을 수 있다(McDowell, 1999).

육체적 차이를 토대로 사회적 가치를 구분한다는 '몸의 수치화(scaling bodies)'는 여성주의 정치학자인 아이리스 영(Iris. M. Young)이 발전시킨 개념이다. 여성들은 개인적인 경험, 기회 및 가능성에서 개별적 다양성을 가지는데도 주어진 사회적 · 역사적 조건 내에서 하나의 통일성을 갖는다(Young, 1990). 특히 영은 "피지배 집단은 오직 몸을 통해 정의되고 바람직하지 않은 몸속에 가두어진 것"으로 정의되는 반면, "기본적으로 백인과 남성이라고 할 수 있는 지배 집단은 눈에 띄지 않는 중립적 · 보편적 · 비체현적 위치를 점하고 있다는 점에서 몸의 구분은 특정 집단을 열등한 것으로 만들어내는 결정적인 역할을 한다"라고 했다. 여성들은 자신의 몸에 갑혀 있으며, 부적당한 몸동작을 특징으로 한다는 점에서 '타자'로 정의된다. 여성의 이러한 감금 상태는 이상화된 성의 몸이 구성되면서 더욱 악화된다(Young, 1990).

이주여성들이 이주 후에도 모국과의 연계망을 지속적으로 유지하고 있다는 점에서 '초국가적 사회의 장(transnational social field)'이라는 개념이 부상하고 있다. 이주여성들은 모국에 있는 친지들과 감정적 애착을 지속적으로 형성하고 있으며, 모국에 있는 부모에 대한 부양 의무를 포기하지 않고 지속하는 경우가 많다(심영희, 2011). 이들은 모국으로의 귀환이 약속되지 않는 이민자이기보다 초국가적 사회의 장에서 모국과 정주국 사이를 연결하는 초국가적 행위자로서의 이민자라고 볼 수 있다(김영순 외, 2014).

초국적 이주를 경험한 이주여성은 정체성이 변화한다. 특히 결혼이주여성은 삶의 계기에 따라 정체성이 변화하는 것을 볼 수 있는데, 결혼이주 직후에는 정체성 혼란으로 인해 탈영토적이고, 자녀 출산 후에는 법적으로 이주국의 국적을 획득할 수 있다는 희망으로 재영토화된 정체성으로 발전하며, 고향 방문 후에는 고향의 장점을 발견하고 이를 다시 자신의 강점으로 활용하면서 임파워먼트가 발생함에 따라 실질적 이중 정체성, 즉 초국적 정체성으로 변화하는 것을 알 수 있다(심영희, 2011).

초국적 유대관계의 가장 대표적인 공간은 초국적 가족이라고 할 수 있다. 초국적 가족이란 국가의 경계를 넘어 가족 구성원들이 떨어져 살아도 한 가족이라는 유대관계를 유지하는 것이다(김혜선, 2012). 그러나 이주여성은 모국의 가족과 정주국의 가족 사이에서 딜레마를 겪는다. 그녀들은 '초국적 딸'과 '초국적 아내', '초국적 어머니' 사이에서 길 찾기를 시도한다. 이주여성들에게 "모국과 정주국은 모두 '유령'의 장소('ghostly' locations)로 느껴질 수 있다. 왜냐하면 모국의 집은 실재하진 않지만 정주국에서의 적응을 방해할 만큼 그녀들에게 많은 영향을 미치며, 정주국에서의 집은 실재하지만 진정성 있게 느껴질 만큼 충분하지는 않기 때문이다"(Radhakrishnan, 1996). 이주여성은 초국가적 결혼을 통해 서로 다른 문화적 · 사회적 관계를 지속한다. 이러한 관계는 그들의 이주생활에 도움이 되기도 하고, 남편과의 관계에서 협상 자원으로 활용되기도 한다. 초국적 가족 외에도 초국적 유대관계는 이주여성에 의한 초국적 삶의 실천 양상에 따라 다양하게 창출될 수 있다. 또한 사회적 · 경제적 배경을 가진 두 국가 사이를 오가며 초국적 가족의 사회관계를 지속한다. 이러한 관계는 그들의 이주생활에 도움이 되기도 하고, 남편과의 관계에서 협상 자원으로 활용되기도 한다. 초국적 가족 외에도 초국적 유대관계는 이주여성에 의한 초국적 삶의 실천 양상에 따라 다양하게 창출될 수 있다.

많은 여성이 아버지나 남편을 따라 이주하는 것이 아니라 독립적으로 이주하면서 더 이상 남성들이 이주의 중심에 있지 않다(김영순 외, 2019). '이주의 여성화(feminization of migration)' 현상(Castle & Miller, 2003)은 이와 같은 양상을 잘 보여준다. 경계를 가로지르는 여성들은 주체적 행위자로서 만남과 갈등 속에서 초국적 소통을 하며 복잡하고 다층적인 과정을 경험한다.

2.
정체성과 문화

1) 정체성의 의미

정체성(正體性, identity)은 개인이나 집단의 존재를 주변 세계와의 관계 속에서 규정하는 성질의 용어다. 정체성은 기본적으로 주변의 사물이나 유사 대상들 속에서 찾을 수 있는 차별점과 특수성을 일컫기도 하고(정영훈, 2010), 오랜 기간 일관되게 유지되는 고유한 실체로서 자기에 대한 주관적 경험을 담고 있기도 하다. 또한 정체성이란 한 개인이 다른 행위자, 사회적 사실, 사물 같은 정체성 대상을 내면화하여 그 대상에 대한 의미들을 받아들이는 동일시와 그 동일시를 통해 사회적으로 인정받기 위해 다른 행위자들과 관계를 필요로 하는 정체성 교섭이라는 상호성에 기반을 두고 논의된다(정호영, 2001).

어떤 사람들은 생물학적 출생과 달리 자신의 성적 정체성을 찾기 위해 성전환 수술을 하기도 하고, 해외로 입양된 자녀의 경우 출신국과 다른 국적으로 국가정체성의 혼란을 경험하기도 한다. 특히 초국가 이주가 빈번해지고 다문화 사회에 직면하고 있는 오늘날의 사회에서는 국제결혼으로 국가정체성 혹은 민족정체성 혼돈에 대한 문제가 이슈화되기도 한다. 이처럼 정체성은 다양한 모습으로 나타나므로 그 의미를 정확히 파악하기는 쉽지 않다. '정체성'이라는 단어 앞에 성(性), 가족, 지역, 민족, 국가 같은 어떤 단어를 갖다 붙이느냐에 따라 성 정체성, 가족 정체성, 지역 정체성, 민족 정체성, 국가 정체성과 같이 서로 다른 종류의 정체성을 만들어낼 수 있고 그 의미하는 바가 모호할 수 있다(정호영, 2001). 따라서 이 연구의 방향성을 위해 먼저 정체성에 대한 기존 정의들을 살펴보면 다음과 같다.

"어떤 대상에 대한 성찰적 인식"(Giddens, 1991: 52), "의미의 원천으로서 중요한 문화적 특징 또는 문화적 특징들의 집합이라는 기초 위에서 의미가 구성되는 과정"(Castells, 1997: 6), '자기이해'(Hall, 1999: 73), "한 행위자가 타자의 시각을 받아들이는 속에서 사회적 객체로서의 자기 자신에게 귀속시키는 의미들의 집합"(Wendt, 1994: 385), "개인이나 집합체가 사회적 관계 속에서 다른 개인이나 집합체들과 구별되는 방식들"(Jenkins, 1996: 4)과 같이 다양한 정의를 볼 수 있다. 이와 같은 내용을 종합하여 정호영(2001)은 정체성을 "개인이 사회적 관계 가운데 만나게 되는 한 대상으로부터 성찰적으로 구성해 낸 의미들의 결합"이라고 보았다. 그런데 한 개인은 다양한 사회적 관계 속에서 다양한 대상과 접하게 되므로 동시에 여러 개의 정체성을 가질 수 있다. 이처럼 한 개인의 정체성이 사회적 관계 속에서 만나게 되는 대상에 대해 형성하는 의미를 뜻한다면, 그것은 사회적 존재로서 인간의 특징이며, 성찰적 존재로서 인간의 특징일 것이다. 다시 말해 인간은 사회적 · 성찰적 존재로서 누구나 삶의 의미들을 끊임없이 찾게 될 것이고, 그 의미들을 발견하기 위해 '나는 누구인가'라는 질문을 수없이 던지며 살아가는 존재다(홍은화, 1995; Wendt, 1994; Giddens, 1991; Jenkins, 1996).

한편, 개별적 주체나 집단적 주체의 정체성은 어떠한 관점으로 보느냐에 따라 크게 본질주의, 즉 실재론과 구성주의의 양대 흐름으로 볼 수 있다(Risse, 2002; 장미경, 2002). 실재론적 입장에서 한 개인이나 집단은 원래 본질적인 속성이 존재하며, 정체성의 형성과정은 그 본질적 속성을 발견하거나 그것이 발현되는 과정이라고 본다. 다시 말하면 주체의 정체성을 단일하고 고정불변의 것으로 이해하는 것이다. 반면, 구성주의 입장에서는 한 개인이나 집단에 원래 본질적으로 존재하는 속성이란 존재하지 않으며, 본질적 속성이나 특징처럼 보이는 것들도 이미 사회적으로 구성된 것이라고 보고 있다(정호영, 2001). 즉 구성주의자들은 주체의 정체성은 항상 변화하고 있다고 이해하고 있으며, 정체성의 복수성과 다양성 그리고 분열성을 인정한다. 따라서 구성주의자들은 실재론이 정체성의 단일성, 불변성, 고정성을 강조하고 있어 역동적으로 변화하는 주체의 정체성을 설명하지 못하는 한계가 있다고 비판한다. 이러한 구성주의 입장에서 실재론에 대한 비판의 근거는 크게 두 가지다. 첫째, 인간 사회의 관계 구조는 물질적 재력보다 공유된 아이디어에 의해 규정된다. 둘째, 주체의 정체성과 이해관계는 그저 주어지는 것이 아니라 사회적으로 공유된 아이디어에 의해 주어진다는 것이다(Wendt, 1999).

이와 같은 입장은 구성주의가 구조주의적인 관념론에 바탕으로 두고 있는 이론임을 시사한다. 즉, 구성주의는 유물론보다 관념론을 그리고 개인주의보다 구조주의를 강조하는 이론이다. 또한 사회에서 구성된 지식과 아이디어, 신념체계와 상징체계 등의 사회 · 문화적 구성물들은 주체의 정체성에 중대한 영향을 준다고 믿고 있다.

그러나 구성주의 입장에서는 사회 · 문화적 구성물이 고착되어 있거나 외부로부터 부여된 것이 아니라 주체들 간에 지속적인 상호관계를 맺으며 꾸준히 생성되고 변화한다고 보고 있다. 이에 반해, 실재론적 입장에서는 주체의 정체성을 개인주의적으로 해석하고 있는데, 개인주의자들은 주체의 정체성과 이해관계를 그저 외부에서 주어진 것으로 설명한다. 이들은 모든 사회관계와 사회적 구성물에 대한 이해를 개인들의 고유한 특성으로 환원시키고 있다. 그러나 개인의 고유한 정체성과 이해관계가 어디서 어떻게 형성되어 변화하는지에 대한 설명은 내놓지 못하게 된다(진시원, 2003).

이 책에서는 개별적 주체나 집단적 주체의 정체성은 사회관계의 상호작용 속에서 공유된 아이디어에 의해 지속적으로 생성 · 변화되는 사회적 구성주의의 산물로 보고자 한다. 또한 앞서 기술한 바와 같이 정체성 정의에 대한 검토와 함께 정체성의 구성성은 이 연구의 진행 과정에서 분석하고 해석하는 과정에 중요한 지침이 될 것이다.

2) 정체성의 다중성

정체성은 "개별적 주체나 집단적 주체에 대해 갖는 의미들의 집합"으로 정의되었는데, 그 개인과 집단은 사회적 관계 속에서 다양한 대상을 만나므로 복수의 단위 정체성을 동시에 갖게 된다. 이것은 한 개인이 가질 수 있는 정체성들의 다중성을 의미한다. 정체성의 다중성은 앞서 논의된 실재론적 시각에서는 한 개인이나 집단에 내재하는 고유의 본질적 속성이 발현되거나 발견된 것을 정체성으로 보기에 이러한 시각에 따르면 정체성은 단일의, 통합적이고, 조화로운 그 어떤 것일 수밖에 없다. 즉, 시각 자체가 정체성의 다중성을 허용하지 않는다. 그러나 구성주의 시각에서는 정체성의 다중성을 받아들이며, 더 나아가 정체성을 사회적으로 구성되는 것이라고 봄으로써 정체성의 변화 가능성도 내포한다(Calhoum, 1994; Jenkins, 1996; Castells, 1997).

정체성은 자아 지식이며, 이것은 사회적 학습이나 사회화 같은 경험과 학습의 과정을 통해 구성된다고 보았다. 그리고 경험과 학습의 과정은 기존의 문화나 사회적 · 경제적 · 정치적 제도 등 구체적인 현실의 기초 위에서 이루어진다(Castells, 1997). 정체성 형성은 이러한 주장을 통해 한 개인이 속해 있는 사회의 구성원, 문화, 각종 제도, 사건 및 사물과 상호작용하며 사회적 학습에 의존한다(정호영, 2001). 사회에 관한 학습이 정체성 형성에 중요한 부분인 만큼 정체성은 사회적 특징들을 반영한다. 또한, 세계화의 영향으로 한 개인이 속해 있는 사회적 관계의 수가 증대되었고, 개별적 관계간의 사회적 네트워크의 복잡성도 크게 증가했다. 따라서 개별적 주체들은 다중적 정체성을 항상 조화로운 상태로 유지하기 어렵게 되었고, 초국적 사회의 장 속에서 자연스럽게 경계적 정체성을 형성하게 되었다. 또한 행위자의 안정성을 유지하기 위해 국가의 경계 간 상호연결망에 의존하여 자신의 정체성을 복수의 로컬과 연결지으며 구성해가는 주체로 변화해가고 있다(김영순 외, 2014).

한 개인의 정체성은 타인과 구별되는 개인정체성과 타인과 공유하는 사회 영역, 속성, 자기 개념 요소 등으로 구성된 사회정체성으로 이루어진다(Brewer, 1991). 이때 사회적 집단의 한 구성원으로서의 개인, 특정한 국가의 국민으로서의 개인을 이해함에 있어 사회정체성은 매우 유용한 개념이라 볼 수 있다. 이에 사회정체성으로서의 국가정체성(national identity)과 민족정체성(ethnic identity)에 대해 살펴보고자 한다.

(1) 국가정체성

일반적으로 심리학 분야에서 정체성은 '자기(self)'와 동일한 개념으로 사용되는데, 이는 시간과 사회 범주화, 집단 소속에 따라 변화하거나 변화하지 않는 개인의 근본적 특성을 이해하는 데 사용하는 개념적인 도구다(Hammack, 2015).

국가정체성은 한 개인을 타국민과 구별되게 하는 동시에 한 개인이 속한 나라의 국민과 공동으로 소유하고 있는 자기 개념 속성의 사회정체성이다(장승진, 2010). 또한 국가정체성은 국가에 대해 소속감 혹은 자기 동일시, 국가와 국민에 대한 정서적 밀착감(애국심), 국민을 규정하는 기준들이 규범적인 내용으로 구성된다(Citrin & Sears, 2014). 이 규범적 내용은 일반 대중으로부터 기인하기보다는 엘리트에 의해 안출되고 만들어지는 것으로 알려져 있으며, 이 기준과 범위는 한 국가의 개인을 국민으로 응집시키고 타국가 국민과 구별되게 하기도 한다. 이론적으로 시민권은 국민의 기준과 범위로 볼 때 국가정체성의 바탕에 대한 것이며, 귀속감과 애국심은 국가정체성의 정서적 낙착, 곧 '정치화된 집단의식'이다(윤광일, 2017). 또한 국가정체성의 규범적 내용은 끊임없이 재구성되므로 현재 자국민이라고 생각하고 있는 국가정체성 구성요소와 이에 대한 심리적 낙착은 고정된 것이 아니라 미래적으로도 계속 재구성될 수 있음을 시사한다.

국가정체성의 바탕이 되는 국민의 기준과 범위를 정하는 규범적 내용은 대개 이념형으로서 영토적 요소인 시민과 혈통계보적 요소인 인종의 두 가지 측면으로 구성된다(Smith, 1991; Jones & Smith, 2001a; 2001b; Shulman, 2002; Kunovich, 2009). 시민의 경우는 전통적으로 서구 국가 모델에서 강조하는 요소인데, 국가를 역사적 영토 내에서 공통된 이데올로기와 시민문화에 바탕을 둔 평등한 구성원으로서 법적 · 정치적 공동체로 이해한다. 반면, 인종의 경우는 동유럽 및 아시아의 신생국을 중심으로 한 비서구 국가 모델에서 중시하는 요소로 '상상의 거대가족', 즉 혈연공동체를 국가로 이해한다. 다시 말해, 서구 모델에서는 한 개인이 법적 · 정치적 공동체를 선택할 수 있다면, 비서구 모델에서는 출생국 외에 다른 나라의 국민이 될 여지가 거의 없다(Smith, 1991).

1995년 미주, 유럽, 아시아, 오스트레일리아 등 23개 국가를 대상으로 한 국제사회조사(ISSP: International Social Survey Programme)에서 국가정체성 모듈 7개 항목을 통해 국가정체성의 근원이 되는 시민과 인종의 요소를 경험적으로 확인해보았다(Jones & Smith, 2001a; 2001b). 이 연구에 의하면 '시민' 영역에서는 정치제도와 법 존중, 국민감정 요소가 속하고, '인종' 영역에서는 출생, 국적, 장기거주, 종교 요소가 속했다. 그리고 국가정체성에 포함된 요소 중에서 시민정체성보다 인종정체성을 더 중시하는 것으로 나타났다. 대표적으로 다문화 · 다인종 국가라고 볼 수 있는 미국 시민의 경우에는 앞선 연구에서처럼 두 가지 측면의 국가정체성이 확인되었다(Theiss-Morse, 2009; Citirn & Sears, 2014).

(2) 민족정체성

정체성이 "어떤 대상에 대한 의미들의 총체(Doty, 1996)"이므로 민족정체성은 민족에 대한 의미들의 총체일 것이다. 정호영(2001)은 민족정체성을 "같은 민족 안에서 그리고 한 민족으로서 살아가는 성원 간의 공유된 인식과 성원들의 자기 민족에 대한 공유된 소속감"으로 정의한다. 즉, 민족정체성은 민족에 대한 의미들의 집합이며, 그 의미들의 집합은 성원 간의 호혜적 인식과 구성원들의 민족에 대한 귀속감의 합으로 이루어져 있다는 것이다. 개인들은 다수 집단의 일원이 될 수 있으며, 상황과 맥락에 따라 정체성을 바꾸기도 한다. 하지만 집단정체성은 일반적으로 가지고 있는 정체성 속성에 비해 쉽게 변하기 어렵다(Huntington, 2004).

정체성은 변화의 차이성과 구별되는 소속감, 일체감, 연속성 등을 포함하지만, 민족정체성은 혈통뿐만 아니라 역사 · 문화적으로 공유하면서 기억해온 정체성을 근본으로 한다. 따라서 민족정체성은 혈통중심보다 문화중심의 정체성으로 이민족(異民族)과 구별되는 민족개념으로 자기인식적인 차원을 보여준다고 할 수 있다(심민수, 2009).

또한 민족정체성은 민족 출신에 대한 확인과정으로 여러 민족과의 소통과정에서 내부적으로 동질감을 찾아가는 과정이면서, 곧 외부적으로 이질성을 찾는 과정이기도 하다. 초국적 이주에서 민족정체성은 문화적응의 일부이며, 동일한 집단 또는 문화에 대한 소속감이기도 하다(Phinney, 1990). 특히 종족 · 문화적 고유특징을 보전하고 있는지 여부는 흔히 민족정체성을 유지하고 있는지 혹은 타문화에 동화되었는지를 구별하는 기준이 된다. 또 소속감으로서의 민족정체성은 민족적 공동연대감이나 동포애, 즉 애국심 같은 사상의 심리적 토대가 된다(정영훈, 2010: 4).

정영훈(2010)에 의하면, 민족정체성은 민족집단 차원과 개인 차원에서 논의할 수 있다고 보았다. 역사학이나 인류학 등에서는 민족 전체의 역사나 문화 및 유전형질로 부터 일반적인 특성과 정체성을 찾아내려고 한다. 그러나 민족집단의 정체성은 후자인 각 개인 차원에서 갖고 있는 속성들의 총체라 할 수 있는 만큼 이 절에서는 개인 수준에서 제기되는 민족정체성을 중심으로 살펴보고자 한다.

개인이 가지는 민족정체성 역시 객관적 영역과 주관적 영역이 있다. 이 가운데 객관적 영역은 나면서부터 본래적으로 갖게 되는 유전적 요인과 후천적으로 습득된 외부적 요인으로 구분할 수 있다. 예를 들어 언어나 종교, 관습, 가치관, 문화 같은 요소는 후천적으로 학습된 것이다. 이러한 언어, 종교, 관습, 문화 등은 민족사 속에서 오랜 시간을 두고 형성되어온 것으로 개인들이 공동체 속에서 생활해오면서 자연스레 내면화되고, 그 과정에서 민족의 일원으로 자리 잡게 된다. 그러나 유전적 요인은 타고난 것이어서 개인의 의사에 따라 좌우될 수 없다.

그러나 민족정체성의 주관적 영역은 그 객관적 영역에 밀접히 의존하게 된다. 민족의 동질적 정체성이 존재해야 민족의식, 즉 공동체의식 같은 정서와 의지가 생겨날 수 있다. 혈통적 · 문화적 동질성이 약화된다면 하나의 민족으로서 민족의식이나 동포애 같은 연대감은 생겨나기 어렵다. 다시 말하면, 민족문화나 특성 같은 객관적 요소들은 민족의식 같은 주관적 요소가 강한 정도만큼 유지되기 마련이다. 따라서 민족 고유의 특성들을 얼마만큼 발현하고 유지하고 있는지를 파악함으로써 민족정체성의 척도로 삼을 수 있을 것이다.

앞서 민족정체성의 객관적 · 주관적 영역에서의 구성 요소들에 대해 살펴보았다. 한 개인이 어느 곳에 거하든지 특정 민족집단의 성원으로 살아가면서 민족정체성에 대한 생각을 많이 하게 되는데, 이때 민족정체성이 가진 기능 또는 지배적 지위는 무엇인지 살펴보자.

민족정체성은 한 국가의 시민이 가진 주권적 의미, 즉 '국민'과는 구분되는 정체성이다. 일반적으로 한 국가에는 다양한 민족이 공존하게 마련이며, 한 국가의 국민이 하나의 민족으로 구성된 경우는 극히 드물다. 민족정체성은 거주지나 국적을 초월한다. 그리고 사용하는 언어, 종교 및 의식주 등의 생활양식 차이를 뛰어넘기도 한다. 다른 나라, 다른 문화권에서 살며 국적을 달리하더라도 민족적 신분이 같으면 하나의 민족으로 쉽게 용인되기도 한다. 이처럼 민족정체성은 다른 민족과의 차이점을 부각하며, 동일한 민족으로 인정된 집단에 대해서는 공동의 연대감을 강조하는 경향이 있다.

민족정체성이 근대 세계에서 이렇게 근본적인 힘으로 자리 잡게 된 이유를 세 가지로 제시하면 다음과 같다(Smith, 1991). 첫째, 보편성으로 전 세계 어디에나 존재한다. 둘째, 편재성으로 문화적 · 사회적 · 경제적 · 정치적 측면 등 우리 삶의 영역 곳곳에 민족정체성이 배어 있어 개인과 공동체의 모든 측면과 영역은 민족정체성으로부터 자유로울 수 없다. 셋째, 복잡성과 다양성으로 민족정체성은 상황과 맥락에 따라 다양한 변형과 결합이 가능한 카멜레온 같은 속성을 가지고 있어서 비민족적 이슈나 이데올로기들과의 결합 능력이 뛰어나다.

한편, 민족정체성은 한 나라 안에서 가장 광범위한 정체성으로 이론적으로는 민족정체성의 대상 범위가 인구 전체를 포괄하며, 그것은 정치적 · 종교적 · 문화적 · 에스닉적 차이들을 모두 초월한다(Bloom, 1990). 민족은 기본적으로 통합적 관념으로서 계급, 다양한 문화적 · 민족적 · 지역적 배경 등을 모두 포괄한다(Hall, 1999). 따라서 인종, 민족, 종교, 민족주의는 집단 정체성 형성의 핵심적 요인들로서 근대성 창출에 핵심적 역할을 한 것들이지만, 이 중에서도 종교와 민족주의가 다른 요인들과 상호작용하면서 근대성을 창출했다(Tiryakian, 1997).

이처럼 민족정체성이 갖는 이러한 지배적 지위는 무엇보다 '혈연공동체'라는 주장이 모든 성원에게 호소력을 갖기 때문일 것이다. 민족정체성은 성원 간의 호혜적 인식과 민족에 대한 성원들의 소속감이라고 볼 때, 이 호혜적 인식과 소속감의 내용은 민족의 유구한 역사를 내포한, 그리고 앞으로 지속될 혈연적 공동체, 연대감이라는 신뢰감이라고 생각한다.

3) 문화와 정체성

문화의 본질을 '혼종성(hybridity)'으로 규정한 호미 바바(Homi Bhabha, 2002)는 문화 내에 분열적인 타자성과 차이들이 존재함을 강조한다. 이러한 문화에서 확정적인 정체성은 존재할 수 없다. 주체는 타자의 끊임없는 개입에 노출되어 있고, 이 과정에서 정체성을 형성하는 주체는 언제나 양가적인 측면을 갖는다. 이는 타자성의 간섭이 있기 때문이다(Bhabha, 1990; Bhabha & Rutherford, 2006). 특히 바바는 문화적 혼종성으로 생긴 사이(inter) 공간에 주목한다. 독일 한인이주여성이 경험한 문화의 혼종성은 상호문화적(intercultural) 공간으로 구현된다. 한국을 떠나 독일에서 결혼하여 가족을 이루고 이주의 삶을 경험한 한인이주여성의 문화적 혼종성은 이들의 초국적 정체성과 연관된다.

탈구조주의적 사유체계에 기반한 문화적 차이의 문제에 집중한 바바는 탈구조주의에서 문화는 언어 · 담론 등에 의해 매개되며 정신세계와 물질세계를 연결하는 삶의 방식 자체이고, 사회가 변화하기 위해서는 제도나 정책, 시스템의 변화보다는 주체와 삶의 방식 자체의 변화, 즉 새로운 문화형식을 지속적으로 만들어가는 과정이 필요하다고 본다. 국가 간뿐만 아니라 한 국가 내부에서도 순수하고 단일한 문화는 있을 수 없으며, 문화적 정체성 역시 백지상태가 아니라는 점에서 혼종성을 갖는다. 지배자는 피지배자에게 비슷해지기를 요구하지만, 자신들의 우월성과 지배의 정당성을 확보하기 위해 결코 완전히 똑같아지기를 바라지는 않는다. 피지배자 또한 지배담론이나 문화를 완전히 동일시하는 것이 아니라 지배문화와 이질적인 차이를 보이며 문화적 혼종성을 생산한다. 이런 점에서 정체성은 '양가성'을 가지고 있고, 그렇기에 안정되고 견고한 것이 아니며, 문화의 의미와 상징들은 근원적인 통일성이나 고정성을 지니고 있지 않다. 자아/타자, 주인/노예, 1세계/3세계, 자국문화/타문화 간의 구분이 아니라 지배와 피지배의 이분법을 넘어서는 '제3의 공간', '경계선', '사이-내 공간(in-between space)'이 생겨난다(Bhabha, 2002). 따라서 인종적 순수성에 기반한 인종차별주의 담론이나 순수한 민족문화를 상정하는 것은 지속 가능한 다문화 사회에서 있을 수 없는 일이다.

서로 다른 문화의 사람들이 접촉하면서 일어나는 현상을 '문화변용(acculturation)'이라 한다. 이는 문화접촉으로 발생하는 현상과 정착과정에서 나타나는 정체성의 변화를 이해하는 데 핵심주제라고 할 수 있다. 문화변동 과정의 전제는 상이한 문화의 접촉이 있어야 한다. 예컨대, 이주민은 문화접촉 상황에서 정체성의 변화 과정에 놓이게 된다. 문화변용 과정은 크게 두 가지 현상으로 구분된다. 첫째는 집단현상으로의 문화적 변화로 이 현상에서는 정치와 경제변화, 관습과 생활변화, 사회적 행동변화가 나타난다. 둘째는 개인현상으로 심리적 변화는 문화정체성 변화, 개인의 태도변화, 사회적 행동변화가 나타난다(김영순, 2019).

이주자는 문화의 매개자로서 문화번역의 주체가 된다. 특히 바바는 관습적 번역과 문화번역의 차이점에 대해 기존의 번역이 의미의 등가성 및 충실성을 강조하고 있음을 지적한다. 나아가 문화번역에서는 번역물 생산의 메커니즘이며, 나아가 문화 사이의, 문화 내부의 혹은 문화 너머의 타협 불가능한 차이를 간과하지 않고 어떻게 이 차이를 세계 속으로 도입할 것인가라는 문제를 전면에 드러낸다. 바바에 의하면 문화번역은 문화교환의 새로운 양상으로 기존의 문화를 깨뜨려 탈안정화시키고 새로움에 대한 감수성을 창조하는 도구인 셈이다. 그럼으로써 기존의 동일성에 기반을 두고 정체성을 변화시켜서 새로운 문화정체성을 만들고자 하는 활동이다. 이러한 맥락에서 바바는 프랫(Pratt, 1991)이 말한 접촉지대(contact zone)'라는 개념에 기대어 문화번역의 개념을 재설정했다(Bhaba, 1994). 이러한 바바의 논의에서 주목할 것은 모든 문화는 권력관계에서 비대칭적이고 불균형적이라는 점이다. 그 때문에 문화들의 경계나 접촉지대에서는 갈등이나 협상이 벌어질 수밖에 없다. 이러한 지점에서 문화번역이 발생하고, 여기에 참여하는 문화번역가들은 자신이 속한 문화의 가치나 문화적 환경의 영향을 받으면서 동시에 그를 변화시킨다. 그러므로 문화번역의 장에서 타자는 끊임없이 충돌하고, 다양한 관계 속에서 정체성은 지속적으로 도전을 받으며 재구성된다(김영순, 2018). 이에 이주자는 다른 나라의 문화를 번역자의 문화로 옮기는 단선적 과정을 의미하는 것이 아니라 문화 사이의 차이나 갈등을 다양성이라는 차원에서 이해하고 이를 재구성할 수 있다.

정체성은 개인이 사회적 관계에서 본인을 어디에 위치시키고, 타인과 자신을 어떻게 구별하는지에 대한 인식이며, 사람들이 세상과의 관계성을 어떻게 이해하는지, 그 관계성이 시간과 장소에 따라 어떻게 다르게 형성되는지, 미래에 대한 관계성의 가능성을 어떻게 이해하는지(Norton, 1997), 일종의 자리매김(positioning)으로, 다른 사람과의 상호작용 속에서 자신을 위치시키는 것(Davies & Harré, 1999)으로도 간주하기도 한다. 또한 모든 정체성은 역사, 지리, 생물학, 생산 · 재생산 제도, 집합적 기억과 개인의 환상, 종교적 계시, 권력 장치 등의 재료로 구성된다. 그러나 개인, 집단, 사회는 그 사회구조와 그들의 사회적 결정과 문화적 기획에 따라 이 모든 재료를 가공하며 그것들의 의미를 재배열한다(Castells, 2008). 즉, 정체성은 역동적이고 끊임없이 변화하는 것이다.

정체성이란 본질적으로 타자성(otherness)과 이타성(alterity)의 혼합 형태로 구성된다(Said, 2001). 하나의 문화성을 논의하기 위해서는 그 문화성이 놓여 있는 사회의 구조와 그 문화성에 주목하게 된 사회의 흐름, 그리고 그 문화성에 형성되어 있는 사회 내의 분위기 등을 함께 살펴야 한다. 또한 여러 정체성을 전형화하고 서로 대비함으로써 타자 집단을 만드는 것은 일반적으로 경계를 나누고 '우리'의 역동성을 설정하는 전제조건으로 작용한다. 어느 한 집단의 사회구조와 동원 방식이 속성상 자신과 비슷한 다른 사회적 범주의 말살을 요구할 때 그 집단의 정체성은 '약탈적 정체성(predatory identities)'이라고 할 수 있다(Appadurai, 2006). 약탈적 정체성을 지양하기 위해서는 정체성을 이루는 개인과 사회의 역동적인 상호적 관계를 이해해야 한다.

미국의 인류학자 아이화 옹(Aihwa Ong, 1999)은 홍콩의 중국 편입 시기 홍콩 사업가들의 다국적 취득과 이주 현상을 바탕으로 '유연한 시민권(flexible citizenship)'이라는 개념을 소개한 바 있다. 물론 유연성의 정도는 사람마다 지닌 사회·경제적 지위와 형편에 따라 차이가 난다. 무국적자, 난민, 미등록 이주민은 유연성의 정도가 현저히 낮을 수밖에 없다. 심지어 경제적 자본이 충분해도 체류국에서 사회적 자본으로 쉽게 치환되지 않는 경우도 있다. 그렇기 때문에 이주자는 유연성을 높이기 위해 현실적 제도들과 치열하게 협상하면서 국가적·문화적 정체성을 재구성해나간다.

정체성을 지속적인 사회화 과정의 결과라고 한다면, 이주여성들이 초국적 유대관계를 맺고 그 속에서 상호작용하며 자신의 이해를 실현하는 것을 그들 스스로 정체성을 협상하는 과정으로 이해할 수 있을 것이다. 즉, 이들은 초국적 사회의 장 속에서 모국과 정주국을 가로지르는 다양한 유대

관계를 형성하고 이러한 사회적 연결망 안에서 자신의 정체성을 재구성한다(김영순 외, 2014).

이렇듯 초국적 이주를 통해 정체성은 재구성의 원동력이 된다. 다음 장에서 만날 10인의 독일 한인이주여성은 초국적 정체성의 주체가 된 여성들이라 할 수 있다.

3장

독일 한인이주여성의 생애담

1. 연구참여자 1: 긍정 에너지로 성공한 호텔 CEO
2. 연구참여자 2: 연대적 삶을 지향하는 열혈 시민운동가
3. 연구참여자 3: 순수한 동심을 갖고 살아가는 아동문학가
4. 연구참여자 4: 무조건적 환대를 실천하는 양로원 원장
5. 연구참여자 5: 열정적인 페미니스트 한의사
6. 연구참여자 6: 한국으로의 귀환을 소망하는 화가
7. 연구참여자 7: 경계를 자유롭게 횡단하는 코스모폴리탄
8. 연구참여자 8: 독일에서 인정받은 엘리트 음악가
9. 연구참여자 9: 탈경계의 재일동포 출신 피아니스트
10. 연구참여자 10: 시나위 같은 삶과 음악의 작곡가

1. 연구참여자 1: 긍정 에너지로 성공한 호텔 CEO

1) 생애담 요약

연구참여자는 1948년 경상남도 부산에서 2남 4녀 중 막내로 태어났다. 아홉 살 때 아버지가 일찍 돌아가시고 홀어머니가 6남매를 키우셨다. 큰오빠가 제주도에서 배 사업을 하다가 풍랑으로 인해 망하여 가정형편이 갑자기 기울자, 어쩔 수 없이 학업을 포기하고 가족의 생계를 위해 ○○메디컬센터에 보조간호사로 취업하여 근무하다가 한 지인의 이야기를 듣고 독일의 간호사로 가기로 결심한다. 경제적으로 어려운 시절에 가족을 위해 돈을 많이 벌어와야겠다는 소박한 마음으로 독일행을 결정하고는 두려움보다 기쁜 마음이 앞섰다. 하지만 독일행 절차가 마무리되자 가족을 모아놓고 독일에 간다고 이야기하니 온 가족이 너무 놀랐고 이내 울음바다가 되었다.

독일로 떠나기 전 국내에서는 약 2개월 동안 소양 교육을 받았고, 독일에 도착해서는 약 3개월 동안 언어교육을 받은 후 응급처치실로 파견되어 일하기 시작했다. 독일에서의 간호사 역할은 한국에서와 달리 간호와 간병을 겸한 허드렛일까지 다 해야 해서 매우 힘들었다. 특히 처음에는 언어소통이 잘 안 되었고, 독일 환자들의 신체적 특징상 한국인보다 두세 배 가까이 몸집이 커서 누워 있는 환자를 돌아 눕히거나 할 때 허리를 다칠 정도로 힘겨웠다. 게다가 타국의 낯선 음식이 입에 맞지 않아 매우 고생스러웠다.

그럼에도 연구참여자는 성격이 긍정적이고 사교적이어서 환자들에게 매우 상냥하고 친절했다. 그러한 좋은 성격이 인연이 되어 독일 산부인과에 입원한 시누이(독일인)를 통해 현재 남편(남동생)을 소개받아 중매결혼을 하게 되었다. 현재 슬하에 아들 1명, 딸 1명이 있으며, 현재 아들은 41세 공무원, 딸은 39세 분장사(메이크업)로 바쁜 나날을 보내고 있다.

한편, 연구참여자는 2004년 위암 수술을 받고 나서 병원을 그만두는 계기가 되었고, 그 이후 시아버지가 운영하던 호텔을 물려받아 경영하고 있다. 호텔을 경영하면서도 한국을 알리기 위해 특이한 차림이나 특별한 아이디어를 동원하여 참신한 홍보를 했기에 늘 주목받는 대상이 되었다. 항상 새로운 것으로 이슈화하다 보니 방송국에서도 취재를 나오곤 했다. 연구참여자는 독일 국적을 취득하고 있지만, 늘 한국문화를 소개하며 한국을 알리는 일에 앞장서고 있다. 이러한 연구참여자의 행위는 몸은 이국땅에 거리를 두고 있어도 늘 고국을 그리워하고 있음을 방증한다.

또한, 간호사 한인회 등에서 활동하면서 연합무용단을 만들어 한국문화를 알리기 위해 노력하고 있으며, 호텔을 경영한 이후 2008년부터 '월드킴와'라는 단체를 소개받아 회원으로 가입해 적극적으로 활동하고 있다. 이러한 사회 · 경제적 활동을 통해 개인적으로는 가족들의 경제적 지원은 물론 사회적 송금으로 더 넓게 외연을 확장하는 일에 힘쓰고 있다.

연구참여자는 다문화 사회에 도달한 한국 사회에서 한국이 어려웠던 시절 손님노동자로 독일에 간호사로 파견했을 당시를 기억하기를 바라고 있다. 독일 사람들이 파견 나온 손님노동자, 즉 한인 간호사들에게 따뜻하게 잘 대해준 것에 비해 지금 대한민국은 타국에서 일하러 온 이주민에 대한 대우가 좋지 않다는 소식을 접하면서 비통하게 생각하고 있으며, 이러한 잘못된 인식과 태도는 고쳐야 한다고 생각한다. 또한 이러한 일은 정부에서 적극적으로 나서서 지원해야 한다고 모국을 향하여 애정 어린 충고도 전했다.

2) 초국적 이주의 생애담

(1) 독일로의 이주 배경

① 가족을 위해 선택한 간호사로서의 출발

연구참여자는 1948년생으로 2남 4녀 중 막내로 태어났다. 아버지는 연구참여자가 아홉 살 때 일찍 돌아가셔서 어머니가 홀로 힘겹게 6남매를 키워오셨다. 장남인 오빠는 제주도에서 큰 배 사업을 하며 어머니를 도와 가족의 생계를 책임지고 있었다. 하지만 오빠의 선박 사업이 연구참여자의 진학을 앞둔 상황에서 큰 풍랑을 만나 폐업하게 되었고, 이후 가세는 급격히 기울었다. 이때, 연구참여자는 가족을 위해 진학을 포기하고 가게에 도움이 되고자 간호학원을 다녔고, 이후 병원에서 간호보조원으로 사회에 첫 발을 내디뎠다.

"1968년도 그때 공부 다 끝나고 69년도에 제가 어디 가서 돈을 많이 벌어 와서 우리 잘살 수 있을까 생각했어요. 그리고 ○○메디칼센터라는 병원에 취직이 됐어요. 거기서 제가 특실에서 일을 했어요."

그 첫걸음이 당시에는 몰랐지만, 어쩌면 연구참여자에게는 지금과 같은 삶을 살게 될 운명의 시작이 되었다.

"난 의사가 되고 싶었어요. 근데 우리 오빠가 내가 중학교 다닐 때 사업을, 배 사업을 했어요. 우리가 배를 만들어서 큰 배를 타고 오빠가 제주도 갔어요. 우리 오빠 배 사업이 잘됐어요. 그때 내가 고등학교 시험 쳐놓고. 파도 많이 쳐서 배가 물에 가라앉았어요. 오빠가 오셨는데 사람 안 다치고 살아 돌아온 것만 해도 다행이잖아요. 시험을 내가 14등으로 걸렸어요. 그런데 형편이 그래 됐으니 내가 고등학교 진학을 못 하겠다 그랬어요. 그랬는데 학교에서 연락이 왔어요. 돈은 나중에 내고 우선 학교라도 오라 그랬어요. 내가 집이 그래 엉망진창인데 공부를 해가지고 크게 그거 될 것도 없고, 그래서 내가 안 가고 있었어요. 안 가고 있다가 나중에 부산 간호학원 거기서 간호사들 모집한다고 그래서 내가 거기 가서 공부했습니다."

사실 연구참여자의 어렸을 때 꿈은 의사였다. 하지만 가정형편으로 인해 그 꿈을 마음속 깊숙이 접어두어야 했다. 그럼에도 오빠를 원망하지 않았다. 큰 풍랑으로 인해 오빠의 배가 물에 가라앉았다는 소식을 접하면서도 오빠가 다치지 않고 살아 돌아온 것만으로도 다행으로 여겼다. 연구참여자는 그 당시 좋은 점수로 합격해놓고 진학을 못 한다고 하니 학교 측에서는 돈은 나중에 내고 우선 학교라도 다니라고 했다고 한다. 그러나 내 집이 어렵게 되고 정신이 없었기에 공부한다고 무슨 뾰족한 수가 생길까 하는 생각에 끝까지 학교에 가지 않았고 간호학원에 등록한 것이다. 연구참여자는 매우 긍정적이고 낙천적인 성격이다. 이러한 성격 덕분에 원하던 학교를 진학하지 못하게 되었어도 가족에게 원망 한마디 하지 않았다. 또한 배 사업에 망한 오빠를 오히려 걱정하며 가족의 생계를 돕기 위해 진학에서 직업을 찾는 진로로 변경할 수 있었다.

② 파독 간호사에 대한 제안과 결심

그 후 연구참여자는 ○○메디칼센터 병원 특실에서 일하면서 많은 환자를 만났다. 특실이기에 정치가, 영화배우 등 특별한 사람들이 수술환자로 입원하곤 했다. 그러던 어느 날, 정치 분야에서 일하던 분이 외국에 가고 싶지 않냐고 물었다. 연구참여자는 서슴지 않고 독일이든 미국이든 어느 곳이든 나가고 싶다고 했다. 그러자 독일에서 간호사들을 많이 초청하고 있다면서 조만간 연락해주겠다고 하더니 정말 며칠 뒤 그 정치가로부터 전화 연락이 왔다. 독일에서 간호사를 구하고 있으니 빨리 서류를 신청하라고. 연구참여자는 연락을 받았을 당시에는 가족들의 생각은 안중에 없이 마냥 기쁘기만 했다.

"특실에서 일할 때 특실 환자들이 참 많았어요. 정치가들, 영화배우들 뭐 이런 사람들이 일을 많이 하고 수술하고 왔어요. 제가 일주일 씩 특실 환자를 간호하면서 그 하루는, 한 정치가가 나한테 물어요. 외국에 가고 싶지 않느냐고. 네, 독일이나 미국도 가고 싶습니다. 그랬더니, 독일에서 간호사들로 지금 초청을 많이 하고 있다고, 그래서 한번 기다려보라고 그랬어요. 연락이 오면 나한테 연락을 해주겠다고. 어느 날, 그분한테 전화가 왔어요. 지금 독일에 간호사들을 구한다고, 빨리 신청하시오. 그래서 너무 기뻤어요."

지난 1960년대와 1970년대 한국에서는 약 8천 명의 광부와 1만여 명 이상의 간호사 그리고 간호보조사들이 외국인노동자로서 손님노동자(Gastarbeiter) 신분으로 독일로 떠났던 시기다. 이러한 모집을 할 당시 한국의 경제 상황은 국민소득 67달러, 실업률 23%로 아주 열악했다. 예를 들면 간호사 같은 경우에도 최소 고등학교를 졸업했거나 대학을 졸업한 고학력들이었고, 광부로 파견된 사람들은 한국에서 광부로 일한 경험이 있었던 것이 아니라 대학을 졸업하고 오랜 기간 실직 상태에 놓여 취업을 진정으로 원한 사람들이거나, 취업을 한 사람들도 선진국에서의 보장된 미래를 꿈꾸며 육체노동자의 신분을 기꺼이 선택한 사람들이 많았다(이효선, 2007).

"내가 독일 간다는 걸 집에 얘기 안 했어요. 내가 혼자서 공부 다 하고 그리고 집으로 내려왔어요. 집으로 내려와서 우리 식구들 다 오라 그랬어요. 방에 다 앉아가지고, 내가 그랬어. 내가 할 얘기 있다 그랬어. 그때 12월이니까. 1월에 연락이 올 거라고. 서독 간다고 그랬어요. 그랬더니, 식구들이 놀래가지고 돈을 적게 벌어도 대한민국에 살아라. 아니야, 나는 안 된다. 나는 갈 준비 다 해놓고 돈도 다 내놨고 그렇기 때문에 가야 된다 그랬어요. 그래가지고 식구들이 막 많이 울었어요. 그리고 1월 29일, 독일 서독으로 떠나게 되었어요. 김포공항에서."

연구참여자는 간호사 신분으로 독일행을 결심하게 되었고, 이를 위해 제반 서류와 남은 절차를 차근차근 준비해나갔다. 그러나 아직 가족들에게는 알리지 않은 상태였으며, 모든 공부와 준비를 마친 뒤에 드디어 고향 집 부산을 찾았다. 집으로 내려오자마자 가족들을 다 모이라고 하고는 방에 둘러앉았다. 그때는 1969년 12월이었고, 독일로 떠나는 날은 1970년 1월이었다. 한 달도 남기지 않은 채 가족들에게 선포했다. "나 독일간다." 그러자 가족들은 청천벽력 같은 소리에 모두 놀랐고, 돈을 적게 벌더라도 적게 먹고, 적게 쓰면 되니까 대한민국에서 같이 살자며 설득했다. 그럼에도 연구참여자는 이미 돈도 내고 준비를 다 마쳤다며 반드시 가야 한다고 완강하게 의사표현을 했다. 그러자 가족들은 울기 시작했다. 이 울음은 이듬해까지 이어졌다. 잊지 못할 1970년 1월 29일 김포공항에서 비행기가 뜨기 전까지 말이다.

③ 독일로 출국하기 전 준비, 소양교육

연구참여자는 독일로 떠나기 전까지 국내에서 반드시 교육받아야 하는 소양 공부를 했다. 일반적으로 사용되는 '소양'이라 함은 인문학적인 소양으로 언어, 문학, 역사, 철학 따위를 통해 학습하고 배운 지식, 즉 교양 정도를 일컫는다. 그러나 독일로 떠나는 간호사들에게 일정 기간 의무적으로 시킨 소양교육은 그 의미가 조금 달랐다. 일단 독일에서 생활할 수 있어야 하기에 독일어 교육을 받았고, 이념에 관한 교육도 받아야 했다.

"2개월 동안 소양 공부를 했어야 했어요. 독일어도 배우고, 우리가 독일에 와서 뭘 해야 되며, 조심해야 될 거 여러 가지. 왜냐하면 그때 베를린에 서베를린이 있었고 동베를린이 있었고, 동독과 서독이 있었잖아요. 대한민국도 분단되어 있기 때문에 조심 많이 해야 된다, 그래서 소양 교육을 받았어요."

한국은 남북분단의 특수한 상황에 놓여 있었기에 이념에 관하여 더 예민한 부분이 있었다. 그러나 유럽 같은 곳은 자유로운 체제였기 때문에 유럽으로 공부하러 간 유학생들의 경우 종종 여러 학문과 사람들을 접하면서 북한과 관련된 사상이나 사람을 마주하게 되기도 한다. 이러한 가운데 1967년 동베를린공작사건, 일명 동백림사건* 등이 발생하기도 했다. 이러한 문제로 독일로 파견되는 간호사나 광부들에게도 일정 시간의 소양 공부를 통해 독일에서 주의해야 할 사항들을 교육해야 했다. 물론 지금은 과거와 달리 남북 문제에도 많은 변화가 일고 있지만, 작은 땅 안에서 이와 같은 이념의 갈등을 겪으며 한 민족끼리 분단되어 있다는 것이 자못 씁쓸하게 여겨지기도 하는 대목이다.

* 동백림사건(동베를린사건)은 1967년 7월 8일, 중앙정보부에서 발표한 간첩단 사건이다. 당시 중앙정보부는 대한민국에서 독일과 프랑스로 건너간 194명에 이르는 유학생과 교민 등이 동베를린의 북한 대사관과 평양을 드나들고 간첩교육을 받으며 대남적화활동을 했다고 주장했다. 중앙정보부가 간첩으로 지목한 인물 가운데 유럽에서 활동하던 윤이상과 화가 이응노, 천상병 시인도 동백림사건과 연루되어 고문을 당했다. 중앙정보부 요원들은 간첩으로 지명한 교민과 유학생을 서독에서 납치해 강제로 대한민국으로 송환했으며, 이 때문에 대한민국은 당시 서독 정부와 외교 문제를 빚기도 했다.

(2) 낯선 땅 독일에서 살아남기

① 힘겨웠던 병원 생활

연구참여자는 울음바다인 김포공항을 뒤로하고, 나름 설레기도 하고 떨리는 마음으로 독일에 도착하여 첫 병원 생활을 마주하게 됐다. 처음 도착해서는 언어교육 때문에 한 달 정도 일하지 않았다. 독일어를 가르쳐주는 학교 강좌가 미처 개설되지 않아 언어 문제가 원만하지 않았기에 곧바로 병원 생활을 할 수 없었다. 그러나 다른 병원 사람들은 일했다고 하는데, 아마도 언어가 좀 더 원활했거나 아니면 실제적 간호업무 말고 급한 대로 허드렛일 등의 업무를 시작했을 수도 있다. 여하튼 연구참여자가 근무해야 하는 병원에서는 인스티튜트(Institute)** 형식의 독일어 교육이 아니더라도 독일어 선생님을 연결해주어서 기숙사 아래에서 다른 동료들과 3개월 정도 독일어 공부를 할 수 있었다.

> "한 달 동안은 언어교육 때문에 일을 안 했어요. 독일어 배우는 학교 교실이 하나도 없었어요. 그런데 다른 병원의 사람들은 일을 했대요. 놀면서 집에서 있으면서 한 달 동안 독일어 배우고 일은 안 했고, 다른 병원에 떨어진 애들은 일하러 갔답니다. 공부하러 그때까지 안 가고, 선생이 와주고 기숙사 밑에서 배웠어요. 다행히 3개월 배우고 우리 다 배운 중에선 세 사람은 응급처치실로 배치시키더라고요. 말도 잘하고 한다고. 그래서 응급처치실에서 참 힘들게 일했어요."

** 국가기관 · 교육기관 · 기업체 등에서 특정 단체 또는 개인에게 특정한 지식 · 기능을 습득시키기 위해 개최하는 집회, 또는 학교 형식의 가르치는 방식으로 강좌하는 강습회 형식임.

연구참여자와 함께 독일어 공부를 한 동료 중에서 연구참여자를 포함하여 세 명 정도는 한 달 남짓 독일어 공부를 하면서 빠르게 말도 잘한다고 하여 응급실 병동으로 보내졌다. 그러나 응급실 생활은 다 아는 바와 같이 매우 힘들다. 특히 한국에서와는 다른 간호사 업무 때문에 더욱 힘들었다. 한국에서 간호사들이 하는 일은 의료기관에서 환자의 건강을 회복 · 유지하고 증진하도록 돕는 전문적인 의료활동을 수행하는 것을 비롯하여 체온, 맥박, 혈압 등을 체크하고 환자의 상태를 살펴 약물 투여나 외상치료를 하면서 환자의 반응을 관찰하는 것이다.*

반면, 독일에서의 간호사 업무는 한국과 달랐다. 연구참여자가 이야기하듯 간호사들이 환자들의 몸을 씻기고, 음식도 먹여주어야 하고, 시간에 맞춰 체위를 바꿔 눕혀야 하는 등 보호자들이 전혀 손댈 필요가 없을 만큼 온갖 허드렛일을 해야 했다. 특히 언어소통도 잘 안 될 뿐 아니라 독일 환자들의 체구는 한국인과 달리 매우 커서 몇 배에 달하는 에너지를 소모해야 했다.

"한국하고 독일하고 간호사들 하는 일이 달라요. 한국은 간호사들은 그냥 주사 놓고 그런 것밖에 안 하잖아요. 독일은 간호사가 다 해요. 허드렛일을 다 해요. 보호자들은 손댈 필요가 없고, 딱 와서 방문시간 1시간씩 얘기하고 가는 거지. 우리가 전부 다 해야 되잖아. 얼마나 힘든지. 우리 그 약한 몸에. 난 또 특히나 응급처치실에 배치되어 있기 때문에. 그거 다 죽은 사람들이잖아요. 심장마비, 반신불구 된 사람, 정신병들 별 희한한 환자가 다 오잖아요. 제일 힘든 병실. 그래도 젊었

---

* 진로정보망 커리어넷 https://www.career.go.kr/cnet/front/base/job/jobView.do?SEQ=354

으니까 또 내가 원해서 독일로 온 거니까 기쁘게 했어요. (중략) 힘든 점은 첫째는 언어소통이 잘 안 되고, 그다음에 환자들이 우리보다 세 배 네 배로 뚱뚱하잖아요. 또 사람들 생김새가 다르잖아요. 처음엔 조금 겁나더라. 코도 막 우리의 세 배나 되잖아요. 이렇게 높고, 이마는 이래 커가지고 홀딱 까져 있지. 암만 그래도 힘들잖아요. (중략) 밤새 환자 돌보고. 15분, 30분마다 항상 혈압 재고. 지금은 따로 혼자 재지만 옛날엔 우리가 다 쟀잖아요. 힘들었지. 그리고 환자 덩치가 크니까 또 옆에 눕히고 뒤로 돌고, 그러면 두 사람이 들어 올리고 그런데 허리 다 다쳤잖아. 그런 일이 참 힘들고. 그리고 우리가 살아가는데 음식이 참 힘들었어요. 왜냐면 그때만 해도 한국식 식품점이 없었기 때문에. 양배추, 그걸 사가지고 김치 담아 먹고 그래서 힘들었어요."

직무에 있어서 독일병원에서는 한국병원과 다르게 환자의 대소변 관리, 식사 준비 등 환자의 일상과 관련된 모든 생활을 간호사가 맡고 있어 한인 간호여성들에게는 무척 생소하고 낯선 업무**였다고 한다.

이처럼 연구참여자가 간호업무에 대해 몹시 힘겨웠다고 밝히는 부분이 더욱 이해되는 부분이다. 또한 한국의 음식, 김치가 그리워서 동네에서

** 정선이 외(2017)의 연구와 이수자(2006)의 연구에서 한국인 간호여성 A와 B의 당시 상황 경험담도 소개해보면 다음과 같다. "처음엔 환자 몸 닦기, 음식 먹이기, 병실 소독 및 청소 등 독일식 포괄적 간호(토탈케어)에 당황했어요. 얼굴 씻고 손만 씻으면 간단한데 몸 전체를 닦아야 해요. 한국에서는 간병인이 하거나 가족이 한 것을 거기에선 제가 해야 하잖아요."(한국인 간호여성 A, 정선이 · 김순애 · 김숙영 · 이주영, 2017: 78).
"독일에서 내가 처음 해야 했던 일은 환자들의 공동화장실을 청소하는 것이었다. 한 1~2주일 꾹 참고 화장실 청소를 하고 나니 다음 임무는 환자 침대를 닦고 바꾸는 일로 바뀌었다. 그다음은 휴게실에서 간호사들의 아침상을 차리는 일이었다. 어느 날 조용히 간호사들의 아침상을 차리느라 군데군데 쟁반을 식탁 위에 놓던 나는 그만 분노를 폭발시키고 말았다. 식탁 위에 놓아야 할 아침 식사 쟁반 대여섯 개를 병실 중간에 있는 복도로 하나씩 차례로 던져버렸다."(한국인 간호여성 B, 이수자, 2006: 208-209).

얻을 수 있는 양배추를 사다가 김치처럼 담가 먹었는데, 그럴 때면 고국에 대한 향수병이 더욱 커지곤 했다. 이처럼 언어소통 문제와 한국과 다른 간호사 업무, 그리고 음식 문제까지 이중 삼중으로 겪어야 하는 낯선 곳에서의 생활은 미루어 짐작해볼 수 있다.

② 나도 힘들었지만 동료를 위한 삶

연구참여자는 앞서 이야기한 언어소통 문제를 해결하고자 누구보다 독일어 공부를 열심히 했다. 한국에서 독일로 떠나기 전 소양 공부를 하며 독일어를 배운다고 했지만, 그 정도 가지고는 어림도 없는 일이었다. 연구참여자는 독일에 도착한 이래 3개월 동안 매일 독일어를 배우려고 노력했다. 손에서 한시도 단어장을 떨어뜨리지 않고 화장실까지 들고 다니면서 열심히 암기하려고 애썼다. 일단 회화는 능수능란하게 못하더라도 단어라도 알면 말귀를 알아들을 수 있겠다는 생각에서였다. 물론 병원 일에 지장을 주면 안 되기에 병원 3교대를 하면서 비번인 날을 이용하여 악착같이 열심히 언어공부를 한 것이다.

> "독일어는 한국에서 조금 배웠는데, 그것 가지고는 턱도 없죠. 우선 필요한 용어만 배웠으니까. 감사합니다, 안녕하세요, 안녕히 가세요. 독일 가가지고 인텐시브 코스라고 빨리 속성으로 독일어를 배웠어요. 3개월 동안 매일. 그래가지고 말을 빨리 배웠죠. 그리고 단어장을 들고 다니면서. 독일어와 한국어로 된 단어장이 있었어요. 그거를 얼마나 달달달달 외워놨던지, 화장실에 가면서, 왔다 갔다 하면서, 밥 먹으면서 그게 다 떨어졌어요. 너덜너덜해요. 얼마나 배워놨던지. 일단 회화

는 못 해도 단어는 알면 그 사람이 말을 하면 단어로서 내가 이해는 할 수 있잖아요. 계속 일을 하면서 오후에도 독일어 배우러 학교도 다니고 그랬어요. (중략) 3년 딱 되니까 독일 생활에 적응돼가지고 그때부터는 말도 잘하게 되고 적응이 되는 거예요. 근데 그 1~2년까지 참 힘들었어요. 적응이 안 돼가지고, 나는 그래도 성격이 좋기 때문에 사람들하고 다 이렇게 통하니까. 향수병 그런 거는 모르고 있었어요. 오히려 그 향수병 든 사람들을 내가 도와줬어요. 내 옆에 같이 있었던 애는 지금도 감사히 여기고 있어요. 지금은 한국에서 결혼해서 미국으로 갔는데, 내가 보고 싶다고. 너무 고마워서. 그리고 나는 해줬기 때문에 모르잖아요. 우리 친구 애는 너무너무 그때 감사를 넣겠다고. 죽기 전에 나 보고 싶대. 그래서 미국에서 왔어요. 그렇게 감사히 여기더라고. 자기한테 잘해줬다고. 맨날 찡찡 울고 그랬거든. 그래도 다 딸 낳고 그래 또 행복하게 사니까 남편 잘 만나가지고. 내가 기뻐요."

연구참여자는 이처럼 자신의 시간을 쪼개어가며 힘겨운 생활을 했다. 약 3년 정도가 되니 독일의 생활은 조금 적응되어갔고, 자신의 밝고 쾌활한 성격 덕분에 남들에 비해 잘 적응할 수 있었다고 한다. 오히려 힘들어하는 다른 동료들을 위로하고 격려하며 향수병을 이겨낼 수 있도록 도움을 주는 역할을 했다. 그래서 그 어려운 시절 찡찡 울었던 동료는 한국에서 결혼하여 미국으로 가게 되었는데, 지금도 잊지 않고 연락이 오고, 죽기 전에 한번 보고 싶다며 감사해하고 있다고 한다.

③ 독일인에게 인기 많은 한국 간호사

1955년 약 8만 명 정도에 불과하던 독일의 이주노동자는 1950년대 후반부터 많은 노동자의 유입으로 1964년 100만 명을 넘어서게 되었다. 그 뒤 수가 급증하여 1973년 들어 260만 명이 들어와 독일 노동시장이 포화 상태가 되자 독일 정부는 모집 중지 조치를 내릴 정도에 이르렀다. 연구참여자는 독일의 이러한 조치가 내려지기 바로 전인 1970년 1월에 독일로 이주하게 된 것이다. 연구참여자가 독일에 이주한 당시에는 우리나라에서뿐만 아니라 터키, 그리스, 유고슬라비아, 필리핀, 인도 등 각국에서 이주한 사람들이 많았다. 그러나 이 중에는 부엌일, 청소하는 일 등 허드렛일을 하는 사람들이 많았고, 우리나라, 필리핀, 인도 등 간호사 같은 전문적인 일을 하는 사람들은 극히 제한적이었다. 그래서 독일 사람들은 전문적인 일을 하는 한국 간호사들에게 함부로 하지 않았다고 한다.

> "70년도만 해도 외국 사람이라고는 그때 베트남 전쟁이 났잖아요. 공부하러 온 사람들, 일하러 온 사람들은 터키, 그리스, 유고슬라비언. 또 우리는 간호사로 갔으니까. 대한민국 사람, 필리핀, 인도. 그 사람들은 이제 간호사로 갔는데 한국 사람들이 더 많았죠. (중략) 그리고 부엌에 더러운 일, 허드렛일을 하는 사람들은 터키, 유고슬라비언, 그리스 사람들이었고. 우리는 젊었잖아요. 젊고 이쁘잖아. 다 치열하고 그리고 또 싹싹하잖아. 근데 방글방글 잘 웃잖아요. 그리고 이때 자기들 살리는 직업을 가지고 있기 때문에 독일 사람들이 무시를 못 했어요."

그리고 독일 신문과 TV에서는 한국 간호사들에 대한 찬사가 쏟아졌다. 그 이유는 한국 간호사들이 환자들에게 웃으면서 친절하게 헌신적으로 대해주었기 때문이다. 그래서 어느 날 방송사에서 병원에 촬영하러 온다고 하여 병원의 수간호과장이 한국 간호사들을 모아 한국의 특별 음식을 준비하라고 하여 연구참여자는 잡채를 만들어 함께 소개하기도 했다. 이처럼 한국 간호사들은 방송을 타면서 '코리아 엔젤'이라고 불렸고, 시장의 초대도 받은 적이 있다고 한다. 이처럼 각국에서 모여든 독일에서는 다른 나라 사람들에 비해 한국 간호사들은 미움을 받지 않았고, 환호를 받았기에 독일인 사이에 이방인으로서의 큰 어려움은 없었다. 더욱이 간호사 업무는 자신들(독일인)의 생명을 살리는 귀한 일을 한다 하여 더욱 대우를 좋게 해주었다고 한다.

"독일 사람들이 참 좋아했어요. 신문에 테레비에 계속 한국 간호사에 대해서 많이 보내고, 그 나라도 수간호 간호과장이 연락이 왔더라고. 내가 항상 이렇게 싹싹하면서 활발하니까 촬영하러 온다고. 테레비! 그래서 우리 친구들 몇 명 모아가지고 그러더라고. 우리 한국 슈페치알(spezial) 음식으로 내가 잡채 만들고 했어. 그리고 다 사진을 찍고 촬영하고 해가지고 테레비도 나오고 시장 초대받아서 갔어요. 다 나오고 그랬어요. 그렇게 자꾸 보도되니까 '코리아 엔젤'이라고 그랬어요. 계속 나왔기 때문에 우리 한국 사람들은 그렇게 피해를 못 봤어요. (중략) 코리아 사람들은 미움을 안 받았어요. 왜냐면 자기들이 필요한 사람들이니까. 저기 생명을 살리고 죽이고 하기 때문에 대우받았어요."

반면, 터키에서 온 사람들은 우리 한국 간호사들과는 조금 대우가 달랐다고 한다. 왜냐하면 그들은 독일에 일하러 와서 동료들끼리만 어울리며 자기네 언어를 사용하고, 독일어를 배울 생각은 하지 않았기 때문이다.

"터키나 그런 사람들은 별로 안 좋아했어요. 이 사람들은 일을 하러 와서 말을 저끼리 배우고 학교를 일부러 가서 공부를 안 했잖아요. 우리 한국 사람들은 가서 막 공부벌레들이 돼가지고 말을 잘해요. 그래가지고 말을 하면 통하니까. 항상 의사소통이 있어야 문제가 없잖아요. 그래서 좋아해요. 초대도 많이 받고. 그리고 또 독일 사람 중에 자식들 없는 사람들은 우리를 자기들 양딸도 만들고 그랬어요."

한국인은 연구참여자처럼 독일 사람들과 언어적으로 소통하기 위해 지독하게 공부했기에 많은 사람이 좋아하여 초대도 받고, 심지어는 독일인 중에 자식이 없는 사람들은 한국인을 양딸로 삼기도 했다는 것이다. 이렇게 타국에서 섬처럼 고립되지 않기 위해 연구참여자를 비롯한 한국 간호사들은 낯선 환경을 탓하지 않고, 무던하게 노력하고 치열한 삶을 살아냈다는 것을 가히 짐작할 수 있다.

(3) 독일에서의 가정생활

① 시누이 소개로 만난 남편

연구참여자는 병원 생활을 하면서 누구보다 열정적이고 밝은 모습으로 간호사 일을 했다. 그러던 가운데 그 당시 산부인과에 입원했던 환자인 지금의 시누이가 친절하고 매우 싹싹하게 대해준 연구참여자를 마음에 들어했다. 그러면서 눈여겨 살펴보았던 모양이다. 그 이후 자신의 남동생을 소개해주었고, 사랑의 메신저 역할을 해주어 그 남동생과 중매결혼을 하게 되었다. 남편은 목공소에서 일하는 성실한 사람이었다. 연구참여자는 1972년 시누이로부터 남편을 소개받고 약 2년 만에 약혼을 했으며, 그러고 나서 3년이 지난 후 오랜 고민 끝에 1977년 결혼식을 올렸다. 즉, 남편과 만난 지 5년 3개월 만에 결혼을 결심한 것이다. 이처럼 오랫동안 연구참여자가 결혼에 대한 결심을 머뭇거리는 바람에 남편은 애를 태웠다고 한다. 이렇게 결혼하게 되면서 독일에서의 계약 3년을 마치고 한국으로 돌아가려는 계획이 수포가 되었고, 지금까지 오래도록 독일에 머물게 되고 말았다.

> "72년도에 우리 시누가 독일에 입원해가지고. 독일에 내가 원무과에 있을 때 그 시누가 우리 남편을 소개해줬잖아요. 우리 남편을 알게 돼가지고 74년도에 약혼하고 그리고 77년도에 결혼했어요. 그래서 머물게 된 거죠. (중략) 가서 약혼하고 우리 신랑이 5년 3개월 만에 내가 대답을 하면서 결혼한다고 그랬어요. (중략) 내가 독일에서 살지 안 살지 모르니까 못 한다고 그랬지. 그리고 나중에는 우리 집에다가 약혼하고서는 결혼해서 다 일일이 편지를 썼어요. 집에다가 그렇게. 그랬더니 답이 안 오더라고. 서너 달 되니까 나한테 편지가 왔어요. 석 장 빽빽하게. 그러면서 결혼을 하고 안 하고 네 행복 네가 찾아야 돼. 마지막 대답은 네다. 네가 한국 와서 결혼해가지고 사는 거는 우리한테 100퍼센트로 좋지만 결정은 네가 해라. 그래서 그게 더 어려워요. 시어머니랑 다 세워놓고 이 편지를 읽으면서 번역을 할 때, 눈물을 질질 흘려쌓더라고. 그래가지고 결혼을 했습니다."

연구참여자는 인륜지대사인 결혼을 이국땅에서 이국인과 함께 평생을 살아야 하는 일을 쉽게 결정할 수 없었고, 오랜 시간을 두고서야 결혼 결심을 할 수 있었다. 그러한 결심이 선 후에야 고국에 있는 어머니께 편지로 알리게 되었다. 그런데 한두 달이 지나도 연락이 없어 애태우고 있던 차에 서너 달이 되어서야 빽빽하게 채운 석 장의 편지가 도착했다. 빼곡하게 채워진 편지에는 "결혼을 하고 안 하고, 네 행복은 네가 찾아야 된다. 마지막 대답은 바로 네다. 네가 한국에 와서 결혼하여 사는 것은 우리에게 100퍼센트 좋은 일이지만, 결정은 네가 해라"라는 내용의 편지였다. 오히려 선택권이 연구참여자에게 남겨지니 그것이 더욱 어려웠다고 한다. 이러한 편지 내용을 시부모님이랑 함께 있는 곳에서 읽으면서 남편이 번역해주었는데 왜 그런지 모르게 하염없이 눈물이 흘렀다고 한다. 하여튼 지금의 남편과 결혼은 진행되었고, 독일에서의 결혼생활과 아울러 아름다운 가정생활이 시작되었다. 그리고 현재 43년간 잘살아오고 있다.

② 엄마로 살아가기

연구참여자는 결혼하고 아들, 딸 두 자녀를 출산했다. 연구참여자는 독일에 1970년 도착하여 1977년 결혼하고 자녀 두 명을 낳아 여느 엄마들처럼 자녀교육과 자녀 돌봄에 최선을 다해왔다. 약 17년간 병원 생활을 하다가 자녀들 돌봄 문제에 마주하면서 병원을 그만두고 말았다. 자녀들 등하교와 취미활동으로 여러 학원을 다닐 때 엄마가 차로 동행을 해주어야 했기 때문이다. 큰아들은 아이스하키를 했기에 연습하러 다니거나 시합을 나갈 때 장비가 너무 커서 아이 혼자서는 감당하기 어려웠다. 그래서 엄마가 늘 무거운 장비를 싣고 아들을 태우고 다닐 수밖에 없었다. 또한 딸도 발레를 배우러 다녔기에 혼자 보낼 수 없어 엄마가 늘 운전기사 역할을 해 왔다.

> "애들 때문에 제가 그만뒀어요. 왜냐면 아들한테는 아이스하키 하러 가고 대회 가고 하니까. 또 딸은 발레, 오페라 집에서도 발레도 하고 그랬어요. 아들 아이스하키 하니까 짐이 얼마나 많아요. 모자며 이런. 맨날 개를 차로 다녀야 데려다주고 살아요. (중략) 한국어도 가르쳤는데 나중에는 얘네들의 하비(Hobby)생활 때문에 그리고 또 항상 시합하러 가지. 우리 딸은 또 저 오페라 집에서 발레 하고 그러니까 한국어학교를 갔어요. 그런데 나중에는 시간이 없어서 못 갔습니다. 왜냐면 항상 시합은 토, 일요일날 하니까. 그래서 한국어를 배우다 말고 다른 나중에 한국 대사관 문화원에 가서 한국어를 배우고 했어요."

또한 자녀들이 독일 국적을 가지고 있지만, 엄마 나라의 모국어를 가르치고 싶은 마음에 한국어를 가르치려고 한국어학교에도 보냈다. 그러나 아들의 아이스하키 시합이 토요일, 일요일에 자주 치러지다 보니 자주 빠지게 되어 중간에 그만두고, 결국은 한국 대사관 문화원에 가서 한국어를 배우게 했다.

그러던 어느 해, 연구참여자는 위암 수술을 하게 되었고, 다행히 수술이 잘되어 건강은 회복되었지만, 평상시처럼 아들, 딸을 위해 장비를 싣고 태워다주는 일은 버겁게 되었다. 자녀들은 이러한 엄마를 위해 취미생활인 아이스하키와 발레를 모두 그만두었다고 한다. 아버지는 직장을 계속 다녀야 했고, 엄마는 몸이 예전같지 않았기에 자녀들을 데려다주고 데려올 어른이 없었기 때문이다. 이처럼 자녀를 돌보고 양육하는 데 엄마들의 역할은 큰 자리를 차지한다. 또한 독일에서도 맞벌이부부의 한계가 나타나고 있음도 발견할 수 있었다.

"나중에 내가 위암 수술을 했어요, 2004년도에. 그래서 데려다줄 사람이 있어야 하잖아요. 근데 데려다줄 어른이 없잖아요. 우리 신랑은 맨날 일하러 갔으니까. 그래서 아이스하키 그만두고 우리 딸도 발레를 그만뒀어요. 못 데려다주니까. 그때부터 일을 안 했죠."

한편, 연구참여자에게 자녀를 키우면서 한국에 온 결혼이주여성의 자녀 문제와 같이 2세의 학교생활이나 사춘기 때 겪는 정체성에 대한 고민을 물었다. 그러나 독일 문화는 한국과 달라서 자녀들이 전혀 그러한 어려움 없이 잘 지냈다고 한다. 연구참여자가 자녀들의 학교에 찾아가게 되면 오히려 학교 선생님들이 더 좋아했고, 다른 학생들도 연구참여자의 눈동자 색이 브라운인 것을 보고 '프라우 브라운'*이라 불리기도 했다. 그녀는 자녀들의 학교 소풍이 있을 때 맛있는 음식을 많이 해가지고 가서 반 친구들에게 나눠주곤 했다. 그러면 또다시 상대적으로 그 아이들로부터 좋은 반응이 나타나고 하면서 학교에서 연구참여자의 자녀들도 소외감 없이 잘 지낼 수 있었다고 했다.

"한국하고 달라서 애들이 그런 것도 모르고 컸어요. 오히려 내가 학교 가면 선생들이 더 좋아하고 하니까. 애들이 나보고 내가 브라운이니까 '프라우 브라운'이라고 하고. 애들 소풍 가고 할 때 내가 음식 같

---

* Frau Brown(Mrs. Brown)

은 거 많이 해가지고 한국 음식 해가지고 갖다주고 참 좋아해요. 애들이. 또 착하니까 애들이 많이 좋아해요."

이러한 연구참여자의 자녀 돌봄 경험담은 한국에 이주하여 생활하고 있는 결혼이주여성의 자녀 문제에 대해 많은 시사점을 준다. 천호성과 박계숙(2012)의 연구에 따르면, 한국에서 다문화가정 자녀들은 학교에서 낮은 자존감, 공격적 성향, 가정환경 위기의 특징을 보인다. 다문화가정 자녀들의 언어나 대화 능력에서는 아이들의 학교생활에 거의 문제가 되지 않았다. 하지만 다문화가정과 관련하여 몇몇 가정은 경제적인 어려움을 겪고 있었고, 다문화가정 어머니들과 담임선생님 간의 의사소통에 문제가 드러나고 있었다. 그러나 연구참여자의 경우는 위에서 살펴볼 수 있듯이 자녀의 학교생활에서 담임선생님이나 학급 친구들과 매우 긍정적인 소통을 하고 있었다. 이러한 현상은 학교 측에서 교사나 학급 아이들의 이주민에 대한 거부감 없는 자연스러운 문화와 연구참여자의 경제적인 안정, 그리고 언어소통의 자유로움이나 개인적으로 활달하고 사교적인 성향이 긍정적인 영향을 미치고 있는 것으로 보인다.

(4) 독일과 한국의 경계 넘나들기

① 원거리에서의 경제적 가장 노릇하기

연구참여자는 1970년 당시 한국에서 간호사 생활을 하다가 집안의 경제적인 상황을 고려하여 독일에서 간호사를 모집한다는 정보를 입수하고 독일행을 선택했다. 연구참여자가 가족들과 생이별까지 하면서 눈물바다를 이루며 떠난 것은 오로지 돈을 많이 벌어서 식구들을 잘살게 하고 싶었기 때문이다. 연구참여자는 실제로 독일에 건너가서 악착같이 독일어 공부를 해가며 작은 몸집으로 커다란 독일 환자들을 돌보고, 피눈물 나는 월급을 모았다. 처음 독일에 건너올 당시 3년 계약을 하고 왔지만, 혹여 계약기간을 못 채우고 돌아갈 경우를 대비하여 매월 50마르크씩 떼가지고 비행기값을 모으면서도 한국에 있는 식구들에게 경제적인 송금을 통해 엄마 명의로 집도 사드리고, 논과 밭, 냉장고, 텔레비전 등 집안 살림살이를 불려가는데 큰 경제적 가장 역할을 했다.

> "돈 많이 벌어서 우리 식구들 잘살 수 있게 하려고요. 그때만 해도 3년 막 독일에서 근무해서 돈 모으면 한국에다 집을 지을 수 있었어요. (중략) 그래서 또 엄마 집도 내가 지어주고 사주고 많이 그랬어요. (중략) 거기 가가지고 우리 월급에서 50마르크. 그때만 해도 마르크였어요. 월급에서 50마르크를 항상 떼가지고 저축을 했어요. 왜냐면 혹시, 우리가 3년을 못 채우고 갈 경우에 비행기값. (중략) 내가 74년도에 와서 냉장고도 사주고, 논도 밭도 사주고, 테레비도 사주고 그랬지요. (중략) 그렇게 우리가 저축을 했어요. 그런 세월이 49년이 지났어요. 그래도 난 후회 안 합니다. 내가 원해서 갔기 때문에. 오직 우리 대한민국이 너무 못살았기 때문에. 내 집도 못살고 다 못살았기 때문에 한 사람이라도 더 열심히 뛰어가지고 대한민국을 잘살게 해야 되니까. 그래서 우리들이 후회 안 하고 열심히 일했습니다."

연구참여자는 개인적으로 독일행을 선택하여 집안에 경제적인 송금이 이루어지고 있었으나, 그 당시 이주 수용국가와 송출국가의 정치, 경제, 사회, 인구 등 국내외 상황이 국제이주를 형성하고 있었기에(김용찬, 2007) 어떻게 보면 한국 정부에도 경제적인 지원을 한 셈이다. 한국 정부는 해외 노동계약을 통한 노동자의 이주가 외환 확보와 실업률 저하를 위해 필요하다는 것을 인식하고 있었다. 특히 해외 주재 노동자의 임금은 국내로 송금되어 직접적으로 산업자본 형성에 일조할 것으로 여겼으며(Kim, 1981), 한국 정부의 경제회복을 위한 전략과 함께 실업과 경제적 이익 등이 한인 노동자의 독일 이주 조건으로 작용한 것이다(최다미, 2003). 따라서 연구참여자를 비롯한 많은 파독 간호사와 광부의 독일 이주는 개인적인 동기와 더불어 국가적인 민간사절단의 역할로도 크게 기여했다고 볼 수 있다. 이에 그들의 노고와 헌신을 가볍게 여겨서는 안 될 것이며, 역으로 한국 사회에 거주하고 있는 이주민의 삶 또한 가벼이 여기지 말고 그들에 대한 태도에 대해 성찰해볼 여지가 있다.

② 4년 만의 고국 방문

연구참여자는 가족들과 눈물바다를 이룬 지 4년 만에 처음으로 고국 땅을 밟았다. 병원에서의 고된 밤근무를 해가며 쉬는 날을 모아 고국에 있는 가족들을 만나기 위해 8주간이라는 일정을 마련했다. 원래 휴가는 4주였지만, 비행기값 2,500마르크를 주고 오는데 4주가 너무 짧고, 가성비를 따져보니 너무 아까웠다. 이렇게 넉넉한 휴가 기간을 만들려고 그동안 편하게 쉬지 않고 일하며 휴가 일정을 모았다. 또한 가족을 만나 기쁘게 해주려고 그전부터 사서 모아놓은 선물꾸러미가 20kg이나 되었다. 그 당시만 해도 한국으로 오는 직항 경로가 없어 동남아 또는 알래스카를 경유해서 오게 되는데, 약 30시간 남짓 걸려 하루 이상을 하늘에 떠 있어야 했다. 엄마 집, 즉 고향 집은 부산이었는데 비행기가 일본 상공을 지날 때부터 가슴이 뛰고, 눈물이 흘러내리기 시작했다고 한다. 마침내 비행기가 김포공항에 도착했을 때, 가족들이 마중을 나와 있었고, 또다시 김포공항은 독일로 떠날 때 모습처럼 가족들과의 상봉으로 웃음바다가 아닌 눈물바다가 되었다고 한다.

> "4년 만에 처음으로 74년도 한국에 온다고. 그것도 밤근무도 하고 쉬는 날을 모아놨어. 8주 온다고. 우리가 1년에 20일이 휴가였어요. 그러면 4주인데 4주는 너무 짧잖아. 비행기값을 2,500마르크씩 주고 오는데. 그래서 쉬는 날을 안 쉬고 계속 일을 해서 모아가지고 8주씩, 6주씩 그렇게 왔어요. 그래가지고 너무 기뻐요. 오기 전에 준비. 선물 같은 거 사고. 내가 들고 오는 것만 해도 그게 20kg인가 됐어요. (중략) 그렇게 일본 쪽으로 오잖아요. 비행기가 그때는 동남아로 해서 오고 아니면 알라스카 해서 와서 서른 시간. 우리 집 문 앞에서 우리 엄마 집 부산까지 갔는데. 그러면 일본쯤 오면 조종사가 얘기하잖아. 여기 일본이라고. 우와~ 그거 진짜 가슴이 벌렁벌렁하면서 눈물이 나는 거야. 그래가지고 김포공항에 내리잖아. 지금은 인천이지만 그때는 김포공항이잖아. 내려가지고 짐을 딱 찾아놓으면 우리 오빠가 나를 데리러 왔잖아. 부산서 올라와가 초상집이야. 나뿐만 아니라 한국 사람들. 비행장이 웃음바다가 아니고 울음바다야."

눈물바다를 건너 우여곡절 끝에 부산 집으로 내려왔다. 형제들이 모두 모이고, 독일에서 바리바리 가지고 온 선물 보따리를 내놓는 시간이 되었다. 아무리 무거워도 내 가족, 내 고향에 있는 사람들에게 주고자 한 것이기에 전혀 무거움을 느끼지 못했다. 그리고 오랜만에 돌아온 연구참여자를 보려고 온 동네 사람들이 온 마당을 가득 메웠다고 한다. 동네 사람들은 연구참여자를 반기는 마음도 있었지만, 한켠에는 핑계 삼아 독일에서 부쳐준 돈으로 장만해준 TV를 시청하기 위해서였다.

> "집에 가면 식구들 형제들 많으니까 다 하나씩 선물을 해야 될 거 아니가. 짐을 풀면 다 주고 그러면 내가 참 기뻐요. 아무리 무거워도 내가 내 집이 있고 내 고향이 있으니까 무겁지 않아요. 다 가볍게 들고 왔어요. 들고 와서 다 주고. 내가 제일 기쁨을 느끼고 가는 거는 온 동네 사람들이 텔레비전 보러 오는 거라. 마당까지 빽빽한 거야. 그게 내 기쁨이잖아요. 다 기쁘게 해줬으니까. 우리 형제들만 기쁘게 한 게 아니라 동네방네 사람들까지 다 기쁘게. 그래가지고 가가지고 항상 3년, 4년 만에 귀국을 했어요. 그때는 한국에 올 때마다 그래 돈을 850마르크 받아가지고 800마르크는 저축하고 50마르크 가지고 살았어요."

연구참여자는 이러한 짧은 순간의 기쁨을 누리기 위해 저 멀리 독일에서는 밤잠 못 자가며 일했고, 그 대가로 눈물 머금은 돈을 저축하고 얼마 남지 않은 적은 돈으로 생계를 이어온 것이다. 그럼에도 가족들을 위한 일이라 생각하면 힘든 것은 모두 잊게 되고 기쁨만이 충만할 따름이었다. 이렇게 이역만리 먼 나라에서 외로움과 고됨을 뒤로하고 고군분투할 수 있었던 것은 모두 가족 때문이었다.

③ 고향에 대한 정체성

모국을 벗어난 이주적 삶은 문화적 정체성의 혼돈을 야기하는 삶의 총체적인 변화로, 이주민에게 모국과 정주국 어디에도 속하지 않는 디아스포라를 느끼게 한다(김영순 외, 2014). 연구참여자는 한국에 있는 가족을 떠나 독일에서 남편을 만나 가정을 이루고 자녀들과 함께 단란하게 잘살아가고 있다. 하지만 누군가가 연구참여자에게 고향이 어디냐고 물어오면 잠시 머뭇거리거나 생각하게 하는 지점이 있다. 물론 태어난 곳은 한국이지만 국적은 독일인으로 되어 있고, 독일인이라고 대답하기엔 생김새가 달라 오랜 세월을 독일에서 지내고 있어도 고향이 어디냐는 질문 앞에서는 늘 마음이 착잡하고 슬픈 마음을 감출 수 없다. 이처럼 국적이 바뀌는 과정은 긴 시간이 필요하고 더 큰 노력을 요구한다.

> "독일 사람들이 고향이 어디고 그렇게 물어요. 한국도 아니고, 물론 태어난 곳은 한국이지만 한국도 아니요, 독일도 아니요. 참 어중개비예요. 그래서 내가 그럴 때 참 뭔가 슬픔을 느껴요. 한국 가도 내가 못 살 것 같고. 왜냐면 너무 독일에 오래 살았기 때문에. 독일에서 나는 외국인이에요. 아무리 내가 독일 국적을 가지고 있지만 나는 외국 사람이에요. 생김새가 다르기 때문에. 그래서 참 그럴 때 뭔가 내 자신이 참 우울할 때가 있어요. 우울할 때 있고, 지금은 내가 분명히 독일 시민이지만 나가면 그래도 생김새가 다르기 때문에, 외국인이기 때문에 독일 사람들이 다시 보게 되잖아."

연구참여자는 독일에서 이주민으로 살아오면서 나름 독일인에게 배제를 당한다거나 차별을 당하는 삶은 살지 않았다. 독일 정부와 한국 정부의 협상에 의한 정치 · 경제적 요인으로 당당하게 전문직 근로자로 이주했기 때문이라 생각된다. 그런데 연구참여자는 독일의 난민수용정책으로 독일 여러 곳에서 다양한 국가의 난민 또는 이주민을 만날 수 있었다. 버스를 이용하다 보면 버스 내에서 이주민끼리 자신들의 언어로 큰 소리로 떠드는 모습을 목격하게 되는데, 그리 좋아 보이지 않았다. 그러한 모습을 통해 과거 연구참여자가 독일에 처음 도착하여 한국 간호사들끼리 독일어 배우러 다니면서 큰 소리로 이야기하던 시절을 떠올려보게 된다. 그 당시 독일 사람들이 얼마나 자신들의 모습을 싫어했겠는지 반성하게 된다고 한다. 그러면서 외국인이어서 좀 더 조심해야겠다는 생각이 들었다고 했다. 연구참여자는 법적으로 당당하게 독일 국적, 독일 시민의 자격을 갖추고 있으나, 스스로는 자신을 영원히 이방인으로 여기고 있었다.

"내가 봐도 난민들 머리가 새카만 사람들 버스에 앉아가지고 보면 저거 소리 크게 해서 별로 좋지는 않아요. 그렇게 우리 제일 처음 왔을 때 옛날 생각해서 느낄 때가 있어요. 우리 처음에 와가지고 지하철 타고 다닐 때 버스 타고 다닐 때 한국 사람들 독일어 배우러 간다고 자기가 뭐 이래 빡빡빡빡 했을 때 독일 사람들 얼마나 싫어했겠나. 그런 거를 내가 또다시 생각하게 돼요. 어쨌든 간에 외국인이기 때문에 좀 더 조심해야 되겠다. 그런 걸 느껴요. 그래서 항상 조심하고 내가 죽을 때까지 독일에서 살아야 되지만은 그래도 나는 외국 사람 아닙니까."

연구참여자는 고프먼(Goffman, 1959)이 설명한 '연극적 자아'의 개념적 렌즈로 본 바와 같이 모국과 정주국의 국경을 가로지르면서 초국적인 사회의 장에서 줄타기하며 아슬아슬하게 살아가고 있는 듯 보인다. 하지만 연구참여자의 경우는 정체성에 대한 심적인 부담과 어려움도 있지만, 복수의 로컬로부터 기회를 활용하면서 투쟁적이고 능동적인 주체로 살아가고 있음도 엿볼 수 있었다.

(5) 사회활동가로 살아가기

① 남다른 호텔 경영법

연구참여자는 암 수술을 받고 난 후 회복되면서 시아버지의 권유로 호텔리어로 변신하게 되었다. 시아버지가 고향인 위커뮌데(Ueckermünde)시에 땅을 사서 별장을 짓고 낙향하기로 되어 있었는데, 갑자기 계획을 변경하더니 연구참여자에게 "호텔을 지어줄 테니 한번 경영해보는 게 어떻겠냐"라고 제안하신 것이다. 시아버지의 뜬금없는 제안에 연구참여자는 고민 끝에 1977년 호텔 문을 열고 고객을 최우선으로 하는 서비스 정신으로 열심히 경영에 뛰어들게 되었다. 이 호텔은 독일의 메클렌부르크포어포메른주(Land Mecklenburg-Vorpommern)에 있다. 3층 건물에 객실 42개, 고급 레스토랑, 세미나실, 사우나실, 마사지실, 볼링장, 수영장 등을 갖춘 이 호텔은 연간 매출이 1억 유로에 이른다고 한다(서울신문, 2012.10.11).

일단 연구참여자는 한국인이어서 손님들에게 한국어로 "안녕하세요?"라고 인사하며 맞이한다. 손님들은 연구참여자가 독일 사람이 아닌 동양인이어서 중국에서 왔는지, 일본에서 왔는지, 베트남에서 왔는지 묻곤 한다. 이에 연구참여자가 한국에서 왔다고 당당하게 대답하면 이북인지 이

남인지를 재차 묻는다. 왜냐하면 독일도 동독과 서독으로 나누어져 있었고, 이북 사람들도 공부하러 오기에 유사한 분단국가로서 그러한 궁금증이 있는 것은 당연해 보였다.

> "나는 한국인이기 때문에 '안녕하세요?'라고 하지. 나중에 사람들이 물어. 당신이 주인이냐고 그러면, 야(Ja, 네), 그래. 어디서 왔냐고 물어. 그럼 저그들이 먼저 묻는데 대답 안 하고 있어. 그럼 중국에서 왔냐, 일본에서 왔냐 그때만 해도 베트남에서 전쟁 끝나고 많이 왔잖아. 독일에 베트남인이냐고 그래. 아, 그럼 제 나라가 아니라고 그러면은 몰라. 그럼 그냥 코레아 한국에서 왔다고 이남에서 왔다고 안 하고 코레아에서 왔다고 그러면은 이북 아니면 이남? 그랬어요. 그때는 동독이기 때문에 옛날에 이북 사람들이 공부하러 왔잖아요. 그런데 물어. 어, 나 이남에서 왔어. 그러면 아, 그러냐고. 그래 근데 당신 참 독일말 잘하네. 야, 그래. 어데 있었냐고 물어. 베를린에 있었다고 하면 서베를린 아님 동베를린 물어. 서베를린에 있었다고. 그래서 그 사람들이랑 친구가 됐어요. 항상 밥 먹으러 오고. 근데 한국에 대해서 너무 모르니 내가 억울한 거라. 악착같이 살았는데. 그래서 안 되겠어. 내가 대한민국을 홍보해야 되겠다. 대한민국을 알리려면 뭐든지 좀 특이하게 해야 된다. 그걸 딱 느꼈어요. 그래서 무용도 배웠고, 내가 무용을 배웠으니까 문화 행사를 시작했어요."

연구참여자는 이렇게 사소한 질문에도 항상 친절하게 대답하며 손님을 맞이한다. 그리고 인사만 한국어로 '안녕하세요?' 할 뿐이지 독일어를 잘하기에 손님들은 호텔리어인 연구참여자에게 매우 호기심이 많았다. 이러한 가운네 연구참여자는 대한민국을 널리 홍보해야겠다는 생각이 들었다. 그래서 한국을 알릴 방법으로 한국의 고전무용, 부채춤 등의 전통문화를 선보이고, 불고기, 김치, 나물, 잡채 등 한국 음식도 뷔페로 제공했다. 이처럼 고객을 최우선으로 하는 서비스와 한국의 전통문화를 소개하니 입소문으로 손님은 줄을 잇기 시작했다.

> "밖에 정원에다가 무대를 만들고 '아담과 이브 정원'이라고 이름을 지었잖아. 그래가지고 우리 무용단들 내가 좋은 날 무용 부채춤도 쳐주고, 그러니까 이제 테레비에서도 그 풍차 호텔에 한국에서 온 여자가 주인이라 하더라. 테레비에서도 오고 야단났어. 버스가 몇 대가 오는지 몰라. 그래가지고 한국 그거 시키고 음식을 또 알려야 될 것 아니가. (중략) 내가 대사관에 전화를 했어. 대한민국 국기가 필요하다고. 그랬더니 이제 뭐 하는 데 필요하냐? 내가 우리 대한민국 음식이며 문화를 알리고 싶다고 그랬어. 그랬더니 대사관에서 문화원에서 큰 통에 국기를 보냈는데. (중략) 교포신문하고 유로저널 신문을 봐요. 계속 그런 데 나가잖아요. 지금도 독일에 가면 나보고 '어! 당신이 ○○○이냐'고 그래. 테레비도 보고 자주 본다고 나라 독립하고서도 신문에 나오고 좋은 일 참 많이 하십니다. 감사하다고 그래요."

연구참여자는 한국을 대표한다는 마음으로 독일 땅에서 늘 새로운 홍보 방법을 모색했다. 또 다른 방법으로 한국대사관과 문화원에 연락하여 태극기를 구해다가 매년 11월 첫째 주 토요일 한국 문화 행사가 열리는 날에는 호텔 앞 게양대에 대형 태극기를 걸어놓곤 했다. 이렇게 남다른 호텔 경영을 하다 보니 마침내 메클렌부르크포어포메른주 총리로부터 외국인으로는 처음으로 '경제상'을 받았고, 주 홍보대사로 활동하게 되었다. 또한 2011년에는 세계한민족여성재단으로부터 '세계를 빛낸 여성 사업가 25인'에 선정되기도 했다.

한편, 한국인이 발행하고 있는 교포신문과 유로저널을 지속적으로 구독하여 동포들을 지원해주는 일도 하고 있다. 간혹 밖에 나가면 신문에 등장한 연구참여자를 알아보고 텔레비전에서도 자주 보고 있다며 좋은 일 많이 한다며 감사의 인사를 받고 있다. 해외에 나가보아야 모국의 귀함을 알고 애국심을 느낄 수 있다는 말처럼 연구참여자는 비록 법률적으로 독일 국적을 소지하고 있지만, 심리 · 정서적으로는 여전히 한국인임을 잘 드러내고 있다.

② 한인회와 월드킴와로의 지경 넓히기

사회참여 활동은 공동의 이익을 옹호하며 사회집단이 가진 요구를 표현하고, 정치적 · 경제적 · 사회적으로 특정 목적을 달성하기 위해 조직적으로 활동하는 좁은 의미로 사용되며, 이러한 협의의 개념과 더불어 지역사회 조직 및 단체활동, 취업활동 등을 포함하고 있다(주경희, 2010). 연구참여자는 여기에서 협의 · 광의의 의미에 모두 사용되는 사회참여 활동에 참여하고 있다. 연구참여자는 본업인 호텔 경영을 하면서 공동의 목적을 가진 한인회와 '월드킴와(World-KIMWA)'라는 국제결혼여성총연합회라는 단체를 통해 활동무대를 넓혀가고 있다.

베를린에 있는 한인회는 독일에 파견된 한국의 간호사들이 낯선 땅에 와서 외로움을 달래고 만남을 통해 교류함과 동시에 한국의 문화를 알리고자 만든 모임이다. 여기에 모인 한인 간호사들이 한국에서 배워온 무용으로 연합무용단을 만들어 각 도시마다 다니며 공연하면서 한국 문화를 홍보한다.

> "베를린에 한인회가 있고 다른 데도 각 도시마다 그런 한인회가 있어요. 나는 베를린 한인회 나왔고 그때만 해도. 그리고 나중에 또 무용도 배웠어요. 우리 연합무용단 해가지고 무용 단체가 있어가지고 19명. 열심히 배워가지고 1년에 한 두서너 번씩 공연도 하고 그랬어요. 단체가 한두 시간씩. 한국 가서 무용을 배워 와서 자기들 고전무용 배워 와서 우리 가르치면서 한 사람 두 사람 엮어가지고 많은 숫자가 됐죠. 그래서 열심히 배웠어요. 배워가지고 이제 2천 명씩 들어오는데 가서 공연하고."

또한, 월드킴와는 전 세계에 흩어져 사는 국제결혼 여성들의 네트워크를 구축하여 회원 간의 유대를 강화하고 지속적인 정보공유와 문화를 교류함으로써 다문화가정 구성원들의 정체성 확립과 구성원들이 효과적인 민간외교에 기여하고자 하는 단체이기도 하다. 연구참여자는 한 지인의 소개로 월드킴와를 알게 되어 한 번 참석하게 되었는데, 이 단체의 취지가 매우 마음에 들어 지금까지 계속 활동하게 되었다고 한다. 이 단체에 모인 사람들은 대부분 각자 자기 사업을 하면서 자신과 유사한 처지에 있는 국제결혼을 하여 다문화가정을 이루고 있는 사람 중에 어려운 가정을 돕고 있다. 또한 대부분 독일이나 미국 등 과거에 해외로 이주하여 모국에 대한 그리움과 고마움을 표현하기 위해 경제적 지원을 해주기도 한다. 연구참여자는 이처럼 타인을 돕고자 하는 봉사활동이 강한 이 단체가 자신의 성격과도 맞아서인지 꽤 마음에 든다.

"2008년도부터 월드킴와를 알게 되었어. 그전에 시간이 없어가지고 못 갔고. 2008년도 내가 그때는 호텔 할 때였네요. 갔다 온 베를린 사람이 나보고 자기는 거기 가 보니까 별 해당이 안 되는데, 나 보고 사업하고 여러 가지로 뛰어났으니까 한 번 가보시오 그래요. 그래가지고 내가 참석했더니 진짜 좋더라고요. (중략) 모든 남한테 배려하면서 아주 포용하는 게 있고. 이 사람들은 다른 단체보다 달라요. 왜냐면 국제결혼 했기 때문에. 이 사람들이 거의 성격들이 우리하고 비슷해. 나하고도 비슷하고. 그다음에 얘깃거리가 국제결혼을 했기 때문에 뭔가 통하는 게 있더라고요. 좋은 일도 많이 하더라고. 다문화 가족들도 오고 부부 이웃돕기도 하고. 이 사람들이 그냥 친목으로 모인 것도 아니고 여러 군데 도와주고 그리고 외국에도 대한민국도 도와주고 그래서 괜찮다 싶어서 그럼 나도 해야 되겠다. 그래가지고 쭉 오기 시작했잖아요. 그랬더니 좋아요. 해마다 행사를 한국에서 하는데, 할 때마다 좋은 점이 참 많아요. 그리고 사람들이 자기들이 열심히 해가지고 미국에서라든지 다른 데서 해가지고 돈을 모아가지고 우리가 도우는 데 있으니까 그 사람들이 와서 주더라고. 그걸 보고 내 자신이 참 감사하더라고. 자기가 희생을 하면서 자기 돈으로 몇천, 오천 달러씩 삼천 달러씩 그렇게 주더라고. 그래서 참 좋은 일 많이 하구나. 그래서 또 느꼈어요. 감동을. 그래가지고 쭉 지금까지 해왔어요. 저는 6대 회장이고 지금은 이제 7대까지 왔어요."

사회참여활동은 직업활동, 문화활동, 여가활동, 기부와 자원봉사를 통한 사회기여활동 등을 포함하는 광범위한 개념으로 분류되기도 하고, 성공적 노화, 생산적 노화의 관점에서 사회활동, 사회활동 참여, 생산적 활동,

사회통합 등과 혼용되어 사용되기도 한다(박주홍 외, 2012). 연구참여자는 기부와 자원봉사의 취지로 여러 사회활동에 참여하고 있는 것으로 보인다. 연구참여자는 항상 활달한 성격과 희생적인 마음으로 타인의 어려움을 먼저 생각하는 성향을 가지고 있다. 그러한 마음은 과거 가족을 위해 경제적 가장으로서 한국을 떠날 때도 그랬고, 낯선 독일 땅에 처음 도착하여 적응하지 못해 괴로워하는 동료를 돌봐주고 격려해줄 때도, 독일 국적을 소유했음에도 호텔경영자로서 새로운 이벤트를 열어 한국의 문화를 알리려고 온 에너지를 쏟은 것 등을 통해 알 수 있다.

2.
연구참여자 2:
연대적 삶을 지향하는 열혈 시민운동가

1) 생애담 요약

연구참여자는 1944년 경북 성주에서 1남 1녀 중 장녀로 태어났다. 초 · 중 · 고등학교 시절도 고향인 경북 성주에서 지냈다. 아버지는 한국전쟁 때 돌아가시고 그녀는 어머니, 남동생과 함께 지냈다. 그 당시 경북의대 간호대학을 다니며 수학하고 대학 졸업 이후 서울 수도의대 부속병원에서 1년간 간호사로 근무했다. 그때 신문에 난 광고를 보고 독일행을 결심했는데, 독일행을 결심하게 된 이유는 경제적인 이유가 가장 컸고, 다음으로 그림엽서나 책으로만 보던 다른 나라, 특히 독일에 대한 동경 때문이었다. 당시 전혜린 작가의 소설을 좋아했는데, 그녀가 독일에 있다는 이야기에 자신도 독일에서 살아보고 싶다는 생각이 강하게 들어 서울에 있는 해외개발공사에 신청하여 독일로 향하게 되었다.

연구참여자는 독일에 가기 전까지 독일어를 배우고, 독일에 대한 사회 · 경제면 정보들을 많이 습득했으며, 독일로 향하기 전 정부에서 실시하는 소양교육을 받았다. 1966년 독일에 도착한 이후 베를린 결핵요양병원에서 간호사로 근무를 시작했다. 그 당시 한국에서 126명이 함께 독일로 건너왔는데, 처음 병원에 도착했을 때 독일 현지 의사들과 간호사들이 한국에서 온 자신 같은 간호사들에게 따뜻한 환대의 의미로 독일식 우유밥을 주었다고 한다. 그러나 한국의 음식 취향과 맞지 않아 곤욕을 치른 것이 아직도 기억에 남는다. 그러나 오랜 시간 동안 문화적응이 잘되어 이제는 잘 먹곤 한다.

독일에서 간호사 생활을 약 4~5년 동안 하면서 어느 정도 적응될 즈음 1970년대 오일쇼크 사태가 벌어졌다. 이후 노동자에 대한 대량해고와 함께 간호사들도 3년 이후 본국으로 돌아갈 수밖에 없었다. 하지만 1만 명이 넘는 서명운동을 통해 계속해서 베를린에서 간호사 일을 할 수 있게 되었다. 이때 당했던 억울함 때문이었는지 노동운동, 여성 문제에 관심을 갖게 되었고 공부를 시작했다. 연구참여자는 '나는 누구인가?'라는 질문을 스스로에게 끊임없이 던지면서 인간으로서의 가치에 대해 고민하기 시작했다. 그 이후로 1974년 '민주건설협의회', 1975~1977년 '서로 돕는 여성'에서 활동하게 되었고, 당시 독일인 남편과 결혼하게 되었다. 독일인 남편은 연구참여자가 사회 문제에 관심이 많고 사회참여 활동을 좋아하는 것만큼 그러하지 못했다. 그러나 다행스러운 것은 사회활동 하는 것에 반대하지는 않았다. 연구참여자는 남편의 소극적인 지원 때문에 세 살배기 아들을 업고 다니며 열심히 강의를 들으러 다녔고, 『해방 전후사의 인식』 등 한국에서 보내온 책들을 열심히 읽기 시작했다.

이후 서로 다른 생각과 가치관으로 남편과 결별하게 되었고, 결별 이후 두 아들을 홀로 키우게 되었으며, 두 아이에게 가장 신경 쓴 것은 교육이었다. 그중에서도 모국어인 한국어를 열심히 가르쳤다. 아들들이 어머니 나라의 언어인 한국어를 잘할 수 있도록 지속해서 교육했다. 그리고 한글학교는 물론 사물놀이도 가르치면서 한국의 정신과 문화를 잊지 않게 했다. 그와 동시에 독일의 교육에서 가장 인상 깊게 느꼈던 것은 토론문화였다. 아이들을 학교에 보내면서 지켜보니 사소한 문제부터 사회이슈까지 어린 시기부터 토론할 수 있는 교육환경이 잘 조성되어 있었다. 어쩌면 유치원부터 진보적인 정치철학을 가진 교육기관을 잘 선별하여 교육시킨 탓일 수도 있다.

연구참여자는 아이들 교육 문제뿐만 아니라 자신의 교육에 대한 투자도 아끼지 않았다. 재독 한국 여성 문화 활동을 시작으로 여성 노동자과 연대를 시작했고, 자신들의 목소리를 문화 활동을 통해 알리고자 '천둥소리'라는 문화예술활동 단체를 만들어 탈춤, 사물놀이 등의 공연 활동을 열심히 했다.

또한 독일에 있는 국제결혼가정 한국인 2세의 교육에도 힘을 쏟았다. 한국문화협회를 통해 독일에 한국문화를 알리고 2세가 한국 전통을 이해할 수 있도록 한 것이다. 이처럼 독일 사회뿐만 아니라 한국 사회 문제에 여성 노동자로서, 이민자로서의 목소리를 꾸준히 냈으며, 특히 위안부 문제에 대해 끊임없이 목소리를 냈다. 연구참여자가 한국을 방문했을 때는 한국의 결혼이주여성을 위한 강의들에 참여했고, 그들의 주체적인 삶을 위한 조언을 하며, 모두 함께 연대하는 것이 중요하다는 것을 늘 주장했다.

이러한 연장선상에서 현재까지도 국제여성공간(IWS: International Women Space)을 통해 독일 노동자 탄압 문제를 제기하고, 여성에 대한 인식 전환에 힘쓰고 있다. 또한 연구참여자는 독일에서도 한국에서 방송되고 있는 「김어준의 뉴스공장」,* 「유시민의 알릴레오」** 등의 시사 유튜브를 즐겨 보고 있으며, 독일은 물론 한국의 사회정치 현안에도 지속적인 관심을 가지고 있다.

연구참여자는 1970년대 초 학생운동을 비롯한 민주화 운동으로 유신 반대, 그리고 파독 간호사 체류 서명운동, 재독한인여성 결집, 한국여성노동자와의 연대 등에 참여했다. 이는 '한민족유럽연대'***에서의 주요 활동으로 이어지도록 하는 원동력이 되었다. 연구참여자는 2017년 문재인 대통령의 '베를린 선언' 당시 재독한인여성 사회활동가로서 자리를 함께했으며, 꾸준히 소수자의 편에서 목소리를 내고 있다. 또한 연구참여자는 평등한 권리와 교육 문제를 중요하게 여긴다. 한국에서 진행되고 논의되고 있는 다문화 관련 정책에 대해 선심만 쓰고 나누어주기 식으로 변질되어서는 안 된다고 우려하고 있으며, 이주민과 공존하는 상호문화적인 방향으로 나아가야 한다고 강조했다.

연구참여자는 2000년대 중반에는 우울증 증세가 있어 힘들었는데, 불교를 접하게 되면서 108배를 통한 명상으로 우울증을 극복했다. 또한, 불교 수행의 핵심 중 하나인 '지금, 여기'에 대한 깨달음으로 꾸준한 명상으로 자신을 알아가는 법에 집중하면서 나를 '알아차리기'가 매우 중요하다는 것을 인식했고, 최근에는 음악 명상을 하며 마음 달래기를 하고 있다. 그리고 마지막까지 우리 사회에 필요한 것은 '연대'라는 것을 강하게 주장하고 있다.

---

* TBS 교통방송(FM 95.1MHz)의 아침 시사 프로그램

** 한국 사회의 정책현안에 대한 팩트와 해석의 차이를 좁히는 시사 지식정보 프로그램

*** 조국의 평화적 통일을 위해 서로 연대하며 실천하자는 취지로 결성되었으며, 인종, 국적 그리고 이념적 다양성을 인정하고 이웃에 대한 사랑과 인류 평화, 그리고 조국의 민주주의와 민족의 단결을 지향하는 연대 모임

2) 초국적 이주의 생애담

(1) 독일로의 이주 배경

① 대학시절 이국에 대한 동경

연구참여자는 경북 성주에서 1남 1녀 중 장녀로 태어나 초 · 중 · 고등학교, 즉 학창시절을 모두 고향인 성주에서 보냈다. 대학 진학도 다른 곳은 생각조차 하지 못했고 대구에 있는 대학 중에서 선택했어야 했다. 그 당시만 해도 적성에 맞추어 대학을 진학하기보다 졸업 후 안정적으로 취업할 수 있는 것을 고려하는 경우가 많았다. 물론 최근에도 이와 같은 이유로 진학을 선택하는 경우가 종종 있지만 말이다. 당시 연구참여자는 교육대학과 간호대학을 물망에 올려놓았으나 교육대학에는 기숙사가 없어 자취를 해야 했기에 어쩔 수 없이 간호대학을 지원하게 되었다. 간호대학에는 기숙사가 있어 무료로 기숙할 수 있었기 때문이다. 연구참여자가 경제적인 사정을 고려할 수밖에 없었던 것은 한국전쟁 때 아버지가 일찍 돌아가시고 어머니 혼자 자녀를 돌보셨기에 넉넉지 않은 살림 걱정은 장녀인 연구참여자의 몫이었다.

"대학도 아무 대학이나 못 가죠. 경북 성주에서 고등학교까지 나왔는데 대구에 대학을 가야 하잖아요. 어디 가서 자취를 하거나 하숙은 못 하니까. 두 개의 대학이 있었는데, 하나는 교육대학이고 하나는 간호대학이었으니까. 교육대학은 기숙사가 없어. 내가 자취를 해야 하니까 간호대학을 간 거예요. 거기는 기숙사가 있으니까. 기숙사는 무료고 그러니까. (중략) 3년은 괜찮겠다. 워낙 가난하고 그랬으니까 월급 많이 준다고 그러니까 갔다 오라고. 돈도 돈이었지만 저는 이국에 대한 환상, 저는 학교 다닐 때 책을 많이 봐서. 독일에 대한 음악. 뭐 그런 거. 고향이 성주니까 대구에 가면 기숙사에만 있으니까. 대구여고 나온 애들은 집에 가고 시골에 있는 사람은 나갈 데가 없어서 '하이마트'라고 클래식 음악시장이 있었어요. 그 당시에는 맨날 가서 듣는 거예요. 슈베르트 이런 거. 그래서 환상이 있었어요. 직접 가서 콘서트를 보고 싶다 그랬어요. (중략) 동경 같은 게 3분의 1, 돈 버는 게 3분의 1."

연구참여자는 졸업 후 취업이 보장되는 경북의대 간호대학에 입학했다. 대학 생활을 하면서 책을 즐겨 읽었다. 고향과 떨어져 기숙사 생활을 했기에 친구들이 집에 가고 기숙사에 홀로 남아있을 때가 많았다. 혼자 있는 시간에는 서점과 클래식 음악시장에 가서 여가생활을 즐기곤 했다. 이러한 시절에 수많은 책을 읽고, 클래식 음악을 접하면서 이국(異國)에 대한 동경심이 커지게 되었다. 연구참여자는 낭만적인 대학 생활을 마치고 곧바로 서울 수도의대 부속병원에 취직하며 생활전선에 뛰어들었다. 그리고 1년을 열심히 일하다가 우연히 신문에 난 파독 간호사 모집 광고를 보고 독일행을 결심하게 된다. 물론 독일행을 결심하게 된 이유는 경제적인 이유가 가장 컸지만, 그다음으로 그림엽서나 책으로만 보던 이국에 대한 동경 때문이었다. 특히 연구참여자는 독일 작가들의 소설을 좋아했고, 그중 루이제 린저(Luise Rinser)의 『생의 한가운데』*가 가장 인상에 남는다고 했다. 작가

* 독일의 대표 여성 작가 루이제 린저가 1950년 발표한 장편소설로, 여주인공 니나를 사랑하는 남주인공 슈타인의 이루지 못한 사랑을 담은 작품이다. 독일에서만 100만 부 이상 팔릴 정도로

루이제 린저는 독일의 대표 여성작가이고, 이 책을 번역한 전혜린** 역시 독일로 건너가 유학생활을 했다. 연구참여자는 대학생활을 할 당시 여러 작가들과 작품들로부터 많은 영향을 받았으며, 막연히 독일에 대한 동경심을 갖게 되었다. 피카르트(Picard, 2001)는 "형상은 침묵하고, 침묵하면서 무엇인가를 말하고 있다"라고 했다. 침묵과 말 사이의 경계에 서 있는 형상, 즉 이미지는 말하는 침묵이라는 의미다. 다시 말해 이미지는 "말의 문장과 같은 것이며, 또한 단지 여기에 말이 존재하고 있다는 것이 아니라 엄숙하게 거주하고 있다는 것을 보여주는 한 표시다"(Picard, 2001). 이처럼 책 속에 이미지로 표출되는 텍스트는 직접적으로 말하지는 않지만, 누군가에게는 살아서 꽂히기도 하고 인생의 변곡점을 주기도 한다는 것을 알 수 있다.

② 독일 가기 전 받은 소양교육

연구참여자 2도 앞의 연구참여자 1처럼 독일로 이주하기 전에 소양교육을 받았다. 그 당시 독일로 파견되는 간호사와 광부들을 대상으로 한 소양교육은 원활한 독일 생활을 위해 기본적인 의사소통 능력을 배양하기 위함이었다. 독일어 교육과 함께 시행한 소양교육 중에는 국가정보기관의 안보교육도 포함되어 있었다. 연구참여자가 독일로 파견될 당시인 1960년대와 연구참여자의 초 · 중 · 고등학교 시절의 교육과정을 되돌아보면, 우리나라 교육과정 제1차(1954~1963), 제2차 교육과정(1963~1973)이 시행된 때다.

당시 제2차 세계대전 이후 허무주의에 빠져있던 유럽 젊은이들을 여주인공 니나의 삶을 통해 열광시키며 선풍적인 인기를 끈 소설이다.

** 전혜린(1934~1965)은 독일 문학작품을 번역했고 완전한 자유를 추구하는 내용의 수필을 주로 썼다. 1953년 서울대학교 법과대학에 다니다가 1959년 3학년 때 독일로 건너가 뮌헨대학교 독문학과를 졸업했다.

이때 교육과정의 특징 중 하나가 반공 · 도의 교육의 강화다. 이 교육은 광복 후의 사회적 혼란과 한국전쟁으로 인한 도덕적 타락을 극복하기 위해 도의를 강화하는 것이 주요 목적이었다.

> "소양교육이 뭐냐면 독일 가면 북한 사람들 조심해라, 그런 사람들 만나지 마라, 그런 경영하는 식당 가지 말고, 스파이 같은 사람들하고 얘기하지도 말고, 안보교육. 그게 소양교육이라고 그랬어요. 그걸 배워가지고 왔기 때문에 정말 그것도 올 때는 외국 사람들은 다 뿔 달린 사람이라고 그렇게 생각하고. 또 저희 아버지가 6.25 때 돌아가셔가지고 완전 그런 반공가정에서 컸고 학교교육도 그랬잖아요. 지금하고 다르잖아요. 그런데다가 소양교육까지 받았으니까 어떤 식품점에 가니까 이북사람들이 있더라고요. 그래서 앞에 가서 못 보고 뒤에 숨어서 진짜 뿔 달렸나."

1960년대의 독일은 우리나라와 같이 서독과 동독의 대립으로 '냉전시대의 독일'이라 불렸다. 그리고 그 당시 북한은 구동독과 이념 · 정치 · 경제적으로 선린우호관계에 있었기에 북한에서도 많은 이들이 오갔다. 이러한 상황으로 독일에 파견되는 간호사와 광부들에게도 특별한 반공교육이 필요했다. 연구참여자가 말한 대로 "독일 가면 북한 사람들 조심해라, 스파이 같은 사람들하고 얘기하지도 말아라" 등의 교육은 당대의 한반도 상황을 짐작할 수 있게 해준다. 또한 우리나라 교육과정에서 나타난 바와 같이 반공교육이 실시된 시절, 북한 사람들에 대한 이질적인 교육을 받은 것은 사실이었기에 소양교육 차원으로 안보교육을 실시한 것은 이해되지만, 오늘날 돌이켜보면 시대적인 아픔일 수밖에 없다. 그러나 1989년 베를린 장벽이 붕괴되며 동독과 서독 간에 자유 왕래가 허용된 사실을 볼 때, 미래의 우리 한반도에도 좋은 소식이 올 것이라는 희망 섞인 기대를 갖게 되기도 한다.

(2) 낯선 땅에서 살아가기

① 독일의 첫인상

1960년대 한국의 상황으로 20대 젊은 여성이 해외로 나간다는 것 자체도 상상하기 어려웠을 것이다. 연구참여자 역시 언어도 통하지 않는 낯선 타국에서의 첫날 기억은 좀처럼 가시지 않는다. 독일에 도착한 날은 비가 내리는 가을이었고, 공항에서 병원까지 이동하는 거리는 초행길이었기에 더욱 멀게만 느껴졌다. 그리고 부모님이 지어준 이름 대신 번호로 불리는 것도 내심 불편했다. 그녀가 있게 될 병원에는 동료 간호사와 보조원을 포함하여 17명이 배치되었다. 그녀가 처음 바라본 베를린의 하늘은 흐리고 비까지 추적추적 내리고, 낙엽마저 수북이 쌓인 을씨년스러운 가을로 기억한다.

"처음에는 베를린 템펠호프공항에 도착했어요. 거의 이틀간 비행기를 탔던 것 같았는데, 공항에 내리니 병원에서 우리를 마중나와 있었지요. 제가 간 병원에는 전부 17명이 함께 가게 되었는데, 버스를 타고 베를린 시내 바깥으로 한참 갔어요. 그때 보조원 9명, 간호사 8명 모두 17명 배치됐는데 번호로 버스 타고 가는데 도대체 우리가 어디로 끌려가는 거야. 낙엽이 깔린 거리에 사람은 하나도 보이지 않았고요."

병원에서는 나름 한국 간호사들을 환영해주려는 마음으로 무엇인가를 애써서 준비해주었다. 독일인의 주식은 주로 빵이지만, 아시아에서 왔다 하여 쌀을 이용한 우유밥을 준비해놓았다. 독일에서 우유밥이란 '밀히라이스(Milchreis)'라고 하여 우유에 밥과 설탕을 넣은 것이다. 먼 길을 오느라 배가 무척 고팠지만, 한국의 음식문화와 달라 입에 맞지 않아서 도저히 먹을 수 없었다. 독일 간호사들 입장에서는 성심성의껏 마련한 것인데, 한국 간호사들이 먹지 않자 어깨짓을 하며 의아해했다. 하지만 연구참여자 입장에서는 이 우유밥에 대한 좋지 않은 기억으로 아직까지 트라우마로 남아 먹지 않을 뿐만 아니라 자녀들을 키우면서 한 번도 해주지 않았다고 한다.

"우리가 딱 도착하니까 간호원장하고 이런 분들은 생각 많이 한 거죠. 아시아 사람들 도착하면 뭐 주지? 얘들은 빵도 못 주고. 그래서 밥을 했는데 밀히라이스, 그러니까 우유밥을 한 거예요. 우유에 설탕하고 밥을 한 거예요. 우리는 배가 고팠지만 맛이 이상하잖아요. 그래서 말도 못하고 앉아 있는데, 이 사람들은 얘는 왜 이걸 안 먹지. 그래서 어깨가 들썩들썩하면서 서로 얘기하면서. (중략) 그래서 저는 평생 우유밥을 안 먹었어요. 평생 트라우마 걸려서 우리 애도 안 주고. 우리 애들도 지금도 안 먹는대. 내가 안 해주니까 안 먹어봐서 우유밥을 안 먹어요."

한 사회가 공유하는 음식과 식습관은 자연적 · 사회적 · 문화적 요인에 의해 오랜 시간 형성되고 변화한 고유 정체성을 의미한다(김현혜, 2016). 따라서 음식은 사람이 자기정체성과 자기문화를 드러내고 확인하는 가장 중요한 요인이라고 볼 수 있다. 리처드(Richard, 1939)에 따르면 음식의 교환 또는 선물은 특정한 사회적 관계를 실천하는 행위로, 음식을 전달하는 것은 관계를 표현하는 하나의 방식이다. 음식이 인격, 권력, 역사의 집합체로서 교환체계에 속한다는 것은 정치적 · 사회적 공동체의 일원이 되는 것을 의미하며, 식생활뿐 아니라 사회문화적 측면에서 하나의 의미를 갖는다. 이처럼 독일 병원 간호사들이 새로운 동료를 맞이하며 대접한 음식은 비록 한국 간호사들의 입맛에는 맞지 않는다 하더라도 사회적 공동체의 일원으로 받아들이고 환심을 사고자 하는 사회문화적 측면으로 이해할 수 있겠다.

그럼에도 정선이 외(2017)의 연구에서 서양 음식은 파독 간호사들이 현재까지도 완전히 적응하기 어렵고 오랜 기간 먹기 힘들었다고 진술한 것처럼 연구참여자에게는 독일에서의 첫 음식에 대한 힘든 경험이 오래도록 지속되었다. 이와 같이 이주민에게 매일 먹어야 하는 낯선 음식과 당면해야 하는 이주국에서의 삶은 결코 쉽지 않음을 보여주는 단면이기도 하다.

② 독일 병원에서의 간호사 생활과 한국 간호사의 위상

나혜심(2013)은 1966년 1월 31일은 한국 간호 역사에서 매우 의미 있는 날이라고 전한다. 한인여성의 독일간호이주사의 첫 이동은 1950년대 말에 시작되었지만, 자격증을 갖춘 상태에서 움직인 이날의 의미는 매우 크다고 하겠다. 연구참여자가 이야기하고 있듯이 독일간호이주는 대략 1950년대 후반에서 1970년대 중반까지 20여 년간에 걸쳐 진행되었다. 그 당시 노동이주 측면에서 살펴보자면 적당한 일자리를 찾을 수 없었던 한국의 많은 젊은이에게는 큰 모험이기는 하지만 국경을 넘어 더 나은 일자리를 찾아 나서게 되었다. 다른 한편, 독일에서는 늘어나는 간호수요에 대응할만한 노동력을 찾지 못한 병원과 각종 요양시설에서 먼 지역이자 다른 문화권에 속한 사람들을 찾고 있었다. 이른바 두 나라 사이에 국제적인 수준의 노동시장이 형성되었다.

하지만 양국 간 간호업무의 성격이 달라 어려움을 겪기도 했다. 독일이 한인 간호사에게 요구한 것은 기본적인 간호일이다. 그런데 그 범위는 매우 광범위했다. 특히 연구참여자가 있던 병원은 보호자가 없는 병원으로 환자를 케어하기 위한 모든 허드렛일을 한 것이다. 이러한 간호일은 한국에서의 간호업무와 많은 차이가 있었다. 예를 들면, 병실과 화장실 청소에서부터 환자의 목욕과 배변 돕기, 식사 나르기, 환자의 환부 돌보기, 주사 놓기, 수녀들 방의 커튼 빨기와 식사준비, 간호사들의 식사준비에 이르기까지 그 범위가 광범위함을 나혜심(2009b)의 연구에서 밝혀주고 있다. 물론 병원 사정에 따라 의료적인 일만 하도록 편의를 제공받는 간호인력도 있었다고 한다. 그러나 독일 병원에는 언제나 인력이 부족했고 병원에 머물러 있는 사람들은 제한되어 있었기에 간호일에 해당하는 것은 다 해야 했다.

근본적으로 당시 한국 사회에서 간호일은 상대적으로 교육 받은 여성들이 담당하는 매우 괜찮은 직업이었다면, 독일 사회에서 간호일은 전통적으로 하층의 직업이면서 고된 노동을 해야 하는 기피 대상의 직업이었다(나혜심, 2009b). 연구참여자가 한국에서 독일로 떠나기 전에 받은 소양교육은 독일에서 일상생활을 할 수 있는 기본적인 정보 차원에서는 매우 부족했음을 짐작할 수 있다.

"간호사 송환 문제는 70년도 초에 독일에 저희가 올 때는 경제가 부흥이 되어가지고 간호사는 아무도 안 하려 했어요. 강도 높은 일을 자기들이 안 하려 그런 거예요, 젊은 친구들이. 한국보다 훨씬 강도가 높잖아요. 보호자가 없는 병원이에요, 여기는. 한국에서는 보호자들이 하는 일들을 간호사들이 해야 해요. 그런 것도 한국 정부가 잘못 했던 게 보낼 때 그런 걸 하나도 교육을 안 시키고 보낸 거예요. 6주간 교육을 받고 독일에 왔는데 뭘 배웠냐면 독일어하고 그 당시 소양교육."

한편, 독일에서의 간호일이 매우 고된 업무였음에도 한인 간호사들은 매우 인기가 높았다. 독일에서의 간호업무는 매우 힘든 직업으로 3D 업종으로 분류된다. 그리고 연구참여자가 간 결핵병원에서는 제일 어린 독일 간호사가 50세였다. 그런데 독일로 건너간 한인 간호사들은 대부분 20대 초반이었다. 게다가 언어가 잘 통하지 않으니 환자들이나 독일인이 무슨 말을 하면, 정확하게 못 알아들어도 무조건 상냥하게 웃으며 날렵하게 움직였다. 체격으로만 보아도 유럽의 독일인과 한인의 차이가 커서 상대적으로 더욱 아담하게 보였을 것이다.

"그 당시에 엄청 한국 간호사 인기가 높았어요. 그때 간호사들이 힘드니까 젊은 사람이 거의 없고. 저는 결핵병원에 갔는데 제일 어린 독일 간호사가 50살이에요. 우리는 말을 못하니까 항상 웃는 거예요. 팔팔하고. 말을 못하니까 누가 물으면 저게 무슨 말이지 생각하는 동안 웃는 거예요. 그러면서 생각을 하니까 잘 웃는 간호사들하고 젊고 예쁜 간호사들. 지금도 그러잖아요. 눈이 째졌다고 '아몬드 눈을 가진 간호사들' 그렇게 신문에 나오고 그랬어요. 아몬드 눈을 가진 노란 천사들. (중략) 밤근무 하면 환자 10명 이상을 씻겨야 했어요. 근데 엄청 무거워요. 이 사람들은 100키로 저는 44키로. 돌려가지고 막 씻길 수가 없는 거야. 그래서 막 쫓아가서 씻기고 그랬어요. 너무 강도가 높은 일을 하다 보니까. 우리보고 '한국에서 온 백의의 천사'라고 했어요. 간호사 출신들이 결혼도 잘하고 그랬어요. 그런 환상을 우리가 한국 사회에 심어줬고. 우리 한국 간호사들이 일을 참 잘했어요."

지금도 독일 사회에서 한국 간호사들은 전설 그 자체라고 한다. 독일 환자에게 한국 간호사들은 천사였고, '아몬드 눈빛의 천사들'이라고 불렸다(프레시안, 2010년 7월 9일자). 특히 한국 간호사들은 주사를 하나도 아프지 않게 놓는다는 소문이 돌아 인기가 아주 좋았다. 독일에서는 의사들이 주사도 놓고 간호사들이 환자한테 하는 처치 같은 것들을 대부분 의사들이 한다. 그런데 간호사들이 주사도 잘 놓고, 모르는 것이 있으면 의사에게 영어로 묻기도 하니까 의사들이 깜짝 놀라고 간호사들을 대단하게 여겼다. 그래서 한인 간호사들은 독일에서의 간호 업무를 통해 자신감을 갖고 살아갈 수 있었다(은영, 2017).

③ 독일인의 이주민에 대한 인식

연구참여자가 독일에 건너간 때는 한국뿐만 아니라 터키, 그리스, 유고슬라비아, 필리핀, 베트남, 인도 등 여러 나라에서 이주해왔다. 전체 이주자 중 한인은 0.3% 정도에 해당하는 소수집단이었다(Fijalkowski, 1984).* 하지

* 피잘코프스키(Jurgen Fijalkowski)에 의하면, 1981년 현재 독일에 유입된 이주자의 출신국은 약 30%가 유럽연합지역 국가, 33%가 터키, 14%가 유고슬라비아, 그 외 유럽연합 이외의 유럽국가들, 특히 북아프리카 출신 23%로 구성되어 있었다. 독일의 이주노동자 구성에서 비유럽권국가는 실상 전체에서 얼마 되지 않는데다가 한국 등의 아시아권은 출신국을 나누는 데 고려되지 않을 정도로 소규모였다.

만 독일인은 아시아 쪽에서 온 한국과 베트남 사람들을 더 선호한 측면이 있다. 그 이유는 터키나 아랍 쪽 사람들보다 인원이 적은 소수집단이고, 그들과 다른 종교와 예의바르다는 이유 때문이었다.

"터키 사람들이나 아랍 쪽 사람들은 인원이 많고 종교가 다르니까. 아시아 사람들을 선호하는 거예요. 숫자도 적어서. 그리고 사람들이 굉장히 예의 바르잖아요. 제일 예의바른 게 한국하고 베트남이에요."

그러나 병원에서 일할 때 동료들 간에 외국인 간호사들을 무시하는 경향도 있었다. 간호사들뿐만 아니라 보호자들도 병원에 오면 연구참여자가 바로 앞에 있는데도 독일어를 하는지 못하는지 알아보지도 않고 무턱대고 독일 간호사를 찾기도 했다. 또한 연구참여자가 전화를 받으면 악센트를 듣고는 외국인인 것을 알아채고 다른 간호사를 바꿔달라고 하거나 반말을 하는 경우도 있었다. 이와 같은 독일인의 태도는 독일 정부의 외국인 정책**이 독일인의 인식에 내재되어 있어 현지에서 일하는 외국인들을 잠시 왔다가 돌아갈 손님노동자로 보고 있었기 때문이다.

하지만 연구참여자는 이러한 상황 앞에 침묵하지 않았다. 보호자가 독일 간호사를 찾으면 "앞에 있는 내가 간호사인데 누굴 더 찾느냐", 또는 걸려온 전화로 다른 간호사를 찾으면 "다른 간호사와 통화하려면 내일 전화해라. 지금은 없다"와 같이 당당하게 받아치곤 했다. 이와 같은 당당함과 의연함은 연구참여자가 그동안 전문 간호사로서의 행위로 인정받은 경험과

** 1950년대 초 서독(이하 독일)은 국내외적 여러 요인 때문에 경제성장을 뒷받침할 수 있는 노동력 수요를 위해 외국인 정책으로 손님노동자제도를 도입했다. 이때, 외국인노동자를 사회통합의 일환으로 여기지 않고 잠시 머물다 갈 손님으로 여기며 한시적으로 활용하는 노동력으로 간주했다(최낙준 · 최서리, 2018).

자신감 때문이라 생각한다.

"병원에 일할 때, 간호사들만 아니라 보호자들이 오면 이 사람들이 우리가 독일어를 하는지 모르니까 제가 있어도 독일 간호사분들을 찾아요. 독일 간호사 없냐고. 앞에 있는데 저는 그때 말을 좀 했으니까. 당신 앞에 있는 사람은 뭐로 보이냐 그랬어요. 그리고 악센트가 있잖아 전화 받으면. 그럼 다른 간호사 찾고. 그때는 받아치기. '다른 간호사 찾으려면 내일 전화하고 지금은 없다' 그렇게 이야기하고. 그럴 땐 지금 반말하고 그러는 거예요. 외국 사람이니까. (중략) 우리가 덕을 보는 게 독일인들은 좀 낯선 사람들한테 좋은 감정을 안 가지는 사람들이에요. 나치도 있고. 저도 옛날 어떤 지역을 살면서 귀여움도 받고 그렇지만 그게 허물없이 대하는 거나 벽이 없는 게 아니에요. 항상 저도 벽을 느껴요. 저분들도 공손한 자세 뒤에 뭐가 있을까 그런 생각도 들고. 자기들이 워낙 고생한 사람들이기 때문에 절대 말 같은 거 함부로 하고 그런 게 없는데."

나혜심(2013)의 연구에서도 비록 한인 간호사들이 받았던 질 낮은 노동 경험이나 외국인 간호사로서 받았던 차별은 유쾌한 경험은 아니었지만, 이러한 쌍방의 경험이 단순하게 놀라움과 당혹함으로만 머물지 않았고, 간호 일상에 좀 더 현실적인 변화를 가져오게 했다.

(3) 독일에서의 가정생활과 정체성

① 자녀 돌봄과 교육

연구참여자는 독일에서의 간호 업무가 3년 계약으로 종료를 앞두고 있었다. 하지만 힘겹게 버텨온 3년이 지나고 나니 이제 언어소통도 원활해지고, 환자들과도 친해지고, 독일 친구도 생겼다. 또한 독일에서 공부도 해보고 싶은 마음에 연장을 결심했다. 연장하는 것은 그리 어렵지 않았다. 그러나 학교를 다니며 남편을 만나게 되었고, 아기가 생기게 되어 자연스럽게 독일에서의 육아생활이 시작되었다. 연구참여자는 두 명의 아들을 두었는데, 엄마 나라의 모국어인 한국어도 잘 가르치려고 했으나 생각보다 쉽지 않았다. 독일어는 배울수록 더욱 어려웠고, 연구참여자 자신이 독일어를 잘 못하다 보니 한국어를 동시에 가르치게 되면 자녀에게 혼란을 야기할까 하여 독일어만 사용하게 되었다. 또한 자녀와 한국어를 사용하게 되면 남편에게 소외감을 줄 수 있다는 생각에 점점 더 한국어는 멀어지기 시작했다.

> "저는 공부를 해볼까 그런 생각도 있었고 체류 연장하는 게 그렇게 어렵지 않았으니까. 조금씩 말도 통하니까 쉬워지기도 하고 환자들하고 친해지기도 하고 독일 친구들도 생기고 재밌더라고요. 시기가 늦춰진 거죠. 그러면서 남편하고 이제 결혼도 하고 살기도 하다가 학생 때 사귀었었는데 나중에 결혼도 하고. 결혼하기 전에 제가 공부를 시작하려 했는데 임신이 되고 그래서 결혼을 하고. (중략) 우리 생각이 어려웠던 거 같아요. 독일어를 배울수록 더 어려워요. 발음 나오는 대로 말을

하니까 쓰는 대로 읽으면 되고. 근데 깊은 문장을 보면 굉장히 어렵고 쓰고 직접 문장 작성하는 게 쉽지 않아요. 그래서 우리 독일말을 잘 못하는데 애한테 한국말을 가르치면 학교에서 독일말을 못하지 않을까 그래서 한국어를 많이 못 가르쳤어요. 특히 남편이 못 알아들으니까 남편이 소외당하는 느낌도 들고 그러니까. 그래서 우리가 독일어로 애하고 하다 보니까 나중에 애들이 커서 뭐라고 하더라고요. 왜 안 가르쳤냐고. 그래서 커서 한글학교 가고 그랬어요."

연구참여자의 자녀들은 커가면서 어릴 때 한국어를 안 가르쳐주었다고 원망했다. 그 이후 늦었지만 한글학교에 보내 한국어를 가르치기 시작했다. 그러다 보니 독일 친구들과 어울려 놀 때 한국어와 독일어를 섞어 사용하게 되었고, 외모도 조금 다른 이 아이들을 독일 친구들이 귀여워해주었다고 한다. 즉, 자녀들의 학교생활은 매우 원만하게 잘 지냈다. 다문화가정 자녀들이 모계의 언어와 문화에 노출되는 것이 자존감 상승과 그 밖의 성장발달에 도움을 준다는 사실이 많은 연구에서 확인되었다(송채수, 2018). 한편, 독일의 인종주의는 다른 나라에서보다 덜 새롭고, 덜 문화적이며, 덜 차별적이라고도 한다(최윤영, 2017). 이와 같은 연구 결과들을 통해 본다면, 연구참여자의 자녀들은 모계 나라의 한국어와 한국문화에 노출되어 있고, 독일의 사회적 · 문화적 환경 등의 영향 하에 있어서 긍정적인 생활을 할 수 있었을 것으로 여겨진다. 물론 부모님의 남다른 관심과 교육관에 의한 영향도 배제할 수 없으나, 세계화에 따른 다문화가정 배경이 증가하는 현실 속에서 위에서 언급한 연구 결과들을 간과할 수 없다.

"여기는 중산층 지역이었는데 거기 외국 애들이 거의 없었고 차별도 거의 없었던 게 이주민들이 나중에 들어오게 돼서 그 당시 외국인들도 거의 없었어요. 외모도 귀엽게 보이고 한국어하고 독일어하고 섞여서 나오고. 애들도 이뻐요. 그리고 공부도 잘하고 그러니까 귀여움을 많이 받은 거야, 선생님한테도 받고. 그리고 독일어도 잘했어요. (중략) 여기서는 애들 키우면서 참 좋았어요. 한국에서는 학원에 너무 많이 보내잖아요. 우리 애들은 정말 공부 안 하고 다녔어요. 그래서 비교해보면 여기 애들이 너무 행복한 거예요. 어릴 때부터 토론문화가 있어가지고 자아형성에 굉장히 도움이 되는 거 같아요. 굉장히 쇼크 받은 게 동생도 애가 둘이에요. 잔소리하는데 애들이 대답을 하나도 안 해. 쟤들은 대체 무슨 생각을 했을까 그런 생각을 하니까 끔찍하더라고요. 우리 애들은 잔소리하면 엄마 그건 틀렸어. 뭐라고 뭐라고 이렇게 하는데. 이게 내 말이 맞아 이렇게 하는데. 여기 애들이 참 행복하게 살고 있구나. 방학 때 되면 책가방 들고 오잖아요. 어디다 던져놓고 하나도 안 봐. 제가 관찰을 했는데 한 번도 안 보는 거예요. 마지막 날 책 챙겨서 학교 가는 거예요. (중략) 위안부 문제는 독일에서는 92년도에 시작했는데, 지금은 독일 사람들 상대로 얘기해요. 그런 자리에 우리 애들 데리고 다니고 그랬어요. 그래도 머리에 뭔가가 남아있긴 한 거예요. 학교에 가서 우리 애들이 모의 같은 걸 하는데 유엔 모의. 그 주제가 유엔대사를 맡아서 학생들이 맡아서 자기 나라를 소개하고. 한국 말고 다른 나라를 맡았는데 한국을 맡았던 여자애가 위안부 문제를 빼고 얘기했다는 거예요. 그래서 지가 나중에 평가할 때 손들고 그랬대요. 왜 위안부 문제는 안 하냐."

한편, 연구참여자는 독일의 교육환경이 한국과는 다르게 좀 더 자유롭다고 했다. 한국에 거주하고 있는 연구참여자의 동생에게 자녀 둘이 있는데, 커가면서 엄마가 물어도 말을 잘 하지 않고, 무슨 생각을 하는지 답답해하고 있다고 한다. 이에 비해 연구참여자의 자녀들은 엄마가 뭐라고 하면 자신의 생각과 다를 때는 엄마의 생각이 틀렸다며 반문을 제기한다고 한다. 연구참여자는 이러한 상황을 버릇이나 예의가 없다고 받아들이지 않고 있었다. 오히려 독일의 자유로운 토론문화에 익숙한 교육환경의 영향으로 이해하고 있으며, 오히려 한국 청소년들의 힘든 학교생활, 학원생활을 염려한다.

독일의 학교교육과 민주시민교육은 원칙적으로 정부 차원에서 제도적으로 주도하고 있다. 독일의 기초학교가 채택한 제1의 교육철학은 유치원에서 매일 자유롭게 뛰어 놀다가 정규학교에 입학한 아이들을 잘 적응하도록 도와주는 것이다(이상오, 2014). 이것만 봐도 연구참여자의 자녀들이 공부를 열심히 하지 않고 잘 놀며 자랐고, 한국의 아이들이 걱정스럽다고 이야기한 것이 이해된다. 특히 독일의 유치원 교육은 놀이참여중심으로 어린 시절부터 참여민주주의의 습관을 쌓게 한다. 민주주의의 초석은 '참여'이고, 민주주의란 '사람들에 의한 통치'를 의미하기 때문에(Power, 2000) 어려서부터 아이들과 잘 놀며 공동체의 삶에 잘 참여하고 있는지 '관찰자'로서 유치원 교사로서의 역할에 충실할 뿐이다(이상오, 2014). 또한, 독일의 대도시 일부에서는 학교와 도서관, 학교와 유치원, 학교와 정원 사이에 '교육로(教育路)'라는 표지를 설치한다. 이는 일상에서의 자연스러운 대화 중심의 길거리교육으로부터 시작된다는 차후 대화와 토론의 학교문화를 위해서다. 이런 전통들이 정규수업시간의 대화, 토론은 물론 오늘날 독일 학교에서 일반화되고 있는 프로젝트 수업이나 문제해결학습 등과 같은 협동수업의 가교가 된다고 보고 있다(이상오, 2014). 이러한 독일의 교육과정 또는 교육환경 때문인지 연구참여자의 자녀들은 부모님과 자유롭게 대화하고 토론하는 것은 물론 학교에서 모의수업을 할 때도 자신의 역할에 충실하며 적극적으로 참여하고 있음을 알 수 있다.

② 독일에서 느끼는 남다른 향수

연구참여자는 지금으로부터 50여 년 전인 1966년 독일에 이주하여 생활하기 시작했다. 이러한 이주의 삶은 가족을 위한 희생이든 개인적인 욕망이든 어찌 보면 더 나은 삶을 위한 인간의 노력에 의해 선택된 결과라고 볼 수 있다. 이런 관점에서 보면 세계화에 따른 현대 사회의 이동 구조는 그들이 지닌 문화가 동반 이주되면서 한 사회의 문화적 구성이 다양화되는 다문화 사회로 더욱 가속화되고 있음을 느낄 수 있다. 즉, 사회적 · 문화적 공간의 확대는 세계화의 현상으로 다양한 정체성 또는 혼종적 정체성을 지닌 사람들이 한 공간에서 생활하며 인간관계에 많은 영향을 주고 있다(이용일, 2009).

> "저도 제가 한국에 살았더라면 이런 인식을 갖고 살 수 있었는지 그건 미지수예요. 외국에 나와 있었기 때문에 나무를 보려면 숲 밖에 있어야 하잖아요. 상식적이고 객관적이게 보이는데 한국에 있으면 그게 안 보이나 봐요. 그게 안타깝고. 지금도 한국에 대한 애정이 많아요. 반면 싫은 점도 있어요. 애증이 있는 거죠. 사실 요즘은 독일 뉴스보다 한국 뉴스를 더 보고 있어요. 유튜브도 보고. (중략) 예전엔 JTBC 뉴스 봤는데 요즘은 실망해서 안 보고 있어. 뉴스공장은 너무 길어서 못 보겠어. 지금은 볼 게 없고. 알릴레오 보든지 해야겠어."

연구참여자는 마음의 고향인 한국에서 살았던 날보다 타국인 독일에서 살아온 날이 훨씬 더 많다. 그리고 독일 시민권도 가지고 있다. 그럼에도 아직도 고국에 대한 향수나 그리움, 또는 어떤 것에 대해서는 싫은 모습 등 애증의 마음을 가지고 있다. 이는 "나무를 보려면 숲 밖에 있어야 한다"라는 말처럼 일정한 거리를 두고 한국을 바라보고 있어 한국의 사태를 좀 더 객관적으로 볼 수 있다고 한다. 그녀는 특히 한국 언론들이 객관적인 실체 보도를 하지 않고, 상업화된 정파성에 저널리즘이 질적으로 저하되고 있다는 점을 비판했다. 연구참여자는 오랜 세월 독일 시민으로 살고 있지만, 여전히 한국의 소식에 관심이 많고, 한국의 뉴스나 유튜브 등을 시청(청취)하고 있다. 그래서 요즘 중·장년층에서 즐겨 보고 듣는 유튜브 채널을 꽤나 알고 있다. 이렇게 독일 국적을 소유하고 있고, 독일 시민으로서의 권리와 대우를 누리며 살고 있지만, 주관적 소속감은 여전히 민족적 공동운명의식에 의존하고 있는 것으로 보여진다.

> "우리 2세들은 여기서 정체성 혼란을 한 번씩 겪는데요. 우리 1세대들은 한국 정체성이 있는 거죠."

연구참여자가 이야기하듯이 독일에 거주하고 있는 한인 1세대는 독일에 적을 두고 있지만, 여전히 한국에 대한 정체성과 향수를 갖고 있다. 반면 이주 2세대는 정체성 혼란을 한 번씩은 경험한다고 한다. 여러 연구에 의하면 독일 한인 이민 2세의 경우 정체성과 제노포비아의 문제를 경험하기도 하고(최윤영, 2017), 1세대인 부모와 생활양식과 사고방식, 민족정체성 등에서 현저한 차이로 갈등을 겪기도 한다(이선희, 2012). 이주 2세대는 부모세대로부터 주어진 한국문화와 실제 삶의 터전인 독일문화 사이에서의 갈등과 주류 문화에 속할 수 없다는 다름의 경험이 이들의 정체성 형성에 있어 한국인과 독일인 사이에 머무르게 하는 결핍 요소로 작용하고 있다. 여기에서 경험하는 정체성의 모호함은 1세대와 2세대 간의 차이가 존재한다. 1세대가 겪는 정체성에 대한 모호함은 떠날 수 있는 용기와 새로운 것에 대한 두려움을 이겨내는 힘이 되어 개척하는 삶을 선택하도록 했다(이효선 · 유연숙, 2017). 그리고 그 힘으로 삶을 살아가게 했고, 고국을 그리워하는 향수를 벗 삼으며 많은 서러움과 결핍을 견뎌내게 했다. 그러나 2세대가 갖는 정체감 형성에 대한 결핍은 더욱 안정적이고 익숙한 환경에 머무르는 삶을 선택함으로써 결핍된 감정을 상쇄한다고 보기에 1세대의 고국에 대한 정체성과 2세대의 모국에 대한 정체성은 다를 수밖에 없을 것이다.

(4) 독일에서 비로소 시작한 사회운동

전통적으로 사회운동은 "사회변동을 일으키기 위한 조직화된 노력"(Jenkins & Form, 2005)이라고 정의되고 있고, 기존의 사회구조와 제도 등을 개선 · 변화시키기 위해 대중과 시민이 자발적으로 참여하여 벌이는 집합적인 행동을 의미한다. 또한, 사회운동은 시민운동, 인권운동 등과 다른 차원으로 논의되기도 하지만, 오늘날에는 이를 모두 포괄하여 이른다. 이러한 사회운동은 20세기 초까지만 해도 서구적 맥락에서 근본적인 사회 변혁을 추구하는 노동자계급에 의한 사회주의 운동을 뜻했다(홍두승 외, 2009). 그리고 사회변화의 원동력으로서 사회운동에 주목하는 이유는 개인의 행위보다 집합적 행위로서의 조직적인 체계와 역사의 창조를 이끈다는 역동성이 잠재되어 있기 때문이다(홍성태, 2012). 사회운동의 이러한 의미를 토대로 연구참여자가 독일에서 사회운동에 열정적인 참여자로 변모해가는 경험을 살펴보고자 한다.

① 사회운동 참여로의 첫걸음: '서로 돕는 여성모임' 속으로

연구참여자는 독일에서 결혼한 이후 주변사람들의 입소문으로 아무런 생각 없이 찾았던 한 모임이 있었다. 그 모임명은 '서로 돕는 여성모임'이라고 하여 1975년부터 생성되었고, 한국에서 온 여성 유학생들, 간호사 출신 등이 모여 한국역사도 공부하고 사회 문제도 같이 공부하는 그런 모임이다. 이 모임은 주로 한국에서 온 유학생들로 유신반대 등 민주화운동을 하는 의식 있는 학생들이 많이 참여하고 있었으며, 심포지엄 같은 것을 개최하는 매우 학구열이 높은 집단이었다. 연구참여자는 우연찮게 이 모임에 참석하게 되었고, 이 모임에 참여하고 있는 사람들을 보고 감탄이 절로 날 정도로 감동과 충격을 받았다. 그리고 자신의 대학시절을 너무 안타깝게 여겼다. 그 이유는 유익한 동아리모임 하나 한 것 없이 친구들과 강가에 놀러 다니며, 그저 허송세월을 보냈다고 생각했기 때문이다.

> "여기 독일에 민주화운동 역사를 보면, '서로 돕는 여성모임'에서 여성 유학생들, 간호사 출신들, 74년 '민주건설협의회'라는 게 생겨요. 그건 유신반대. 그런 게 생겼는데 거기에 있는 부인들 남편 통해서 자기도 그런 사람들. 그리고 여기서 공부하는 유학생들이 심포지엄 그런 걸 하더라고요. 애를 업고 가는데, 저는 너무 감동을 받았는데 거기 모인 사람들이 너무 똑똑해 보이는 거예요. 눈도 빤짝빤짝하고. 이런 사람도 독일에 있었구나."

연구참여자는 ‘서로 돕는 여성 모임’의 참석자들과 같이 무언가를 하고 싶다는 생각이 들었고, 그 이후로 큰아이 몇 개월밖에 안 되었을 때인데, 등에 업고 다니며 이 모임에 열심히 참여했다. 그 당시 독일 사회는 굉장히 민주적이었고, 아이들도 민주적으로 양육하는 편이었지만, 남편은 정치적으로 진보적이지 않았다. 그래서 이런 모임에 함께 가자고 하면 좋아하지 않았다. 하지만 다행스럽게도 아내가 이런 모임에 나가는 것을 반대하진 않았다. 이때 ‘서로 돕는 여성모임’에서 함께 공부했던 책은 『해방 전후사의 인식』*이었다. 이 책으로 공부하면서 교과서에서 배웠던 내용과 다르게 한국 근현대사를 배우게 되니 조금은 무서운 생각이 들었다. 당시에는 반공교육을 투철하게 받았던 세대이고, 그러한 의식에 사로잡혀 있던 터였기에 더욱 그러했다.

> “그 당시에 『해방 전후사의 인식』이라는 책이 있어서 그거 가지고 공부했는데 그다음에 학생운동 하는 애들이 그 책 이름 듣더니 웃더라고요. 우리는 책이 없었으니까. 그때 이승만 정부의 비판 이런 걸 보고 저는 읽고 나니까 무서운 거예요. 워낙 반공 거기에 사로잡혀서 너무 무서워가지고. (중략) 가서 막 이승만 욕하고 이런 게 무서운 거예요. 그 말은 또 못하고 또 가게 되고 그냥 천천히 하니까.”

연구참여자는 ‘서로 돕는 여성모임’에 열심히 참여하면서 다른 이들에

* 1979년 10월 15일 발행된 한국 근현대사 분야 단행본으로 약칭 ‘해전사’라 불린다. 한국 현대사에서 1980년대 중후반까지는 현실적 제약으로 제대로 논의되지 못했던 해방 전후 시기를 분석한 책이다. 첫 권이 1979년 발행되고, 이후 10년에 걸쳐 전 6권으로 완결되었다. 출간 이후 지식인과 학생층을 사이에서 파란을 일으키며 회자되기 시작되고, 계엄령 하에서는 판금조치 되기도 했다.

비해 더디긴 했지만, 서서히 변화해가고 있음을 느꼈다. 학습을 통해 '내가 뭐 때문에 독일에 온 거지? 정말 돈만 벌기 위해서 온 건가? 아니면 큰 임무를 맡고 온 것인가?' 이러한 물음을 던지게 되었고, '나를 보낸 조국은 어떤 역사를 갖고 어떤 나라여서 이렇게 여기까지 오게 된 것인가? 그리고 독일은 또 어떤 나라인가?' 이런 걸 공부하게 되니까 전태열 열사의 분신자살이 갖는 의미 등 사회적 부조리가 서서히 눈에 보이게 되었다. 이처럼 새로운 세계관으로 공부하며 무섭다는 생각이 들었지만, 조금씩 이 모임의 매력에 빠져들게 되었다.

② 간호사 강제송환 서명운동의 확산

1977년에 연구참여자는 1974년 결성된 베를린 지역의 '서로 돕는 여성모임'에 참여하게 되면서 사회참여 활동을 시작했다. 당시 오일쇼크 사태를 계기로 경기침체에 돌입하자 독일 정부는 외국인 간호 인력의 수용을 중단했다. 1976년부터는 이미 독일에서 활동하던 외국인 간호사들의 노동허가와 체류허가를 연장하지 않는 방식으로 강제 귀환을 독려하기 시작했다(이희영, 2005).

1970년 초 경기 부흥기에는 아무도 하지 않으려 하여 일손이 필요하니까 인도, 필리핀, 한국 등지에서 간호사들을 데려오고, 오일쇼크가 터지자 힘들어지니 구조조정이 필요하다며 제일 먼저 외국인을 내보내려 했다. 한국 간호사들은 이에 적극 항의하며 1977년부터 노동 및 체류 허가를 위한 강제송환 반대 서명운동을 전개했다.

"자기들이 일손이 필요할 때 독일에 인도에서 만 명, 필리핀에서

만 명, 한국에서 만 명, 그렇게 데려온 거죠. 그렇게 해서 데려온 건데 70년도 초가 되니까 오일쇼크가 터지잖아요. 그러니까 여기도 경제가 어려운 거예요. 그렇게 힘들어서 안 하던 걸 하기 시작한 거예요. 구조조정을 해야 하는데 외국 사람을 제일 먼저 내보내려고 하잖아요. 그래서 우리들은 그전에는 저희가 10년 7~8년 일했었죠? 저희는 3년 일하고 가려 했는데 병원에서 자꾸 붙잡는 거예요. 그러면서 노동계약도 저절로 연장되고 체류기간도 연장되고 그랬는데, 벨리는 큰 도시고 그래서 덜했는데 특수도시였잖아요, 동독 속에 있었으니까 남독 그런 곳은 보수적인 도시인데, 거기는 한국 간호사를 연장을 안 시켜준 거예요."

연구참여자는 '서로 돕는 여성모임'에 몸담고 있으면서 강제송환 반대 서명운동에 매우 적극적으로 참여했다. '우리는 쓰고 싶을 때 쓰고 필요 없을 때 버리는 상품이 아니다'라는 인식을 공유하며, '우리는 돌아가고 싶을 때 돌아가겠다'라며 서명운동을 벌인 것이다. 이 운동은 독일 전역으로부터 호응을 얻게 되었고, 1977년 12월 연방 정부 안건으로 상정되어 결국 1978년 강제송환 조치를 철회하는 성과를 내게 되었다(Yoo, 1996).

"저희는 '서로 돕는 여성모임'에서 각 지역마다 한국여성모임이라고 창립되기 전에 흩어져 있었어요. 그래서 우리는 이건 아니다. 독일에서 일손 필요할 때 도와줬는데 이제 나가라고 그러는 거잖아요. 우리는 상품이 아니지 않느냐. 쓰고 싶을 때 쓰고 필요 없을 때 버리는 거 이건 아니다. (중략) 우리는 돌아가고 싶을 때 돌아가겠다. 그래서 서명운동을 했어요. 여기는 만 명의 서명이 모이면 의회에 안건이 선정이 되어요. 우리가 만천 개 정도 모아서 상정이 된 거야. 독일은 연방으로 된 나라인데 연방마다 법이 다 달라요. 근데 몇 개의 연방국에서 그게 채택이 된 거예요. 그걸 모아가지고 한편으로는 의회에 보내고 여성모임에서 심포지엄을 한 거예요."

간호사 강제송환 철회 조치의 성과는 독일 내 병원에서 '잘 웃는 간호사들', '아몬드 눈을 가진 노란 천사들'이라는 명성을 얻기까지 제 몸의 두 배 이상이 되는 독일 환자들을 돌려 눕혀가며, 환자의 보호자들이 해야 할 몫까지 성실하게 해낸 그녀들 자신 덕분이었다. 연구참여자를 포함한 간호사들의 서명운동은 생각보다 너무 쉬웠다. 병원 앞에 가 있으면 나오는 보호자들은 설명을 듣지도 않고 바로 서명해주었다고 한다. 한국 간호사들에게 굉장히 호의적이었음을 알 수 있다.

"5년 이상 된 사람은 무기한 체류를 하게 해줘라, 8년 이상 하면 영주권을 내줘라 그런 요구사항이 관철이 된 거예요. 그런 혜택을 우리만 받은 게 아니라 한국 간호사들하고 결혼한 광부 아저씨들도 적용이 된 거예요. 그래서 여기 있게 된 거죠. 그런 걸 통해서 액션을 하고 거리에 나가 서명운동도 하고 의식이 변하기 시작한 거예요. 우리 문제는 우리가 나서서 해야 한다고."

독일에서는 1만 명의 서명이 모이면 의회에 안건이 상정된다고 한다. 드디어 한인 여성모임에서 1만여 개의 서명을 받게 되었고, 그것을 모아서 한편으로는 의회에 보내고 여성모임에서는 심포지엄을 열었다고 한다. 그 결과 5년 이상 된 사람은 무기한 체류할 수 있게 되었고, 8년 이상 된 사람은 영주권을 얻을 수 있는 요구사항이 관철되었다. 이러한 혜택을 간호사들만 받게 된 것이 아니라 한국 간호사들과 결혼한 광부들도 함께 적용받게 되었다고 한다. 그래서 아직까지 이곳 독일에 있게 되었고, 이러한 사회참여 행위라는 액션을 통해 의식의 변화가 일기 시작했다.

이와 같은 경험은 이희영(2005)의 연구에서 구술자가 자발적인 투쟁을 체험하면서 스스로가 속한 사회적 집단에 대한 소속감과 더불어 자의식을 확인할 수 있는 계기가 된 것과 동일한 경험이라 볼 수 있다. 또한 이승훈(2005)의 연구에서도 참여자의 자발적 의미형성 과정 없이는 사회운동 참여가 일어나지 않는다고 했다. 연구참여자는 처음 동기가 어떠했든 '서로 돕는 여성모임'에 자발적인 선택을 통해 참여를 시도했고, 공동체와의 학습을 통해 사회 문제와 부조리에 관심을 갖게 되었으며, 해결해야 할 필요를 느끼게 되어 실천으로까지 옮기게 되었다. 이러한 성취 경험이 또 다른 문제의식을 낳게 되고 지속적인 진일보한 사회참여 확대가 일어나게 되었음을 보여주고 있다.

3.
연구참여자 3:
순수한 동심을 갖고 살아가는 아동문학가

1) 생애담 요약

연구참여자는 2남 2녀 중 셋째딸로 태어났으며, 위로는 언니, 오빠가 있고 아래로 남동생 이렇게 4남매가 부모님과 함께 평범한 가정을 이루고 살았다. 연구참여자는 다른 형제들과 달리 기독교 신앙에 대한 깊은 고민을 가지고 있었고 그 고민과 열정으로 신학대학에 입학했다. 그러나 대학시절 아버지께서 일찍 돌아가시는 바람에 우여곡절 끝에 원하던 신학교를 중퇴하고 말았고, 그 당시 초등학교 보건교사로 근무하게 되었다.

연구참여자는 여전히 학창시절 신학대학을 중퇴하게 된 것이 큰 아쉬움으로 남아 있었기에 파독 간호사 모집에 대한 내용을 보고 독일에 가서 돈을 벌어 학업을 계속하고 싶은 마음이 들었다. 그래서 쉽지 않았지만 독일행을 결심하게 되었다. 막상 가족들에게 독일에 간다고 하니 그 당시 어머니께서는 오히려 흔쾌히 허락해주셨다. 어머니는 처음에 3년 계약으로

가는 것이라 편하게 보내주셨으나 이렇게 오래도록 독일에 이주하여 살게 될 줄은 꿈에도 모르셨을 것이다.

부푼 꿈을 안고 독일에 도착하고 나서의 삶은 생각보다 쉽지 않았고, 언어 문제로 어려움을 겪었으나 워낙 배움에 대한 열정이 큰 탓인지 7개 국가에서 온 여러 동료와 서로 자기 나라 언어를 한마디씩 배워가는 것을 재미로 여기고 있었다. 그리고 병원생활을 하면서도 처음에 독일에 간 취지, 즉 신학공부에 대한 마음은 잊지 않았고 틈틈이 신학공부를 할 수 있는 방법을 찾다가 드디어 멘토 같은 교수님을 만나게 되었다. 그 교수님께서는 먼저 언어가 능숙해야 하니 독일어를 마스터하라는 조언을 해주셨다. 그래서 처음 슈바이츠발트(Schweizwald)에서 3년간 계약한 대로 일을 마치고 프랑크푸르트(Frankfurt)로 옮겨 신학교를 가려고 했는데, 마침 지금의 남편을 만나게 되었다. 남편이 결혼해도 신학교를 보내주겠다고 약속했기에 철석같이 믿고 결혼했으나, 결국은 신학교를 다니지 못했다. 그래서 아직도 미련이 남아 있는데, 그 이유는 청년시절 하나님께 신학교를 가겠다고 약속했던 마음의 서원 때문이다.

연구참여자가 독일에 처음 이주하여 병원 간호사 일을 하면서 가장 어려웠던 일은 언어 문제였다. 처음 생활할 때 병원 측에서 독일어 선생을 데려다가 언어공부를 시켜주긴 했지만, 3교대 근무를 하면서 공부하려니 여간 힘든 것이 아니었다. 독일에서 첫 근무지는 정신병동이었는데 필리핀, 독일, 대한민국 3개국의 간호사만 일했고, 터키, 유고슬라비아 같은 다른 국가에서도 일하러 온 사람들이 많았는데 이들은 전문직이 아닌 부엌일이나 다리미질, 청소부 같은 허드렛일을 했다. 하지만 여러 동료와는 전문직과 그렇지 않은 일로 차별하지 않았고, 6개국의 사람들과 서로 한마디씩이라도 언어를 배워가며 지내는 것을 낙으로 여겼다.

연구참여자는 독일이라는 낯선 나라에서 이주민에 대한 편견은 잘 느끼지 못했다고 한다. 처음 지낸 곳은 도시에서 벗어난 시골 동네였는데, 사람들이 무척 관심 갖고 잘 대해주었고 한국인 간호사들에게 손도 흔들어주고 신기해했으며, 동네에서 축제를 하면 초대해주곤 했다. 각 나라의 전통옷을 입고 오라고 하여 한복을 입고 가면 사진을 찍으려고 난리가 났고, 낯선 독일에서 한국 간호사들은 무척 귀여운 존재였다. 하지만 시골을 벗어나 도시인 프랑크푸르트로 갔을 때는 외국인이라고 약간 차별받은 기억이 있다. 예를 들어 마트에서 계산하려고 줄을 섰는데, 계산원이 한국인은 쳐다보지 않고 그다음 사람에게 시선을 주며 먼저 계산해주려고 하면서 무시하는 태도를 보였다. 그럴 때 내 차례라고 하며 당당하게 나서니 그때서야 잘못 봤다고 하면서 계산해준 일이 있었다. 또한 남편의 지인이 광부로 왔다가 장사(국경을 넘나들며 한국식품을 파는 일)를 시작했는데, 한국 신분으로 다닐 때는 매우 까다롭게 굴더니만 독일 국적으로 바꾸었을 때는 굉장히 수월하게 국경을 넘을 수 있었다고 한다. 그래서 그 이후로는 독일 사람이 되고 싶어서 집에서나 직장에서나 항상 독일어만 사용하고 독일 사람하고만 어울리는 노력을 한 끝에 독일 회사에서 어느 정도 직급에 오르게 되었다고 한다. 그럼에도 막상 중대한 업무처리를 하고자 하면 독일인으로 대우해주지 않는 일로 차별을 겪어야 했다. 그 후로 너무 상처를 받아 다시 한국 국적으로 바꾸는 일도 있었다고 한다. 연구참여자의 남편 역시 광부로 와서 독일 국적을 가졌다가 현재는 한국 국적으로 바꾼 상태이며, 연구참여자는 처음부터 한국 국적을 유지하고 있다.

한편, 연구참여자는 소녀 때부터 문학소녀다운 면모를 가지고 있어서 글쓰기를 좋아했고, 마침내 2008년 한국문인협회에 가입하여 글을 썼고 등단하게 되었다. 그녀는 신인작가로서 수필도 쓰곤 했는데, 그 글이 재일동포

신문 등을 통해 전 세계에 알려지게 되었다. 그러다가 높으신 분들이 재독신문에 글을 써달라고 부탁하여 조금씩 쓰곤 했다. 이것을 계기로 이제는 전업으로 유로저널 기자생활을 하고 있다. 또한 2013년에는 아동문학으로 저서 3권을 출판하고, 아동문학 작가 생활도 하고 있다. 『판지아 판지아』, 『동화 찾아 4900리』, 『해님은 요술쟁이』는 연구참여자가 출판한 저서들이다.

연구참여자가 독일에서의 이주경험자로서 한국의 다문화 현황에 대해 해주고 싶은 이야기는 우선적으로 이주민이 당당하게 살아갈 수 있도록 일자리를 제공해주어야 한다고 했다. 그러기 위해서는 언어소통이 되어야 하니 독일에 처음 갔을 때 정부에서 독일어 공부를 시켜준 것처럼 이주민에게 한국어를 가르쳐서 독립적으로 설 수 있는 여건을 만들어주어야 남편에게 무시당하지 않고 살아갈 수 있을 것이라고 힘주어 말한다. 또한 자조모임 활성화를 통해 스스로 자기계발을 할 수 있고, 스스로 문제해결도 해나갈 수 있도록 당사자의 노력이 필요하다고 강조했다.

2) 초국적 이주의 생애담

(1) 독일로의 이주 배경과 병원 생활

① 배움에 대한 열망으로 선택한 독일

연구참여자는 기독교 집안에서 2남 2녀 중 셋째 딸로 출생했다. 기독교 집안에서 자라다 보니 남다른 돈독한 신앙심으로 야간 신학교에 입학했다. 학교를 다니던 중 아버지께서 병환으로 돌아가시는 바람에 상황이 어렵게 되어 대학을 중퇴했다. 연구참여자는 어떻게 해서든 신학교를 마치고 싶었으나 본인의 의지와 상관없이 학업을 포기해야 하는 상황이 되자 계속 마음에 서운함을 가지고 있었다. 그 뒤로 초등학교 보건교사로 직장생활을 하다가 학업에 대한 미련이 남아 당시 독일 간호사로 가기로 결심했다. 왜냐하면 유학 준비하는 것보다 간호사로 가는 길이 더 쉬웠기 때문이다. 연구참여자는 다른 파독 간호사들에 비해 남다른 이유로 독일 간호사의 길을 선택했다.

"원래 기독교 신학교를 다녔는데 아버지가 돌아가셔서 학교를 중퇴했어요. 근데 학교에 보건교사로 근무하면서. 야간 많았잖아요. 야간 대학으로 갔었죠. 그러다가 2년 뒤에는 그냥 중퇴를 했어요. 그래서 항상 마음에 걸리는데 하나님한테 신학교를 간다고 약속을 했는데 결국은 그걸 이겨내지 못하고 그만뒀으니까 마음에 항상 걸려. 그래서 독일에 가서 그러려고 신학공부 했죠. (중략) 26살 때 저는 직장 생활 하다가 갔어요. 한번 그냥 신학교를 가고 싶어가지고. 유학 준비하고 그런 게 힘드니까 간호사로 가는 게 쉬웠잖아요. (중략) 저희가 기독교 집안이라서 이번에 독일 가서 신학 공부를 하면 좋겠다고 해서 간 거지."

연구참여자가 독일 간호사로 간다고 했을 때 다행히 어머니는 반대하지 않으셨다. 원래 트이신 분이라서 3년 계약이라고 하니까 잠깐 있다가 올 줄 알고 크게 반대하지 않으신 모양이다. 그러나 이렇게 긴 이별의 시간을 견뎌야 했고, 서로 멀리서 소식을 접해야 했다. 연구참여자는 학창 시절 하나님과 했던 약속을 지키고 학업에 대한 미련을 거두지 못하여 긴긴 독일행 여정을 떠나게 된 것이다.

연구참여자는 낯선 독일에서 병원생활의 어려움도 있었다. 하지만 여러 동료와 새로운 언어를 배워가는 즐거움에 잊어버린 듯 잘 지냈다. 그럼에도 처음에 독일을 선택한 목적은 잊지 않았다. 틈틈이 신학공부 할 곳을 알아보다가 어느 교수님을 만나게 되었다. 그 교수님은 일단 공부를 하려면 언어가 능숙해야 하니 근무하는 동안 독일어를 마스터하라고 조언해주셨다. 그래서 처음 독일에 도착하여 머물렀던 슈바이츠발트에서 3년간 열심히 근무하면서 언어공부를 했다.

> "74년 12월부터 근무를 하면서 근처에 신학 할 곳을 알아본 게 교수님을 만났어요. 언어가 근데 능숙치 못하고 그러니까 3년 계약하고 왔으니까 3년 근무를 하면서 독일어를 먼저 마스터를 해라 그래서. 그렇게 하려고 저 슈바이츠발트 거기서 이제 근무를 하면서 했어요. (중략) 그러다가 3년 끝나고 프랑크푸르트로 옮겨오면서 가려 했는데 결국은 그냥 됐죠. 근데 신랑이라는 사람이 신학교를 보내주겠다고 약속을 했어요, 결혼을 하면. 근데 이 사람이 안 보내주더라고요."

그 후 3년 계약이 끝나고 프랑크푸르트로 옮겨오면서 신학교를 가려고 했는데, 결국은 그 꿈을 또 이루지 못했다. 왜냐하면 그 당시 독일 광부로 왔던 남편을 만나게 된 것이다. 연애하면서도 신학을 해야겠다는 결심에는 변함이 없었고, 그 꿈을 이루게 해주겠다는 남편의 약속을 믿고 결혼했다. 그러나 그 꿈은 또다시 물거품이 되었다. 왜냐하면 결혼 전 신학교 공부를 할 수 있게 해주겠다던 남편이 결국은 약속을 지키지 않았기에 신학

공부의 꿈은 저 멀리 보낼 수밖에 없었다. 하지만 거시적이고 먼 여정을 놓고 보았을 때 연구참여자가 가지고 있는 특별한 문학적 소질이 발현되어 지금까지도 유로기자 생활과 아동문학 작가로서 누군가에게 정보를 제공하고 꿈과 희망을 불어넣어주는 의미 있는 인생을 살고 있는 것이 아닐까 라고 생각할 수 있겠다.

② 동병상련 속에서의 의미 있는 병원 생활

연구참여자가 독일에 가서 처음 근무했던 병원은 정신병원이었다. 제2차 세계대전 당시 히틀러 치하 때 설립했던 정신병자들을 수용했던 곳이라 한다. 이 병원에서는 대한민국뿐만 아니라 필리핀, 유고슬라비아, 터키 등 7개 나라에서 온 동료와 함께 지냈다. 이 모든 국가에서 온 사람들이 모두 간호사 업무를 한 것은 아니다. 이 가운데 대한민국과 필리핀, 그리고 독일의 세 나라만 간호사 업무를 맡았고, 그 외의 나라에서 온 사람들은 다리미질 또는 부엌일, 청소부 업무 등 일종의 아르바이트식의 비전문적인 일을 담당했다. 즉, 연구참여자는 전문성을 가진 전문직 여성으로서 낯선 타국에서의 생활을 하게 된 것이다. 사실, 연구참여자가 첫 근무하게 된 정신병원에서의 업무는 상대하는 환자의 정신건강 등의 정신요법, 상담, 정서적 문제 등의 다양한 간호행위를 수행해야 했다. 이런 경우에는 정서 및 행동장애를 가진 환자를 대상으로 돌봄이 이루어질 때 예측하기 어려운 다양한 형태의 위협이나 폭력이 나타날 수 있기에 일반병원의 간호사보다 더 많은 직업적 어려움과 소진의 경험이 있다고 한다(김경희 외, 2012; 김희정, 2015).

"맨 처음에 갔던 병원이 정신병원이라 2차 세계대전 때 히틀러 시대 때 있던 정신적으로 이상해가지고 거기서 수용을 해간 거야. (중략) 간호사들도 7개국이 있어. 대한민국, 필리핀, 유고슬라비아, 터키, 그니까 간호사뿐만 아니라 일종의 아르바이트 그런 청소부, 부엌일하는 사람, 다리미질 다 따지면 여튼 간호사는 필리핀, 대한민국, 독일 세 나라만 간호사하고 나머지는 부엌일하거나 청소하거나 그랬죠. (중략) 언어. 우리가 공부를 많이 하고 갔지만 병원 측에서 오면 항상 독일어 선생을 데려다가 한국에서 11명인가 있었는데 우리를 위해서만 해줘요. 처음에는 참 좋더니 우리가 피곤하니까 3교대 근무하니까 나도 죽겠더라고. 그래도 해줘가지고 도움을 받았었고. (중략) 그런데도 재밌게 6개 국어를 배우면서 한마디씩이라도 배워가면서 기숙사에서 참 재밌었는데 많이 어려움은 느끼지 못 했던 거 같아요."

그러나 연구참여자는 병원 생활 중에 가장 힘들었던 점이 언어 문제였다. 나름 한국에서 독일 가기 전에 언어공부를 많이 하고 갔지만, 언어 문제는 하루아침에 해결되는 것은 아니었다. 그리고 특별히 독일 병원 측에서 한국 간호사들에게 독일어 선생을 붙여주어 독일어 공부를 할 수 있도록 배려도 해주었다. 그 당시 한국에서 같은 병원에 온 한국 간호사들은 11명 정도였는데, 병원 3교대 근무를 하면서 독일어를 배우던 일이 매우 힘들었다고 한다. 하지만 그 가운데 긍정의 힘을 찾아본다면 7개 나라에서 온 동료와 지내면서 서로 다른 언어, 즉 자신의 나라 언어를 제외한 6개 국어를 한마디씩 배워가면서 기숙사 생활을 했던 것이 재미있었고 의미가 있었다고 한다. 흔히 전쟁 중에 동고동락하며 쌓이게 되는 전우애의 값진 우정처럼 낯선 곳에서의 이주생활은 서로에게 큰 위로와 격려가 되고 그 끈끈함은 컸을 것이라 생각된다.

(2) 독일인과의 생활

① 헤르만 헤세의 고향, 칼프 사람들

독일이라는 나라는 연구참여자에게 일단 종주국이면서 간호사라는 전문직업으로 합법적인 계약관계를 통해 잠시 머물다 가는 곳이기도 하다. 그럼에도 지내는 동안 독일인에게 서러움이나 편견을 느낀 적은 없는지 물었다. 연구참여자의 여러 동료 중에 도시에서 지내던 사람들은 종종 그러한 경험을 했지만, 자신이 있었던 곳은 시골동네였기에 편견의 경험이 없었다고 한다. 특히 연구참여자가 살았던 곳은 헤르만 헤세*의 고향인 칼프**에서 가까운 곳이었다. 헤르만 헤세는 독일계 스위스인이고, 시인이자 소설가로 유명하다. 연구참여자에게 헤르만 헤세의 고향 칼프에서의 생활은 남달랐을 것이라 생각된다. 연구참여자는 남다른 감수성과 글쓰기의 재능을 가지고 있다. 아마도 그 유명한 작가의 마을에서 지낸다는 것은 연구참여자에게 커다란 기쁨이자 특별한 천운이라 여겨졌을법하다.

> "워낙 도시에서 산 분들은 느꼈다고 하던데 나는 시골에 갔어요. 헤르만 헤세가 살던 곳에서 15키로 정도 떨어진 곳. 나중에 제가 글을 쓰게 되면서 거기 가서 자세히 취재해가지고 수필도 써주고 그랬는데,

---

* 헤르만 카를 헤세(Hermann Karl Hesse, 1987~1962)는 독일계 스위스인이며, 시인, 소설가, 화가다.

** 칼프(Calw)는 독일 남서부 바덴뷔르템베르크주에 있는 도시이며, 헤르만 헤세의 고향으로 더 유명하다. 고속도로를 빠져나와 30분가량 좁은 길을 따라 언덕을 오르내리다 보면 나골트(Nagold)강이 보이며, 강을 따라가다 보면 검은 숲이 위치하고 있어 색다른 자연경관을 느낄 수 있다.

그때만 해도 헤르만 헤세 거기가 칼프라는 동네인데 거기 살았었어."

칼프에서의 생활은 연구참여자에게 좋은 기억으로 가득 차 있다. 물론 병원 생활의 어려움은 남들의 직장생활과 별반 다르지 않았겠지만, 적어도 그 동네 사람들로부터는 홀대받지 않았다. 연구참여자는 타지에서 이방인으로 살았지만, 그 동네 사람들은 지날 때마다 손을 흔들어 반겨주었다. 독일인과 다르게 작고 귀여운 외모를 가진 이방인, 그리고 아몬드 같은 눈매를 가진 천사 간호사. 독일인에게는 이러한 이미지로 다가갔기에 편견이나 어려움은 없었다고 한다.

"시골동네기 때문에 바깥에는 다 몰려다니지는 못하지만 교대하다 보면 다 같이 가게 될 때가 있어서 그렇게 나가면 그 동네 사람들이 다 나와가지고 손 흔들어줘요. 신기해서 그래가지고 한 1년 정도 지나니까 동네에서 축제를 하잖아요. 그럼 바비큐 하면서 소세지도 막 굽고 우리 간호사들을 초대를 해요. 그러면서 당신 나라에서 입는 옷 같은 거 있으면 입고 와달라. 그래서 우리는 한복 입고 오면 사진 찍으려 난리들이고 하여튼 동네에서 우리는 귀여운 존재. 우리한테 막 손 흔들고 그랬어요. 그렇기 때문에 많이 못 느꼈는데."

한 1년 정도 지나면서 친숙해질 무렵, 동네에서 바비큐와 소시지 등을 구우며 축제를 여는데, 그 축제에 대한민국 고유의 한복을 입고 오라고 초대를 받았다. 그래서 한복을 입고 초대에 응하면 사진을 찍느라고 난리가 나곤 했다. 이처럼 연구참여자는 대한민국의 아이콘과 같이 독일인에게 매우 선한 영향력을 미치며 사랑받는 이방인이었다.

② 낯선 이방인

연구참여자는 아쉽게 칼프에서 3년 동안의 생활을 마치고 프랑크푸르트로 거주지를 옮겼다. 이곳에서의 생활은 칼프와 달랐다. 다른 동료들이 도시에서 경험해봤다던 편견과 배제를 이제야 체험하게 된 것이다. 생활용품을 사기 위해 마트에서 줄을 서서 기다리고 있노라면, 말 그대로 차례대로 계산을 해주어야 하는데, 계산원은 그렇게 하지 않았다. 연구참여자와 분명히 눈을 마주쳤는데도 눈길을 외면한 채 뒤에 있는 독일인에게 먼저 계산을 해주려고 한 것이다. 그때 연구참여자는 자신의 뒤에 서있던 독일인이 계산원의 눈길을 쫓아 먼저 계산하려고 계산대를 향하는 것을 제지하며, 자신의 차례라고 소리를 냈다. 그때서야 계산원은 잘못 보았다며 꼬리를 내리고 연구참여자의 계산을 도왔다.

> "거기서 3년 끝나고 프랑크푸르트로 왔는데 처음에 와가지고 느낀 건 약간 외국인이라고 그런 것이, 저 마트에 가서 뭐 사러 갔는데 돈 내려고 쭉 줄을 섰잖아요. 줄을 섰으면 차례차례 해줘야 하는데, 다 하고 나서 그 사람이 다음 사람이 와야 하는데, 우리를 보더니 나 말고 뒷사람한테 눈이 가더라고요. 그때 그 사람이 앞으로 가려고 해서 내가 손으로 막았죠. '나라고, 여기 차례는 나'라고 그러니까 이 사람이 당황해서 자기가 잘못 봤대. 누가 코앞에 나를 보고 어떻게 그래? 그래서 그때 차별이구나. 그래서 오기가 생겨가지고. 그런 거 느끼면서 항상 긴장하고 살았어요."

연구참여자는 '이것이 바로 말로만 듣던 차별이구나'를 경험하게 되었다. 그 이후로 정신을 바짝 차리고 긴장하며 살아야겠다는 것을 터득하게 되었다. 그리고 자신의 목소리를 내야만 된다는 사실도 깨닫게 되었을 것이다.

이러한 차별과 배제의 연장선상에서 연구참여자는 배우자의 지인이던 한국에서 온 파독 광부가 경험한 이야기를 해주었다. 그 지인은 처음 독일에 건너올 때는 파독 광부로 왔고, 그 이후 한국식품 판매업으로 직업을 전환했다. 이러한 판매업은 여러 나라에 배달을 해주어야 하기에 독일의 이웃 나라인 네덜란드, 벨기에 등 국경을 자주 넘나들게 되었다. 그러나 한국 국적을 가진 이방인이었으므로 그 절차는 쉽게 진행되지 않았다. 판매업자에게는 이러한 까다로운 절차가 여간 불편한 것이 아니었다. 그런 불편함을 해소하기 위해 이 한국인 판매업자는 국적을 독일로 바꾸었고, 지금은 국경이 없어졌지만 그 당시에는 비교적 순조롭게 국경을 넘나들 수 있게 되었다고 한다. 이러한 경험을 한 이후로 제대로 독일인이 되기 위해 독일 아들 2명과 부인과는 집에서 늘 독일어로만 이야기를 나누었고, 한국 모임에는 나가지도 않고 단절하고 살았다고 한다. 또한, 회사에 나가서도 독일인이 되기 위해 독일 사람하고만 어울렸다고 한다. 그 결과 어느 정도 직급에 올라가게 되었다.

"광부로 왔다가 다음에 한국식품 장사를 하면서 네덜란드도 가고 벨기에도 국경을 넘어가면서 배달을 해주고 그랬는데, 항상 까다롭게 굴길래 국적을 독일로 바꿨어요. 그다음부터는 굉장히 국경을 수월하게 넘나든대요. 지금은 국경이 없어졌지만. 그분이 독일 아들 2명하고 부인하고 살면서 한국 사람에는 모임회도 안 하고 단절하고 산대요. (중략) 집안에서도 독일어만 하고. 완전 독일 사람이 되고 싶었는지 독

> 일말만 하고 회사에 가서도 독일 사람하고만 어울리고 회사에서 어느 정도 직급에 올라갔었던 모양이에요."

그러던 어느 날, 회사 사장님이 무슨 일이 있어 여기 책임자를 오라 해서 그 책임자인 지인이 사장님 앞에 갔다. 얼굴을 한번 쳐다보더니, "당신 말고 독일 사람을 데려오라"라고 했다는 것이다. 이 지인은 독일 국적으로 바꾸었기 때문에 독일인이었음에도 독일 사람을 다시 찾으니 얼마나 마음에 상처가 남았을 것인가? 자신은 독일 사람이었고, 또 진정 독일인이 되기 위해 밤낮으로 또 안팎으로 얼마나 노력했겠는가? 그런데 "당신 말고 독일 사람"이라는 말이 귀에 맴돌았고 상실감이 너무 컸다고 한다. 독일 국적과 독일 사람은 어떠한 차이가 있는지 아무래도 이해되지 않았다고 한다.

> "어느 날 사장님이 무슨 일이 있어가지고 여기 책임자 오라고 하라고 독일 책임자 오라 했는데 어쨌든 이 사람이 자기가 갔는데, 딱 쳐다보니까 당신 말고 독일 사람 데려오라고. 그래서 너무 상처 받았다는 거야. 자기가 독일 사람인데 독일 사람 취급을 안 해주니까."

그 지인은 회의감에 빠져서 회사에 가기도 싫었다고 한다. 몇 날 며칠 고민 끝에 다시 대한민국 국적을 신청하여 6개월 만에 재발급받고 대한민국 국민이 되었다. 그리고 프랑크푸르트에 대한민국 여권도 신청하여 찾으러 가니 공사관에서 다시 여권을 내주면서 한 말이 "당신이 네 번째"라고 하더란다. 이러한 고민과 갈등을 겪은 이가 적지 않음을 알 수 있고, 이렇게 행위로써 발현되지 않아도 내적인 갈등을 겪는 이들도 적지 않을 것이다.

"자기가 직접 독일 국적 가지고 있을 때 독일 선거가 있잖아요. 독일 국민 그거 있으니까 한 번에 해보려고 나갔는데 선거를 하려고 섰는데. 뒤에 있는 사람이 '당신은 왜 여기 서있어?' 그래서 '도이치' 하니까 비웃으면서 '이 사람이 독일 사람이래, 선거하러 나왔대' 하며 비웃는 식이어서 자기도 집 가고 국적도 바꿔버렸대요. 국적 바꾸는 원인도 그게 있고."

한편, 또 다른 독일 국적을 가지고 있었던 지인이 선거를 하면서 차별을 당한 이야기를 해주었다. 이 사례는 한국인이 독일 국적을 취득하여 독일 시민 자격으로 선거권을 행사하려고 줄을 서서 기다리고 있었다. 이때 뒤에 서있던 독일 사람이 겉모습이 한국 사람이었던 지인에게 왜 여기 서 있냐고 하여 "도이치"라고 하니까 비웃었다는 에피소드다. 그 지인 역시 독일인의 말 한마디로 인해 마음에 상처를 입고 다시 국적을 바꾸는 계기가 되었다. 같은 국민 사이에서와 달리 소수자들에게는 주류인들의 무심한 말과 작은 동작이 큰 비수가 될 수 있음을 알 수 있는 지점이다.

"병원에서 근무하다 보니까 서류를 정리하다 보면 서류를 쓸 때 국적 쓰는 거 보면 이탈리안이쉬, 도이치, 유고슬라비안 이런 식으로 원적을 쓰더라고요. 외국 사람이 큰 질병을 당해서 역학적으로 경험한 걸 조사할 때 필요한 거 같아요. 내가 이 사람 독일 사람인데 원래 나라를 왜 쓰냐고 물어봤더니 그 사람이 만약 이상한 병에 걸렸다면 역학조사를 해야 하는데 본적을 알아야 한다. (중략) 내 나라 두고 코리아니쉬, 도이치 이러면 뭐냐 해서 나는 죽어도 바꿀 생각이 없었어요."

이러한 지인들의 차별에 대한 이야기를 들으며, 연구참여자의 국적을 물어보니 아직도 한국 국적을 가지고 있고, 결코 국적을 바꾸지 않을 것이라고 했다. 연구참여자는 병원에서 근무하니 환자들의 차트를 쓰게 된다. 그런데 서류를 정리하다 보니 분명히 독일 국적을 가진 사람들인데 본적(본국) 쓰는 란이 있다는 것을 보게 된 것이다. 그래서 병원 측에 이 사람 독일 사람인데 왜 원래 나라를 쓰냐고 물었더니, 그 사람이 만약 이상한 병에 걸렸을 경우 역학조사를 해야 하기에 본적을 알아야 한다는 것이다. 이러한 설명을 들은 이후로 연구참여자는 자신도 국적을 바꾸게 될 경우, 한국계 독일인 '코리아니쉬 도이치(Koreanisch Deutsch)'라고 적힐 것을 생각하니 한국 사람도 아니고, 독일 사람도 아닌 이러한 상황이 싫어서 절대로 국적을 바꾸지 않을 것이라고 했다.

(3) 잘 자라줘서 고마운 자녀와 의식 있는 광부 남편

연구참여자는 독일에서 간호사 생활을 하며, 그 당시 파독 광부로 왔던 한국인 남편을 만나 연애결혼을 하고, 슬하에 2명의 아들을 두었다. 독일에서 아이를 낳고 키웠기 때문에 학교생활을 하며 혹여 한국인 2세라고 독일 학생들 사이에서 차별을 당하거나 어려움은 없었는지 궁금했다. 우려한 것과 달리 두 자녀는 순조롭게 잘 컸다고 한다. 두 자녀를 유치원이나 학교를 보내며 살펴본 바에 의하면 애들은 애들이라는 생각을 하고 있다. 영어나 독일어를 잘 못하지만 한국어를 하는 애를 유치원에 보내놓으면 자기들끼리 말이 안 통해도 잘 논다는 것이다. 그렇게 놀면서 서로서로 말을 배워 독일어에 익숙해진다. 그 아이들이 어느 새 자라서 이제는 엄마, 아빠보다 독일어를 잘하게 되고, "엄마, 아빠 독일어 잘하는 줄 알았는데 하나도 못하네" 하며 웃어대기도 한다. 자녀들이 독일어를 잘하기 때문에 오히려 서류 같은 것은 아이들한테 해달라고 내밀기도 한다. 독일에서 살고 있는 한국 가정들은 대부분 그렇다고 한다. 또한 질풍노도의 시기라 불리는 자녀들의 사춘기 시절은 어땠는지를 물으니 삐뚤어지지 않고 잘 자라주었다고 한다.

> "그냥 순조로웠죠. 애들도 잘 어울리고 애들은 애들이야. 영어 못하는 한국말 하는 애, 유치원 이제 보내면 자기들끼리 말이 안 통해도 잘 놀아. 잘 놀다가 서로서로 말 배우고 그러는 거야. 이 말도 배우고 저 말도 배우고 나중에 독일어 익숙해져서 큰 다음 하는 말이 엄마아빠 독일어 잘하는 줄 알았는데, 하나도 못한대. 자기들이 더 잘한대. 오히려 서류 같은 거 오면 애들한테 이제 좀 해달라고. 우리가 봐도 걔네들이 배운 거하고 다르니까 한국 분들이 다 그래요."

연구참여자는 아들 두 명 모두 결혼했고, 각 가정마다 아들 두 명씩 두었다. 즉, 연구참여자에게는 손자가 4명이다. 큰아들네 자녀들은 벌써 대학을 다닌다고 했고, 큰아들은 환경공학을 공부하여 박사학위를 취득하고 지금은 스위스에 가 있다. 둘째아들은 독일 여자와 결혼했고, 직업은 세무공무원이다. 이처럼 연구참여자에게는 자녀들이 무난하게 잘 자라서 화목한 가정을 꾸리고 있고, 무탈하게 손자들과 다복하게 잘살고 있다는 자체가 매우 고마울 따름이다.

한편, 여생을 함께하고 있는 남편은 현재 건강이 좋은 상태는 아니다. 그럼에도 일이 있어 집을 비울 때는 누군가에게 남편을 잘 부탁하고, 웬만

하면 남편 옆에서 수발을 잘 들어주고 있는 편이다.

"그때는 아버지 돌아가시고 식구는 가난했으니까 대학 다니다가 중퇴하고, 3학년 땐가 다니면 되는데 왜 중퇴했냐 그러니까 여동생이 많이 아팠대요. 치료비가 없어가지고 엄마가 돌아다니는 걸 보고 그래서 대학, 군대 갔다 와서 복귀를 하려 했는데 월남까지 갔다 와서 복귀를 하려 했는데 월남 갔다 왔으니 돈 있을 거 아냐. 근데 여동생이 아파서 몽땅 치료하라 주고 저기 독일 광부로 거기를 간 거야."

남편은 한국에서 대학을 다니다가 중퇴했다. 그때는 아버지가 돌아가시고 집이 가난했기에 대학을 휴학하고 군대에 갔다. 제대하고 대학에 복학하려 했지만 가정 형편이 여의치 않아 월남을 지원했다. 월남을 다녀와 경제적인 여유가 조금 생기나 보다 했건만, 여동생이 아파서 월남 가서 벌어돈 돈을 모두 여동생 치료비로 사용하고 말았다. 이러한 형편이 되고 보니 이번에는 파독 광부를 신청하여 독일행 비행기를 타게 되었고; 머나먼 타국에서 지금의 배우자인 연구참여자를 만나게 된 것이다.

"생물과학을 가르쳐서. 그래서 애들이 그 사람들이 우리랑 같이 늙어가지고 쟤들은 항상 그런다. 사모님 옛날에 마음이 워낙 좋으셔서. 한번은 와우산에 천막을 치고 교실도 없고 하니까 거기서 공부했대요. 그래서 일요일 지나고 월요일에 가니까 누가 뜯어갔대. 그래서 엉엉 우는데 박 선생님이 너무 슬프게 울더래요. (중략) 그다음에 어떻게 공부했냐니까 내려오는 길목에 두부공장 하는 아저씨가 맨날 보더니 선생들 몇 명 부르더니 겨울 동안 공장을 빌려주겠노라 거기서 공부를 해라. 그래서 겨울에 공장에서 한기가 가시니까 그다음에 천막을 구해가지고 공부했다고. 선생들이 군대 가니까 이 사람도 그다음에 군대 가고 선생들이 그래서 없고 학생들도 나이 먹어서 학교가 없어졌지만 어쨌든 그때 또 가르친 학생들이 잊지 않고 찾아요."

연구참여자의 남편은 가정 형편이 어려워 비록 대학을 중퇴했지만, 오히려 대학 친구들끼리 '남경'이라는 이름으로 야학을 세워 공장 다니는 어려운 사람들을 모아 공부를 가르쳤다. 장소도 여의치 않아 전전긍긍했지만, 가르치는 보람과 기쁨이 있었기에 그런 것은 아무런 걸림돌이 되지 않았다. 연구참여자는 이런 남편의 모습을 보고 '살아있는 상록수'라고 놀려댄 적도 있다. 이렇게 고생하며 가르친 제자들은 검정고시를 쳐서 초등학교 선생님도 되고, 사업도 하고, 회사에 취업도 하는 등 좋은 결실을 보았다. 이 제자들은 또다시 자기들끼리 모여 '남경회'를 만들어 일 년에 한두 번 정도 일전의 야학 선생님을 초청하여 강화도 전등사 같은 곳을 구경도 시켜주고 인사도 하곤 한다. 연구참여자는 이러한 선생님과 제자들의 모습이 너무 아름답고 건전해 보이기만 한다. 아마도 가난했지만 정신적으로 건강하고 부모님께 그리고 형제들에게 우애 있게 하는 남편의 모습이 말로 표현하지 않았지만, 매우 자랑스럽고 존경스럽게 여겨졌을 것이다.

(4) 사회활동가로 살아가기

① 운명적으로 시작된 기자 생활

연구참여자는 독일 주재 유로저널 기자다. 기자가 된 연유는 정말 특별했다. 연구참여자는 2007년 유방암 수술을 받았다. 수술도 네 차례나 받은 굉장히 크고 어려운 수술이었다. 그래서 별로 살고 싶은 의욕이 없어 심적으로 자포자기하고 마음을 내려놓았다. 그러던 중 의사들이 와서 유방암을 위한 신약을 개발하려 하는데, 인체실험만 남았다는 것이다. 인체실험이 세계적으로 보편성을 얻기 위한 단계로 대상을 선정할 때 여러 유형 중에서 방사선 치료도 안 받은 초기 암 환자가 있어야 하는데, 그 대상이 바로 연구참여자 같은 유형이었다. 조건은 5년 동안 그 약을 먹어주기만 하면 된다고 했다. 그런데 부작용 등의 위험부담이 있을 수 있다면서 어렵게 말을 꺼냈다. 연구참여자는 더 살고 싶은 의욕이 없던 차에 인류를 위해 죽는 게 뭐가 나쁘냐 하는 생각으로 그 부탁을 흔쾌히 수락했다.

"제가 2007년도에 유방암 수술을 했어요. 네 번인가 하면서 굉장히 힘들었어요. 사실 별로 살고 싶은 생각도 없었는데 의사들이 와가지고 자기들 좀 도와달라고 하더라고. 내가 뭘 도와주냐 했는데 이 유방암 신약을 발명하려 하는데 그거를 인체실험만 남았대요. (중략) 근데 대상자도 아무나 하는 게 아니라 방사선 치료도 안 받은 사람, 초기 암 환자, 그런 암도 다 이름이 있더라고. 그런 얘기를 하면서 내가 딱 적합하다고. 그 약을 먹어주기만 하면 된대, 5년 동안. 그래서 그거야 못하겠냐고 해주겠다고. 만약에 리스크도 있을 수 있고 부작용도 있을 수 있고 재발도 있을 수 있다 하는데 나는 인류를 위해 죽는 게 좋죠."

연구참여자는 독일 의사들의 부탁에 사인하고 5년 동안 신약을 먹고 다행히도 유방암이 말끔하게 나았다고 한다. 그런데 기자가 된 이유와 유방암이 무슨 관계가 있을까 하고 의아할 것이다. 사실 연구참여자는 운전하다가 교통사고가 나서 갈비뼈가 부러져 엑스레이를 찍다가 유방암이 발견되었다. 유방암 치료를 받으면서 실험 대상이 되니 병실에 3개월간 입원해 있으면서 병원의 질 좋은 치료를 받게 되었다. 그리고 원래 소녀 시절부터 글 쓰는 것을 좋아했기에 장기간 입원해 있으면서 적적하여 시를 좀 써서 한국문인협회에 가입하고 내었더니 운 좋게 등단하게 되었다는 것이다. 이것이 계기가 되어 재일동포신문에 가끔 수필도 쓰고 했는데, 이것이 전 세계로 나가게 되어 제독신문 같은 곳에서 연락이 오기 시작하더니 유로저널, YTN 등에도 조금씩 글을 쓰게 되었다고 한다.

"나는 운전하다 교통사고 나서 갈비뼈 부러져서 엑스레이 찍다가 유방암이 발견된 거예요. 나는 그때 62세, 63세 때인데 괜찮지만 좋죠 뭐. 그래서 사인을 하고 5년 동안 그 약 먹고 말끔하게 나았는데. (중략) 그러고 2008년도에 제가 원래 소녀 때부터 제가 잘 끄적이니까 시를 좀 썼어요. 그래서 한국문인협회가 있었어요. 그래서 거기 가입하고 써서 어디다가 내서 등단해가지고 신인 뭐 됐다고 그다음부터 수필도 쓰고 그랬더니 재일동포신문 거기는 전 세계로 나가더라고요. (중략) 나중에 유로저널에서도 YTN도 넘어가지고, 나한테 자꾸 유로저널은 영국에 있거든요? 거기 사람도 프랑크푸르트 어쩌다 와서 나한테 도와달라고 그래서 지금 쓰는 신문에 뭐 좀 살짝 바꿔서 주면 되겠네 해서 그렇게 줬어요. 그래서 하다 보니까 재미는 있네요."

연구참여자는 교통사고로 갈비뼈가 부러지고, 유방암이 발견되어 자신의 운명은 불행이 계속되는 것처럼 보였다. 그래서 살고자 하는 의욕도 없었다. 하지만 병원 측에서의 신약 실험 대상으로 의뢰가 들어오고, 이후의 삶은 자신의 의사와 상관없이 또 다른 세계가 열리게 된 것이다. 물론 타고난 문학적 기질이 우연한 기회를 타고 발현되었기 때문이기도 하지만 말이다. 여하튼 연구참여자는 학창 시절 신학 공부에 대한 아쉬움도 있었지만, 순간의 여러 선택 속에서 운명같이 자신의 적성에 맞고 좋아하는 글 쓰는 일을 하게 된 것이다.

② 남달랐던 문학소녀의 감성과 작품들

연구참여자는 어린 시절부터 뭘 쓰는 걸 좋아했다. 일기도 많이 썼고, 학교 다닐 때는 '문학소녀'라고 불리기도 했다. 학교에서 글짓기대회가 열리면 항상 1등을 하곤 했다. 하지만 그때는 재주인 줄 모르고 무슨 꿈도 없었고, 그냥 써지니까 쓰게 된 것이다. 이러한 잠재적인 재주가 있었기에 병원에서 암 치료하며 투병 중에도 글을 쓰게 되었다. 하지만 심적으로 힘들고 우울했기에 늘 슬픈 글을 쓰게 되었고, 비가 오는 날이면 빗줄기가 눈물처럼 보이곤 했다. 그것은 연구참여자가 암 병동에서 암 환자로서 갖는 당연한 마음 상태였을 것이다.

"저는 뭘 쓰는 걸 좋아해요. 저도 일기 좀 많이 썼고 학교 다닐 때도 문학소녀라 그랬죠. 교내 글짓기대회도 맨날 1등하고 그랬는데 그때도 무슨 꿈은 없었고 그냥 써지니까 썼고 그랬죠. (중략) 왜 아동문학을 했느냐면 그때 시 쓴 게 암 치료하고 투병 중이기 때문에 맨날 슬픈 그런 게 써지잖아요, 가슴 답답하고. 비 오는 것도 눈물처럼 보이고 암 병동에서 가만히 보면 그러는데 나중에 내가 라이프를 바꿔야지 할 때 좀 명랑하게 하다 보니까 바깥에서 코스모스 휘날려도 그냥 재밌는 거야."

안미나와 박소정(2020)에 의하면, 정도에 따라 개인적 차이가 발생할 수는 있지만, 여성의 상징인 신체 기관의 상실을 동반한 암 환자의 경우 심리적 상실감을 경험한다고 한다. 이때 상실은 한 개인이 가치 있다고 여기는 어떤 대상을 잃게 된 상황을 의미한다(Carlson & Blackwell, 1978). 심리적 상실감은 그로 인해 느끼게 되는 정서 상태를 말하며, 주된 감정이 슬픔과 더불어 충격, 무감각, 분노, 불안, 무력감, 외로움 등의 감정과 상실에 대한 그리움을 동반한다고 한다(Worden, 2002). 이러한 상실에 대해 '애도'라는 일반적인 반응을 보이게 되는데, 애도란 상실한 것에 대해 충분히 슬퍼하는 시간을 갖는 것으로 심리적 상실감에서 느꼈던 분노, 슬픔, 고통의 감정 같은 것을 최대한 표현하는 것이다(박수정 · 고희경, 2012). 연구참여자는 앞선 연구 결과와 같이 유방암이 발견되었을 때, 심리적 상실감으로 인해 살아갈 의욕을 잃었을 수도 있다. 그리고 그 상실감으로 인해 무감각, 무력감, 외로움 등의 애도 시간을 보내며 자신의 내면에 있던 그리움, 즉 사물을 보고 시나 글쓰기로 심리적 상실을 극복해나갔을 것이라 여겨진다.

"하다못해 곡식 조잘조잘 곡식끼리 얘기하는 거 그렇게 하면서 나는 이제 곡식들이 사람들의 배 속에 들어가서 어떠한 작용을 한다, 그런 식으로 그래가지고 나는 한 번도 주인공이 사람인 적이 없어요. 전부 다 토끼. 그래서 나는 동화가 왜 사람 얘기는 못 쓰지 이상해요. (공원 벤치 옆을 지나가는 고양이를 가리키며) 고양이가 달리 보이는 게, 쟤는 무슨 생각을 할까 사연이 있지 않을까 그래요."

연구참여자는 이러한 힘겨운 시간을 보내며 운명처럼 자신의 숨은 재주를 발견했고, 그 행운의 여신은 기자 생활을 하는 것에서 멈추지 않았다. 계속되는 글쓰기를 통해 재미를 느끼며 한국문인협회에 등단한 이후 여러 신문사에 글을 써주다가 창작도 시도하게 되었다. 그때 나이 60 중반이 훌쩍 넘었을 때다. 그럼에도 연구참여자의 마음속에는 동심(童心)이 살아있었다. 그래서 병실 밖에서 흔들리는 코스모스를 보면서도 재밌다고 여겼고, 머리 숙이고 있는 익은 곡식들을 보면서도 서로 소곤소곤 얘기를 나누는 것처럼 보였다. 그리고 '이 곡식들이 사람 배 속으로 들어가서 어떤 작용을 하게 될까?' 하는 의구심도 가져보았다. 연구참여자는 이렇게 기자의 논리적 글쓰기에서 아동문학 쪽으로 전향하게 되었고, 아동들을 위한 『판지아 판지아』, 『동화 찾아 4900리』, 『해님은 요술쟁이』 등 3권의 저서를 발행하게 되었다.

"『해님은 요술쟁이』는 동시집인데 그거는 이제 한국 정원이 불나기 전에 우리가 독일의 그 프랑크푸르트 내에 초등학교 애들을 초청을 해가지고 그림그리기 대회를 했어요. 그래서 1년 처음에는 78명 이렇게 그 그림을 총영사관에서 전시를 해줬어요. 우리가 갖다가 붙이고 그랬는데 한 3년 동안 하니까 그림이 많이 쌓이고 자기 본인한테 내주고 지하실에 두고 그랬는데. 너무 아까워가지고 애들이 그림이 이쁘고 미웠건 간에 너무 아까워서. 회장을 맡았으니까 애들이 폐기처분하재서 이게 너무 아까워서 내가 여기에 동시를 붙이면 어떨까 했어요. 그래서 하나씩 붙이다가 동시를 쓰기 시작했어요."

연구참여자가 발간한 3권의 아동문학 저서를 간단히 소개하면 다음과 같다. 먼저 『판지아 판지아』는 저자가 15년간 함께 살아온 '판지'라 불리던 한 반려견에 대한 실화라고 한다. 반려견 판지가 차에 치이게 된 주인을 살리고 대신 죽었을 때, 판지의 이야기를 세상 사람들에게 꼭 알려주겠다고 다짐했다. 그 약속을 지키기 위해 반려견 '판지'의 높은 가치를 동화로 승화시킨 책이다. 더불어 이 책에 대한 서평을 찾아보면, 이 동화 부문 수상작은 시대적 감각과 문학적 진정성을 고루 갖춘 뛰어난 작품이라고 규정지을 수 있으며, 한 번 손에 잡으면 놓고 싶지 않을 만큼 흡인력인 강한 책이라고 나와 있다.

다음으로 『동화 찾아 4900리』는 장장 1,980km의 거리를 누비며 그림 형제의 발자취를 따라 메르헨(동화)의 세계 30곳의 동화마을을 꼼꼼히 돌아본 경험을 엮은 책이다. 이곳은 독일의 대표적인 문화상품이자 관광상품인 '독일 동화 가도'로, 작가가 직접 찾아다니며 『백설공주』, 『라푼젤』, 『헨젤과 그레텔』, 『장화 신은 고양이』, 『개구리 왕자』 등 우리가 어려서부터 읽어온 고전 동화들의 탄생에 얽힌 뒷이야기, 동화 속 배경을 그대로 살린 동화마을, 동화 속 인물의 조형물 등을 아름다운 사진과 글로 엮어낸 작품이다. 이 책을 읽다 보면 어느새 작가와 함께 아름다운 동화 가도를 여행하고 있는 것만 같은 환상에 젖어들게 된다고 한다.

『해님은 요술쟁이』는 동시집으로, 저자가 동시 속에 아이들의 순수한 심성을 담아내려고 노력한 작품이다. 더불어 재독 어린이들의 소망과 염원이 담긴 그림이 삽화로 수록되어 있다고 한다. 이 동시집은 '1부-봄 여름 가을 겨울 반짝반짝 빛나요', '2부-가족들은 서로 사랑해요', '3부-동물들을 사랑해요', '4부-소원 담은 풍선이 날아갑니다', '5부-풀잎들은 참 좋겠다' 등의 카테고리로 엮여 있다. 그녀의 저서들을 살펴보면, 연구참여자에게 아이 같은 해맑은 감성이 담겨 있음을 엿볼 수 있다. 또한 연구참여자가 말한 대로 사람이 주인공이 아닌 사물, 동물, 자연 등에 감정을 이입하여 동심의 세계에서만 느낄 수 있는 서정성을 표현하고 있다.

4.
연구참여자 4: 무조건적 환대를 실천하는 양로원 원장

1) 생애담 요약

연구참여자는 7남매 중 장녀로 태어났으며, 장녀라는 부담감으로 가족들의 경제도 책임을 져야 했기에 간호고등학교를 졸업하고 곧바로 사회생활을 시작했다. 그러나 그 당시 한국에서는 결혼하면 직장을 그만두는 사회적 관습 때문에 가정을 위해, 지속적인 경제활동을 하기 위해 소가 도살장 끌려가며 눈물을 흘리듯 개운치 않은 마음으로 독일 간호사를 신청하여 가게 되었다.

연구참여자가 독일 공항에 처음 내렸을 때는 밤안개가 자욱했고, 도착한 병원은 시골 동네에 있었는데, 그 동네 병원에는 한국인 간호사 10명이 같이 가게 되었다. 하룻밤을 2층 침대 5개가 나란히 놓인 낯선 곳에서 먼 길에 긴장하고 지친 몸으로 잠을 청해야 했다. 아침에 일어나니 아침 식사로 콩죽과 소시지를 주었는데, 차멀미가 너무 심하던 차에 그런 음식을 내놓으니 너무 먹기가 힘들었다고 한다. 사실 지금도 그 음식을 보면 힘겨울 만큼 입에 맞지 않았던 것 같다. 이처럼 타국에서의 낯선 음식이 입에 안 맞아서 아침마다 창밖을 내다보며 눈물을 흘렸던 초창기의 기억이 새롭기만 하다.

연구참여자가 독일에 처음 가서 있었던 병원은 암 환자들만 치료하는 개인병원이었다. 작은 병원이어서 파견 간호사들에게 특별히 언어교육을 따로 시켜주지 않아 개인별로 언어공부 하느라 많이 어려웠다. 병원 생활 초창기에는 언어 소통이 안 되다 보니 언어가 부족한 사람들만 하는 험한 일, 예를 들어 환자의 몸을 씻겨주고, 침대보 만들고, 약 나눠주고, 밥 먹여주는 등의 허드렛일을 했다.

연구참여자는 같은 병원에서 일하는 의사와 연애로 결혼했다. 이후 슬하에 아들과 딸, 2명의 자녀가 생겼고, 가족과 평범한 가정생활을 꾸려오고 있다. 의사인 남편은 연구참여자가 간호사 시절 환자에게 주사를 놓을 때 톡톡 치면서 주사를 잘 놔주어 환자들이 아프지 않아했고, 환자에게 상냥하고 친절하게 대해주는 그러한 모습에 반했다고 한다. 그러나 연구참여자의 남편은 성격이 살갑지 않고 무뚝뚝하여 일일이 말해주어야 아내의 마음을 알아주는 무심한 남편이기도 하다.

한편, 연구참여자가 독일에 이주하여 살면서 타자로서 마음이 불편했던 점은 병원에서와는 달리 동네에 나가면 동네 사람들이 거지 나라에서 왔다고 수군거리며 무시하곤 했다고 한다. 그러나 지금은 삼성, 기아가 독일에서 아주 인기가 있으며, 한국인에 대한 대우가 과거와는 매우 달라졌다고 한다. 이럴 때면 내 나라 대한민국에 대해 고맙고 자부심 또한 충만하다.

아이들을 양육하면서 힘들었던 점은 아들의 성격이 좀 별나서인지 학교에서 가끔 벌도 서고, 엄마가 하지 말라고 해도 제 생각대로만 하여 매우 어려웠다. 그러나 딸아이는 엄마의 마음을 잘 알아주어서 훨씬 의지가 되고 친구 같아서 위로가 되었다. 그러나 큰아들도 이제는 성격이 좀 바뀌었는지 많이 달라졌다고 한다. 자녀들은 독일에서 자라면서 그리고 학교생활을 하면서 결혼이주민 2세로서 차이나 차별적인 대우는 없었으며, 성장하면서도 어머니 나라와 독일 사이에 큰 혼란스러움을 겪지 않았다고 한다.

연구참여자는 20년 전부터 양로원을 운영하고 있는데 환자와 간호사 중에는 한국인이 전혀 없고, 독일인, 폴란드인, 이탈리아인 등 모두 외국인이다. 연구참여자는 본래 성격이 남이 이렇게 해라, 저렇게 해라 하는 것을 싫어하는 터라 자신만의 운영관을 가지고 사업을 하고 싶어서 양로원을 운영하게 되었다고 한다.

그리고 양로원 운영 이외의 사회활동으로는 마인츠 한인회에서 회장직을 맡아 약 3년간 일했으며, 이 모임에서는 소소하게 회원들과 소풍도 가고, 추석이나 설날에 잔치를 여는 등 한인 사이에 교류를 맡아 해오고 있다. 한인회에서 잔치를 열면 150명 정도가 모이는데, 회비를 내는 사람은 30여 명밖에 없어 운영하는 것이 다소 힘들어 찬조를 많이 구하러 다닌다.

연구참여자가 사회활동에 참여하고 있는 또 하나의 단체는 간호사협회다. 간호사협회는 각 지역에 흩어져 살고 있는 한인 간호사들이 그 지역에서 무슨 일을 했는지, 무슨 일을 할 것인지 등에 대해 발표하고 공유하면서 차세대 성장을 도모하는 일을 하고 있다. 최근 2019년 한국에서 열린 간호사협회 행사에는 프랑스, 미국, 영국 등에서 간호사들이 다수 모였다고 한다. 하지만 연구참여자는 독일에서는 아직도 간호사 업무가 고되고 수준이 낮아서 간호사 일을 하려는 사람이 많지 않은데, 이후에 대한민국에서는 과거 자신들처럼 자녀들을 독일로 보내는 일이 없을 것이기에 고민이라고 했다.

연구참여자가 다문화 사회가 되어가는 한국 사회에 바라는 점은 이주민을 환영해서 받아주고 정을 주고 외국인이라고 절대 간격을 두지 말고, 한국 정부에서 더 많은 힘을 써야 한다고 강조했다. 또한 이 사람들이 한국말을 잘 이해하고 사용할 수 있도록 교육해야 하고, 한국의 시어머니들이 외국에서 온 며느리를 못살게 군다는 이야기를 많이 듣고 하는데, 마음이 너무 아프다고 했다. 제일 크게 부탁하고 싶은 것은 한국 시어머니들이 외국인 며느리들에게 절대로 강압적으로 하지 말고, 자기 자식처럼 마음에 안 드는 일이 있어도 마음을 열어서 받아주길 간절히 바란다는 메시지를 전했다.

2) 초국적 이주의 생애담

(1) 독일 이주의 첫걸음

① 눈물을 머금고 선택한 독일행

연구참여자는 1947년생으로 경상도 어느 시골 마을에서 7남매 중 맏이로 태어났다. 우리 사회에서 "큰딸은 살림 밑천"이라는 말이 있듯 연구참여자 역시 많은 동생과 부모님을 책임져야 하는 경제적 가장 역할을 하고 있었다. 그래서 간호고등학교를 졸업하고 곧바로 취직해야 했다. 그런데 당시 직장생활을 하던 여성들은 결혼하게 되면 그만두어야 하는 사회적 관습이 있었다. 그리고 병원에 다니며 월급을 받아봐야 얼마 되지도 않았기에 형제를 돕고, 부모를 도와야 한다는 심정으로 독일 파견 간호사로 가기로 결심했다. 함께 근무하는 동생들이 자기들은 독일 갈 거라며 사무소에 가서 신고하면 된다고 알려주어 운명적인 선택을 하게 되었다.

> "제가 독일 간 이유는 단지 한국에서 못살아서 갔습니다. 시골에서 칠형제 중에 가장 맏이로 태어났습니다. 그 당시에는 제가 공부를 많이 한 편이지요. 간호고등학교를 나왔지만은 간호고등학교를 나와서 이제 취직을 했는데 시집가면 직장생활도 못 하고 그러잖아요. 간호사들이 귀했는지 안 귀했는지도 모르지만 일단 시집을 가면 병원에 못 갔습니다. 월급 받아봐야 얼마 되지도 않고 제가 제일 맏이니까 형제도 돕고 부모도 도와야 한다는 게 아직까지 있습니다. 그리 많이 도와주지도 못했지마는. 그런데 언제 보니까 독일 간다고 같이 있는 동생들이 자기들 독일 간다고 저기 가서 신고하면 된다고 사무소에 그래서 시작했죠. (중략) 제가 제일 맏이고 우리 부모님한테는 아주 장하게 보였습니다. 부모님 눈에는 똑똑하고 장하고 뭐든지 잘하고 그래 보였기 때문에 부모님들한테 가서 돈 벌어서 동생들 공부시킨다고 하니까 아무 말도 안 하셨어요. (중략) 지금 생각해도 그렇지만 눈물 흘리면서 갔습니다. 소가 도살장 끌려가듯이."

연구참여자는 큰 결심을 하고 나서 부모님께 말씀을 드렸다. 물론 동생들을 돌보아야 하고, 어려운 부모님께 도움이 되고자 하여 선택한 길이라고 잘 말씀을 드렸겠지만, 허락하는 부모님 입장에서는 마음이 오죽했을까 하는 생각이 든다. 독일을 떠날 때의 나이가 23세였는데, 지금 생각해도 한국을 떠나는 그때, 그날을 생각하면 아직도 마음이 먹먹하기만 하다. 연구참여자는 자신의 심정을 솔직하게 소가 도살장 끌려가는 듯했다고, 그리고 아무것도 모르고 팔려 갔다는 표현을 했다. 자신이 죽으러 가는 것을 알고 있는 그 소의 심정을 대입해본다면 그 당시 연구참여자의 심정이 어떠했는지 가히 짐작하고도 남는다. 누군가는 독일에서의 멋진 삶을 꿈꾸며 부푼 꿈을 안고 향할 수도 있었겠지만, 연구참여자의 떠나는 마음과 형편은 달랐으며, 하염없이 눈물만 흘리며 가족과 고국을 뒤로한 채 비행기를 타야 했던 당시의 우리의 언니, 이모, 고모들의 모습이 눈에 아련하기만 하다.

② 독일에서의 낯선 방, 낯선 음식

연구참여자는 고국의 가족들과 생이별을 하고 처음으로 타보는 비행기에 몸을 싣고 낯선 나라로 떠났다. 하늘을 가로지르며 무슨 생각을 했을까? 아마도 지난밤에는 한숨도 자지 못하고 뒤척이며 뜬눈으로 날을 지새웠을 것이다. 한 번도 경험해보지 못한 세계로의 진입을 상상하며 긴긴 시간을 하늘에서 헤매다가 드디어 독일 공항에 도착했다. 공항에 처음 내렸을 때는 안개가 자욱한 저녁 무렵이었다. 병원 측에서 안내자가 나와 인솔해 간 곳은 눈이 많이 내리는 어느 시골 동네였고, 첫날은 모텔인지 호텔인지 알 수 없으나 2층 침대가 5개 나란히 있는 그런 방이었다. 이곳의 병원에서 함께 근무할 간호사는 연구참여자를 포함하여 10명 있었으며, 새로운 동료들과 처음으로 2층 침대에서 잠을 청하게 되었다.

그 이튿날, 아침인 듯 점심인 듯 흔히 요즘 말로는 '브런치'라고 부르는 식사가 나왔는데, 콩죽과 소시지였다. 이 음식은 독일 렌틸콩 요리로 '린젠아인토프(Linseneintopf)'라고 불린다. 이 음식은 세계 5대 식품으로 영양 가득한 유명한 음식이란다. 그럼에도 오랜 시간 비행기를 타고 와서 멀미도 하고, 온몸이 피곤한 이들에게는 이런 음식이 낯설기만 했다. 한국 사람이라면 이럴 때 얼큰한 김치찌개 같은 매콤한 것을 먹으면 좋을 텐데, '마침내 우리나라가 아닌 낯선 나라에서의 생활이 시작되었구나' 하고 실감하게 되었다.

"오버스타우펜(Oberstaufen)은 아주 눈이 많이 오는 시골 동네인데 그때 열 사람이 갔어요. 아홉 사람은 나랑 같이 그 병원에 같이 가더라고요, 내리니까. 공항에서 내리니까 저녁에 안개가 많이 꼈어요. 독일 얘기는 들었는데 그래가지고는 그 사람은 그 병원에서 데리고 온 분이 우리를 데리고 가면서 어쨌든 모텔인가 호텔인가 거기서 잤습니다. 자는데, 그 당시에 침대가 2층 침대라 그런 방에 5개 구해서 10명이 잤어요. 그래서 2층 침대에서 자보았습니다. 아침인가 점심인가 주는데, 독일에서 콩죽이라고 있습니다. 콩죽에다가 소시지하고 주는데 비행기 타고 죽겠는데 그걸 내놓는데. '린젠아인토프'라 그러거든요. 콩죽하고 소시지하고 주는데 지금도 그 음식을 보면 먹기 싫어요. 너무 차멀미하고 오는데 그걸 내놓는데, 정말 못 먹겠습니다."

또한 낯선 생활의 시작은 음식뿐만이 아니었다. 독일로 떠날 때 갓 스물 넘은 23세, 사회 초년기 때는 한껏 멋도 부릴 만하다. 한국에 있을 때는 하이힐을 신고 다녔는데, 눈이 많이 내리는 이 시골 동네에서는 하이힐 대신에 부츠를 사서 신고 다녀야 했다. 병원에서 일하면서 아침마다 창밖을 내다보고 있노라면 절로 눈물이 났다고 한다.

"옛날에 우리는 하이힐 신고 다녔는데, 그 동네는 눈이 와서 부츠 사 신고, 그 병원에서 일하는데 정말 아침마다 창밖을 쳐다보면 눈물이 났습니다. 음식이 너무 다른 거라. 그래서 처음에 음식이 달라서 아침에 보리밥을 먹어도 밥을 먹었는데, 빵 하나 주는데 여기는 빵도 배부르지도 않아요. 창피해서 말도 못 하고. (중략) 시골 동네입니다. 눈이 많이 오는 동네입니다. 스키대회도 하고 겨울이 되면 어디든지 스키대회를 합니다. 눈이 한 50cm까지 오고 그러거든요."

음식도 입에 맞지 않고, 기후도, 지역 환경도 낯설고, 친근한 가족과 멀리 떨어져 목소리도 들을 수 없는 복잡한 생각들이 연구참여자의 마음을 무척 힘들게 했다. 이종호와 노연희(2017)의 연구에서도 문화적응 스트레스는 새로운 문화 환경에 적응하려고 할 때 개인이나 집단이 경험하는 현상으로, 이미 형성된 기존의 문화에 다른 문화를 접하면서 겪게 되는 심리·사회적 갈등이라고 했다. 또한 베리(Berry, 1997) 역시 문화적응 스트레스를 심리적 문화적응에 영향을 주는 중요한 요인 중 하나로 보았다. 이러한 연구 결과에 주목해본다면, 특히 연구참여자는 매우 온순하고 내향적인 성격을 소유하고 있기에 심리적 스트레스는 더욱 컸을 것이라 판단된다. 오늘날에는 인터넷, 핸드폰 등이 있어 수시로 통화도 하고, SNS 등 초연결망 속에서 심리적 거리감이 나지 않았을 텐데, 1970년대 당시의 상황에 비추어 본다면 문화적응에 대한 스트레스는 훨씬 컸을 것이다.

(2) 독일에서의 생활

① 병원 생활의 어려움

독일에 간 주요 목적은 병원에서의 간호사 업무다. 병원에서 주로 생활이 이루어지기에 병원 생활은 무척 중요할 수밖에 없다. 하지만 적응하기 전에는 누구에게나 어려움이 따른다. 연구참여자의 경우 제일 힘들었던 것은 언어 문제였다. 초창기에는 독일어가 능숙하지 않았고, 자유롭게 소통하기 어려웠기에 환자들을 씻겨주고, 침대보 만들고, 약 나눠주는 일 등 몸 쓰는 일을 주로 하게 되었다. 다른 병원에서는 파견된 간호사들에게 병원 측에서 과외로 선생님을 붙여주어 언어공부를 할 수 있도록 지원도 해주었다고 하는데, 연구참여자가 있는 병원에서는 일체 그런 지원이 없었다. 아마도 작은 시골 마을에 있는 개인병원이었기 때문이라고 추측만 해볼 뿐이다. 더구나 암 환자들만 치료하는 병원이다 보니 작은 체구의 한국 간호사들이 환자를 씻기고 돌보는 일들은 여간 힘들지 않았을 것이다.

"개인병원이었습니다. 암 환자들만 치료하는 병원이고 개인병원이고. 근데 그 당시에 간호사가 아직 모자랐나봐요. 그래서 지금도 독일에 간호사가 아직도 모자라거든요. (중략) 언어가 안 맞아서 조금 힘들었습니다. (중략) 우리는 말이 안 통하니까 일은 험한 일을 했죠. 환자들 씻겨주고, 침대 만들고, 약 나눠주는 거. 그 동네는 특별히 간호사라도 그렇게 할 일이 없습니다. 주사도 우리가 놓나 피도 우리가 안 뽑죠. 약 나눠주는 거밖에 없습니다. 그래서 그냥 체온 재고 그다음에는 아이브이 주사 놔주는 거 봐주고, 그 외에는 전부 다 환자들 씻겨주고 밥 먹여주고 그렇게 세월을 보냈습니다."

병원 측에서 언어교육에 지원해주지 않다 보니, 연구참여자와 동료들은 자구책으로 스스로 스터디를 하려고 노력했다. 연구참여자는 한국에서 떠날 때 가지고 온 책으로 공부했고, 처음에는 문화와 환경 자체가 달라서 일상생활에 적응해보려고 엄두도 못 냈지만, 시간이 조금 지나면서 독일에 있는 '국민대학'이라는 곳에 가서 공부도 하고, 가정교사를 붙여주어 공부도 하면서 열심히 살아냈다. 그 당시 지금의 남편은 연구참여자에게 언어소통에 있어서 잘 못 알아듣는다고 핀잔을 주었던 일이 있는데, 마음에 상처로 남았다고 했다. 그래서 더욱 필살기로 공부에 도전했는지도 모르겠다.

"책 가지고 간 걸로 배웠지요, 스터디 하면서 서로 알려주면서. 저는 그 책 보고 배웠습니다. 그리고 이제 공부하러 국민대학에도 가고 가정교사도 해보고 말 문장이 틀린 게 많이 있어서 습관이 돼서."

그러나 터키 사람들의 경우에는 독일어를 잘 배우려 하지 않는다고 한다. 처음에는 터키 사람들이 일터에서 굳이 독일어를 사용하지 않아도 일하는 데 지장이 없고, 가정으로 돌아가면 가족들끼리는 독일어를 사용하지 않아도 되기에 배울 필요를 느끼지 않는다고 했다. 그런데 시간이 지나면서 아이들을 낳고 그 아이들은 집에서 독일어를 가르치지 않으니 공부도 잘 못하고, 나중에 취업도 잘 안 되고 하니까 사회적으로 문제를 일으키는 주요 원인이 되고 있다는 것이다. 그래서 독일에서는 의무적으로 독일어 공부를 시키는 정책을 취하고 있다고 했다.

인간이라면 누려야 할 평등과 자유의 자연법적 권리를 '인권'이라고 한다. 이러한 측면에서 보면 언어인권 역시 언어에 의한 차별과 불평등에 대항하는 인간의 기본적인 권리라고 말한다(Phillipson & Skutnabb-Kangas, 1997). 언어인권은 인간이 어디에서 태어나고 살아가든지 아동이나 성인이나, 다수어나 소수어를 사용하든 개인 모두가 존중받을 수 있는 삶을 살기 위한 전제조건이다(박휴용, 2005). 개인마다 자신의 의사소통에 선호하는 언어를 자유롭게 사용할 권리, 또한 그러한 언어적 선택과 사용 때문에 차별 받지 않고 심지어 교육과 문화 활동도 자신이 선택한 언어로 할 권리가 언어에 관한 기본적 권리라고 보기도 한다(Wright, 2007). 본 연구에 참여한 연구참여자들처럼 개인의 선택으로 특정한 일터에 전문인력으로 파견된 경우에도 같은 기준으로 언어 권리가 적용되는가 하는 데는 논의의 과정이 필요해 보인다.

② 이주민에 대한 독일 사람들의 대우

연구참여자에게 독일에 거주하면서 이주민으로서 차별이나 배제를 당해본 경험이 있었는지 물었다. 연구참여자는 자신을 외국 사람이라고 낮게 보거나 하는 느낌을 받지 못했다고 했다. 다만, 1970년대 당시를 돌이켜보면, 대한민국이라는 나라가 어디에 있는지조차 모르는 사람이 많았다. 그리고 우리나라 실정을 보면 경제적으로 저개발국가였기에 독일에 건너간 이유를 누가 보아도 알 수 있었을 것이다. 연구참여자가 있던 동네에서도 자신들과는 구별된 아몬드 같은 눈을 가진 사람이 오니까 신기해하기도 하고 거지 나라에서 왔다고 수군거리며 자신을 무시했다고 한다.

"외국 사람이라고 낮게 보는 그런 느낌은 없었어요. 이 동네에서 처음으로 눈이 요렇게 된 사람들이 오니까 사람들이 아주 신기하고 거지 나라에서 왔다고 그런 소리는 했어요. 제가 있는 병원에서는 그런 소리 하는 사람은 없었지만 동네에 나가고 아는 사람 이런저런 얘기 나와서 하면 당신 가난한 나라에서 왔다고 무시했어요."

그러나 요즘은 상황이 많이 달라졌다. 이제는 한국에서 왔다고 하면 관심을 많이 보이고, 아주 부러워한다고 한다. 독일의 거리에는 대한민국의 대기업인 삼성, 기아, 현대 등이 만든 자동차가 매우 많이 다닌다. 연구참여자는 현대차 같은 기업에서 정치적으로나 홍보 면에서 매우 월등하게 잘하고 있다고 했다. 또한 차를 구입하기만 하면 약 5년간 AS를 확실하게 잘해준다고 소문이 나서 많은 독일인이 한국 차를 구매한다고도 했다. 연구참여자의 남편도 벤츠를 탔는데, 이젠 한국의 현대차를 타보겠다고 계획하고 있단다. 차내에 컴퓨터 시스템 같은 장치가 잘된 것이 좋다며 현대차를 고르고 있다고 한다. 연구참여자는 이 이야기를 하면서 못내 얼굴에 웃음기가 걷히지 않았고, 매우 흡족하고 자랑스러워하는 표정이었다.

"근데 요즘은 한국에서 왔다 그러면 아 그러냐고. 지금 삼성 기아 뭐 그런 회사가 아주 인기 있었거든요. (중략) 우리는 벤츠 탔거든요. 나는 아직도 타지만 남편은 작년인가 재작년에 바꾸는데 자기 현대차 한번 타보겠다고 그게 있어요. 그게 며칠 됐어요. (중략) 요즘은 그러고 신문에 옛날에는 20년 전에는 한국 뉴스가 한 달에 한 번씩 있었나? 요즘은 근데 자주 나옵니다."

또한 20년 전까지만 해도 한국의 뉴스는 한 달에 한 번 정도나 나올까

할 정도로 드물었고, 이슈가 되는 일이 없었다. 하지만 요즘은 한국 관련 기사가 자주 나온다. 경제적으로 또 정치적으로 대한민국의 위상이 그만큼 높아졌기 때문이다. 독일뿐만 아니라 국외에 거주하면서 고국에 대한 좋은 소식을 전해 듣게 되면 국적은 다르더라도 민족적 정체성에 대해 다가오는 느낌은 또 다를 것이라 생각된다.

(3) 가족 생활

① 정맥주사 속에 싹튼 사랑

연구참여자는 병원에서 간호사로 근무하면서 같은 병원에 있는 의사와 만나 연애결혼을 했다. 연구참여자가 병원에 있을 당시 지금의 남편은 대학을 졸업하고 얼마 되지 않아 이 병원으로 왔다고 한다. 어느 병원이든 그러하듯이 의사와 간호사의 상호관계가 원만하게 이루어져야 환자를 치료하고 돌보는 데 유익하고 효과적이다. 연구참여자의 경우 현재 남편과 함께 진료하면서 환자에게 주사(IV: Intravenous therapy, 정맥주사)를 놓을 때, 혈관이 잘 보이게 하기 위해 옆에서 '톡톡' 두드리면서 주삿바늘을 아주 잘 놓았던 것 같다. 남편은 연구참여자가 매우 친절하고 환자들이 아파하지도 않게 주사도 잘 놓고, 혈관도 잘 보이게 해주는 센스 있는 행동에 반한 것 같다. 그래서 연구참여자는 독일에서의 계약기간이 3년이었는데, 지금의 남편을 만나 한국으로 돌아가지 않고 독일에 머무는 제2의 운명을 맞이하게 되었다. 초창기 병원에서 창밖을 내다보며 눈물을 흘리던 시절을 돌이켜보면 지금은 어려운 시기를 견뎌내고 조금 여유로운 시간을 보내고 있다고 생각된다. 또한 좋은 가정을 꾸리고 두 자녀와 함께 잘살고 있으니 말이다.

> "같이 일하면서 만났는데 자기가 후에 얘기하는 게, 자기가 스물세 살 젊은 의사로 그 당시에 자기는 대학 졸업하고 오고 그랬으니까 그래요. 나는 이제 준비를 해가지고 아이브이 놓으러 가죠. 이 사람이 놓고 나는 그냥 따라가고 나는 혈관 보면 다 아는데 이 사람은 서투니까. 내가 그냥 툭툭 두드려주면 자기도 보이거든 쉽고, 자기가 찾기 더 좋게. 나중에 그런 얘기를 하더라고요. 당신이 툭툭 두드려줘서 쉬웠다고. (중략) 제가 느끼기에는 한국 사람은 참 아기자기하고 내가 원하는 걸 눈으로 다 읽어주는 것 같은데 독일 사람은 그렇지 않고. 독일 문화가 그런가 봐요. 말해줘야 해. 나 당신이 좋다. 자주 그런 이야기도 해야 하고. 그렇답니다. 나중에 내가 알았지만 그래서 내가 나중에 그랬지만 독일 사람은 무감각이라서 뭐든지 꼭 얘기해야 알지. 옛날에 그런 얘기 많이 했습니다."

연구참여자는 달콤한 연인 시절과 신혼기를 보내고 어느 정도 결혼생활이 익숙해졌을 때야 비로소 남편에게 아기자기한 모습이 없다는 것을 인지하게 된 것 같다. "독일 사람, 독일 문화가 그런가 봐요" 하면서 연구참여자가 원하는 것을 알아서 다 해주는 다정다감한 사람이 아니었다고 조금은 아쉬운 마음을 털어놓았지만, 원망하는 마음은 아니었다.

② 너무나 다른 아들과 딸

연구참여자는 자녀를 양육하면서 어떤 점이 힘들었는지, 그리고 학교

생활은 어떠했는지 물었을 때, 이주민 2세로서의 학교생활은 흔히 문제시 되어온 언어, 외모 등으로 차별이나 배제, 선입견 등에서 오는 어려움은 없었다고 한다. 단지 큰아이인 아들과 작은아이인 딸의 성향이 너무 달라서 애먹었다고 했다. 아들의 경우, 수업시간에 공부하다 말고 갑자기 필통 안에 무엇이 있나 궁금했는지 그것을 열어서 살펴보다가 교실 바닥에 엎지른 일이 있었다. 그것도 교실 바닥이 카펫으로 깔려 있어 청소하기도 어려운데 말이다. 이러한 일이 벌어지면 교실 상황은 산만해지고, 수업을 하다 말고 선생님은 청소를 해야 해서 다른 학생들에게 본의 아니게 피해를 주게 된다. 이러한 식으로 아들의 엉뚱한 성격 때문에 여러 번 힘들기도 했다. 물론 이러한 일이 생겼다고 학교에서 어머니를 호출하거나 하진 않았다. 우연히 학교에 큰애를 데리러 갔는데 여느 때와 달리 교실이 아닌 다른 곳에 있는 것을 보고 선생님께 물으면, 지금 벌 받는 중이라고 했다는 것이다. 이러한 식으로 연구참여자는 큰아이 때문에 양육 스트레스를 경험했다. 누구나 자녀를 키우는 부모라면 자녀 양육 문제로 고민하게 된다. 더욱이 자녀를 양육하는 교육을 받아본 적이 없는 어머니들은 자신이 경험한 교육 방법이나 자신이 알고 있는 지식 등으로 자녀를 양육하게 되는데, 이때 한계를 느끼게 되고 스트레스를 경험한다(이외영, 2002). 이러한 어머니들의 양육 스트레스는 스스로 양육에 대한 자신감과 효능감을 잃게 되기도 한다(Booth et al., 1989).

"애들 따라 다르겠죠. 아들은 힘들었어요. 힘든 이유가 공부 시간에도 애가 연필 깎는 통 있잖습니까? 지가 있는 클라스가 카펫 같은 게 있었나 봐요. 공부하면서 수업 시간인데 끌러가지고 그 통에 얼마나 들어있는지 본다고 그러니까 얼마나 화가 나겠습니까. 애는 그런 짓을 잘해서 제가 좀 골치 아팠습니다. (중략) 지가 얘기를 하는 게 아니라 제가 데리러 가잖아요. 그럼 그 클라스에 안 있고 다른 곳에 있어요. 그럼 선생님한테 왜 거기에 있냐 물어봐요. 그러면 벌세운다고 그래요. 하도 애를 먹여서. 사춘기로서 힘이 들었는지. 제 아들은 좀 힘들었어요."

이에 비하면 딸은 성격이 온순한 편이다. 엄마가 하지 말라고 하는 일은 절대 하지 않고, 누구하고도 말다툼하는 것을 본 적이 없다. 아들은 엄마가 아무리 말리고 잔소리를 해도 자기 하고 싶은 것은 절대 굽히지 않고 하는 스타일이다. 그래서 연구참여자가 적지 않게 힘들었다. 그러나 딸은 옆에서 오빠가 하는 행동을 보며 그러지 말아야지 하며 배웠는지, 남한테 조금도 부담되는 일은 하지 않는 스타일로 연구참여자를 힘들게 하지 않았다. 하지만 아들도 시간이 약이 되었는지 점차 성장해가면서 성격이 바뀌었다고 한다.

"딸이 있는 게 좋고, 또 딸 성격이 하지 말라는 건 절대로 안 해요. 애는 누구하고 말다툼하는 것도 싫어서 그런 것 같아. 아들은 그래도 싸우든지 말든지 내 맘에 안 들면 한다. 이러고 딸은 아무리 그래도 엄마가 싫어하면 안 해야지 하고 절대로 안 해요. 이제 보면 성격이 좀 바뀌는 거 같아, 배우는가 봐요. 남한테 요만큼도 부담되는 일은 안 하고 애는 정말로 그래서 돈 주고 배운 셈입니다. (중략) 둘 다 졸업하고 서울에 갔는데 아들은 그때 무슨 대학인지 기억이 안 나는데 그런 코스가 있거든요. 그러고 난 뒤에 친척 집에 4주일 있다 오라고 그때는 말 잘했어요. 편지도 쓰고 한국말로. 그랬는데 이제는 또 못 해요 못 하고, '잘 먹겠습니다, 안녕하십니까' 그런 소리는 해도 말 못 해요. 가끔 보면 어떤 사람들은 자식들 잘 키워서 한국말도 시키고 했는데 저는 그러질 못했습니다."

마침내 두 자녀는 유치원 생활과 학령기를 넘어 대학에 진학하여 대학생이 되었다. 독일 대학에서 기억은 잘 나지 않는데, 한국에서 몇 주 지내며 참가하는 프로그램이 있었다고 한다. 그래서 엄마의 나라인 한국에 간 김에 친척 집에서 4주를 지내다 오게 했는데, 그때까지만 해도 한국어로 편지를 쓸 정도로 한국말을 곧잘 했다. 그런데 시간이 흐른 지금은 왕래가 뜸하기도 하고 연구참여자가 한국어를 시키려고 신경을 쓰지 못한 탓에 자녀들은 '잘 먹겠습니다', '안녕하십니까' 하는 아주 기본적인 한국어밖에 못 한다고 한다. 이렇게 자녀가 한국어를 잘 사용하지 못하는 것에 대해 연구참여자는 아쉬움과 책임감을 느끼고 있었다.

(4) 사회 활동

① 양로원 원장으로서의 보람

연구참여자는 자신의 성격이 누가 지시하여 시키는 대로 하는 것을 좋아하지 않는다고 한다. 이러한 성향 때문인지 예전부터 병원에서 간호사 업무를 지속적으로 하는 것보다 독립된 자기 사업을 하고 싶어 했다. 마침내 연구참여자는 병원을 그만두고 1989년부터 양로원을 운영하게 되었고, 원장이 되었다. 1970년 처음 독일 땅에 도착하여 병원 생활을 한 지 20년 정도가 지나 나만의 개인 사업체를 마련하게 된 것이다. 연구참여자는 양로원 원장으로서 지내면서 좋았던 점은 눈치 안 보고 자기 마음대로 할 수 있어서라고 한다. 그동안 직장생활을 하면서 자신이 원했던 일이나 방향, 그리고 일 시키는 사람한테 원했던 것 등을 마음대로 할 수 있어서 좋은 것이다. 누구에게도 견제받지 않는 절대권력의 독재자 같은 부정적 느낌의 원장이 아니라 자신이 병원에서 경험했던 상사로부터 불쾌한 지시나 명령 등을 기억하고 그러한 나쁜 원장이 되고 싶지 않다는 소박한 마음에서다. 연구참여자는 자신이 원장을 하면서 직원들에게 할 수 있는 한 잘해주어서 그들을 기쁘게 해주고 싶어 했다. 그리고 남편이 아직 경제적 가장으로서 돈을 벌고 있지만, 나름 여기저기 빚이 있는 모양이다. 남편의 힘을 빌리지 않고 스스로 돈을 벌어서 빚도 갚고, 자녀들 공부하는 데 보탬도 되고 싶다고 했다.

> "저도 성격이 남이 이렇게 해라 저렇게 해라 하는 게 싫으니까 제 사업을 하려고 했습니다. 첫째 해보니까 내 맘대로 할 수 있으니까 그게 참 좋았습니다. 그리고 내가 원했던 거, 일 시키는 사람한테 원했던 거, 직장 다닐 때. 그래서 내가 할 수 있는 한계 내에서는 해주고 나도 이제 사장이니까 이 사람들 기쁘게 해주는 거 그런 게 좋았고, 내가 목적이 달성이 되니까 이렇게 해가지고 경영을 잘해서 빚을 갚아야 하고 자식들 공부도 시켜야 하고 남편이 있으니까 그 돈으로 해도 되지만 이 돈도 언제야 갚아야 하는 거. 이게 착착착 되니까 아주 좋았습니다."

연구참여자의 양로원에는 환자도 모두 독일인이고, 함께 일하는 직원들은 폴란드인, 이탈리아인, 독일인, 터키인 등 모두 외국인이고 한국 사람은 아무도 없다. 연구참여자는 자신이 독일에 와서 손님노동자로서 지내며 경험했던 일을 떠올렸을 것이다. 언어 문제로 힘들었던 일, 독일인이 아닌 이방인으로서 차별을 받았던 일, 특히 가난한 나라에서 돈 벌러 왔다며 거지 같은 취급을 받았던 일 등 파노라마와 같이 과거의 아픈 흔적이 남아 있으며, 상처가 되었을 것이다. 그러나 이러한 아픈 경험이 함께 일하는 외국인 근로자에게 선한 영향력을 끼치고 있었다.

"한번은 외국인이 우리 집에 왔습니다. 와가지고는 약속도 안 하고 왔어. 와가지고는 지가 일하겠다 이거야. 그래서 나도 좋다. 나도 외국인이고 그래서 내 방 사무실 와서 이런 얘기 저런 얘기하니까 고생을 참 많이 하고 둘러 둘러서 독일로 온 거예요. (중략) 나는 이제 내 욕심에 얘라도 한번 공부시켜봐야지. 간호사도 모자라고 간호원이 되면 월급도 좋고 대우도 좋아요. '니 간호학교 가라, 독일말 배워가지고.' 근데 간호사는 될 수가 없다 이거라. 얘가 이제 무슬림. 자기 믿음이 그렇기 때문에 머리에 그 수건을 쓰고 있어. 그 수건을 벗으라고 그러니까. 똘똘 말아가지고 깨끗하게 하겠다 이래. 근데 남자들은 간호를 못한대요. 그래서 간호학교를 갈 수가 없어. (중략) 청소하고 있거든요. 일 잘합니다. 얘가 무슬림인지 뭔지 그거 다 버리고 그냥 학교를 가면 참 좋은데 안타까워요. 3년 더 공부하고 그러면 월급도 훨씬 많고. 지 나라로 돌아가라고 안 그럴 텐데, 무슬림 그거 때문에 못하고 우리 집에 있는데 엄마 아버지는 테러리스트가 와서 총 쏘고 그랬대요. 그래 죽여도 눈물 흘리지 못하고 이웃 사람하고 얘기도 못하고. 그래 고통을 당하고 온 사람이라. 근데 얘가 괜찮아요."

언젠가 연구참여자의 양로원에 한 외국인이 일자리를 원한다며 찾아왔다. 연구참여자는 사무실로 들어오게 하여 이런저런 이야기를 묻고 그의 사정을 들어보았다. 많은 고생을 하며 이곳까지 오게 되었기에 연구참여자 자신도 독일에서 외국인이었다는 것을 기억하고 이 외국인에게 잘 대해주려고 노력했다. 그리고 독일에서 간호 공부를 시켜서 자리를 잘 잡게 하고 싶었다. 하지만 이 외국인의 종교가 무슬림이어서 간호사를 하게 되면 항상 착용해야 하는 수건(니캅) 때문에 간호학교를 갈 수 없다고 했다. 연구참여자는 안타깝지만 어쩔 수 없이 공부시키는 것은 포기하고 이 양로원에서 일할 수 있도록 고용했다.

"얼마 전에 자기 나라에 갔다 와서는 우리 집에 일한 지가 한 6개월밖에 안 됐는데, 휴가를 3주를 달라 그래서 안 된다 하니까 집에 가야 한다 그래. 남편이 매일 전화하면서 운다고 아프다고. 근데 돈이 어디서 났냐고 비행기값이. 그래서 우리나라에서 온 사람이 있는데 모아서 비행기표를 사줬대요. 그래서 갔다 와가지고는 저한테 선물한다고 구두를 하나 사가지고 왔어. 정말 내가 너무 마음이 너무너무 아팠어. 그래서 남편한테 그런 애기하니까. 나는 비행기값을 절반은 우리가 내주자고. 세상에 그 없는 데 가가지고는 내 구두를 사온다니 그게 말이 됩니까?"

어느 날, 그 외국인이 일한 지 6개월밖에 안 됐는데 휴가를 3주나 달라고 하며 찾아온 일이 있었다. 처음엔 안 된다고 했는데, 그녀의 남편이 매일 전화하면서 아프다고 운다고 한다. 집에 갈 때 돈은 있냐고 하니 독일에 같이 온 동료들이 모아서 비행기표를 사주었다고 한다. 이렇게 간곡히 사정하는 바람에 허락해준 일이 있다. 그런데 자기 나라에 다녀오면서 연구참여자의 구두를 사가지고 온 것이다. 연구참여자는 구두 선물을 받고 기쁜 것이 아니라 마음이 몹시 아팠다고 한다. 그리고 연구참여자는 이러한 이야기를 남편에게 하면서 그녀의 비행기값 절반을 내주자고 했단다. 이러한 일화는 연구참여자의 성품과 성향을 잘 파악할 수 있게 해준다. 또한 연구참여자가 양로원을 개원하면서 원장으로서 마음대로 하고 싶고, 직원들에게 기쁨을 주고 싶다고 했던 말이 빈말이 아니었다는 것을 알 수 있었다. 연구참여자의 작은 실천을 통해 이주민에게 어떻게 대해주어야 하는지에 대한, 즉 타자에 대한 환대가 무엇인지 알게 해주었다.

> "필리핀에서 우리가 돈 주고 팔려서 왔듯이 이 사람들도. 근데 이 사람들은 다 알고 왔잖아. 얘네도 간호사로서 대학 졸업해야 합니다. 나는 그런 경험이 있어서 콩죽에다가 소시지는 안 주고 뭐 먹고 싶으냐고 데리고 나가서 하루 종일 같이 있으면서 제가 시간이 없으니까 제 대리로 일하면서 한 사람 시키고. (중략) 집에서 양로원 가려면 거리도 떨어졌기 때문에 둘 다 모터가 있는 자전거 사주고. 당신 집처럼 이 집처럼 우리를 대해주는 사람은 없다고. 걔네 집도 우리가 장만해가지고. 물론 자기들이 월세를 내야 하지만은 알아보고 집도 수리해가지고 그래 이제 이사를 가게 했거든 그니까. 고맙다고. 이렇게 하는 집은 없다고 그럽니다."

이번에는 필리핀 직원에 관한 일화다. 양로원에 필리핀 사람이 고용되었다. 한국 간호사들이 1970년대 당시 독일에서 요청하고 한국에서 신청서를 작성하여 돈을 벌기 위해 독일행 비행기를 탔던 그때와 같은 방식으로 이 필리핀 고용원도 독일에 처음 도착했다. 연구참여자는 자신이 독일에 처음 도착했을 때 내주었던 콩죽과 소시지의 경험을 잊지 않고, 이 필리핀 고용원에게는 다른 대리인을 시켜 꼭 먹고 싶은 것을 먹게 해주라며 종일 함께 동행하게 시간을 내주었다고 한다. 그리고 독일에서 살 집을 장만하여 집수리까지 해주었다고 한다. 물론 집세는 그들이 내는 것이지만. 그리고 집에서 양로원까지 거리가 좀 있어서 출퇴근할 때 불편하지 않게 해주려고 모터 달린 자전거도 사주었다. 이러한 모습을 보고 고용원은 이렇게까지 해준 사람이 없다며 무척 고마워했다고 한다.

연구참여자는 자기도 과거에 이러한 힘든 시기가 있었고, 양로원도 오래 하여 이젠 경제적인 여유가 좀 생겼으니까 고용원들에게 그렇게 해주고 나면 마음이 아주 편안하다고 한다. 그리고 할 수 있으니까 해주는 것이고, 이 정도 비용을 쓴다고 못사는 것도 아니라며 아주 무덤덤하고 겸손하게 말을 이어갔다. 연구참여자의 이러한 모습은 데리다(Derrida, 2004)의 무조건적 환대, 즉 타자가 지니고 있는 조건이 무엇이냐에 따른 선택적 환대가 아닌 조건 없이 환대해야 한다는 의미를 나타낸다.

② 재외한인간호사회* 활동

연구참여자는 독일에서 운영하는 양로원 외에 '재외한인간호사회'라

---

* 재외한인간호사회는 2011년 10월 제1회 재외한인간호사대회를 개최하면서 시작되었다. 이 단체의 설립목적은 재외한인간호사대회 개최와 'Global Nursing'이라는 주제 아래 재외 각국에서 활약하고 있는 한인 간호사들과 공간과 세대를 뛰어넘어 힘과 지혜를 결집하고 지식과 정보교류를 위한 네트워크를 구축하여 한인 간호사들의 미래 지향적인 리더십 발전을 도모하고 국익신장에 기여함이다. 참가국은 미주 전역, 남미, 독일, 호주, 오스트리아, 호주, 스웨덴, 슬로바키아 등이다(https://oknaworld.org/).

는 사회활동에 참여하고 있다. 재외한인간호사회는 2011년 설립되어 4년마다 재외한인간호사대회를 연다. 그래서 지난 2019년 3회째 재외한인간호사대회가 서울에서 열렸다. 이 협회에서 연구참여자는 액티브한 활동은 하지 않고, 이사로서만 조용히 참여하고 있다고 한다. 이 대회에 참가하게 되면 3박 4일 또는 일주일 정도 머물면서 관광도 하고, 정보교류, 강연자들의 강의도 듣는다고 한다. 이곳에 참가한 활동사진을 보면 평균 70~80세 되시는 어르신들이시다. 그럼에도 꺼지지 않는 열정으로 여전히 배우고, 봉사하고, 자신들이 처음 해외로 나가 겪은 어려움을 상기하며 차세대를 위해 무엇인가를 남기고자 노력하고 있다.

"독일은 간호사 수준이 낮고. 현재도 아주 낮습니다. 그렇기 때문에 아무리 우리 대한민국 국민이 아들딸을 보내는 사람은 아무도 없을 거예요. 그래서 우리밖에 없어요. 특히 우리가 하는 일은 다 노인들이니까 가난한 사람, 아픈 사람 도와주고 병원에 이제 어떤 사람은 독일에 온 의사도 독일말 잘 못해요. 번역해주고 병원 따라가서 데리고 오고 1년에 한 번씩 생일 때 가난한 사람이 많답니다. 저는 이렇게 액티브하게 일은 안 하는데 이사로 그냥 도와만 주고 있지. 그런 사람을 가난한 사람을 찾아가서 라면도 주고 김도 주고 쌀도 주고 그럽니다. (중략) 독일 사는 한국 가난한 사람. 독일 사람 말고. 독일에 사는 한국 사람들이 대충 다 잘살지만 그중에서도 가난한 사람도 많고. 몸도 아프고 한 사람 죽고 나면 한 사람밖에 없잖아요. 그 사람들은 아주 가난하게 산답니다."

연구참여자처럼 독일에 있는 한인 간호사들, 즉 이 협회에 가입한 구성원들은 자신이 거주하고 있는 독일 지역에서 생활고에 처한 노인들이나 아픈 사람들을 도와주고, 한국에서 독일로 온 의사 중에 독일말이 서툴거나 하면 병원에 따라가서 통역도 해주곤 한다. 과거 독일에 건너온 간호사나 광부들은 일반적으로 자리를 잡고 잘사는 사람들이 많이 있지만, 그렇지 못한 사람들은 아주 가난하게 지낸다고 한다.

> "광부들 특히 옛날에 일하러 들어갔잖아요. 광부들이라도 여기서 고등학교라도 졸업하고 들어간 사람인데, 대학교 졸업하고 들어간 사람도 많고. 근데 그런 사람들이 한국에서 일을 해봤습니까? 거기 들어가니까 일이 얼마나 심한지 저도 몰랐는데 저는 남쪽에 있었기 때문에 몰랐는데 아주 일이 어려웠답니다. 그러니까 간호사랑 결혼하는 게 그냥 소원이라. (중략) 광부들도 한국 간호사하고 독일에서 결혼한 사람도 있지만 가족 데려온 사람도 있잖아요. 그러니까 부인도 연금이 없지요. 자기는 일을 평생 안 했으니 연금도 없지. 독일에서는 연금을 오래 안 넣으면 연금이 적어요. 그러니까 그래서 못사는 사람이 많아요. 독일 사람하고 결혼한 사람은 그래도 다 일을 했기 때문에 간호사는 간호사로 일하고. 간호사들은 거의 끝까지 다 일했습니다. 그래서 연금이 괜찮아요. 근데 남자들은 광부로 계속 일한 사람이 거의 없을 겁니다."

한국에서 온 광부들은 한국에서 함께 파견되어온 간호사와 결혼하고 싶어 하는 경우가 많았고, 결혼도 많이 했다. 파독 간호사, 광부와 관련된 「국제시장」이라는 영화를 보면 이러한 배경을 이해할 수 있다. 반면, 광부 중에 한국에서 가족을 데려온 사람도 있다. 이러한 경우 한국 부인은 국적을 독일로 바꾸지 않아서 연금이 없고, 광부는 계속해서 오래도록 광부 일을 하지 않아서 연금이 매우 적거나 없는 사람이 많다. 이러한 한국 이민자는 굉장히 가난하고 어렵게 지낼 수밖에 없다는 것이다. 그래서 연구참여자가 활동하는 단체에서는 이러한 사람들을 지원하고 돕는 일을 하고 있다.

한편, 노년기에 대한 일치된 정의는 내려져 있지 않지만, 통계 및 공공행정의 편의를 위해 일반적으로 60~65세 이상의 연령층을 '노년기'로 규정한다. 따라서 이 저서의 연구참여자들은 모두 노년기에 해당한다고 볼 수 있다. 이때, 노년기의 사회활동 또는 자원봉사활동은 이상적인 사회를 만드는 데 필요한 사회복지와 공익적 사업 측면에서 유의미하고 긍정적인 효과가 있다.

과거에는 노인을 사회적 서비스의 수혜 대상으로만 여겨졌으나, 1990년대 이후 '성공적 노화' 개념의 등장과 함께 노년기 자원봉사활동은 성공적 노화의 핵심 요소 중 하나로 등장했다(백옥미, 2014). 또한, 노년기의 사회참여활동은 무엇보다 노후에 경험하는 고통 중 하나인 사회로부터의 고립과 무위를 완화해줄 수 있으며, 가족 이외의 사람들과의 관계를 통해 사회구조에 연결되고 사회통합에 기여한다(김민아, 2017). 따라서 연구참여자를 비롯한 많은 한인이주여성은 여전히 노년기에도 왕성하게 사회활동에 참여하고 있다. 이들의 공통점은 모두 젊은 시절 어려운 시기를 극복하고 전투적인 삶을 통해 일궈놓은 성공적인 인생을 살았다고 여겨진다. 그리고 자신의 안정적인 생활에만 만족하지 않고, 주변을 돌아볼 줄 아는 후한 환대의 마음을 가진 그런 인생을 살고 있기에 우리나라에 거주하는 이주민 역시 개인적으로 성공적인 인생을 살 수 있는 인식의 전환이 필요하다고 생각한다.

(5) 대한민국에 대한 마음

연구참여자에게 조국 대한민국에 대한 마음은 어떠한지를 물었다. 연구참여자가 밝은 표정으로 꺼낸 첫마디는 "너무 흐뭇합니다"였다. 자신들이 한국을 떠날 때는 가난한 나라였지만, 지금은 친정인 나라가 부자가 되어 너무 좋다는 것이다. 눈물바다를 이루며 떠났던 그 당시, 물론 나라를 위해 독일에 간 것은 아니지만, 그들이 수고한 것이 우리나라에 힘이 된 것은 사실이다. 그리고 내 부모형제에게 보낸 돈으로 가족의 번영도 있었고, 그 돈을 잘 운용하여 나라가 부강하게 된 것 또한 고마워해야 할 일이라고 생각하고 있다.

> "한국에 대해 생각하면 너무 흐뭇합니다. 우리가 나갈 때는 물론 나라를 위해서 나간 게 아니라 나라에 도움은 됐지만 내가 잘살아보고 내 부모형제가 잘살기 위해서 나갔잖아요. 그 돈으로 그래도 여기 계시는 분들이 잘 이용을 하고 머리를 잘 썼기 때문에 그래서 이렇게 일어났다 아닙니까. 정말 부자가 된 친정집에 온 거 같아요. 너무 좋습니다."

연구참여자는 독일에 처음 머물던 당시의 일을 잊지 못한다. "거지 나라에서 돈 벌러 왔구나"라며 수군거리던 동네 사람들의 소리를. 하지만 지금은 너무 자랑스럽다. 현재 살고 있는 동네에서도 현대차를 타는 사람이 많고, 위상이 높아진 대한민국에 대한 생각도 많이 달려져서 대우를 잘 받고 있기 때문이다. 그리고 한국 뉴스를 화제 삼아 말을 거는 사람도 늘고 있어 연구참여자는 마음이 좋기만 하다.

"독일에서도 얼마나 자랑스럽습니까. 이 사람들 우리를 아주. 한국에서 왔냐고. 삼성이고 현대차. 우리 동네에서도 현대차 타는 사람이 얼마나 많은데요. 우리 맘이 얼마나 흐뭇하고 우리도 대우를 아주 잘 받고 있습니다. 우리 친정 대한민국이 잘 사니까. 아직도 못살아봐요. 그럼 희망도 없는 나라라고 그럴 텐데 그러지 않거든요. 아무도 우리를 가난한 나라에서 왔다고 무시하는 사람이 없어요. 얼마나 마음이 흐뭇한지 모릅니다."

한편, 연구참여자는 영원한 마음의 조국, 대한민국에 대해 애틋한 마음을 지니고 응원하고 있다. 그런데 독일 입장에서 바꿔서 생각해보면 어떨까? 그리고 2세, 즉 자녀들은 엄마의 마음과 같을까? 이민은 자신이 평생 귀속되어 있던 공동체, 즉 국가를 바꾸는 일이다. 공동체를 바꿀 때 자신에게 던져지는 질문은 공동체에 대한 귀속감일 것이다. 이를 '애국심'이라고 부르기도 하는데, 애국심의 문제는 이민자뿐만 아니라 원주민도 고민해볼 만한 문제다. 원주민이나 이민자가 같은 공동체의 일원인지에 대해 의심을 하는 일이 종종 벌어진다고 한다(박정의 외, 2020). 역으로 생각해보면, 우리는 우리나라에 와 있는 필리핀계 전직 국회의원 이자스민에게 어떠한 애국심을 요구하게 될까? 연구참여자들이 지니고 있는 대한민국을 향한 마음과 이자스민이 갖고 있는 애국심은 다르지 않을 것이고, 누구도 그녀의 마음 속 애국심을 비난할 수 없을 것이다. 그럼에도 지난 2013년 태풍 하이옌으로 큰 피해를 입은 필리핀을 지원하는 결의안을 발의할 때, 공동 발의자가 이자스민을 포함하여 국회의원 121명이나 되는데도 이자스민에 대한 정체성을 묻는 혐오의 댓글이 쇄도했다고 한다(박정의 외, 2020).

이와 같은 현실적 상황을 볼 때, 우리가 나와는 다른 타자를 대하는 것이 얼마나 미숙한가에 대해 성찰할 필요가 있다. 또한 한국의 재외동포를 생각하며 우리와 공존하고 있는 이주민을 향한 시선이 더욱 따뜻해져야 할 것이다.

5.
연구참여자 5: 열정적인 페미니스트 한의사

1) 생애담 요약

연구참여자는 1949년 충청남도에서 태어났다. 어린 시절부터 결혼하지 않겠다는 생각을 하고, 만약 결혼한다고 해도 한국 남자와는 절대 하지 않으리라고 결심했다. 그 이유는 어린 시절 아버지가 회사를 운영하면서 많은 직원을 가까이에서 지켜볼 기회가 많았는데, 한국 남자들이 너무나 가부장적이고 남성우월주의에 빠져 있는 것을 발견했기 때문이다. 부유했던 사업가 집안이었지만 한국전쟁 때 아버지가 돌아가시고 어머니가 홀로 10남매를 키우면서 경제적으로 점점 어려워졌다.

서울에서 초등학교를, 고향인 충청도에서 중학교를, 다시 서울에서 고등학교를 졸업한 연구참여자는 대학을 가기 위해 입학금을 준비하고 있었다. 그때 신문에 난 파독 간호사 모집 공모를 보게 되었고, 그 당시 외국에서 살아보고 싶다는 열망이 컸다. 그래서 한국에서의 대학진학을 포기하고 독일행을 선택하게 되었다. 2년간 한국에서 간호 관련 교육을 받고, 1971년 독일 뒬멘(Dülmen)에 도착했다. 당시 한국 김포에서 출발하여 알래스카를 거쳐 쾰른 본 공항에 도착하게 되어 있었다. 다른 지원자들과 함께 비행기를 타고 출발했는데, 경유지였던 알래스카에서 혼자만 비행기 밖으로 나갔다. 다른 사람들은 두려운 마음이 커서 엄두도 못 냈지만, 연구참여자는 호기심이 많았다. 그러나 비행기가 자신을 두고 떠나버려 (하루 머물고) 겨우 다음 비행기를 타고 독일에 도착했다. 처음에는 3년간 독일에 머무를 예정이었다. 그러나 같은 병원에서 함께 근무했던 독일인 의사와 사귀게 되어 결혼하게 되면서 이렇게 오랫동안 독일에 머물게 되었다.

첫 근무지였던 뒬멘 지역 병원에서 3년을 지낸 후 마인츠(Mainz)로 병원을 옮겼다. 이듬해 아들이 태어나고, 아들이 네 살 때 한국에서 6개월간 머물 기회가 생겼다. 의사인 남편이 민족학(ethnology)에 관심이 많았고, 이때 연구참여자는 한국의 민간요법을 공부하기 시작했다. 한국인이 생각하는 '냉병'을 해석하고 치료하면서 독일에서 연구를 발표하기도 했다. 이때 연구참여자는 한국과 독일에서 여성들을 인터뷰하여 직접 연구에 참여했다. 연구참여자의 어릴 적 꿈은 저널리스트였다고 한다. 이러한 경험이 바탕이 되어 독일에서 한의학을 공부하게 되었고, 현재는 자신의 이름으로 한의원을 열고 한의사로 활동하고 있다. 연구참여자는 아들이 어렸을 때부터 한국어를 꾸준히 가르쳤다. 아들도 의대에 진학했으나, 인턴을 마친 후에는 다시 한의학을 공부하여 현재 연구참여자와 같은 병원에서 근무하고 있다.

처음에는 독일 시민권을 받는 것이 쉽지 않았다고 한다. 머물던 곳의 시장이 외국인에 대해 호의적이지 않아서 힘들어하다가 옆 도시에 가서 시민권을 받았다. 또한 주변의 양의 의사들은 한의를 하는 자신을 무시했다. 그러나 양의로 치료되지 않은 환자들이 자신의 한의원에서 치료되는 현상을 보고 신뢰하기 시작했다. 환자들뿐만 아니라 동네 주민으로부터 점점 인정받게 되면서 독일의 사회구성원으로 당당해진 자신을 발견하게 되었다.

연구참여자는 어머니의 보살핌과 교육적 신념으로 자신이 잘 성장할 수 있었다고 여긴다. 오빠들은 모두 세상을 떠나고 자매들이 한국에 있지만, 관계가 좋지 않아 왕래는 거의 끊어졌다. 그래서 한국에 방문할 때마다 가족들이 아닌 학창 시절 친구들을 만나며 시간을 많이 보내고 있다.

연구참여자는 독일에서 꾸준히 합창단 활동을 하고 있다. 그녀는 합창단에서 소프라노로 어느덧 20년 넘게 노래하고 있다. 노래를 통해 자신이 많이 치유됨을 느끼고, 합창이 가장 즐거운 여가 활동이자 운동이라고 생각한다. 연구참여자는 지금도 한의사로서 열심히 그리고 꾸준하게 연구하며 지내고 있다. 그녀는 열정적인 삶을 즐기고 있으며, 이렇게 스스로 선택한 공부만이 자기의 것이 될 수 있다고 힘주어 말한다.

2) 초국적 이주의 생애담

(1) 이주 전의 삶

① 비혼을 결심한 어린 소녀

연구참여자는 유복한 사업가 집안에서 태어나 남다른 어린 시절을 보냈다. 그러나 아버지의 사업체에서 일하는 사람들을 가까이에서 보면서 결혼생활에 대한 회의적인 시각을 갖게 되었다. 사원으로 있었던 남자들을 남편으로 둔 아내들의 가정생활은 어린 연구참여자의 눈에 행복해 보이지 않았다. 사원들은 그녀의 집에서 같이 지내는 경우가 많았는데, 아내에게 폭력을 행사하는 남자들을 본 것이다.

"나는 내가 어렸을 때부터 절대 결혼 안 하겠다고 그랬어. 아주 어렸을 때부터. 네 살인가 다섯 살부터, 그때서부터 내가 그런 거 같아. 절대 한국 남자하고 결혼 안 한다고. 그 애기 때부터 내가 그런 생각을 했어. 내 생각에 계기가 뭐였냐면 내가 어렸을 때 우리 집에서 아버지가 세 기업을 가지고 계셨어. 회사라고 해야 할까. 회사를 가지고 계셨는데, 거기에 우리 집에 종업원이 있었는데, 그 시대 때는 차도 없고 뭐도 없고. 우리가 그 회사 종업원들 집을 지어서 거기서 살게 만들어야 해. 그래서 내가 그 사람들이 사는 걸 굉장히 많이 본 거 같아. 그 회사 종업원들은 거기서 결혼도 해서 살고 애기도 낳고 살고. 그런데 내가 그때 볼 때, 아휴, 여자도 뚜드려 패고, 막 별걸 다 봤어. 내가 그 어렸을 때. 아마 그게 계기였는지도 몰라."

연구참여자가 4~5세라는 어린 나이였음에도 남성들의 폭력성은 그녀에게 결혼은 물론 남자들, 특히 한국 남자들에 대해 부정적인 이미지를 형성하게 했다. 1950년생인 연구참여자의 나이를 고려하면, 1950년대 중반 한국 사회에서 여성의 위치가 어느 정도였는지 상상해볼 수 있다. 가부장적인 모습은 비단 성인 남성에게서만 나타나지 않았다. 연구참여자의 오빠도 그녀에게 강압적으로 가르치려 하고, 위계질서의 우위를 차지하려 했다. 연구참여자와 여섯 살 터울이던 오빠도 사실 그 당시에는 10세 혹은 11세의 어린 소년이었을 뿐이었는데 말이다.

"나이가 여섯 살이 더 먹은 오빠가 있는데 그 오빠가 나를 항시 교육을 시키려고 그랬어. 그런데 나는 그게 잊을 수가 없었어. 그 오빠가 나를 교육을 시킨다면서 그렇게 못살게 굴고. 어렸을 때 막 그랬던 거 같아 내 기억에. 그리고 너무 그런 거 많이 보고 자라고. 그래서 결혼은 절대 안 하겠다는 그런 생각을 했을 거야."

가까이서 지켜본 여성들의 행복하지 않은 결혼생활 모습은 연구참여자에게 결혼에 대한 확고한 신념을 갖게 해주었다. 부모의 행복한 결혼생활을 보았다면 달라졌을 수도 있겠지만, 아버지는 한국전쟁 중에 세상을 떠났다.

"아버지가 살아계셨다면 내가 독일을 안 갔지. 우리 부자였었으니까. 그런데 우리 6.25 때 다 뺏기고 그랬어. 전쟁 나면 법이 없어져요. 아버지에 대한 기억은 없지. 왜냐하면 그때 6.25 때 살인당하셨으니까. 돈이 있었기 때문에 우리 집은 오빠들도 살인당하고. 왜냐하면 남자들 다 죽여야지 와서 다 가져갈 수 있고. (중략) 내가 봤을 때, 나는 우리 부모는 백 퍼센트 굉장히 좋은 사람들이었어. 우리 어머니도 혼자서 과부가 됐어도 동네에서 모두한테 리스펙트 받았어."

한국전쟁 당시 아버지가 살해 당한 아픈 상처가 그녀에게 있다. 그러나 홀로 자녀들을 키운 어머니는 그녀에게 존경의 대상이 되었다.

② 다양한 경험을 한 학창 시절

어머니의 보살핌으로 연구참여자는 초 · 중 · 고등학교를 무사히 졸업할 수 있었다. 다만 각 학교는 모두 다른 지역에서 다녔다. 충청도에서 서울로, 다시 충청도로, 그리고 다시 서울로 옮겨 다니면서 학교에 다녔다. 그 당시에는 어머니가 여러 가지 일을 하시면서 주거지를 옮겨야 했는데, 그러한 경험은 연구참여자에게 다양한 삶에 대한 열린 마음을 갖도록 했다.

> "내가 초등학교를 영등포에서 다니고 중학교를 또 충청도에 가서 다녔고. 다시 고향에 갔어. 그다음에 고등학교를 다시 서울로 왔지. 아주 다양했어. 다른 환경에서 다른 친구들도 만났고."

연구참여자는 이러한 경험으로 새로운 곳, 새로운 사람을 만난다는 것에 대해 유연한 자세를 가질 수 있었다. 한 곳에만 오래 머무르지 않았던 그녀의 학창 시절은 새로운 것, 낯선 것에 대한 두려움을 떨쳐내는 밑바탕이 된 것이다. 힘겨웠지만 잦은 이동 경험이 이후 그녀가 한국을 떠나는 것에 대한 도전에도 영향을 끼친다.

(2) 이주의 동기

① 신문에 난 파독 간호사 모집 공고

연구참여자는 고등학교를 졸업하고, 당연히 대학에 진학할 계획이었다. 대학 입학금도 마련한 상태였다. 그러나 우연히 신문 광고를 보고 독일이라는 나라로 갈 수 있다는 꿈을 꾸게 되었다.

"내가 고등학교 졸업하고 대학을 들어가려고 시험을 봤어. 그런데 그 시절에는 입학금이 굉장히 많이 들었어. 내 기억에 내가 돈을 이만큼 쥐고 입학금을 내러 갔지. 그런데 중간에 내가 우연히 신문을 봤는데 신문에 뭐 간호원 어쩌고 독일 가는 기회가 있다고. 간호원 모집을 한다고 그래서 입학금 내러 갔다가 돌아와서 집으로 돌아왔어."

1960년대 한국은 심각한 실업난과 경제개발정책에 따른 외화 부족 사태를 해결하는 것이 절실한 과제였다. 반면 독일은 제2차 세계대전 이후 전쟁으로 인한 노동력 감소와 급속한 경제성장으로 인해 노동력 부족 사태를 겪게 되었다. 특히 간병인 같은 힘든 육체노동이 요구되는 간호 인력의 부족은 매우 심각한 상태였다. 간호 인력의 독일 송출은 1950년대 후반부터 시작되었으나 이 시기의 송출은 기독교 선교단체를 중심으로 이루어진 민간교류 형식이었다. 이후 1966년부터 대규모 간호사 파견이 시작되었으며,* 이때부터 한국해외개발공사가 간호 인력의 모집과 송출을 담당하게 되었다. 그리고 1966년부터 1976년까지 약 1만 226명의 간호 인력이 독일에 파견되었다(나혜심, 2009). 이러한 시대적 상황 속에서 연구참여자는 파독간호사(派獨看護士)로서 독일에서의 새로운 삶을 계획하게 되었다. 한국을 떠나 낯선 나라인 독일로 가는 것에 대한 열망이 그녀에게 생겨나기 시작한 것이다.

---

* 독일 마인츠 대학의 의사였던 이수길 박사의 주선으로 한국인 간호사 파견이 시작되었다.

② 어머니의 긍정적인 지지

연구참여자는 어머니의 적극적인 찬성에 힘입어 독일로의 이주를 결심할 수 있었다. 그녀는 어머니가 현명한 판단을 했다고 여긴다. 어머니는 막내였던 연구참여자를 믿고, 원하는 삶을 살 수 있도록 늘 긍정적인 지지를 보내주었다.

> "내가 집에 와서 엄마한테 '엄마, 이거 보니까 내가 이렇게 하면 독일에 갈 수 있대' 그러니까 내 생각에 그때 우리 어머니가 현명하셨어. '니가 원하는 대로 해봐' 그러시더라고. 그래서 아마 내 생각에 그게 계기가 된 거 같아. [어머니가 적극적으로 찬성해주셨네요?] 그러니까 나한테 결정을 하라고 하셨지. 그래서 내가 가기로 한 거야. 지금 생각하면 진짜 대단하지."

해외여행이 자유로워진 현재의 한국 사회와 비교해볼 때, 1960~1970년대는 아직 해외로 나간다는 데 많은 제약이 있었다. 그런 상황 속에서 간호사로 일하면 독일에서 거주할 수 있다는 광고는 연구참여자에게 새로운 삶의 분기점이 된 것이다.

(3) 이주 준비 단계

① 간호 보조 교육

연구참여자는 파독 간호사를 신청하고 교육을 받아야 했다. 간호 보조 교육으로 2년간 한국에서 관련 교육을 받았다. 교육 기간에도 독일로 가겠다는 결심은 흔들리지 않았다. 그녀는 한국에서 전형적인 한국 여성의 삶을 살아가야 한다는 것에 거부감이 들었다. 대학 졸업 후 결혼하고 남자에게 맞추어서 자신의 인생을 살아야 하는 당시 한국에서의 삶을 떠올렸을 때 그것에 무의식적으로 저항한 것이다.

> "그때 내가 간호보조원 교육을 받았어. 2년 동안 우리가 교육을 받아야 했어. 그때는. [2년간 교육받으시면서 흔들리진 않으셨어요?] 아이, 안 흔들렸어. 절대! 내가 지금 왜 그때 안 흔들렸나 생각을 해보면, 내가 아마 그 신문 보고 그 순간 벌써 나의 무의식에서 내가 한국을 떠날 거구나. 한국에서는 안 살겠구나. 아, 내가 그때 무슨 생각했냐 하면, 내가 대학을 가면 한국에서는 언젠가는 시집 잘 가려고 할 거 아니야. 그때 그 시절이 그랬어. 그런데 나는 절대 한국 남자하고 결혼 안 하려고 하는데. 내 생각에 대학을 여기서 나와가지고 남자들 마음에 들고 그러면 내가 일도 못 할 거고. 내가 활동도 못 하고. 옛날에는 여자로서의 그런 삶이 좀 달랐잖아. 남자에 맞춰야 하는 삶이 됐을 거 아니야. 그 시절에는 내가 그게 싫어서 그렇게 결정을 했던 거야. 그러니까 나는 그때부터 진짜 페미니스트! 내 생각하는 게 그랬어."

연구참여자는 페미니스트의 삶을 살고자 했다. 페미니스트는 젠더로 인해 발생한 불평등한 여성의 지위와 역할에 변화를 일으키고자 현실에서 페미니즘 운동을 실천하는 사람들이다. 이들은 여성을 성적 욕망의 대상으로 바라보는 사회의 일반적인 여성관에서 벗어나고자 하며, 남성과 동등한 기회와 자격을 가지기 위해 노력한다. 가부장제의 방식에서 벗어나 여성의 주체적 삶을 위해 자신의 인생을 개척할 것을 계획했다. 요즘은 전 세계는 물론 한국 사회에서도 젠더와 페미니즘이 뜨거운 이슈가 되고 있지만, 1970년대 한국의 상황에 비추어볼 때, 연구참여자의 이러한 의식은 매우 앞서나갔다고 볼 수 있다.

② 첫 비행, 알래스카 경유

2년간의 교육을 마치고 연구참여자는 독일로 떠날 수 있었다. 그 당시에는 독일행 직항 항공은 없었다. 알래스카를 경유해서 독일에 도착하는 여정이었다. 국제적 이슈로 인해 노선이 지금과는 많이 달랐다. 기나긴 비행 끝에 알래스카에서 잠시 휴식을 취했다.

> "그 시대 때는 비행기를 한참 타고 독일로 왔어. 그런데 비행기에서 무슨 일이 있었냐 하면, 지금은 인천에서 비행기를 타면 모스크바나 중국을 통해서 직접 독일로 가. 그러니까 이번에 올 때는 10시간밖에 안 걸렸지. 그런데 우리 처음에 갈 때 그때는 비행기로 21시간이 걸렸어. 왜냐하면 그때는 우리나라가 그 디플로마틱 커넥션(diplomatic connection)이 없었어. 공산주의 나라하고는. 한국에서 김포공항에서 떠나가지고 알래스카로 갔어. 알래스카에서 조금 쉬었다가 독일로 가는

거야. 그런데 알래스카에서 쉬는 건 그게 기름도 넣어야 하고 비행기 쉬고 그러는데, 내 기억에 한 시간 쉬었나, 그래."

연구참여자는 난생처음 김포공항에서 비행기를 탄 것이었다. 비행 공포나 두려움은 없었다. 난생처음 가본 알래스카에서도 낭만을 즐기며 휴식을 즐길 수 있었다. 노래 가사에서만 접했던 알래스카에 직접 와봤다는 것이 신기하기도 했다. 혼자 비행기 밖으로 나와서 알래스카의 경치도 감상했다. 달콤한 산책도 잠깐, 다시 비행기로 돌아왔을 때, 비행기는 떠나고 없었다.

"알래스카에서 내렸는데, 그렇게 경치가 좋은 거야. 그리고 그때 나는 보면 참 진짜로 로맨틱한 여자야. 그리고 그때 무슨 영화, 노래가 있었냐 하면 그 알래스카의 경치에 대해서 그 로맨틱한 거에 대해서 노래가 있었어. 한국에서 그 시대에 내가 있을 때 그게 유행이 됐어. 그래서 진짜 내려서 산책을 가는데, 그 노래에서 부르는 거하고 진짜 똑같더라고. 그리고 나는 이제 산책을 하고서 돌아갔어. 비행기를 타려고. 그런데 내 비행기 떠나버렸어."

당황스러운 상황에서도 연구참여자는 어떻게든 독일로 갈 수 있겠지 하고 침착하게 기다렸다. 그리고 다음 비행기를 이용하여 독일로 출발할 수 있게 되었다.

"그렇게 시작을 했어 내가. 여기서 나 돌려보내면 다시 가지 뭐 그렇게 생각했어. 그런데 비행기가 떠나버린 게 내가 두 가지 해석을 할 수 있어. 지금에 와서 생각해보면, 한 가지는 내가 막내로 자라가지고 엄마를 떠난다는 게 너무 힘들었던 거 같아. 또 하나는 내가 생각하기에 그때 시차가 있는 걸 우리가 몰랐잖아. 우리가 외국을 가봤어 뭐 했어. 그러니까 내가 또 시간을 이렇게 돌려야 되는 것도 모르고. 그래서 그랬는지도 몰라. 하여튼 비행기가 떠나버렸어. 그런데 그때는 비행기가 매일 없었어. 14일이나 지나야 아마 한 번 있었을 거야. 그런데 그 비행장에서 나를 독일로 가게 다 해줬어. 하루 자고."

연구참여자는 이야기하면서 왜 자신이 비행기를 못 탔는지 분석하기도 했다. 막내였던 자신이 어머니와 헤어지는 것이 사실은 힘들었을 것이라는 점이다. 그런 잠재된 무의식으로 인해 독일행 비행기를 놓친 것이다. 한편, 해외에 처음 나간 연구참여자는 시차를 계산하지 못 했다. 그래서 비행기 출발 시간을 착각한 것이다.

"[그때 비행기를 타셨을 때는 한국에서 독일로 가려고 했던 간호사분들이 같이 가신 거 아니에요?] 아, 걔네들은 무서워서 그런지 나오지도 않았어. [그럼 알래스카에서 혼자 나가신 거예요?] 나 혼자 나갔지. 아니 그렇게 좋은데 좀 움직이지. (웃음) 그래서 하여튼 비행기가 떠나버렸어. [엄청난 에피소드가 있으셨네요. 혼자서 다시 또 독일 가는 비행기 타시고요?] 그럼. 그렇게 이제 또 혼자 도착했어."

한국에서 독일로 출발할 때 연구참여자는 다른 많은 한국 여성들과 함께 비행기에 탑승했다. 그럼에도 그녀는 혼자 알래스카에서 내렸고, 산책을 즐긴 것이다. 이러한 일화는 연구참여자가 다른 여성들에 비해 호기심과 모험심이 많고, 새로운 것에 과감하게 도전하는 모습을 가지고 있음을 보여준다.

(4) 이주 초기의 삶

① 스물셋, 독일에 도착

1971년 드디어 연구참여자는 독일에 도착했다. 한국에서 교육을 받을 때 독일어를 배우긴 했지만, 매우 기초적인 것만 할 수 있었다. 독일인을 직접 만나고 처음으로 독일어를 사용했다. 그렇게 공항에 도착하자마자 그녀는 병원으로 갔다. 시차에 적응할 겨를도 없이 바로 다음 날 새벽부터 간호 업무가 시작됐다.

> "쾰른 본이라고 그래. 비행장 이름이. 그때는 한국에서 고등학교 나오고 중학교에서 영어 배우고 했으니까 할 수 없지. [한국에서 간호 교육 받으실 때 독일어는 따로 안 배우셨나요?] 그때 조금, 구텐탁(Guten Tag) 뭐 그런 거. [기본적인 것만요?] 아 그럼, 말도 못했지. 독일말은 못했는데 그때서야 써먹은 거야, 그리고 독일 사람들이 데리러 왔어 그래가지고 병원에 도착했는데, 세상에, 도착하고 그다음 날 새벽 네 시 반에 수녀들이 와서 우리를 깨웠어."

연구참여자는 뮌스터(Münster) 근처에 있는 작은 도시인 뒬멘에서 처음 간호 일을 시작했다. 막내였던 그녀는 한국에서 떠나기 전날까지 어머니의

품에서 잤다. 23세의 나이에 처음으로 어머니와 떨어져서 낯선 이국땅에서 새로운 일을 시작하게 된 것이다. 간호 업무는 새벽부터 시작되었고 잔업도 많았다.

> "나는 열째 막내로 자라가지고. 나는 가기 전날까지도 엄마 젖 붙잡고 잤던 사람이야. 막내로 살아가지고. 그때 우리 스물세 살 순진했었어. 뭐 연애를 했어 뭐를 했어, 그치? 고등학교 졸업하고. 아주 그냥 엄마 젖 잡고 푹 잤는데. 가기 전날까지도 그렇게 하고 독일 갔어. 그래가지고 독일 갔는데 말도 못해. 완전히 백 프로 천 퍼센트가 틀려. 새벽 네 시부터 일어나라고. 그때는 일을 일찍 시작했거든. 그때는 다섯 시 반인가, 그때 일 시작해서 열두 시에 또 들어와서 한두 시간 쉬고, 또 잔업까지 그렇게 일했던 거 같아. (중략) 내가 말 못했을 때 내가 그렇게 못 참았어. 내가 참 성질이 그랬나 봐. 그런데 말을 못 하고 못 알아듣는데, 독일 애들이, 이것들이 나를 이제 무시했겠지. 날 보고 이것도 시키고, 저것도 시키고 그러더라고. 그런데 나는 말을 못하는데, 그게 죽도록 힘든 거야. 그래가지고 나는 한국말로 다 싸워버렸어. 한국말로 다 했어. 그때 독일말 못할 때. 근데 얘네들이 이해를 했어, 그거를. (웃음) 그래가지고 내가 아마 소문이 났을 거야. 한국말로 핵세(Hexe)*를 뭐라고 그래? [마녀…] (웃음) 날 보고 그랬어. 저 여자, 쟤는 조심해라, 쟤 함부로 건드리면 안 된다. 그때 우리 7명이서 병원에서 일했는데, 나만 안 울고 들어왔어. 나는 못 참겠는 거야. 그런데 내가 처음에 가서 병이 또 들었잖아. 위궤양, 십이지장, 다 염증이 생겼어. 처음에는. 세상에,

---

* witch(마녀)

아이고. 그래가지고 하여튼 내가 그때 그렇게 많이 아팠었어요. 왜냐하면 내가 그랬잖아, 스물세 살까지 내가 엄마 젖 만지다가 갑자기 떠나서 병이 든 거야. [아, 많이 아프셨겠어요.] 그럼. 그러니까 얘네들이 그때 막 나한테 쟤는 말도 못하고 쟤는 잘 몰라 그랬겠지, 처음에 생각에. 그런데 나는 한국말로 다 해버렸어. 그러니까 내가 그 병원에서 소문이 났었지."

이주 초기 연구참여자는 독일어 능력이 부족했다. 그럼에도 자신이 무시당하거나 부당한 처우를 받는 것은 참지 못했다. 독일어로 할 수 없을 때는 한국어로 자신이 하고 싶은 말을 상대방에게 전했다. 그렇게 '마녀'로 소문이 났지만, 몸은 많이 아팠다. 겉으로는 강해 보여도 아직 어린 이방인이었다.

② 운명적인 만남

연구참여자는 독일 이주 초기에 지금의 남편을 만났다. 그녀가 일하고 있던 병원에 실습을 위해 온 의대생이었다. 그 당시 그녀와 함께 일하면서 잦은 만남을 갖게 되었다. 독일인 실습생이던 그는 연구참여자보다 네 살 연하였다.

"뮐먼에서 우리 집 남편을 만났어. 우리 같이 일했거든. [독일 생활 거의 초기네요?] 그러니까 이팔청춘에 만난 거야. 우리는 남편보다 내가 더 나이가 많으니까. 남편이 그때 열여덟 거의 열아홉 될 때. 독일에서는 의사가 되려면 실습을 미리 했어야 됐었어. 그래서 남편이 실습하러 왔었어. [실습하는 의대 학생이었을 때요?] 그때 그렇지."

결혼은 절대 하지 않겠다고 결심한 연구참여자였지만, 남편과의 만남으로 인해 결혼에 대해 긍정적으로 생각하게 되었다. 이러한 운명적인 만남이 그녀를 바꾸어놓은 것이다.

"[그런데 선생님께서는 결혼 절대 안 한다고 그러셨는데…] (웃음) 그러니까 운명이 뭐가 있나 봐. [운명적인 만남이었네요.] 아휴. (웃음) 그리고 독일에 가서도 나는 절대 결혼 안 한다고 그랬는데. (중략) 그런데 내가 그런 얘기는 했었어. 내 나이가 열두 살, 그때는 내가 수녀가 된다고 그랬어. 그때 내가 안 거야. 수녀가 되면 결혼을 안 하고 살 수 있다는 걸. 그리고 한 열여섯 열일곱 돼서는 내가 결혼하면 미국 사람이나 영국 사람이랑 한다고 그랬어. 내가 그랬어. 벌써 그런 생각을 하다 보니까 독일 사람이 된 거지 뭐. (웃음)"

결혼에 대해 매우 부정적으로 생각했던 연구참여자는 결혼 자체보다 한국 남자에 대한 거부감이 더 컸다. 수녀가 될 생각까지 할 정도로 결혼을 거부했지만, 외국인 배우자에 대해서는 오히려 관대했다. 만약 자신이 결혼한다면 미국인 혹은 영국인과 할 것이라고 했을 정도였다.

③ 러브 스토리

연구참여자는 남편에게 첫눈에 반했다기보다는 함께 일하면서 정이 들었다. 남편이 한국에 관심을 보이자, 한국어를 가르쳐주기도 했다. 특히 같은 병원의 수간호사가 연구참여자를 잘 챙겨주었는데, 특별히 실습생이던 남편에게 자신을 부탁하기도 했다. 초창기 독일 생활에서 연구참여자가 외롭지 않도록 주변의 관심과 배려가 있었다.

> "처음에는 그냥, 마음에 드는 게 아니라 같이 한 병동에서 일했으니까. 그런데 우리가 한 병동에서 일하는데 우리 수간호원이 나를 자기 딸처럼 그렇게 잘 돌봐줬어. 내가 주말이면 어떻게 하나 걱정해가지고, 지금 남편한테 나 외롭지 않게 좀 해줘라, 그렇게 자꾸 하고 그랬대. 얘기를 이제 들어보니까. 어디도 가고, 어디 파티 가고. 왜냐하면 젊으니까. 그때에는 파티가 많잖아. 젊은 애들 파티에도 좀 데리고 가고 해라 어쩌고, 뭐 그러다 보니까 정들었겠지. (중략) 또 한국말에 대해서 그렇게 관심이 있었다고 하면서 날보고 한국말 가르쳐 달라고 해서 가르쳐주고. 그래서 나는 한국말 읽고 쓰고 하는 거 다 가르쳐줬었어요. [그래서 한국말 잘하시는 이유가 그때부터…] 그렇지. 읽고 쓰고 다 내가 가르쳐준 거지. 역사도 나보다 한국 더 잘 알아. (웃음) [남편분이 한국에 대해 굉장히 관심이 많으셨나봐요.] 많았지. 그러니까 사람이 말을 읽고 쓰고 하면 관심이 많아지고. 말이라는 게 그래. [두 분이 한국에도 같이 있으셨네요?] 그럼. 그러니까 우리는 아무 문제점이 없었어. 다른 사람들은 음식에 대해서 뭐 걱정, 먹지 않아서 걱정, 우린 그런 거 없어."

한국과 한국어, 그리고 한국 역사에 관심이 많은 남편으로 인해 두 사람이 함께할 수 있었던 일들이 더 많아졌다. 특히 한국어를 통한 두 사람의 교류는 남편이 아내의 문화를 이해하고 존중하게 되는 통로가 된다. 언어는 상호문화적 소통에서 매우 중요한 역할을 한다.

또한 음식도 문화 내에서 중요한 위치를 차지한다. 레비-스트로스(Lévi-Strauss, 1983)는 음식과 요리의 구조주의적 분석을 통해 날것과 익힌 것의 대립을 자연과 문화의 대립으로까지 파악했으며, 왓슨(Watson, 1987)은 "함께 먹음(commensality)"이라는 행위를 사람과 사람 사이를 연결하고 공동체성을 형성하고 유지하는 중요한 기제라고 했다. 이처럼 음식은 문화와 개인의 정체성을 형성하는 핵심적인 요인이 되며, 어떤 음식을 누구와 함께 먹는가 하는 것은 가족 내에서 의미 있는 의식(ritual)이 된다. 따라서 연구참여자와 남편이 음식을 함께 먹는 것은 단순히 배고픔을 해결하는 것이 아니라 문화와 정서를 나누는 행위가 되었다.

④ 연애 3년 후 결혼

연구참여자의 남자친구였던 지금의 남편은 병원에서 실습을 마치고 다른 도시로 가게 되었다. 반면, 연구참여자는 저널리즘을 공부하기 위해 미국 유학을 계획하고 있었다. 서로 떨어져 지내야 해서 헤어질 위기에 처한 것이다. 그러나 그때 독일에서 함께 있자는 남자친구의 말에 연구참여자는 결혼하기로 결정했다. 그가 독일에 같이 있자고, 같이 살자고 한 것이다. 그것이 독일 남자의 독일식 청혼이었다. 그 당시 남편은 아직 학생이었지만, 그런 것은 그녀에게 문제가 되지 않았다.

"남편이 거기서 실습을 끝내고 울름대학(Universität Ulm)으로 갔어. 그때 무슨 과가 있었느냐 하면 지금 말로 하면 컴퓨터를 배우는 시초인 거야. 그런 과가 있었는데 그거를 과학적으로 배우는 게 있었어. 메디

찌니쉐 콤퓨터(Medizinische Computer)*라고. (중략) 결혼은 삼 년 사귀고 했는데, 나는 내가 그때 사실은 뭐가 되고 싶었냐 하면 기자가 되고 싶었어. 그래서 나는 저널리스틱(Journalistik)**을 공부하려고 미국으로 가려고 생각했었는데, 3년 사귀다가 정들고, 그러다가 나보고 하루는 그러더라고. 3년 되고 그랬으니까 내가 결정을 또 해야 되거든. 독일에서 같이 있자고, 같이 살자고 그러더라고."

결혼식은 독일 스타일로 진행했다. 한국에서 흔히 생각하는 화려한 웨딩드레스를 입거나 많은 하객을 초대하는 호화스러운 결혼식이 아니었다. 게다가 당시 연구참여자의 어머니가 별세하여 간단히 예식을 진행했다. 당시 어머니에 대한 애틋한 마음과 그리움이 크게 작용했다.

"결혼식은 울름에서 하고. 왜냐하면 그때 남편이 그 대학에 다닐 때 거기서 한 거지. 그리고 그 뭐지 한국식으로 그런 결혼식은 안 했어. 막 웨딩드레스 입고 그런 건 내가 기분이 안 좋아서 안 했어. 왜냐하면 어머니가 벌써 그해에 돌아가셨어. 우리 어머니는 이제 나이가 너무 많이 드셔가지고, 내가 막내니까. 나를 마흔다섯에 낳았으니까. 어머니가 돌아가셔서 그렇게 결혼 기분이 안 났어. 진짜 나한테는 너무 가슴이 아프고."

연구참여자는 독일로 이주한 지 3년 정도 지났을 때 결혼했고, 점점 독일 생활에 적응하게 되었다. 병원에서의 업무도 익숙해지고, 이후 마인

* medical computer(메디컬 컴퓨터)

** journalism(저널리즘)

츠(Mainz)로 삶의 터전을 옮기게 되었으며, 그곳에 있는 병원에서 다시 간호사로 일을 계속해나갔다.

(5) 또 다른 삶의 전환점

① 연구를 위한 한국행

연구참여자는 마인츠로 이사를 오고 새로운 삶을 시작했다. 남편의 학교와 그녀의 병원이 있는 곳으로 이주한 것이다. 이곳에서 그녀는 아들을 낳았다. 계속되는 이주의 삶 속에서도 아들의 탄생은 이전과 또 다른 세계였다. 아들이 네 살이 되었을 때, 가족이 한국에서 6개월간 머물 기회가 생겼다. 한국에 관심이 많았던 남편이 민속학 교수와 인연이 닿아 한국에서 관련 연구를 할 수 있게 된 것이다.

> "마인츠에서 병원에 가서 또 3년 일하고, 그리고 그때 이제 우리 아들을 낳고. 아들 하나 낳고 그렇게 해서 지냈지. 우리 아들이 네 살 때 우리가 한국으로 왔어요. 6개월 동안. 왜냐하면 우리 남편이 한국에 대해서 너무 관심이 많았지. 에트놀로기(Ethnologie)* 분야 교수가 있었어. 그 여자 교수가 한국에서 산부인과 의사로 15년 일을 하셨던 독일분이야. 그분을 우리가 알아가지고. 한국에 대해서, 남편이 벌써 에트놀로기에 그때부터 관심이 있었어."

* ethnology(민족학)

연구참여자의 남편은 민속학적인 관점에서 의학에 관심이 많았다. 그러나 학생 신분이던 당시 남편의 사정으로는 한국에서 연구하는 것이 쉽지 않았다. 그러던 중에 장학금을 받을 수 있게 되어 한국에서 논문을 집필하게 된 것이다. 특히 민속학적인 관점에서 '냉병'에 관한 연구를 한 것이다. 원래 현지 연구 지원은 3개월이었지만, 연구주제가 좋아 6개월 지원을 받을 수 있었다.

"남편이 뽑힌 거야. 그랬는데 우리가 그때 돈이 없었잖아. 남편 그때 학생이고 그러니까. 그때 독일에 뭐가 있었냐 하면 슈티펜디움(Stipendium)**을 줬어요, 장학금. 그래서 우리가 뭘 해야 하냐면 논문을 써야 해. 우리 아이디어가 뭐 어쩌고저쩌고 이렇게 논문을 써서 보냈어요. 그래가지고 이제 한국에 그 민족 · 민중들이 생각하는 병. 예를 들어서 우리나라 지금 젊은 사람들은 모르겠지만, 옛날에는 냉병이 그렇게 많았어요. 모르시지? 냉병이라고 옛날에는 여자들이 전부 다 냉병을 가지고 있었어. 그래가지고 그분이 산부인과에서 일을 하고 있으니까 그거 때문에 자기가 진짜 너무나 힘들었던 거야. 여자들이 와가지고 막 자기 냉병이니까 왔다 갔다 한다 뭐 그러는 거야. 그거에 대해서 한 번 연구를 해봤으면 어떤가. 그것도 하나의 에트놀로기의 병으로 들어가는 거야. 왜냐하면 누군가 배움을 생각하고 해석하는 게 틀린 거야. 치료 방법도 틀리고. 그래가지고 우리가 이제 그거를 내가 자란 동네에 가서 여자들을 인터뷰를 한 거야. 아, 그거를 논문으로 해서 보냈는데 원래 그때 대학생들을 세 달을 줬어 장학금을. 그런데 우리는 너무 그

** scholarship(장학금)

아이디어가 좋다고 6개월을 받은 거야. 그래가지고 남편이 그때 서울의 의과대학 무슨 대학이더라. 이름도 잊어버렸네. 하여튼 거기 세브란스대학. [연세대학교요?] 맞아."

남편이 연구하는 동안 연구참여자도 연구원으로 많은 활약을 하게 되었다. 많은 한국 여성들을 인터뷰하게 된 것이다. 한국에 사는 여성 250명, 독일에 사는 한국 여성 250명을 만나 인터뷰를 했다.

"남편이 6개월 동안 가서 공부도 하고 논문 쓰면서 있고, 나는 인터뷰하고. [같이 연구하신 거네요?] 그럼. 내가 그러니까 250명을 인터뷰를 했어요, 그때. 저기 한국 부인들 그렇게 하고 이제 또 아이디어가 뭐가 생겼냐 하면 한국 여성이 독일로 가가지고 독일 문화로 바뀌면서 살았잖아. 그런 사람들이 그 냉에 대해서 어떻게 바뀌었나. 그거에 대해서 또 250명을 독일에 가서 또 한 거야. (중략) 한국 여자들이 독일에 가서 다른 문화에서 살면서 하는데 그 냉에 대한 그런 게 어떻게 변화하나. 쿨투어게분데네스 신드롬(Kulturgebundenes Syndrom)*을 연구한 거야. 그러니까 냉에 대해서 증상이 많아요. 얼마나 재밌는지 몰라."

기자가 되고 싶었던 연구참여자는 이 연구를 통해 자신의 재능을 발휘할 수 있었다. 남편의 연구에서 시작되었지만, 그녀는 민간요법에 대해 관심을 갖게 되었다. 의학 분야에서 일하다 보니, 한국을 다시 찾았을 때는 민간요법들이 민족학적 관점에서 치료가 가능하다는 것을 학문적으로 탐구

---

* culture-bound syndrome(문화관련증후군)

하게 된 것이다. 그리고 한국의 시골 마을에서 직접 목격한 사례들을 통해 약초나 민간요법에 대해 더욱 흥미를 가지게 되었다.

"내가 독일에 가서 거의 한 10년 살다가 다시 한국으로 와가지고 내 시골을 또다시 본 거야. 그런데 우리 시골에서는 굉장히 무서운 병인데도 그때는 의사도 없었지만 돈도 없었어. 그런데 독일 같았으면 아마 그 경우에 막 응급실로 가야 될 경우인데. 우리 시골 동네 사람들 보니까 삽하고 바구니 들고 들로 나가. 그런 증상이 있는데도 약초를 모으러 나간단 말이야. 그래서 약초 해다가 빻아. 빻아가지고. 진짜 우리 눈으로 봤어. 여기에. 그 사람이 그때 무슨 병이었냐 하면 폐병인데, 그 [illegible] 임파선에 폐병이 들어있는데 여기가 곪아가지고 막 난리였어. 그런데 바[illegible]을, [illegible]라고 그래. 그 제비풀을 빻아다가 [illegible]에, 며칠 만에 싹 나았어!"

"나는 그런 것에 관심은 굉장히 많았어. 자연에 대해서. 한 번은 무슨 일이 있었냐 하면, 우리 집 이웃에 쌍둥이가 있었는데 머슴애들이 그때 여섯 살이나 됐을 거야. 그런데 그 집에 개가 있었는데, 새끼를 낳았어. 그런데 개가 새끼를 낳으면 굉장히 예민해지거든. 우리가 이렇게 지나가는데 그 집 개가 쌍둥이 애를 꽉 물어버린 거야. 그러면 정상적인 사람들은 개한테 물리면 주사 맞아야 된다, 뭐 난리잖아. 지금 사람들 그렇지? 그런데 그때는 그 집 할머니랑 쌍둥이 엄마가 나왔어. 엄마가 '어머니, 얼른 병원에 가야 돼요' 그러니깐 할머니가 '입 닫아. 칼 가져와라. 아니, 가위 가져와라' 그랬어. 그래서 개를 꽉 잡더니 이렇게 꼬리의 털을 잘라가지고 불에다가 태웠어. 태우니까 가루가 되잖아.

거기다가 들기름을 섞어가지고 물린 데 발라줬어. 세상에 얼마나 깨끗하게 잘 낫는지."

"우리 시골에서는 아주머니들이 봄에 나물 뜯으러 다니고 그랬어. 그러면 아주머니들이 꼭 나물 뜯고 그럴 때 돼지우리가 어디 있느냐를 보고서 갔다. 돼지우리를. 그런데 고사리 뜯으면 봄이니까 뱀이 나왔어. 겨울잠을 자고 깨서 나와가지고, 뱀들도 햇빛을 좋아해. 그러니까 뱀들이 따뜻한 걸 좋아하잖아. 그래서 고사리가 이만큼 올라오면 뱀들이 거기 숨어서 이렇게 앉아있어. 아주머니들이 고사리 뜯다가 뱀을 확 밟으면 걔네들이 리액션해서 꽉 물어버리잖아. 그때는 시골에 뱀이 많았어요. 독사도 있었고. 또 그냥 뱀도 있었지만. 그러면 아주머니들이 물리고 나서 막 뛰어서 돼지우리로 가. 그 돼지 똥 있잖아, 그거를 몸에다가 다 발라. 그러면 괜찮아."

연구참여자는 위와 같은 예를 들면서 민간요법에 대한 실제적인 경험을 들려주었다. 『한국민족문화대백과사전』에 따르면, 민간요법이란 "일상생활 주변에서 쉽게 얻을 수 있는 약물이나 주술적 방법으로 질병을 치료하는 의료행위"다. 병의 원인에 대해 잘 알 수 있는 것들은 현대 의학적으로 설명하지만, 원인이 밝혀져도 병이 잘 낫지 않고 오래 끌거나 원인불명의 병을 앓을 때는 병인을 초자연적인 것 때문이라고 믿는 경향이 있다. 한국 민간의 초자연적인 질병관은 심리적 원인에서 오는 정신장애로, 각자의 마음속의 응어리를 투사한 것이라 할 수 있다.

② 나의 길, 한의학(韓醫學)

6개월이 지나 연구참여자는 다시 마인츠로 돌아왔다. 그 당시 그녀는 병원 일을 쉬면서 아이를 키우고 있었다. 한국에서의 다양한 경험을 통해 자신의 관심 분야를 찾아가게 되었다. 그러다가 한의학을 공부해야겠다는 생각이 들었다.

> "나는 그때도 애 키우고 일은 안 하고. 그런데 하루는 산책을 갔는데, 내가 갑자기 '내가 자연에 대해서 이렇게 많이 아는데, 나는 나물도 많이 알고 꽃도 많이 알고. 이거를 뭐 직업으로 해볼 게 없나' 그 생각을 했지. 그래서 내가 그때부터 한의를 공부하기 시작했어. [그러면 그때 한국 다녀오신 것이 계기가 되신 거네요?] 그렇지!"

연구참여자는 독일에서 한의학을 공부했다. 한국에서 한의를 공부했을 거라는 예상과 달리 독일에서 관련 분야의 공부를 꾸준히 하게 되었다. '동종요법'까지 공부하면서 본격적으로 한의를 연구했다. 쉽지 않은 학문 분야였기에 힘든 공부였지만, 그녀는 그것이 재밌었다. 자신의 적성과 진로를 찾은 것이다.

> "독일에서 내가 지금 33년을 하는데, 그전에는 여기에 하는 사람 많이 없었어요. 그런데 이제 우리가 그때 미국에서 교수 데려다가, 영국에서 데려다가, 홀랜드에서, 또 중국에서, 한국에서도 모셔오고 다 그랬는데요. 한국 교수들은 수업은 못 합니다. 그 사람들은 뭐를 장담할 줄도 모르고, 설명할 줄도 모르고. 중국 사람도 마찬가지야. 테오리

(Theorie)*를 못해. 그런데 그 옛날에 배운 사람들 영국 사람이나 독일 사람은 얼마나 잘하는지 몰라요. (중략) 계속 공부를 내가 한 15년을 한 거야. 그런데 공부하려면 한의만 해가지고 안 돼. 독일에는 독일의 한의학이 있어. 그것도 재미있어요. 그것도 공부했지, 심리학도 해야 하지. 호메오파티(Homöopathie).** 호메오파티 공부하기 힘들어요. 그거 전부 다 약초로 하는 거야. 독일에 있는 약초로 하는 거고. 할 거 많지. 그리고 그런 거 다 보니까 하여튼 공부를 15년을 했어."

현재 연구참여자의 한의원에는 독일인이 많이 방문한다. 그러나 처음 한의원을 개원했을 때는 너무 생소하여 대부분 사람이 다가오지 않았다. 양학에만 익숙했던 독일인에게 그녀는 '돌팔이'라는 소리를 들어야 했다.

"[한의원에 독일분들 많이 오세요?] 독일분밖에 없어요. (웃음) (중략) 처음에 내가 한의원 열었을 때, 이 근처에 있는 의사들이 나를 보고 돌팔이라고. 왜냐하면 옛날에는 그런 걸 못 믿었잖아. 그래서 처음에는 돌팔이라고 그랬어."

그러나 연구참여자의 치료가 효과를 보이자 반응이 달라지기 시작했다. 늘 약을 복용하던 어떤 당뇨 환자가 어느 날 한의원을 찾아왔다. 한의 치료를 받고 증세가 호전되자 그 환자의 담당 주치의가 의아하게 여기게 되었다. 이렇게 하나둘 검증 시간을 거치면서 서서히 한의사로서 인정받게 되었다.

---

* theory(이론)

** homeopathy(동종요법)

"그런데 한 몇 년 하고 나니까 달라졌어. 이제 그 환자들이 저런 것도 있는데 한번 가볼까 하고. 언젠가 나한테 온 거야. 내가 치료를 해줬는데 자기가 여태까지 의사가 매일 일생 내내 약 먹고 살으라는데 내가 치료해줘서 나은 거야. 그다음에 이제 내가 항시 우리 환자들한테 그런다고. 그러니까 니네 하우스아츠트(Hausarzt)*** 한테 가라고 그래. 너네 하우스아츠트한테 계속 가라고, 나는 괜찮다고. 그래서 이제 지네 하우스아츠트한테 계속 가는데 하우스아츠트가 가만히 보니까 이 사람이 당뇨가 있어가지고 약도 타다먹고 또 뭐 어디가 아파가지고 매일 약 타다먹고 그랬는데, 처방을 안 달라고 그러는 거야. 너 왜 이제 그러냐고, 그때는 얘기를 해야 되는 거야. 그래서 나한테 갔다고. 그때부터 이게 매일 반복되니까 언젠가는 그 돌팔이라는 소리는 안 하고. (중략) 언젠가는 의사들이 나한테 왔어요. 치료를 받으러. 지네들이 필요할 때는 오는 거지. 어떤 애들은 진짜 뭐가 아파서도 오고, 어떤 애들은 저 여자가 도대체 뭘 하길래 환자들이 갔다 와서 다 나을까 해서 오고. 우리가 한의학 잘하면 진짜 효과가 좋아요. (중략) 이제는 질병이 있는 사람들을 나한테 이렇게 보내고 그랬어. 하루는 어떤 의사가 자기가 또 그거를 배우러 다닌대요, 내가 하는 걸. [한의학을요?] 네. 이제 다른 의사들도 알잖아. 그 뒤로부터는 나한테 이제 그거 안 해. 돌팔이의사라고 안 해. 돌팔이의사라고 얘기 안 하고 지네들도 내가 하는 거 해보려고 그랬어요. 의사들이 나한테 와서 치료도 받고 이제 와서 봐. 저 여자가 뭘 어떻게 하길래 환자들을 고치나 하고. [그러니까 독일 의사 세계에서도 선생님을 이제 인정하고 존중하고.] 그러니까 자기네들도 그런 게 있잖

*** home doctor(주치의)

아. 나는 내가 보기에 그래. 의사라고 다들 못하잖아. 자기 하는 거, 재가 하는 거, 나 하는 건 내가 하는 거지. 왜 뭐하려고 그럴 필요가 없잖아. 그런데 그 시대 때는 그랬어. 그런데 나는 그걸 문제점으로 보지를 않았어. [굉장히 오래전에 한의원을 여신 거네요?] 내가 제일 처음 시작했어. [그게 몇 년도예요?] 1985년경? 내 기억에."

1985년경 마인츠에서 처음 한의원을 개원했다. 시작은 편견과 무시로 쉽지 않았지만, 의술로써 자신의 실력을 입증하자 독일 의사들도 그녀의 한의에 관심을 갖게 되었고, 그녀를 인정할 수밖에 없게 되었다. 그녀가 어떤 방법으로 환자들을 치료하는지 궁금해서 찾아오기도 하고, 아픈 의사들이 직접 찾아오기도 하고, 아픈 환자들을 그녀에게 보내기도 했다.

③ 아들과 함께 한의(韓醫)를

연구참여자의 아들은 부모의 영향을 받아 의대에 진학했다. 아버지는 병원에서 의사로 양학을, 어머니는 한의학을 담당하고 있었다. 의대에 진학한 아들은 자신의 전공이 적성에 맞지 않음을 깨닫고 어머니인 연구참여자에게 상담했다. 처음에는 의대를 졸업하라고 아들을 설득했지만, 아들의 의지에 한의 공부하는 것을 찬성하게 됐다.

"의대를 다녔는데, 의대를 다니고서 인턴인가 그걸 하면 이제 병원에 가서 해야 되잖아. 내가 보니까 애가 별로 재미있게 안 하는 거 같아요. 그러더니 하루는 '엄마, 나한테 너무 안 맞아. 병원에서 일하는 게' 그러는 거야. 왜냐하면 병원에서 일하는 거 아주 힘들어요. 의사들,

여기는 모르겠는데 독일은 너무 힘들어요. 시간도 많이 줄 수 없고 환자들한테, 하여튼 힘들어요. 자기한테 너무 안 맞는대요. 그래서 내가 '아휴, 니가 나이가 젊으니까 그 대학을 끝내고, 니가 원한다면 다른 거 해도 되지 않냐.' 내가 그랬어요. 얼마 후에 또 '엄마, 아무래도 안 되겠어.' 그래서 내가 시작했으니까 끝을 내라고 그랬지요. 그러니까 나보고 '엄마도 잘살지 않냐'고 하는 거야. 그래서 내가 할 말이 없더라고. 사실 그래. 나 잘살고 있잖아. 진짜 그거 해가지고 나는 지금까지. 내 직업이 그렇게 좋을 줄은 몰랐어. 너무 진짜 나를 젊게 만들고. [그러니까요. 정말 젊어 보이세요.] 그러니까 나를 젊게 만들어. 늙을 시간이 없는 거야! (웃음)"

특히 아들은 한의사 어머니인 자신을 보고 그런 결정을 내린 터라 지지하게 되었다. 연구참여자는 자신의 직업에 만족하고, 또 지금까지 일할 수 있다는 것에 자부심을 가지고 있다. 또한 한의사로 계속 공부하고, 일하면서 나이보다 훨씬 젊게 살고 있다.

"그거는 내가 꿈에서도 꿔본 적이 없어. 내가 내 아들하고 같이 일한다는 건. [같이 한의를 하시면 모자지간에 든든하시겠어요.] 그러니까. 하여튼 나는 행복해요! 내가 생각하지도 않았는데."

현재 연구참여자와 아들은 같은 한의원에서 일하고 있다. 아들과 같은 직장에서 일한다는 것은 생각도 안 해본 일이었지만, 지금은 함께 한의를 하는 것이 든든하고, 또 그녀를 행복하게 한다.

(6) 자유롭지만 확고한 교육 철학

① 한국어 교육

연구참여자는 독일에서 아들을 키우면서 확고한 교육적 신념을 가지고 있었다. 한국어에 대한 중요성을 인지하고 아들이 어렸을 때부터 한국어 교육에 신경을 많이 썼다. 특히 매주 금요일에는 한국학교에서 한글은 물론, 한국문화를 접할 수 있는 환경을 만들어주었다.

> "[아드님 어렸을 때 혹시 한국말로 가르치셨나요?] 그럼! 나는 한국말 했지. 그러니까 우리 아들은 한국말 읽고 쓰고 다 할 줄 알고. 우리 남편처럼. 아빠도 읽고 쓰고 다 하고. 그게 중요해요. 그리고 어렸을 때는 독일 같은 경우에 그때는 금요일 오후에 학교를 갔어요. 한국학교를 몇 년을 끌고 다녔지. 한국어! 그러니까 얘가 지금 6개 국어를 하는 거야. 그렇게 기반을 해놓으면 말을 빨리 배우더라고."

언어에 대한 중요성을 인지했던 어머니 덕분에 아들은 독일어와 한국어뿐만 아니라 다양한 외국어를 구사할 수 있게 됐다. 모국어(mother tongue)는 자녀의 언어 능력뿐만 아니라 긍정적인 정체성 형성에 중요한 영향을 끼친다. 또한 자녀와 어머니의 상호 소통과 정서적 교류에 핵심적인 요인이 된다.

② 자녀에 대한 믿음

연구참여자는 자녀 교육에 대해 그 누구보다 중요하게 생각하지만, 교육 방식은 절대 강압적이거나 주입식이 아니었다. 자녀를 믿고 지켜보고 기다리는 마음이 필요한 것이다. 자녀의 결정을 존중해줌으로써 자녀와의 관계에 신뢰가 쌓이게 된다. 가정에서의 충분한 사랑이 밑바탕이 된다면 자녀는 올바른 방향으로 나아갈 것이다.

> "나는 아들한테 이거 해라 저거 해라 그런 아이디어가 말하지도 않았거든요. 내 생각에 자기가 혼자 결정한 거잖아. 그러니까 내 생각에 내가 자식을 그냥 내비두고서 기본적인 거 해주기만 하고 그러니까 되는 거 같아."

한국의 교육을 바라보면서 연구참여자는 지나친 경쟁과 '1등'만을 바라는 방식에 큰 우려를 나타냈다. 냉혹한 경쟁에 내몰린 학생들은 그 나이 또래에 누려야 하는 다양한 경험을 놓치게 된다. 독일의 교육과 비교해볼 때, 한국 학생들은 공부에 할애하는 시간이 월등히 많지만, 풍부한 경험의 기회는 훨씬 부족하다.

> "내가 그런 걸 느꼈다고. 그러니까 교육 차이가 있기 때문에 그래. 그런데 뭐라고 그럴까. 하여튼 독일 사람들하고 한국 교육 방법이 뭐가 틀리냐 하면 우리 한국은 애한테 1등 하라고. 그런데 애들이 전부 다 1등을 할 수가 없거든. 그런데 누구나 다 '너는 잘해야 해.' 너무 애들한테 그러는 거 같아. 그러다 보니까 애들이 진짜 공부하는 시간은

더 많은데 배운 건 내 기분에 독일의 반도 안 되는 거 같아요. 내 기분에 그래요. 경험이 중요한데."

물론 독일은 어릴 때부터 직업 교육으로 갈 학생이 정해지는 병립형 학제로 이루어진다는 특징이 있다. 따라서 독일 교육의 비경쟁적 요소는 사실 경쟁과 배제가 이뤄지는 지위 재생산이라는 어두운 면을 감추고 있기도 하다. 그럼에도 빠르게 경쟁으로 치닫는 한국 교육에 경쟁하지 않는 것을 목표로 하는 독일의 교육은 시사하는 바가 크다.

③ 성숙한 사고와 대화

연구참여자는 독일에서 독일 학생뿐만 아니라 한국에서 온 유학생들도 많이 만났다. 20대의 독일 학생과 한국 학생은 큰 차이를 나타냈는데, 그것은 성숙한 인간으로서의 성장이었다. 다양한 경험을 한 독일의 학생은 10대를 지나 20대가 되면 스스로를 책임지게 되고, 성숙한 사고와 합리적인 의사소통을 하게 된다. 그러나 한국 학생들은 공부는 많이 했지만, 진정한 교육(Bildung)은 부족하다.

"내가 대학생들 많이 상대해봤는데, 한국에서 온 20살 먹은 대학생하고 독일의 20살은 하늘과 땅 차이야. 한국 스무 살들은 그대로 애기야. 경험도 없고 아무것도 없고. 내가 그걸 느꼈어. 내가 이렇게 보면 차이가 많아. 예를 들어서 내 조카들이 있어. 걔가 서울대학 나오고 뭐. 내가 조카들이 많아. 세상에 조카들 만났는데, 이야, 이거는 애도 아니고 뭐도 아니고. 그 정신적인 것부터 그런 게 아직 차이가 있어.

그리고 사회 경험도 그렇고. 나는 그래서 진짜 우리나라 교육이 문제라고 봐. 그리고 내가 보기에 우리나라 교육은 뭐라고 그럴까. 부모가 자식이 어떻게 되느냐에 따라서 내가 누구다. 그게 너무너무 강한 거야. 아니, 나는 독일에서 그렇게 하면서 자식 키우면서 그런 생각한 적도 없어."

한국의 교육에서 또 다른 폐해는 부모의 문제로 연결된다. 자녀의 성공 여부에 따라 부모가 자신을 드러내기 때문이다. 자신의 못 다 한 꿈을 이루기 위해, 자신의 사회적 체면을 위해 자녀를 성공의 도구로 사용한다.

"한국 사람들은 만나면, 남편 자랑은 뭐 하러 해? 물어보기도 전에. 아니 그러면 남편 없는 사람은 어떻게 되는 거야? 아니 그러면 내가 남편 때문에 뭐가 이렇게 되는 거야? 사람들한테? 너무한 게 많아. 그런데 또 한국 사회는 그런 걸 느껴요. 나이 많은 여자들 보면 아직도 산 남편도 아니고 죽은 남편 자랑을. 하여튼 재밌어들. [그런 점들이 불편하신 거죠?] 불편한 거 많지. 또 예를 들어서 돈 자랑하는 거. (중략) 한국은 큰일이야. 결혼하는 거 바꿔야 하고. 썩어빠진 교육 방법 바꿔야 하고. 내가 보기에 그래. 그리고 결혼하는데 뭐든지 왜 다 돼 있어야 해? 같이 만나서 하면서 살면 더 재밌다. [지금은 독일에서 사시는 게 더 편해지셨다고 말씀을 하셨잖아요.] 편해진 것만이 아니야. 나는 한국 와서 못 살아. 그래도 이제 고향이잖아. 그래서 내가 와. 오면 이제 그런 게 또다시 보이고, 또 보이고."

한국 사회에서 마주하는 여러 문제 중에 성숙한 토론 문화가 부재한 것을 알 수 있다. 대화의 주된 주제가 자식, 남편 '자랑'에서 그칠 때가 많다. 이러한 대화 주제는 독일에서는 상상하기 어렵다. 독일에서는 서로가 서로에게 유익이 되는 비판적 토론이 일상이어서 연구참여자는 한국 사회에서 지나치게 사적인 대화에 대해 불편함을 표했다. 그러한 문화 차이로 인해 그녀는 이제 한국에서 살기가 어렵다고 느껴질 정도다.

(7) 안정된 이주의 삶

① 사회적 활동: 한의사로서의 자부심

1985년 독일에서 한의원을 개원한 이래 현재도 한의사로서의 삶을 살고 있는 연구참여자는 자신의 일에 자부심을 가지고 있다. 처음 독일로 떠났을 당시에는 '파독 간호사'라는 모집 공고를 통해 직업을 갖게 되었지만, 이후 스스로의 길을 찾아 한의학을 공부하고, 지금도 연구하는 삶을 살고 있다. 자신이 하는 일이 가치 있는 일이며, 이러한 일을 통해 자존감을 향상할 수 있었다. 여성에게 일은 경제적 독립뿐만 아니라 주체적 삶을 살아가게 하는 중요한 원동력이 된다.

"계속 하는 거지. 지금부터 20년도 하고. 욕심이 많아서 사는 게 재미있잖아. 아프지만 않고 건강하게 살 수 있으면 한 130년. (웃음) 내가 왜 이렇게 자꾸 일을 하려고 그러냐 하면 나는 일하는 게 나를 더 진짜가 되게 해. 내가 살아가는 데 더 힘 있고, 에너지 있고. 나의 레벤스크

빌리테트(Lebensqualität),* 뭐라고 그래 한국말로? [삶의 질.] 진짜 그걸 높여주는 거 같아, 내 자신이. 나는 그렇게 생각해요. 내가 그렇기 때문에 진짜 20년 더 일할 거 같아. 그리고 한 가지, 세상에 그게 있어. 내가 진짜 이 의학을 했잖아. 공부를 했잖아. 그건 항시 자기 거예요. 다른 건 내 게 아닐 수가 있어요. 내가 하다 보니까 공부는 내 거더라고! 공부만큼은 내 거야. 진짜로 그래요. 왜냐하면 나도 진짜 아 힘들었지. 애도 키우면서, 남편도 일하고. 대학 다니면서 힘들었는데, 내가 그때 진짜 부지런하게 한 게 지금 다 나타나."

자신의 발전을 위해 끊임없이 공부한 연구참여자는 일이 자신을 더 '진짜'가 되게 한다고 한다. 자신의 일을 통해 주어진 내가 아닌 진정한 내가 되는(becoming) 것이며, 나의 진정성(authenticity)을 발현하는 것이다. 연구참여자는 돈이나 명예보다 '공부'가 자신의 것이라 확신한다.

② 사회적 활동: 월드킴와(World-KIMWA)와 코윈(KOWIN)

월드킴와**와 코윈***은 대표적인 국제적 한인여성 연합 모임이다. 연구참여자는 이 모임들에서 임원으로 참여하면서 다양한 사회적 활동을 하고 있다. 전 세계 곳곳에 흩어져 있는 한국 여성들의 모임의 구심점이 되면서 1년에 한두 차례 모국을 방문하기도 한다.

---

* quality of life(삶의 질)

** World-KIMWA(World Korean Inter-Married Women's Association, 세계국제결혼여성총연합회)

*** KOWIN(Korean Women's International Network, 세계한민족여성네트워크)

"월드킴와하고 코윈에서 임원으로 참여하고 있는데, 보람될 때도 많아. 이번에는 한국에 와서 월드킴와 이름으로 장학금, 후원금을 전달했어요. 한국에 다문화가정들이 많아졌잖아. 특히 거기 아이들을 위한 후원금이야. 교육을 제대로 받을 수 있도록 해주는 것이 중요하니까."

특히 2019년 서울에서 열린 월드킴와 행사에서는 다문화가정 후원을 위한 기금을 전달하는 증정식을 갖기도 했다. 이러한 사회적 송금을 통한 다양한 활동은 여성의 연대(solidarity)를 보여준다.

③ 문화예술 활동: 20년 넘게 활동한 합창단

연구참여자가 합창을 시작하게 된 것은 우연한 계기였다. 마인츠에 있는 한인 여성들이 모임이 있을 때 합창을 배우면 좋겠다고 하여 시작한 것이 벌써 20년이 넘었다. 오랜 시간을 함께해온 합창단원들은 하나둘 나가기도 했지만, 20명이 넘는 단원들이 2년에 한 번씩 공연하고 있다.

"우리가 뭐를 할 때 모이는데 좀 기다리게 됐어. 엄마들이 그때 애들 조그마할 때 그래가지고 언젠가 아이디어 생각이 나서. 그때 합창이나 배울까 그때서부터 시작했어. [그러면 주기적으로 연습도 하시겠네요?] 일주일에 한 번씩. [소프라노세요?] 하다 보니까 됐어. (웃음) 우리 공연도 2년에 한 번씩. 이제는 많지도 않아. 다들 나이가 먹어서 안 하는 사람도 있고. [몇 분 정도 계세요?] 많아야 스물하나? [아, 그래도 많으시네요.] 그러니까 공연도 하지요. (웃음) [지휘하시는 분도 여성분이세요?] 그분은 마인츠에서 대학 공부하는 사람. 한국 남자. (중략) 이렇게 노래한다는 게 운동

이야. 해보니까 노래가 아주 좋아. 노래하고 나면 아주 그냥 땀도 나고 기분도 좋고!"

여가 활동과 삶의 질에 관한 연구는 크게 두 가지 이론적 접근을 취하고 있다. 그 첫 번째 관점은 여가 활동을 수행함으로써 자신의 욕구 · 동기가 충족되고, 이로 인해 여가만족 · 행복감 같은 긍정적인 심리를 경험하게 된다는 것이다. 두 번째 관점은 어떠한 활동에 참여하는 것만으로 의도하지 않아도 행복은 느껴진다는 것이다(Diener, 1984) 사회생활 가운데 이러한 문화예술을 통한 여가 활동은 연구참여자에게 큰 활력이 된다. 이는 정서적인 카타르시스뿐만 아니라 신체적인 효과를 주기 때문이다.

④ 문화예술 활동: 합창단에서 만난 부부들

한의원 일로 평소에는 바빠서 한국 사람들과 자주 만나지 못하지만, 일주일에 한 번 합창 연습을 위해 한국 여성들을 만나게 된다. 합창단을 시작한 것도 본인의 의지였다. 또한 여가 생활에서 연구참여자는 자신의 합창 연습에 집중한다. 이 합창단에는 독일인 남편이 있는 여성들뿐만 아니라 한국인 남편을 둔 여성들도 있다. 연구참여자가 보기에 한국인 남편을 둔 여성들은 지쳐 보였다. 그녀들은 남편이 허락하지 않으면 외부 활동을 할 수 없었다. 그리고 그녀들은 남편의 식사 준비를 매우 중요하게 생각했다.

"아직도 합창회를 하는데, 거기는 이제 보면 한국 부부들은 뭐라고 그럴까, 그 나이가 지금 현대 사람들이 아니잖아. 다들 최하 75, 80대예요. 그런데 내가 보기에는 남자한테 많이 지쳐 있는 거 같아. 남자가 오케이 안 하면 안 되는 일. (중략) 또 내가 병원을 하고 있기 때문에 하는 것도 많은데, 내가 언제 골이 비었다고 어디 나가면 남편 음식 해놓고 그래. 그런데 한국 부부들은 그러더라. 그것도 남자들이 바라고. 아, 웃기더라고. 그런데 그렇다고 또 고마운 것도 모르더라고. 그런 차이가 많더라고. 그런데 한국 부부들 몇 명 나를 보고 '빨리 집에 들어가. 남편이 이제 배고프지 않니?' [그러면 뭐라고 하세요?] 아휴, 괜찮아. 뭐 한 끼 안 먹으면 죽어?"

연구참여자는 자신이 하는 일을 소중하게 생각한다. 남편을 위해 밥을 차리는 일이 중요하지 않다는 것이 아니라 남녀가 서로의 상황에 맞게 배려하는 것이 더 중요하다. 그녀는 남편을 많이 사랑하고 있다. 결혼생활에서 아내의 역할이 단지 가사(家事)로 한정되는 것을 거부한다. 남편과는 신뢰와 사랑이 담긴 수평적 관계가 우선되어야 한다. 여성의 자율성과 독립성을 강조하는 연구참여자는 언제나 주체적으로 삶을 살아야 함을 실천하고 있다.

페미니스트 철학자 주디스 버틀러(Judith Butler)는 젠더에 대해 자신의 초기와 후기 논의에서 다르게 규정한다. 초기 논의에서 젠더는 무대 위에서 연출하는 연기 행위 중에 구성되는 개개인의 수행적 행위나 수행성(Butler, 1990)으로 규정된 반면, 후기 논의에서 젠더는 개인의 행위보다는 '우리'라는 사회성과 관계성 속의 규범으로 표현된다. 이는 개인의 정체성과 함께 발생하는 규범의 장, 사회성이나 관계성의 문제를 더욱 강조하기 때문이다(Bulter, 2004). 우리는 기존에 당연하게만 받아들이던 권력관계에 대해 끊임없이 질문하고, 비판하고, 성찰하여 이 사회에 변화를 만들어내야 한다.

6.
연구참여자 6:
한국으로의 귀환을 소망하는 화가

1) 생애담 요약

연구참여자는 서울에서 고등학교를 졸업했고, 삼촌의 권유로 1972년 간호사로서 독일행을 선택했다. 자신도 오래전부터 외국에서 살아보고 싶었던 열망이 있었다. 해외개발공사에서 1년간 독일어를 배우고 간호사 업무 훈련을 받고 떠났다. 처음 도착한 곳은 독일의 탄광촌으로 광부들도 함께 거주한 곳이다. 연구참여자는 처음 간호사 일을 하다가 1년 후 폐결핵에 걸렸다. 거의 1년간 병원에서 치료를 받았다. 이때 독일 사회 및 병원에서 많은 도움을 받았던 것이 매우 인상 깊게 남아있다. 독일의 의료 및 사회복지를 직접 경험할 수 있는 시기였다. 그녀는 완치 후 베를린으로 병원을 옮겨서 다시 간호사로서 2년 더 일을 했다.

독일에서의 생활 중 간호사로서의 일은 생각보다 힘들지 않았다. 기숙사에서 20여 명의 간호사가 함께 생활했고, 병원 업무가 끝나면(주 5일 8시간씩 근무) 문화예술 생활을 즐길 수 있었던 것이 너무나 즐거웠다. 한국에서는 상상할 수 없던 풍요로운 예술적 경험을 한 것이 자신의 생활 수준을 한층 높여주었다.

그러던 중에 미술을 제대로 공부하고 싶다는 생각에 예술대학교에 회화 전공으로 진학했다. 간호사 일을 마치고 유학생의 신분으로 독일에 거주하기로 결정한 것이다. 이때 플루트를 전공하던 한국인 유학생이던 남자를 만나 연애하고 결혼하게 되었다. 이후 아들 둘을 출산하여 자녀를 양육하면서 유학 생활을 했다. 자녀 양육 수당과 학교 장학금으로 독일 생활을 유지해나갔다.

남편과는 성격 차이로 1999년 이혼하고, 20년간 혼자 지내고 있다. 아들 두 명도 자신이 키운다. 대학교를 졸업하고 전문적인 작품 활동을 통해 독일과 한국에서 전시회를 열면서 커리어를 쌓았으며, 현재도 꾸준히 작품 활동을 하고 있다. 특히 독일의 분단과 통일을 주제로 '베를린 장벽'과 한국을 연계한 프로젝트로 DMZ에서 독일 작가와 공동으로 작품을 만들고 있다.

연구참여자의 예술 세계에서 중요한 테마는 '삶과 죽음'이다. 유대인의 무덤에서 영감을 받아 선과 악, 땅과 하늘 등 한국적 정서가 담긴 작품들을 구현하고, 여성 문제에도 관심이 많아 관련 강의를 많이 듣고 있으며, 여성을 테마로 한 작품들도 구상하고 전시했다.

특히 여행을 좋아한다는 연구참여자는 자신의 예술적 영감을 여행지에서 본 자연과 사람에서 많이 찾고 있다. 분위기, 색감, 형태, 살아가는 모습, 원주민 등이 자신의 회화 작품에 담겨 있다. 아이슬란드에서 본 눈을 파스텔톤으로 표현한 자신의 작품을 좋아하며, 가장 최근에 다녀온 브라질 여행에서의 강렬한 색감이 연구참여자를 계속해서 캔버스 앞에 있도록 이끌어준다. 여행은 그녀에게 '자연과 나누는 무의식의 대화'다.

독일의 생활 속에서 어떤 차별을 특별히 느끼지는 못 했으나, 독일인 속에서 '넘을 수 없는 선' 같은 것은 감지할 수 있었다. 언제나 '이방인'임을 인지할 수밖에 없었다. 독일 생활이 힘들지 않은 것은 아니지만, 마음을 비우고 살아가니 감사한 마음이 크다. 독일인의 따뜻함과 관심 덕분에 자신이 오랫동안 베를린에서 정착할 수 있었던 것 같다.

그녀에게 그림은 '나에게 쓰는 일기'로서, 하고 싶은 이야기를 자유롭게 써 내려가는 것이고, 살아있는 예술이다. 따라서 그림은 진실한 자기 이야기이므로 자신에게 위로가 된다. 또한 그녀는 1년에 한 번 정도 한국을 다녀오는데, 그때마다 정신이 없다고 한다. 한국인은 목적 없는 삶을 사는 것 같다는 인상을 받는다. 그래도 정기적으로 한국을 방문하는 즐거움이 있다. 그녀는 독일 시민권을 받을 수 있는 조건이 되었지만, 한국 국적을 유지하고 있다. 그 이유는 더 나이가 들면 언젠가 다시 한국으로 돌아갈 것이라는 믿음 때문이다.

2) 초국적 이주의 생애담

(1) 독일로의 이주 배경

① 신문 광고와 삼촌의 권유

1972년 연구참여자는 삼촌의 권유로 독일행을 결정했다. 간호사를 모집한다는 신문 광고를 본 삼촌은 연구참여자에게 이를 전해주었다. 신문 속에 담긴 내용에 점점 관심을 가지면서 그녀는 독일이라는 '외국'으로 이주하여 그 당시에는 어려웠던 국경을 넘어 새로운 이력을 써 내려갔다.

> "저는 1972년 10월 20일에 왔어요. 오래됐지만 정확히 날짜를 기억하고 있어요. 1972년이었으니까 그때 내 나이가 스물한 살이었죠. 그 당시에는 독일에서 간호사 많이 모집했어요. 간호사를 광고로 모집을 하더라고요. 신문 광고를 통해서 왔어요. 신문을 봤는데, 사실 처음 제가 본 게 아니라 저희 삼촌이 보고. 제가 삼촌한테 먼저 그 얘기를 들었어요. 그래서 관심 갖고 왔어요."

한국 여성은 다양한 경로로 이주했다. 1968년 9월 해외개발공사가 이주에 관한 일을 전담하는 기관이 되기 이전에는 개인이나 종교단체 등의 중개를 통해 독일로 갔다. 독일 취업은 1950년대 간호 학생의 이주로부터 20여 년이 넘는 동안 진행되었기에 간호 분야뿐만 아니라 해외에서의 삶을 꿈꾸는 모든 여성에게 선택의 기회였다. 이 기회는 공개적인 공고만이 아니라 친구, 가족, 학교 등에 의해 정보가 공유되고 추천되었다(서울역사박물관, 2017). 한국 신문 광고의 영향과 더불어 친지의 권유는 연구참여자의 마음에 이주에 대한 씨앗을 심어주었다.

② 간호사로서 독일행 결심

한국이 가난했던 까닭에 가족을 돕고자 하는 갈망이 이주를 선택한 기본적인 이유가 되기는 했지만, 이것이 유일한 동기는 아니었다. 유학이나 취업을 위해 먼저 이주한 이들을 통해 들은 서구 선진 국가에서의 경험과 색다른 문화에 대한 동경은 젊은 여성들에게 용기를 주었다. 특히 여성으로서 겪고 있던 사회적 불평등에 일찍 눈을 뜬 이들에게는 그런 편견에서 벗어날 기회로 여겨졌다. 또한 선진국에서 질 높은 교육을 받고 싶은 열망을 가진 이들에게는 자신들의 미래에 투자할 기회였다. 당시 한국 사회에 만연한 부정부패에 대한 절망감과 해방을 위한 시도 역시 이주의 중요한 동기가 되기도 했다. 외국으로 갈 기회가 매우 적었던 그 시절에 독일로 취업하는 것은 국경을 넘어 거의 유일한 대안이었다(서울역사박물관, 2017).

> "중학교 때부터 간호사에 대한 꿈이 있었어요. 근데 고등학교를 간호고등학교로 가려 했더니 안 된대요. 왜냐하면 일반고를 가서 가는 게 더 낫다고 해가지고. 학교 졸업하고 신문 광고 보고 간 거죠. (중략) 그 당시에는 사실 그리고 외국으로 공부하러 간다거나 그런 게 전혀 없었어요. 아무나 못 했어요. 한국인 장학생 아니면 못 했고. 해외로 나갈 수 있는 기회가 상당히 적었거든요. 저희같이 간호사 경우에는 외국으로 갈 수 있으니까 지금 생각해도 잘한 거 같아요."

연구참여자는 원래 간호사가 되고 싶다는 꿈이 있었다. 학창 시절부터 꿈을 키우면서 준비하고 있었다. 그러던 중에 독일에서 간호사가 될 수 있다는 광고는 그녀에게 매력적으로 다가왔다. 그뿐만 아니라 당시 해외여행조차 어려웠던 시기에 외국에서 거주할 수 있다는 점은 독일행에 대한 결심을 더욱 단단하게 했다. 이러한 연구참여자의 선택은 이후 그녀의 삶에서 주체적인 행위자로서 드러난다.

③ 독일로 출국하기 전 준비

독일로 출국이 결정된 후에 연구참여자는 1년간 교육을 받았다. 특히 낯선 언어인 독일어를 공부하면서 준비했다. 파독 간호사의 경우, 아무런 사전 준비도 없이 곧바로 병원에 배치되어 근무한 경우도 있었고, 3~5개월간 독일어 수업을 받으며 준비기간을 거쳐 일을 시작한 경우도 있었는데, 연구참여자는 다행히 준비기간을 거쳐 독일에 도착해서 바로 병원에 투입될 수 있었다.

"한국에서 당시 해외개발공사라고, 거기서 1년 정도. 그 당시에 굉장히 교육을 많이 받고 갔죠. 독일어도 같이 알려줬어요. 그 당시에."

미국식 간호교육 체계를 따르던 한국에서는 주사, 투약, 의사 보조 등이 간호 여성의 일이었지만, 독일 병원에서는 환자의 회복에 필요한 간호뿐만 아니라 간병 업무도 수행하고 있었다. 특히 요양원의 경우에는 간호보다 간병 업무가 훨씬 더 많이 필요했다. 일부 한인 간호 여성들은 병동 청소, 침대 정리, 환자 목욕 등 '허드렛일'이 주어지는 것에 충격을 받았고, 이 문제로 고용주인 독일 병원과 갈등을 빚기도 했다. 업무의 어려움 외에도 한국 여성들은 시골 병원 생활의 고단함, 외로움, 독일인 동료들과의 갈등을 호소했다. 반면, 독일 병원들은 한인 간호 여성들과 의사소통이 곤란하여 업무 지시가 어려운 점, 간호 여성들이 3년 계약 기간을 채우지 못하고 조기 이탈하는 점을 주로 문제 삼았다. 독일병원협회는 이를 해결하기 위해 한인 간호 여성들의 독일 사회와 병원 적응을 돕기 위한 교육 프로그램을 만들어 운영하게 되었다(서울역사박물관, 2017).

(2) 낯선 땅 독일에 도착

① 갑작스러운 폐병

연구참여자는 3년간 독일의 뒤스부르크(Duisburg) 지역의 병원에서 일했다. 그러나 간호 업무를 한 지 1년 만에 폐병으로 1년간 휴직할 수밖에 없었다.

> "중부지방 뒤스부르크 근처 광산 탄광지역에 있었는데, 거기 병원에서 3년 있었어요. 3년 계약이었는데, 제가 일한 지 1년 만에 아팠어요. 일도 그렇지만 공기가 나빠 가지고. 폐병으로 1년을 쉬었어요. 그러다가 3년 어떻게 채우고 베를린으로 가게 된 거예요."

당시 연구참여자는 독일의 사회복지* 시스템의 혜택을 받을 수 있었다. 약 1년간 병원에서 치료를 받는 동안 그녀는 의료비 지원과 더불어 월

---

* 독일은 사회보험제도를 수립함에 있어 선진적인 국가다. 19세기 후반 독일은 비스마르크가 3개 사회보험체계를 도입하여 입법화시키면서 노동자의 질병, 업무상 재해, 장애 및 노령의 위험으로부터 보호할 수 있는 체계가 마련되었다. 비스마르크의 사회보험법은 독일의 산업혁명 이후 자본주의 전개 과정에서 나타나고 있는 노동자 문제에 대응하기 위한 방안이었다. 1883년 「노동자질병보험법(GesetzüberdieKranken-VersicherungderArbeiter)」을제정했다.이후 1911년 7월 19일 「제국보험법」으로 일원화되었다. 이 법은 현대 독일에서 사회보장법전 편찬 작업이 시작되기 전까지는 물론 그 후에도 오랫동안 사회보험 기본법이 되었다. 1970년대에 독일의 사회보험의 대상과 보호되는 위험의 범위는 확대되었다. 사회보험이 고용관계를 전제로 하지 않고 자영업자, 예술가 등 노동자가 아닌 계층으로 의무가입을 확대했다. 노동자 보험으로 출발한 독일의 사회보험에 보편적 성격을 부여하는 조치는 1972년 「제국보험법」 제1233조의 제정이었다. 「제국보험법」의 제정으로 기존의 사회보험이 주로 보험사고를 사후급여로 보호한 반면, 이제 사고의 발생 자체를 사전 예방하려는 데 관심을 기울이게 되었다. 가령 질병보험에 질병의 조기 발견을 위한 조치들이 도입되었다(황도경, 2013).

급도 받았다. 이렇게 지내면서 오히려 독일 생활에서 안정을 찾을 수 있는 경험을 했다.

> "아팠던 저는 독일에서 치료받을 수 있었어요. 의료비도 그렇지만 월급까지 나왔어요. 그래서 전혀 어렵지는 않았어요. 저로서는 오히려 상당히 혜택을 많이 받았어요. 예전에도 독일은 복지가 잘되어 있었고. 저는 전혀 불편한 거 모르고 지냈어요. 한 1년을 아팠지만, 저한테는 오히려 좋았어요. 그동안에 배운 게 너무 많았어요. 독일 사람들의 생활이라든가 언어도 많이 배우게 됐고. 그래서 좋았던 거 같아요."

독일 이주 초기에 그녀에게 닥친 폐병은 시련이었음에 분명하지만, 오히려 전화위복의 계기가 되었다. 소수자이자 약자였던 그녀는 독일 병원에서 보살핌을 받으면서 회복할 수 있었고, 이후 독일 사회에 점차 적응하게 되었다.

② 독일 사회에 적응

그럼에도 그녀의 초창기 독일 생활은 녹록지 않았다. 다행히 그녀 주변의 독일인은 친절하게 그녀가 독일 생활에 적응하는 데 도와주었다. 또한 근무시간이 끝나고 주어지는 개인 시간에는 함께 온 한국 간호 여성들과 모임을 갖고 다양한 문화생활을 즐길 수도 있었다.

> "처음에는 힘들었죠. 근데 독일 사회가 상당히 생각보다 너무 잘해줬어요. 못 알아들어도 그냥 감싸주고, 눈치 주고, 행동으로 가르쳐주

고 병원에서 일할 때도 다 가르쳐주고. 사회적 분위기가 외국인들한테 친절했어요. 한국은 그 당시에 못살던 상황이었거든요. 근데 여기 오니까 상당히 생활 수준도 높고. 하여튼 다 잘해줬고. 그러고 8시간 근무 끝나면 들어와서 개인 시간 즐기면서 얼마든지 있을 수 있었어요. 저로서는 상당히 좋았지요. 안정된 월급도 다 나오고. 그런 게 너무 좋았어요. (중략) 병원에서 월급 주고 머물 수 있는 공간도 거기서 줬죠. 개인 시간 있을 때는 그냥 같이 모여서 간호사들끼리 한 기숙사에서 같이 놀기도 하고, 그중에 또 음악 좋아하시는 분도 계셔가지고 같이 극장도 가고, 무용도 보러 가고. 공연들 보면서 잘 놀았죠. 문화 생활 같은 거 잘할 수 있어서 너무 좋았어요. 저 같은 경우는, 단지 거기가 탄광지역이다 보니까 공기가 나빠서 좀 아팠다는 거. 그거 하나 외에는 괜찮았어요. 언어도 별로 불편 없이 살았어요."

문화변용은 개인의 사회 · 문화적 배경에 따라 분절적(segmented)으로 이루어지며, 그들을 받아들이는 수용 사회의 반응에 영향을 받기도 한다(Berry, 1997). 독일 사회에서 연구참여자는 동화, 주변화, 분리, 통합의 다양한 스펙트럼을 경험하게 되며, 그 과정에서 정체성을 재구성해나간다.

(3) 간호사에서 미대생으로

① 베를린 미대에 입학

연구참여자는 3년간 뒤스부르크에서 일을 마치고, 베를린으로 근무하는 병원을 옮겼다. 2년간 베를린에서 간호 업무를 마친 후, 독일에 거주한 지 5년 이상이 되면서 진로 선택의 폭이 넓어지게 되었다.

> "베를린으로 와서 2년 일을 하고. 여기서 5년 이상 일을 하게 되면 다른 걸 제가 할 수가 있었어요. 그 당시에. 제가 그래서 그림을 좋아했기 때문에 그쪽으로 관심을 갖고 알아봤어요. 원래 그림을 좋아하고 많이 그렸어요. 여기 개인 레슨하는 교수님도 찾아가고. 여기 폴크스혹슐레(Volkshochschule)*라고, 시에서 운영하는데 이런 곳도 가고 그랬거든요. 그래서 교수님이 보시더니 정식으로 학교 안 들어가겠냐고 해서 바로 학교 들어간 거야. 그 당시에는 하데카(HDK)**라고 했는데 거기 입학했어요. 베를린에서 그때부터 미술을 전공한 거죠."

그림에 관심이 많았던 그녀는 회화를 전문적으로 공부하기로 결정했다. 개인적으로 전공 교수에게 지도를 받은 후, 베를린예술대학교에 입학하게 되었다. 이것은 그녀의 인생에서 새로운 길을 걷게 한 전환점이었다.

② 유학 생활의 시작

연구참여자는 간호 여성인 노동자에서 학업을 수행하는 유학생으로 독일 생활이 전반적으로 변화되었다. 그녀는 장학금을 받을 수 있었으나, 생활비가 부족하여 아르바이트를 하기도 했다. 이때는 간호사로서의 경력을 살려 병원에서 간호보조 역할을 하는 아르바이트를 하며 생계를 유지했다.

---

* Community College(커뮤니티 칼리지)

** Hochschule der Kunste Berlin (Berlin University of the Arts, 베를린예술대학교)

"학교 다닐 때는 돈 없는 학생이다 보니 여기서 간호일 도와주는 아르바이트 같은 것을 했어요. 생활이 어려울 때 아르바이트를 해야 했어요. 그 당시에 그 시에서 주는 장학금이 있었어요. 저는 그걸 받으면서 공부를 했는데. 근데 사실 그게 그 당시에 지금 생각하면 50~60만 원 정도 됐나. 그래서 모자란 거죠. 중간중간 병원 가서 알바하고 그렇게 지냈어요. 그 당시 한국 유학생은 거의 없었고, 저처럼 간호사로 와서 학업에 소질 있는 사람들이 나중에 입학한 경우는 있었거든요. 하지만 많지 않았고. 사실 대학 입학이 지금도 힘들지만 그 당시에도 많이 힘들었어요. 전체 외국인이 20퍼센트라 하면 그중에서 1명이나 2명 뽑는 거거든요. 그땐 어려운 줄도 모르고. 그때 개인레슨 받던 교수님이 그 학교 선생님이고 그러셔서 많이 도움을 받았어요. 그래서 대학에 들어갔죠."

한국인의 독일 유학은 1883년 10월 27일 체결된 '조독수호통상조약'으로 인해 독일과 외교 관계가 수립되면서 가능해졌다.*** 이후 1970년대 중반에 들어서면서 많은 한국인 유학생들이 독일 대학에서 공부하게 되었다. 순수하게 유학이 목적인 사람들도 많았지만, 광산노동자와 조선사 기능공으로 독일에 가서 노동계약 만료 후 귀국하지 않고 학업을 선택한 사

*** 한국인 중 최초의 독일 유학생은 1909년 베를린에서 수학하고 1923년 라이프치히 대학에서 고전학으로 철학박사 학위를 취득한 김중세였다. 그는 귀국 후 경성제대에서 고전어를 강의했다. 그러나 이 시기에는 정치적 이유로 한국과 독일의 교류가 침체되어 있었다. 그렇기 때문에 일제강점기(1910~1945) 동안 독일에서 박사학위를 취득한 한국인의 수는 10여 명에 불과했고, 1950년대 말 무렵 독일에 체류한 유학생은 모두 합해도 100명이 못 되었다. 1960년대부터 독일 유학생이 증가했으나 순수하게 학업을 동기로 삼기보다는 사업이나 다른 목적을 가진 이들이 많았다. 그 때문에 대학 등록 후 몇 년 뒤 의도적으로 학업을 중단한 경우가 많은 편이었다. 학업을 중단한 이유는 대부분 사업이나 육아였다(윤인진, 2013).

람들도 있었다(윤인진, 2013). 연구참여자도 노동계약이 끝난 후 학업을 선택한 것이다. 그녀는 점점 초기의 적응 단계를 넘어 안정된 정착 생활을 하게 되었다.

(4) 한국인 남편과 결혼

① 한국인 유학생과의 만남

연구참여자에게 또 한 번 인생의 전환점은 결혼이었다. 베를린에서 교환학생으로 서울에 가서 공부를 계획하고 한국에 갔는데, 교환학생 프로그램 규정상 이는 실현되지 못했다. 그러나 그곳에서 음악을 전공하는 남자를 만나게 되었다.

> "남편 만난 거는 한국에서 만났는데, 제가 외국에서 살고. 음악을 하는 사람이었기 때문에 인연이 된 거 같아요. 그때 저희 학교에서 교환학생 프로그램이 있었어요. 교환학생으로 서울대로 갔는데 거기에 가서 막상 알아보니까 독일 시민권을 가진 사람이 교환학생으로 올 수 있고, 한국 영주권을 가진 사람은 교환학생이 안 된대요. 저는 몰랐죠. 교수한테 다 사인 받아서 갔는데. 그래서 한국으로 갔다가 어떻게 우연히 남편을 만나고. 그리고 바로 결혼하고 그렇게 된 거예요. 바로 결혼했어요. 한눈에 반한 건 아니라 아무것도 모르니까. 연애도 모르고 그러니까 그냥 결혼했죠. 집에서는 또 나이가 스물일곱 살, 그 당시에는 늦은 거니까. 빨리 결혼하라고 그래서 할 수 없이 밀려서 했죠. 남편

은 저랑 동갑이에요. 플룻 전공했어요. 그땐 예술적으로 통하는 것이 있었던 것 같아요. 남편도 독일로 같이 왔어요. 그때 음악 하시던 분들이 여기서 공부하는 게 좋다고 하니까 그래서 베를린으로 왔죠."

당시 그녀와 남편은 예술이라는 공통분모가 있었기에 공감하는 부분도 많았고, 결혼한 후에는 독일에서 함께 유학 생활을 할 수 있었다.

② 힘들었던 결혼생활

연구참여자의 남편은 독일에서 공부를 마치고, 직장을 얻어 한국으로 돌아갔다. 그러나 이후 점차 둘의 사이는 멀어지게 되었다. 연구참여자는 이혼 과정은 구체적으로 말하고 싶어 하지 않았다. 그럼에도 그녀가 견뎌야 했던 긴 세월에서의 어려움은 침묵 속에서도 짐작할 수 있었다.

"남편은 한국 가고. 왜냐하면 한국에 무슨 자리가 있다고 해서. 저는 또 여기 남게 되고. 그래서 왔다 갔다 하면서 지냈죠. 그러다 점점 멀어지고. 이제는 저 혼자 살고 있어요."

기든스(Giddens, 1992)는 친밀한 관계 내부의 불확실성은 이성애 관계의 고정화된 불평등한 젠더 역할의 변화 속에서 생성되는 관계적 속성이며, 상호 소통적 · 민주적 관계성을 만들어갈 수 있는 '정상적인' 모델로서 수용되어야 하는 긍정적인 친밀성의 흐름으로 간주했다. 기든스가 주목한 친밀한 관계의 불확실성은 제도로부터 자유로운 개인들의 출현, 전통으로부터 평등한 개인들의 만남을 통해 형성되는 불확실성과 연결된다. 자유로운 만남, 미래를 예측할 수 없는 헤어짐의 가능성을 구성하는 불확실성은 평등한 관계에 내재한 속성이며, 평등한 관계를 추동하는 동력으로 등장했다. 그러나 기든스가 주목한 자유롭고, 평등함에 기반을 둔 관계의 불안정성에 대한 논의는 결혼 관계에서 불평등한 젠더 관계의 불안정성이 형성되는 맥락과 결혼 과정에서 등장하는 불평등한 젠더 차이에 주목하지 못하는 한계가 있다(Jamieson, 1999; Smart, 2000). 연구참여자는 이러한 불평등한 젠더의 권력관계에서 결국 이혼을 선택했고, 두 아들과 주체적으로 삶을 영위하고 있다.

(5) 인생의 큰 힘, 두 아들

① 독일에서 태어난 아들들

연구참여자의 두 아들은 독일에서 태어났다. 그럼에도 그들은 어머니의 나라인 한국을 좋아한다. 한국 군대에도 지원해서 갈 정도였다. 특히 큰아들은 한국에서 자리를 잡고 살고 있다. 자녀들이 한국에 대한 긍정적인 태도를 가질 수 있었던 것은 연구참여자의 노력과 교육 결과라 할 수 있다.

> "여기서 둘 다 태어났어요. 그런데 가서 살겠다고 하니까 그냥 그러하고 했죠. 뭐 군대도 지가 지원해서 가고. 지가 가고 싶다고 했어요. 뭐라 할까 가고 싶다기보다 한국 남자들 다 군대 가고 그러는데 왜 나는 못 하느냐고. 이러면서 한국에서 지금 사는데, 잘살아요! 한국이 좋대요. (웃음)"

또한 그녀는 자녀 출산으로 독일에서 복지혜택을 받을 수 있었다. 이러한 경제적인 도움 덕분에 생활에 큰 어려움을 겪지는 않았다.

> "큰애를 낳았을 때에는 그 은행에서 5천 유로씩인가 줬어요. 현금으로. 그런데 그다음에는 그걸 갚아야 해요. 그 돈을 갚아야 하는데 둘째를 낳게 되면 그 돈을 안 갚아도 돼요. 둘째로 인해서 지원이 또 있어요. 다시 5천 유로 정도 받은 기억이 나는데 그러면 그거를 몇 년까지 하여튼 그것도 내가 돈을 벌었을 때에 내는 건데 학생으로 있거나 그러면 몇 년 후에 없어졌을 거예요. 확실히는 모르겠는데 조금씩 갚은 거 같아요. 나눠서 갚거나 그런 형식이고. 근데 언젠가는 없어지더라고요. 학교에서 받은 장학금도 일부는 상환을 하게 돼 있어요. 내가 일을 하게 되면 그때부터 조금씩 갚아야 한다 이런 게 있어요."

아동복지는 아동을 대상으로 한 주관적인 행복한 삶의 상태가 아니라 그러한 상태로 향한 실천적인 행동까지도 포함하는 적극적이고 능동적인 개념으로 가족이 정상적인 아동보호와 사회화 기능을 수행할 수 없을 때 국가와 사회제도가 후원하고 승인하고 직접 실천하는 구체적이고 명백한 정책과 서비스의 체계다(주정일, 2000). 독일의 아동복지*는 가족의 테두리 안에

---

* 독일은 만 18세 미만을 법적 수혜 측면에서 어린이(Kinder)로 간주한다. 2013년 메르켈 독일 총리는 "어린이는 우리의 미래다(Kinder sind unsere Zukunft)"라는 슬로건과 함께 가정복지 예산을 늘리겠다는 의지를 강조했다. 독일은 자녀를 키우는 일도 개인이나 가정의 일로 보지 않고, 국가와 사회가 지원하고 책임져야 한다는 의견이 지배적이다. 그에 따른 국가의 지원 정책 — 아동수당(Kindergeld), 부모수당(Elterngeld), 양육수당(Betreuungsgeld), 아이돌봄 서비스(Tagesmutter), 아동보조금(Kindergeldzuschlag) 등 — 도 다양하며, 이와 관련된 아동 및 청소년 지원법(Kinder-und Jugendhilfegesetz), 모성보호법(Mutterschutzgesetz), 킨더가르텐법(Kindergartengesetz), 연방 부모휴직수당 및 부모휴직법(Bundeselterngeld-und Elternzeitgesetz: BEEG), 연방아동수당법(Bundeskindergeldgesetz: BKGG) 등 법적 근거를 마련해놓고 있는 실

서 유기적인 관계를 맺고 있으며, 출산율 촉진을 위한 경제적 지원은 아동의 출산과 함께 이루어지는 지원책과 자연스럽게 맞물린다. 삶의 질을 우선시하는 독일 정부는 궁극적으로 아동복지와 부모의 보육비 절감을 위한 공적 책임감을 가지고 예산을 아끼지 않고 있다(김영란, 2018). 아동 양육에 대한 국가적 차원의 정책과 제도적 마련이 무엇보다 중요한 시점에서 이러한 독일의 아동복지와 관련 법제는 한국 사회에 새로운 가능성을 모색하게 한다.

② 이중언어 교육

연구참여자의 아들들이 유치원을 졸업할 무렵, 그녀는 자녀들의 한국어 교육을 위해 아들들을 한국으로 보냈다. 한국에서 초등학교 생활을 경험하도록 한 것이다. 한국 문화와 한국어 교육이 그녀에게는 중요했다.

> "집 주변에 킨더가든 보냈어요. 그 당시에 많지 않았는데 신청하면 바로 됐어요. 다 유치원 다녔는데, 그리고 제가 잠시 한국에 보냈었어요. 한국말도 그렇고. 일부러 잠시 한국에서 보냈어요. 여기서 학교는 안 보내고 한국에서 바로 학교 입학시켰어요. 초등학교에 한 몇 년 보내다가 다시 데리고 왔죠."

한국에서의 생활을 마치고 다시 두 아들이 독일로 돌아왔을 때, 다행히 독일 생활에도 잘 적응해갔다. 이는 긍정적인 정체성을 바탕으로 이중문화 및 이중언어에 유연하게 대처한 과정의 반영이다.

정이다(김영란, 2018).

"독일로 다시 왔을 때 낯설어하지는 않았고. 독일어도 조금 알아들으니까. 아예 못 알아듣는 것도 아니었고. 그 당시에 공부해야 되니까 정신없어가지고. 지들 일해야 하니까 힘들었겠지만 잘했어요. 저는 그렇게 엄청나게 얘들이 힘들어한 거라고 생각하지 않아요. 그냥 하나보다 했어요. 그래서 오히려 유연하게 잘 적응할 수 있었나 봐요."

교포 2세의 이중언어 정체성에 관한 연구(박휴용, 2009)에 따르면, 이중언어는 그들의 부모가 가진 민족적 정체성의 성향에 크게 영향을 받는다. 부모의 이중언어 학습에 대한 교육적 열망이 자녀들의 이중언어 학습 과정에 과도하게 투사되면 아동들이 2개의 문화에 동시에 적응해야 하는 부담감 속에서 혼용되고 파편화된 언어정체성을 갖게 된다. 다행히 연구참여자는 두 아들에게 한국어 교육을 중요시하긴 했으나 이중언어에 대한 과도한 압박을 주지는 않았다. 이에 두 아들은 한국어와 독일어, 이중언어 사이에서 혼성된 정체성을 긍정적으로 발현할 수 있었다.

③ 독일인이자 한국인인 두 아들

연구참여자에게 두 아들은 이제 의지할 수 있는 버팀목 같은 존재다. 어머니인 자신의 일을 도와주면서 각자 일을 해나가고 있다. 두 아들의 국적은 독일이다.

"큰애는 제가 하는 일 좀 도와주고 있어요. 독일에서 하는 게 아니라 한국에서 일 도와주고 있고. 그리고 둘째는 지금 사업도 하고, 여행사도 같이 하고 있어요. (중략) 자기들은 독일인이라고 하는데 사실은 아닐 때가 있죠. 지들도 느낌이 다르게 받아들이겠죠. 그래서 큰애가 한국에 갔지 않나 생각해요. 한국에선 외모적으로는 전혀 다르게 보이지 않으니까. 우리가 한국에 살면서 외국 사람들을 봐도 한국말을 아무리 잘해도 아닌 것을 느끼듯이 이 사람도 마찬가지일 거예요."

서로 다른 문화가 장기간에 걸쳐 지속적으로 접촉할 경우 개인 또는 집단 간 문화양식에 변화가 발생하는데, 이러한 문화적 · 심리적 변화의 과정을 '문화적응'이라고 한다(Berry, 1980). 이 문화적응 과정은 '통합', '동화', '분리', '주변화'의 전략으로 유형화할 수 있다. 그러나 연구참여자의 두 아들은 문화적응 과정에서 어느 하나의 전략으로 유형화하기는 어렵다. 자신들이 태어난 독일이 모국일 수도, 어머니의 나라가 모국일 수도 있다. 이러한 이중적인 정체성을 가진 이들은 유연한 전략을 바탕으로 살아간다.

(6) 예술가로서의 삶

① 한국인이라는 정체성

연구참여자는 반세기가량 독일에서 살았지만, 언제나 '한국인'이라는 정체성을 가지고 있다. 회화 작품을 통한 그녀의 예술세계에서는 한국인으로서의 정서와 감정이 담겨 있다. 한국 DMZ*에서 진행하는 예술 프로젝트

---

* DMZ(Demilitarized Zone)는 한국 전쟁 이후 1953년 체결된 정전 협정에 따라 설정된 비무장지대다. 비무장지대는 군사분계선에서부터 남북으로 각각 2km 범위에 군사충돌을 방지하기 위한 완충지대로 설정되어 있다. 비무장지대는 군사적인 충돌을 막는 완충제의 역할을 하는 곳이기 때문에 어떠한 군사적인 행위도 금지된다. 독일 베를린 장벽에서 이루어진 다양한 예술 프

를 통해 자신만의 예술적 철학을 전하고 있다.

"학교 들어갈 때부터 그 얘기 했거든요. 저는 한국 사람이니까 한국에 이렇게 도움 될 수 있는 것을 하고 싶다고. 입학시험 볼 때도 그런 거 써내는 게 있어요. 그리고 한국의 예술과 아시아 동양의 예술과 서양의 예술을 보면서 어떻게 할 수 있을까. 나름대로 나만의 예술을 할 수 있을까 생각을 했었거든요. 그런 식으로 하면서 이제 요즘보다도 한 10년 이상 전에서부터는 여기 그 베를린 장벽 그래서 아까 유명한 그거 얘기했잖아요. 베를린 장벽에 처음. 그 장벽에 그 당시 아이디어를 낸 친구가 있어요. 그 친구랑 학교에서 같이 공부했어요. 그래서 한국이 분단된 것을 보면서 이렇게 분단된 거 이제 니네 나라밖에 없지 않느냐. 그러니까 여기 베를린 장벽, 이런 거 관심 있는 그런 작가들을 한국에 초대해서 해보자. 남북한 가리지 말고 전 세계 사람들 모아서 한번 해보자, 이런 거를 저한테 제시하더라고요. 제가 한국 사람이니까. 도와줄 게 있느냐고. 그래서 하자 해서 한국에 여러 번 갔었어요. 전시회도 그런 방향으로. 한 3년 전에는 용산전쟁기념관 거기서 한 3개월 전시했었어요. 또 여기 베를린에 있는 장벽에 있는 그림들 그대로 가져가서 축소해서 가져가가지고 거기다가 전시하고. 한 50점 정도 그렇게도 했고. 그리고 DMZ. 그쪽에도 여러 가지 같이 해보자 기획을 하고 있는 중이에요. 지금 프로젝트를 그렇게 하고 있어요. (중략) 한국에서 떠난 지 오래됐어도 '나는 한국인이다'라는 것을 굉장히 간직하고 있어요! 그게 없어질 수 없는 거잖아요."

로젝트와 같은 작품 활동을 이곳에서 진행하는 것은 소통과 화합이라는 측면에서 많은 의미를 가진다.

베를린 장벽의 붕괴(1989년 11월 9일)는 독일 및 유럽 대륙의 정치적 분단의 종식뿐만 아니라 냉전과 서유럽 및 동유럽 진영 체제의 와해를 의미했다. 베를린 장벽이 무너진 이후 독일은 하나의 국가로 통일을 이루게 되었다. 물론 이것은 지역적인 통일이라는 한계가 있긴 하지만, 분단국가인 한국에 많은 의미를 준다. 연구참여자는 독일의 분단과 통일을 주제로 '베를린 장벽'과 한국을 연계하여 DMZ에서의 전시를 위해 독일 작가와 공동으로 작품을 만들고 있다. 그녀가 기획하는 DMZ 프로젝트는 단지 예술적 활동에 머무는 것이 아닌 정치적 메시지도 전달할 것이다.

② 자신만의 예술 철학

연구참여자는 자신만의 예술 철학을 그림에 담고 있다. 특히 '삶과 죽음'에 관한 의미와 동양적인 사상을 그림으로 표현한다. 안에서 밖으로 표출하는 힘을 예술로 승화하여 독일인이 구현하지 못하는 독특한 미술 세계를 선보이고 있다.

연구참여자의 베를린 작업실에서 진행된 인터뷰 중에 연구자에게 자신의 여러 작품을 보여주었다. 그 작품 중에 '코끼리'의 회색빛을 표현한 작품은 특히 인상적이었다. 이것은 자신이 간호사로 일할 때 보았던 환자들을 떠올리며 그린 것으로, 단지 환자들을 형상화한 것이 아니라 그들을 위로하기 위해 코끼리를 그렸다고 한다.

"저는 제 그림의 테마를 정할 때 '삶과 죽음' 이런 것들을 많이 해요. 그래서 옛날에 학교 다닐 때였는데 유대인들 무덤을 제가 봤어요. 그 무덤이 엄청 어마어마하게 컸는데, 그 큰 무덤 사이로 사람들이 막 왔다 갔다 하는 그 모습을 봤을 때 그분들은 돌아가신 분들이고 그 산 사람들이 거길 지나다니는 게 저에게는 임팩트가 있었어요. 그 모습에서 나름대로의 느낌을 받았어요. 그리고 그런 테마를 계속해서 그림에 담아내려고 해요. 그때 유대인 무덤을 본 것이 계기가 돼서. 그림을 그렇게 하면서도 꼭 살고 죽는 것뿐만이 아니라 '선과 악'이라던가 이런 것들이 모든 게 다 한 선상에 있다는 거를 나타내고 싶었어요. 또 이렇게 이 '땅의 기운'이라던가 '하늘의 기운'이라던가 이런 게 저한테 계속 흐르면서 경관들이 계속 떠오르기도 하구요. 그런 것들이 아마 동양적인 생각이 아닌가 싶어요. 내가 여기서 공부를 했지만 어쨌든 독일 애들은 그림 그리는 것만 봐도 확실히 다른 게, 이 사람들은 그림을 그릴 때 선을 막 많이 그려가지고 완성시켜요. 근데 우리는 선 하나에 다 들어 있잖아요. 명암이라던가 힘이. 우리는 안에서 나오는 거다 하면, 얘네는 밖에서 모아지는 거. 이렇게 다른 거죠. 그런 것들이 차이가 있어요. 여기서 살면서 이렇게 다르구나는 것을 많이 느껴요. 우리나라랑 다르구나. 그게 전부 모으는 거야. 모아서 완성을 만드는 거고, 우리는 안에서 나와가지고 하는 거고. 하여튼 그런 것이 좀 다르구나 하는 것들이 많아요."

그녀는 그림을 그리면서 예술 활동을 할수록 독일인과 자신이 다르다는 점을 느낀다. 예술의 표현 방식에도 문화와 정체성이 반영된다. 이것은 옳고 그름의 문제가 아니다. 다양한 문화의 경험은 풍성한 예술을 창조한다. 독일인과 같은 방식으로 그림을 그렸다면 그녀의 독보적인 예술적 가치가 조명되지 못했을 것이다. 자신만의 예술 철학을 기반으로 한 그녀의 그림은 독일을 넘어 전 세계에서도 빛날 것이다.

③ 예술의 영감, 여행

연구참여자에게 예술적 영감의 원천은 여행이다. 낯선 곳에서의 경험은 그녀의 그림에 활기를 불어넣어 준다. 자연과 동물들을 통해 그녀는 그림의 주제들을 발견하기도 한다.

"여행! 가장 좋아해요. 제가 역마살이 있어서. (웃음) 그래서 나라마다 이렇게 돌아다니면 많은 경험을 할 수 있어요. 분위기라던가 색깔이라던가 이게 달라요. 그리고 그 사람들이 사는 모습이라던가 이런 것도 그렇고. 제가 가톨릭이라서 예수님, 이런 것만 생각했었는데, 유럽 어디를 가도 성당이 있고 그 역사를 모르면 못 다니잖아요. 근데 더 자세히 이렇게 들여다보면 정말로 원주민들이 가졌던 어떤 아픔이라던가 이런 것들 있잖아요. 그런 것도 이번에도 마추픽추를 다녀왔는데 마음이 아팠어요. 왜 스페인이 가서 저 사람들을 힘들게 만들었을까. 그냥 가만히 두면 좋은데. 이런 생각들이 많았어요. 여행을 가면 제가 많이 배우는 거 같아요. 또 그 작품 활동할 때에는 여행 다녀오는 게 도움이 되는 거 같아요! 제가 아이슬란드 다녀온 적이 있어요. 거기가 추운 곳이잖아요. 그쪽이 온통 자연이잖아요. 풍향도 완전 달라요. 색이 달라요. 아니면 아프리카 같은 곳 가면, 아프리카 사람들 보면, 동네 들어가면 거기 또 다른 모습이 있어요. 완전 달라요. 이렇게 자연의 모습이 남아있어요. 뭐랄까 자연인으로 살아가는 모습. 예를 들면 동물이 자야 하니까 가면 안 된다, 동물이지만 지켜야 할 동물한테 그런 선을 지켜가는 그런 모습. 그리고 더 이상 멀리 안 가고. 소 키울 때도 자기가 필요한 것만 가지고 들어오는 모습. 이런 거 보면 확실히 다르죠.

한국이나 다른 나라랑. 그런 것도 재밌고 도움이 많이 돼요. 앞으로 그 쪽으로 테마를 잡아야겠다는 생각을 하고 있어요. 영감을 그렇게 얻는 거예요. 참 다른 모습이 보기 좋아요."

여행은 인간의 내재적인 욕구를 기반으로 시간과 공간 모두를 아우르는 개념이다. 즉, 다양한 문화 소비 활동 중 특히 시간의 확보와 공간적 이동을 담보로 하는 여행은 시공간의 변화와 그로 인한 사회구성원의 인식 흐름에 따라 그 향유 방식이 달라진다(민웅기, 2010). 또한 여행에 대한 인간 욕구는 단순히 한 개인의 심리적 기제에서만 파생된 현상이 아니라 개인이 속한 다양한 사회문화적 요인의 결합으로 이루어진다(민웅기, 2014). 따라서 연구참여자는 여행을 통해 자신의 내면을 찾고 예술적 영감을 발견하며, 이를 창조적인 예술 활동으로 이어간다.

(7) 한국에 대한 그리움

① 언젠가 돌아갈 고향

반세기가량 독일에 살았어도 연구참여자에게 돌아갈 곳은 한국이다. 독일에서 시민권을 받을 수 있는 조건이 되었음에도 그녀는 한국 국적을 유지하고 있다. 결국 다시 한국으로 돌아갈 것이기 때문이다.

"사실은 독일이 더 오래 있었는데도 나이가 들면서 점점 더 한국이 좋아지는 거 같아요. 한국이 더 편하고 뭐랄까. 주변에 친구라든가 이게 없으니까 한국 가면 여기보다 덜 힘들죠. 같이 생활하는 사람이 많이 있으니까. 저도 주변에 친구만 여기서 있으면 괜찮을 것 같아요. 한국이 더 생활도 하기 좋고 편하고 빠르고. 좋아요. 한국이 훨씬 더 갈수록 더 좋은 거 같아요. 편하고. 그전에는 한국에 있다가 독일에 오면 아고 내 집 왔다 그랬는데 이제는 반대인 거 같아요. 이제는 한국 가면 내 집 왔구나 싶어요. 나중에 다시 한국 가고 싶죠. 기회를 만들고 있어요. 그런 분들 많이 있어요. 나이가 들고 그러면 아무래도. 그런데 이제 한국 가도 모든 게 다 낯설고 힘들어지니까 그래서 못 가는 거죠. 저는 독일 시민권을 받을 수 있는 조건이 되었지만, 한국 국적을 유지하고 있어요. 그 이유는 더 나이가 들면 언젠가 다시 한국으로 돌아갈 것이라는 믿음이 있기 때문이죠."

그녀에게 한국은 언제나 노스탤지어(nostalgia)*를 불러일으킨다. 이러한 향수(鄕愁)로서의 노스탤지어는 고향에 대한 그리움을 의미한다. 그녀에게 한국은 완전히 떠나온 곳이 아니라 언젠가 돌아가야 할 고향이다. 이는 그녀가 여전히 한국 국적을 포기하지 않고 갖고 있는 이유이기도 하다.

② 독일에서의 이방인

연구참여자는 독일에서의 자신을 '이방인'이라고 느낀다. 그토록 오래 머무른 독일이지만 그녀에게는 넘을 수 없는 벽과 같은 것이 있다. 이방인

* nostos는 '되돌아오다(return)'라는 의미로 귀가(歸家), 귀향(歸鄕)의 뜻이 담겨 있고, algos는 '고통(pain)'이라는 의미로 노스탤지어의 어원에는 되돌아갈 수 없는 공간과 시간의 갈망에 대한 괴로움의 의미가 담겨 있다. 이렇듯 집으로 되돌아감의 '노스토스(nostos)'와 통증의 '알고스(algos)'가 합쳐져 그리스어 '노스탈기아(Nostalgia)'라는 단어가 생겨났다.

이라는 슬픔은 그녀의 깊은 정서에 자리하고 있다. 그녀의 예술적 창조의 근원도 이러한 이방인이라는 정서에서 시작되었다고 볼 수 있다.

> "독일에 살면서 독일 사람들에게는 뭐랄까 넘을 수 없는 선들이 있어요. 벽이라고 해야 할까. 어느 정도까지는 위로해주고 봐주고 도와주고 하지만, 그래도 어떤 한계에 갔을 때는 자기 나라 사람들만의 그 뭔가 있어요. 그게 아마 이방인들의 슬픔인지 뭔지 모르겠지만 그런 것들을 느낄 때가 있어요. 아무리 내가 여기 산다 해도 역시 나는 이방인이구나. 그런 생각이 들었을 때는 좀 슬프죠. 이방인이라는 것들이 많이 다가왔죠. [아무리 오래 독일에 있어도 이방인이라는 느낌?] 그건 어쩔 수 없어요. 2세도 부모가 한국인이면 그 사람들도 좀 아니라고 해도 어쩔 수 없이 느낄 수 있는 그런 한계가 있을 거예요. 없진 않을 거예요. 그런 것들이 넘을 수 없는 선으로 있는 거죠."

독일의 유대계 사회학자 지멜(Simmel, 1992)은 "이방인(der Fremde)이란 오늘 와서 내일 떠나는 방랑자가 아닌, 오늘 와서 내일 머무는 자"라고 하며, 상호문화 공간에서 이방인의 역할을 강조했다. 오늘날 주변인으로서의 이방인은 사회의 새로운 가치변동에 관여하는 중심적 인물이며, 사회적 가치를 해체하고 재생산하는 데 관여하는 존재다. 지멜에 의해 잠재적 방랑자로 규정된 이방인은 혈연적 구속과 지역성을 초월한 초국적 존재이며, 이종적 가치체계를 지니고 지속적인 의미의 경계를 변형시키는 존재다(김태원, 2017). 이방인으로서의 정체성은 유동적이고, 혼종적이다. 상호문화적인 공간에서 각각의 이방인은 사이의 영역에서 역동적인 상호작용의 지속적인 실천을 할 것이다.

7.
연구참여자 7: 경계를 자유롭게 횡단하는 코스모폴리탄

1) 생애담 요약

연구참여자는 고등학교를 마칠 무렵인 1977년 가족들과 볼리비아로 이민을 떠났다. 그녀의 아버지는 투자이민으로 볼리비아에서 자동차 부품 관련 사업을 크게 했다. 이민을 갔어도 부모님은 항상 "네가 어디서 왔는지 기억해라"라고 당부했고, '한국어'를 강조했다고 한다. 당시 볼리비아는 독재 국가여서 사업은 잘되었으나, 쿠데타 이후 인플레이션이 심해져 사업이 기울기 시작했다. 이때부터 연구참여자는 대학을 다니면서 많은 일을 하게 되었다. 첫 직장은 볼리비아의 대사관이었고, 영사관 직원으로 일을 시작했다. 그리고 외교관이던 독일인을 만나 결혼했으며, 볼리비아에서는 패션 디자인 관련 사업을 했다.

남편이 스페인으로 발령나면서 함께 1989년 스페인으로 거주지를 옮기게 되었고, 스페인에서 임신하여 출산한 이후에는 자녀 양육에 집중했다. 두 자녀가 유치원에 입학할 무렵 다시 회사에 다니기 시작했다. 또한 여행사에서 가이드 일도 시작했다. 스페인 마드리드에서 지내다가 아이들의 교육을 위해 가장 좋은 유럽의 도시를 놓고 고민했다. 고심 끝에 베를린을 선택했고, 2002년 베를린으로 이주하게 됐다. 한국어와 한국 문화에 대한 지속적인 관심으로 두 자녀를 한글학교에 보냈으며, 자녀들이 태권도를 함께 배울 수 있도록 했다.

그러던 중 그녀는 2006년 성격 차이로 남편과 이혼하게 됐다. 이후 문화예술 활동에 더욱 관심을 갖게 되었고, 한국 무용단에 소속되어 공연했다. 한복과 전통음악을 들을 때 정서적으로 안정감을 느꼈다. 또한 그녀는 볼리비아에서 생활할 때부터 합창단에 소속되어 꾸준히 예술 활동을 해오고 있었다. 사업과 일을 하면서도 합창을 할 때 행복하기에 현재도 합창단에서 활동하고 있다. 가장 마음이 아팠을 때는 지방공연에서 모차르트(W. A. Mozart)의 '레퀴엠(Requiem)'*을 노래하는 사이 아버지의 부고 소식을 들었을 때라고 한다. 지금도 레퀴엠을 들으면 아버지가 생각나서 눈물이 난다고 한다.

2011년 새로운 독일인 남편을 만나 재혼했다. 미술 행사에서 처음 만났고, 예술에 대한 공통된 관심사에서 성격이 잘 맞았다. 한국어 교육의 중요성을 강조하는 그녀는 베를린에서 자녀들이 한글학교에 다닐 때, 학부형들의 추천으로 교장을 역임했다. 아들과 딸은 고등학교 졸업 후 독립하여 베를린에서 대학 생활을 하고 있어서 현재는 부부만 같이 살고 있다.

교육적 측면에서 그녀는 인문학과 토론 교육이 활성화된 베를린의 교육에 만족한다. 그러나 한국의 교육 실태에 대해서는 매우 우려를 나타냈

---

* 죽은 사람의 영혼을 위로하기 위한 미사 음악

다. 초등학교부터 예술을 즐길 수 있도록 교육환경이 조성되고, 프로젝트 수업이 활성화되어 늘 토론하는 독일의 문화가 한국에도 전해지길 바랐으며, 독일과 같은 올바른 성교육도 한국에 필요함을 강조했다.

연구참여자가 초국적 삶을 사는 데 긍정적인 영향을 미친 것은 부모님의 교육, 호기심 많고 활발한 성격, 다양성에 대한 열린 마인드라고 생각한다. 그녀는 통일 관련 자문위원으로 일하며, 지금도 통역과 가이드로 바쁘게 지내고 있다. 또한 성실하게 자기 자신을 성장시키기 위한 노력으로 끊임없이 배움을 이어나가는 중이다. 무엇보다 그녀는 자기 일을 하면서 무용과 합창, 그리고 미술 등의 문화예술 활동을 자유롭게 할 수 있는 베를린의 생활에 만족하고 있다.

2) 초국적 이주의 생애담

(1) 이주 전의 삶

유복한 가정에서 태어난 연구참여자는 사업가인 아버지와 어머니, 그리고 네 자매 중 셋째로 자랐다. 독일에 정착하기 전, 그녀는 다양한 지역에서 살았다. 대한민국 인천과 서울, 볼리비아 라파스, 미국 로스앤젤레스와 뉴욕, 스페인 마드리드, 그리고 독일 베를린까지 이어진 그녀의 여정은 가히 코스모폴리탄(cosmopolitan)의 삶이라 할 수 있다.

① 다재다능했던 학창 시절

인천 태생인 연구참여자는 초등학교 4학년 때 아버지의 사업 관계로 서울로 이사했다. 처음에는 아버지 공장 때문에 왕십리에서 살다가 이후 당산동으로 옮겨 중학교와 고등학교를 다녔다. 고등학교 다닐 때 가족 모두 이민을 갈 것이라는 소식에 학교 공부는 거의 하지 않았다고 한다.

> "나는 고등학교 때 공부 하나도 안 했어요. 왜냐하면 이민 갈 거기 때문에. (웃음) 이민 가는데 무슨 공부를 해. 이민 가기 때문에 공부 하나도 안 했어요. 그런데 내가 후회를 안 하는 게 사실 인생이라는 게 공부를 잘했어도 그게 모두 잘되는 게 아니거든요. (중략) 그런데 내가 고등학교 3년 다니면서 학교에서 꽤 유명했어요. 왜냐하면 내가 노래도 했지, 지휘도 했지, 운동도 했지, 웅변도 했지 그다음에 적십자, 청년적십자 활동도 했지. 그리고 내가 보니까 거기 학교에서 할 수 있는 건 7개를 했더라고요. 이렇게 찾아보니까 그 학교에서 내가 솔직히 굉장히 좀 유명세를 띤 그런 학생 중에 한 사람이었어요."

공부를 열심히 하기보다는 그녀는 다양한 활동에 참여했다. 학교 내에서 노래, 지휘, 운동, 웅변, 청년적십자 등 여러 활동에 참여한 다재다능한 학생이었다.

② 어릴 적 꿈은 예술가

연구참여자는 학창 시절 공부를 열심히 하지 않았지만 다른 분야에서 교사들에게 인정을 받았다. 예술적인 재능을 감지한 교사들은 지휘가 필요할 때나 오락 시간 등에 그녀를 앞에 세웠다. 교사에게 말대꾸했다고 맞은 적도 있다고 했지만, 그때의 상황을 이해하면서 추억으로 기억하고 있다. 그 당시 교사에게 말대꾸하는 학생이었다는 것은 자신의 주관이 뚜렷하고 확실했음을 보여준다.

"그렇게 바쁜데 어떻게 공부를 해. (웃음) 어디 나가고. 그래서 후회는 없어요. 내가 이 학교 생활하면서 한 게 많으니까 그게 추억에 더 남는 거예요. 선생님한테도 맞은 적도 있어요. 내가 말대꾸해서. 그런데 공부한 거보다 그게 추억에 남아요. 그렇지만 그때는 그런 시기였으니까. 사춘기 그때. 그렇지만 그래도 선생님들이 '야, 너 나와서 지휘해, 너 나와서 뭐 해, 오늘 오락 시간이야, 너 나와서 뭐 해.' 그리고 마이크 주고 '몇 학년 몇 반, 누구, 어디로 와.' 그러면 쪼로록 불려가요. 그러니까 공부가 집중이 안 될 수밖에 없었지만, 하고 싶은 생각도 없었어요. 이런데 공부를 어떻게 해. 그거로 대학 갈 거도 아닌데 공부 왜 해, 그러고 안 했거든요. 그래서 이 학교를 그렇게 다녔고 그러고서는 사실 내가 원하는 건 예술 같은 거니까. 내가 만약에 음악을 안 했으면 아키텍트(architect). 인테리어를 통한 건축을 하고 싶었어요. 그래서 음악 아니면 건축을 하리라 했는데."

그녀가 원하는 것은 예술가였다. 음악가나 건축가가 되고 싶었던 그녀는 예술적 재능과 끼를 가지고 있었다. 현재 예술가로서의 삶을 살지는 않지만, 이러한 어린 시절의 경험들이 나중에 그녀가 예술적인 활동을 하는 원동력이 된다.

③ 봉사활동

연구참여자는 어렸을 때부터 봉사활동을 했다. 이러한 경험은 이후의 삶에도 많은 영향을 주었다. 합창하면서 했던 봉사활동은 받는 상대도 기쁘게 했지만, 무엇보다 봉사하는 그녀 스스로를 행복하게 했다.

> "내가 그때 뭘 했었냐 하면 교회에 있는 언니오빠들하고 같이 여덟 명이었나? 이 합창단이라기보다 이 노래 같이 노래하는 그 멤버가 있었어요. 그래서 우리가 병원도 방문하고 고아원 방문하고. 중창단식으로. 우리가 봉사하는 식으로. 봉사를 하면 내가 행복해. 그분들도 행복하지만 노래를 하는 나 자신도 행복하고. 노래하면서 행복하고 그분들이 행복해하시는 모습을 보면서 내가 더 행복해요. 내가 고등학교 때부터 적십자 활동을 했잖아요. 학교에서 적십자 활동을 하다 보니까 그때 고아원도 갔었고. 내가 음악, 노래를 굉장히 사랑을 했죠. 내가 그 어려서부터."

봉사활동은 자발성과 무보수성, 이타성에 토대를 둔 활동으로서 현대 시민사회의 핵심적 요소 중 하나다(허성호 · 정태연, 2010). 또한 봉사활동은 경제적 효용성과 개인주의를 지나치게 강조하는 산업사회의 한계를 넘어 현대사회의 인간적 가치와 지속 가능성을 회복하도록 한다(이성록, 2007). 봉사활동은 교실 수업과는 또 다른 교육적 가치를 발휘할 수 있다. 봉사활동을 통해 학교에서 배운 지식이나 능력을 활용해볼 수 있을 뿐만 아니라 학교 밖의 세상과 접촉하면서 더욱 생생한 경험학습의 기회를 가질 수 있기 때문이다(김성봉, 2004). 그뿐만 아니라 봉사활동이 청소년들의 자아존중감 형성이나 공동체 의식 발달에 긍정적인 영향을 미치는 것으로 나타나면서 봉사활동은 수혜자들뿐만 아니라 제공자의 인성 함양과 심리 · 사회적 발달에도 도움이 되는 것으로 알려져 있다(문성호 외, 2009). 연구참여자는 어린 시절부터 봉사활동을 통해 보람과 행복을 느끼며 사회의 구성원으로서 참여하는 경험을 했다. 이러한 봉사활동은 그녀의 인성과 사회성 발달에 긍정적인 영향을 끼쳤을 것이다.

(2) 이주의 동기

① 가족 이민: 볼리비아 라파스

첫 번째 이주국인 볼리비아로 떠난 것은 만 18세 되던 해인 1977년이었다. 아버지의 사업으로 투자이민을 가게 되어 가족 모두 함께 볼리비아로 떠나게 되었다.

> "내가 고등학교 졸업하고 남미로 이민 갔어요. 77년도에 부모님하고 가족 다 같이. 사실 한국에서 우리 집이 잘살았어요. 그래서 아버지가 아버지 재산을 가지고 볼리비아에 간 거예요. 투자이민을. 그때 아버지가 한국에서 공장을 했기 때문에 거기서 공장 차릴 목적으로 볼리비아를 간 거예요. 그래서 전 재산을 다 가져갔다고 생각하면 돼요."

그녀의 가족은 볼리비아의 수도 라파스에 정착했다. 그 당시 볼리비아가 경제적으로는 낙후되어 있었지만, 시장성을 확보할 수 있다고 판단했기 때문이다. 그녀의 아버지는 금속 공장을 운영했다.

"볼리비아가 가장 못사는 나라. 가장 못살고 그만큼 공장을 차린다 하면 거기의 시장성이 이게 확보가 되고 그다음에 거기서 시장성이 확보가 되면 그 남미에 다 수출하려고 계획을 그렇게 계획을 세운 거예요, 아버지가. 우리 아버지는 한국에서 무엇을 만드시냐면 그 스테인리스 알죠? 금속 공장을 하셨어요. 그래서 뭐든 쟁반이며 그릇이며 주전자며 뭐 이런 거 만드셨거든요. 그래서 그 기계까지 다 볼리비아로 가지고 갔어요. 그러니까 그러고 기술자들도 데려가고. 1년 사이에 땅 사고 공장 세우고 이거 컨테이너도 붙이고 기계 붙여서 다 도착하고 수속 다 밟고 투자하고 은행에서 융자받고 그때에는 이 스테인리스가 없었기 때문에 알루미늄으로 먼저 만들기 시작하려고 컨테이너를 브라질에서 처음으로 수입을 했어요."

처음에 아버지의 공장은 순조롭게 운영되었다. 볼리비아의 정치적 상황과 독재정권이 오히려 안정적으로 사업을 할 수 있도록 했다. 그러나 쿠데타가 일어난 후 전쟁 같은 사회 분위기 속에서 공장을 유지할 수 없게 되었다. 은행에서 받은 융자금을 상환할 수 없었던 그녀의 아버지는 전 재산을 몰수당할 수밖에 없었다.

"우리가 이민 가서 살 적에는 그 나라가 굉장히 독재. 그래서 오히려 안정적이었거든요. 사실 박정희 대통령이랑 거의 비슷한 사람 같아요. 나라를 안정적으로 이제 만들었던 장본인인데. 그 장본인이 미국에서 사살을 당해서 쿠데타가 일어나면서 그래서 망했어요. 한 1년

반에서 2년 그사이에요. 우리 아버지가 물건 만들기 시작할 때. 그래서 물건 만들고 이제 시장에 팔려고 준비를 할 때 그때 쿠데타가 일어나서. 쿠데타가 일어나면 사실 볼리비아 상상할 수도 없어요. 소위 전쟁 같은 분위기예요. 탱크들이 다니니까. 그래서 내 평생에 태어나서 탱크, 그때 내 코앞에서 서 있는 거 처음 봤어. 우리 집 앞에 서 있는 거 봤어요. 그리고 쿠데타 일어나고 이 정세가 불안하니까 인프라 지원이 심각한 거예요. 그래서 심해지다 보니까 공장이 견딜 수가 없는 거예요. 왜냐하면 은행에서 융자를 받을 때에는 거기 그 나라에서 그 나라 돈으로 융자를 받고 달러를 융자를 받아요. 그러면 달러가 하루에 몇십 배 올라가요. 그걸 어떻게 갚아요. 그래서 1년 후에 은행에 아버지가 전 재산을 다 뺏겼어요. 그래서 우리는 완전히 다 잃어버린 거지요. 그래서 3년 후에는 이제 우리가 완전히 알거지가 된 거예요. 은행에 다 뺏겼기 때문에 집에 자동차며 텔레비전이며 피아노며 있는 대로 다 뺏겼어요."

볼리비아에서 대학을 중퇴한 그녀는 아버지의 조언으로 볼리비아의 대사관에서 일을 시작했다. 새로운 도전에 두려움이 없었던 그녀는 망설임 없이 새로운 일을 하게 된 것이다.

"나는 그때 대학교 다니다가 중간에 이 손을 놨을 때니까. 내가 비즈니스 하기 전에는 아버지가 나보고 대사관에 들어가라고 했어요. 대사관에서 사람을 찾는다는 얘기가 들어와서 그러면 우리 아버지가 대사관에나 들어가서 일하래요. 그래서 '해보죠, 뭐' 하고 일했어요. (중략) 대사관에 들어가서 일했어요. 그러니까 영사과 직원으로 들어가서 일을 했죠. 2년을 내가 근무를 했어요. 내가 거기서 2년 근무하는 사이에 쿠데타가 몇 번 일어났나. 엄청 많이 일어났어요. 계속. 그러니까 나라가 굉장히 불안해질 때죠. 그러니까 공장이 견딜 수가 없었어요. 그 많은 융자에. 그리고 아버지 이 재산 다 잃어버리시고, 그러고서는 4년 조금 넘어서 우리 부모님은 한국으로 돌아가셨어요. 동생하고 같이."

그녀는 대사관의 영사관에서 일하게 되면서 볼리비아에서 자리를 잡았다. 그러나 아버지의 사업은 더 이상 회복할 수 없는 상황이 되어 그녀의 부모님과 동생은 다시 한국으로 돌아가게 됐다. 네 자매 중 언니들과 연구참여자는 볼리비아에 남아 이주의 삶을 이어갔다.

② 새로운 삶을 위한 이주: 미국 그리고 다시 볼리비아

연구참여자는 볼리비아에서 총 13년을 거주했다. 그녀는 볼리비아에서 지내는 동안 다른 돌파구를 찾고자 모색한 끝에 미국행을 선택하여 미국에서 일하기 시작했다. 처음에는 영어를 배우기 위해 학원을 다니면서 정착의 기반을 다져나갔다. 처음 도착지는 LA였다. 그러다가 그녀는 더 큰 사업을 위해 뉴욕으로 갔지만, 너무나 복잡했던 뉴욕 생활을 정리하고 다시 LA로 건너왔다.

"다 합해서 13년. 중간에 미국 가서 1년 있었어요. 엘에이 갔다가 뉴욕에 가서 거기서 좀 있으면서 여기서 정착을 해볼까 공부를 시작할까 했는데 너무 힘들더라고요. 뉴욕이 너무 복잡하고 그래서 LA에 다시 와서 정착을 하게 됐어요. 그래서 이제 언어학원도 좀 다니고, 또 일단은 뭐를 하려면 돈을 벌어야 되잖아요. 이민 세계가 그래요. 그래도 어느 정도 누가 부모님이 펑펑 대주지 않는 이상은. 내가 나갔으니까 내가 벌어서 공부를 해도 하고. 그리고 부모님이 연세가 있으니까. 사실 외국에 나온 나이 드신 분들은 사실 능력이 많이 없잖아요. 언어 때문에 특히. 그렇지 않은 이상은 자식들이 돈을 벌어야 되는 그런 상황이고."

그녀는 가족 중에서 가장 먼저 미국에 도착했다. 비즈니스비자를 신청하여 미국에 이주한 것이다. 미국에서 패션업계에서 일하면서 자리를 잡은 후 다른 가족들도 미국으로 오게 됐다. 그녀가 구직한 후에 아파트를 구하고, 이후 가족 구성원 한 명씩 미국으로 온 것이다.

"내가 제일 먼저 갔어요. 왜냐하면 거기서는 비자 받기가 굉장히 힘들어요. 그런데 그 비즈니스가 내 이름으로 되어 있기 때문에 내가 비즈니스비자를 쉽게 신청을 할 수가 있었어요. 그래서 쉽게 나와서 나는 벌써 미국을 왔다 갔다 했고, 비즈니스 때문에. 그래서 내가 거기 먼저 가서 자리를 잡겠습니다 해서 미국으로 갔어요. 결국 미국에 가서 좀 더 깊이 들어가게 공부하기 위해서 학원에 다니고. 내가 일단 3개국어가 되니까. 패션 스토어 가면 금방 늘어요. 왜냐하면 고급 일은 아니지만 일단 나한테 쉽고 언어가 되고, 대우받으면서 일을 하죠. 거기서 잡(job)을 찾아서 집을 얻고, 이제 나는 아파트에 조그마한 방 하나 얻어서 살면서 그걸 다 준비를 한 다음, '와라' 그래서 식구들 다 왔어요. LA로 식구들이 하나씩하나씩 다 온 거예요. 비자 받아서. 그래서 와서 거기에서 같이 일을 하면서 살았어요."

가족들이 미국에서 정착할 즈음 그녀는 무언가 부족함을 느꼈다. 볼리비아로 다시 돌아가야겠다는 결심을 했다. 가족들은 미국으로 모두 모였지만, 미국에서의 삶은 그녀가 원하던 삶이 아니었다. 자신만의 삶을 찾기 위해 홀로 볼리비아로 돌아갔다. 그 과정이 쉽지는 않았다. 특히 부모의 반대가 심했기 때문에 일주일간 '단식투쟁'을 해서 자신의 뜻을 관철시켰다.

"1년을 식구들하고 큰집 구해가지고 같이 살면서 내가 너무 이건 아니다. 내가 너무 허한 거예요. 일만 하고, 집에 오고, 친구 만나고, 그거만 다 하니까 너무 재미가 없는 거야. 그때가 스물여덟 살이었으니까. 교회 가서 합창단에서 노래하고 한국 사람들 그냥 같이 어울리고 그런데 뭔가가 나한테 부족한 거예요. 이게 뭔가 마음에 공감이 있어야 하는데 그래서 나 자립하겠다. 우리 부모님이 이제 자빠진 거죠. '니가 어떻게 혼자 돌아가냐.' 내가 볼리비아에 다시 가겠다 했더니 난리가 난 거죠. 그래서 일주일 동안 소위 그걸 뭐라고 하죠, 단식투쟁도 했어요. 단식투쟁을 했습니다. '나 여기서 살기 싫다. 이제 식구들 다 자리 잡았으니까 나 다시 가겠다.' 그렇게 단식투쟁해서 내가 볼리비아에 다시 갔어요. 미국에서 그 홀세일, 그러니까 도매로 물건을 사서 그냥 옷과 악세사리 물건을 사서 트렁크 뒤에 꽉 담아서 그거를 가지고 볼리비아에 간 거예요. 볼리비아에서는 잘 데가 있었어요. 친구들이 있었으니까. 그리고 친구들도 못사는 친구들도 아니고. 그러니까 도착해서 전화로 한 통만 얘기하면 돼요. '나 다시 왔다. 나 물건 가지고 왔는데 너희들 패션쇼 하자.' 그래서 패션쇼를 하면서 와인 한 잔씩 하면서 물건을 파는 거예요. 그냥 집에서. 그렇게 해서 내가 세 번을 했어요. 가게를 열었어요. 볼리비아에서 돈 벌어서 부모님들 다 케어했어요."

볼리비아로 돌아온 그녀는 본격적으로 사업을 했다. 미국에서 물건을 구입해서 볼리비아 가정집에서 패션쇼를 하면서 옷과 액세서리를 판매했다. 볼리비아의 인맥을 통해 자리를 잡고 드디어 가게도 열었다. 그렇게 경제적으로 안정을 찾으면서 부모를 돌보기까지 했다.

③ 남편과의 만남과 이주: 독일과 스페인

볼리비아에 정착한 그녀는 어느 날 합창단 친구들과 독일 학교가 주최한 옥토버페스티벌(Octoberfestival)에 참석했다. 그곳에서 전남편을 만나게 됐다. 그는 독일인으로 볼리비아 독일 대사관으로 발령받은 외교관이었다. 전남편이 볼리비아에서의 임기를 마치고 독일로 돌아가야 해서 함께 독일 프랑크푸르트로 이주했다. 그녀는 볼리비아에서 계속 살고 싶었지만, 남편의 설득으로 독일행을 선택하게 되었다. 남편은 그녀가 어디를 가든 사업을 할 수 있지만, 자신은 외교관으로서의 일만 할 수 있기에 발령지로 이주할 수밖에 없다는 이유였다. 1989년 독일의 베를린 장벽이 무너진 해에 그녀는 독일에 도착했다.

"우리 거기에서 노래 부르던 합창단 멤버들이 좀 잘사는 집안 자식들이에요. 잘사는 집안 자식들은 외국인 말고 독일학교를 다니거든요. 그런데 독일학교에 사는 학생들이 꽤 많았던 거예요. 그래서 독일학교에서 옥토버페스티벌 한다고 그래서 우리 놀러 가자, 그래 가자, 그래서 놀러 갔다가 전남편을 만난 거예요. 그래서 전남편이 그때 스페인어를 좀 했어요. 그래서 스페니쉬로 이렇게 얘기하다가. [그때 그분은 어떤 일 하셨어요?] 그러니까 독일 사람인데 볼리비아에 독일대사관에 발령받은 외교관. 그래서 이제 알게 된 거예요. 그래가지고 거기에서 사귀다가 독일에서 결혼하고 다시 돌아와서 살다가 발령 끝났으니까 남편이 '독일로 가자' 나는 '안 간다. 나 이거 돈 버는 걸로 실컷 잘 먹고 잘살 수 있어' 그랬거든요. 그런데 우리 남편 그 전남편이 '나는 이거 아니면 할 게 없어. 당신은 어디 가서든지 뭐든지 다 할 수 있지만 나는 이거 아니면 할 게 없어.' 이랬어요. 어떻게 보면 그것만 공부한 사람이니까. 나는 이런 거 다 할 줄 알잖아요. 다 해봤고. 나 비즈니스하는 거 안 버려도 돼, 그래서 그 말 들으니까 또 일리가 있어요. 사실 남편 그 직장을 버려라 뭐 이러기도 그렇고. '알겠다. 그러면' 할 수 없이 그래서 독일로 온 거예요. 그게 89년도예요. 89년 장벽이 무너지는 해예요."

독일에서 2년을 살고 남편이 스페인으로 발령을 받아 다시 이주하게 됐다. 그때가 첫아들이 3개월이 된 때였다. 어린 아들과 함께 세 식구는 스페인으로 이주했다. 그리고 스페인에서 둘째딸이 태어났다.

"독일에 왔다가 2년 후에 우리가 스페인으로 다시 갔어요. 우리 애기 3개월. 딱 이만한 애기 안고 스페인으로 갔어요. 이제 발령 나서. 전남편이 스페인으로 발령이 나서. 그래서 거기에서 이제 근무하다가 우리 딸도 낳고."

연구참여자는 스페인 마드리드에서 9년간 남편, 아들 그리고 딸과 함께 지냈다. 스페인으로의 이주 역시 남편의 직장으로 인한 것이다. 이주의 주체는 남편이었고, 그녀는 남편의 발령지에 따라 따라갈 수밖에 없는 상황이었다.

④ 자녀 교육을 위한 이주: 독일 베를린

스페인에서 지내다가 그녀는 두 아이를 키우면서 점점 교육에 관심을 가지게 됐다. 그러다 유럽 내에서 가장 교육적 환경이 좋은 도시가 어디인지 알아보게 되었고, 독일의 베를린이 그녀가 찾던 곳이어서 이주를 결정했다.

"여기를 온 이유는 애들 교육 때문에. 다른 도시도 있었지만 베를린에 온 이유는 여기에 이중언어교육 학교가 있었어요. 고등학교가. 그래서 베를린을 택했어요. 다른 도시로는 함부르크나 프랑크푸르트에 있는 거로 아는데 거기는 직장 문제로 봤을 때 여기가 나한테 좋았어요. 애들 아빠보다 나한테 더 이득이 있을까 싶어서 이제 이 베를린으로 오게 됐어요. 그래서 오고 나서 애들하고 보고. 애들 교육시키면서 살 때는 제가 일을 많이 못했죠. 애들이 많이 어렸으니까. 오자마자 제일 처음에 내가 뭘 했냐 하면 꾸준히 우리 아이들을 위해서 한글학교를 찾았어요. 한글학교! 그 한글학교라 그러면 주말에 하는 한국어를 배우기 위한 학교예요. 그래서 한글학교를 찾아갔고 그다음에 태권도장을 찾아갔고. 우리 아들이 태권도를 했었기 때문에. 이 태권도를 했기 때문에 태권도장을 찾아가고. 나는 그래도 몸을 탄탄하게 하기 위해서 스포츠센터도 찾아가고. 그게 제일 먼저 시작했던 것 중에 하나예요."

새로운 이주의 삶에서 가장 중요한 동기는 자녀 교육이었다. 그리고 도시를 정하는 문제에서 이번에는 남편에 의해 이주한 것이 아니라 그녀와 관련하여 베를린이라는 도시를 선택하게 됐다. 자녀 교육 문제에서 중요한 것은 언어라고 생각하는데, 베를린에는 이중언어교육을 위한 체계적인 학교가 있었다. 더욱 좋았던 점은 어린 자녀들을 위한 주말 한글학교가 있어 한국어 교육을 할 수 있었다. 또한 자녀들을 태권도장에도 보냈다. 태권도장에서는 태권도를 배우며 체력뿐만 아니라 한국의 문화를 배울 수 있었기 때문이다. 그녀가 자신의 건강을 위해 운동을 하기 시작한 것도 이때부터였다고 한다.

(3) 이주 초기의 삶

① 초기 적응의 어려움

연구참여자는 여러 나라를 경험하면서 이주 초기 때마다 많은 어려움을 겪었다. 가족들과 함께 떠난 이민이었지만 낯선 문화와 언어, 그리고 음식은 적응하기에 쉽지 않았다. 그녀는 그 당시 매일 울면서 지냈다.

> "볼리비아에 딱 도착하니까 아무것도 없잖아요. 내가 좋아하는 노래하는 사람도 없고. 사실 나 그때 스페니쉬 못했거든요. 말 못했어요. 왜냐하면 한국에서 언어를 한다고 해도 우리가 고등학교 때 조금 배운 영어로 해서 비행기 타고 갔거든요. 비행기를 몇 번을 탔나, 네 번을 갈아타고 간 거예요. (중략) 처음에 시작을 하면서 1년 동안 너무 울었어

요. 나는 한국이 그리워서. 그런데 그건 나뿐만이 아니라 다들 그래요. 그럴 수밖에 없는 것이, 생활수준이 너무 뒤처지고 거기는 정말 미개한 나라였기에. 지금은 정말 너무너무 좋아졌지만 그래도 그때 40년 전 한국에 비하면 정말 미개한 나라였어요. 그때는 한국이 별로 못살았잖아요. 그럼에도 거기 정말 미개한 나라예요. 음식도 없어 먹을 거라고는 고기하고 빵, 오렌지밖에 없었어요. 정말로 고기는 많았어요. (중략) 그러면서 1년 동안 적응 시간이 내가 필요했었는데. 라파스가 고산지대거든요. (중략) 그러다 보니까 다들 한동안은 머리가 아프고 띵하고 그냥 육체적으로 산소가 딸리니까. 아무래도 우리는 어리니까 적응이 좀 빨랐죠. 그러니까 그 와중에 그 또래 애들을 만나서 같이 놀러도 다니고 집에 몰려 앉아서 놀기도 하고. 그러면서 조금씩 적응했지만. 처음에 볼리비아에 가서는 당연히 한국 생각나서, 친구들 생각나서 많이 울었죠. 그건 다들 그래요. 나뿐만이 아니라. 그리고 살다가 이사 오면 또 이 나라가 생각나는 거예요. 정들어서 이 나라 살다가 또 정들어서 울어. 여기 있다가 또 가? 또 울어."

볼리비아에서 독일로 이주했을 때도 연구참여자는 많이 힘들어했다. 그녀가 그토록 고생하면서 지냈던 볼리비아였지만, 독일에 와서는 볼리비아가 그리웠다. 그러나 새로운 이주국인 독일에서는 자녀들을 생각하면서 그녀는 스스로 위로하면서 견딜 수 있었다.

"옛날에 볼리비아에서 그때 독일에 왔을 적에 엄청 울었어요. 나 볼리비아가 너무 좋아. 그 후진국 그게 뭐가 좋아? 그런데 나는 볼리비아가 너무너무 그리웠던 거예요. 왜냐하면 거기에 내 직장이 있었고, 내

친구가 있었고, 내 예술이 있었거든요. (중략) 모든 면이 사실 쉽지는 않았어요. 너무 답답하고 속상하고 내가 바보가 되는 거 같고. 내가 왜 여기 있나. 그런 생각도 들고. 그렇지만 아니다, 애들 때문에 가족 때문에 있어야지, 내가 위로를 하면서 견뎠어요. 이 위로를 하다 보니까 적응이 되고 괜찮아진 거예요."

② 언어 공부와 일의 병행

이주 초기의 삶에서 새로운 언어를 배우는 것은 이주지에서 적응하기 위해 매우 중요하다. 그녀는 독일에 처음 도착해서 집중적인 어학코스를 수강했다. 8개월 동안 강도 높은 독일어 공부를 했다. 성악을 공부했던 그녀는 언어에 대한 감각이 보통 사람들보다 뛰어난 편이어서 빠르게 독일어를 습득할 수 있었다. 그러던 중 백화점 내에 있는 의류매장에서 일하게 되었다. 독일어 외에도 영어와 스페인어 구사 능력을 갖추고 비즈니스 경험도 있었던 그녀는 6개월 만에 매장 매니저로 승진했다.

"프랑크푸르트 살면서 내가 거기서 무슨 일을 했냐 하면 당연히 독어를 못 했으니까 학원을 다녔죠. 인텐시브코스를 내가 8개월을 했어요. 8개월 공부하고 B-2 시험 보면 대학교를 들어갈 수 있거든요. 내가 무슨 일을 했냐 하면 베네통(Benetton)에서 일했어요. 가게 아니라 백화점. 그래서 같이하면서 베네통 모든 제품을 다 판 거예요. 내가 거기에서 독일어로 얘기하고서 그 이태리 사람한테 나 여기서 일하고 싶다 그랬더니 너 독어 말고 다른 말 할 수 있냐, 그래서 나 영어하고 스페인어 할 수 있다고 그랬더니 오케이 그랬어요. 경험은? 나는 개인 비즈니스 갖고 있다 그랬고, 오케이. 그래서 전화번호 놓고 가라고 그러더라고요. 그래서 써놓고 왔어요. 그런데 이틀 후에 연락해보니까 내일 목요일 4시부터 8시까지 일할 사람이 필요하대요. 오케이! 그래서 바로 일을 또 시작한 거예요. 용돈 벌면서 그런데 또 일하다 보니 또 재밌잖아요. 사람들 만나고 그리고 내가 그렇게 해서 말을 해야 되잖아요. 그러니까 말이 빨리 늘고. 아무래도 음악 계통에 있는 사람은요 언어 배우는 게 빨라요. 그래서 이렇게 일하다가 보니까 벌써 주인이 정식직원으로 들어오라고 그래서 '아니, 나 아직도 공부해야 된다'고 했더니 공부 끝나면 언제든지 얘기를 해. 그래서 알았어. 그리고 2개월 지났는데 또 연락이 오는 거예요. (중략) 꽤 많은 월급이었어요. 그리고 반년 있었나 그러다 보니 매니저가 된 거예요. 그런데 내가 거기에서 일하면서 어디에다가 이력서를 냈냐 하면, 참 재미있는 게, 내가 루프탄자(Lufthansa)에다가 이력서를 냈어요. 그랬더니 오케이 하고 연락이 왔어요. 연락이 왔는데 언제 연락이 왔냐 내가 딱 편지 받은 그날에 연락이 왔어요. 그래서 내가 '쏘리, 아임 프레그넌트(Sorry, I'm pregnant).' 그래서 이제 못했죠. 우리 아들을 임신하고. 그래서 내가 임신을 하고서 그러고 나서 계속 일 했어요. 계속 일을 하고서 언제까지 일했냐 하면 그러니까 7개월 말까지인가 8개월까지 했구나. 애기 태어나기 한 달 전까지 이만한 배를 가지고 일한 거예요. 계속 끝까지 배 속에 아기 안고서. (웃음) 아기 낳고. 그다음에 4개월 쉬고. 그러고 나서 우리 애기 3개월, 딱 이만한 애기 안고 스페인으로 갔어요."

의류매장에서 일하다가 항공사에 이력서를 낸 그녀는 그곳에서도 입사 제의를 받았다. 매사에 열정이었던 그녀는 일할 때도 매우 적극적이었다. 새로운 곳으로 이직하려던 차에 자신이 임신했음을 알게 됐다. 그래서 이직은 포기하고 원래 있던 직장에서 임신 8개월 때까지 일했다. 만삭임에도 일에 대한 열정을 놓지 않았다. 첫 아이를 낳고 4개월 후 그녀는 남편의 발령으로 스페인으로 이주하게 되었다. 또 다른 곳에서의 새로운 삶이 그녀를 기다리고 있었다.

③ 교육에 대한 신념

스페인에 도착해서 그녀는 두 아이를 한글학교에 보냈다. 늘 부지런함을 강조한 아버지의 영향으로 항상 열심히 삶을 살았던 그녀에게 아버지의 가르침은 교육에 대한 신념을 세우게 했다. 그것은 자신의 '뿌리'를 기억하는 것이었다. 자신이 어디에서 왔는지를 잊지 않아야 세계 어디를 가든 흔들리지 않는 삶을 살 수 있다.

> "스페인에서 딸 낳고 그래서 거기에서 우리 애들을 한글학교를 보냈어요. 스페인에서부터 한글학교에 보내고. 우리 아들은 거기에서 피아노를 배우고 태권도 가고. [그러니까 이중언어, 한국어에 대한 교육열이 있으셨군요.] 그렇죠! 왜냐하면 일단은 여기에서 보니까 우리 아버지가 하시던 말씀이, 그거는 참 좋은 교훈이라고 생각해요. 여자는 남자도 마찬가지지만 특히나 여자는 엉덩이가 무거우면 안 된다. 그건 뭐냐 하면 부지런해야 된다고 그랬어요. 부지런해야 되고, 그다음에 사람이 나무가 뿌리가 없으면 금방 쓰러진다고. 그건 뭐냐 하면 니가 어디서 왔는지를 알아야 된다는 거지. 우리 아버지는 항상 너가 어디서 왔는지, 개구리가 올챙이 적 생각 못한다는 게 똑같은 말이죠. 니가 어디서 왔는

지도 모르는데 무슨 일을 하겠다고. 그러니까 '니가 어디서 왔는지, 어디서 온 사람인지를 알고 생활해라.' 우리 엄마는 뭐라고 하셨냐 하면 '사람은 죽을 때까지 배운다. 나쁜 짓만 하지 말고 하고 싶은 거 다 하고 살아. 배우고 싶은 거 다 배워. 나쁜 짓만 하지 마.' 그랬어요. 그러니까 두 분이 사실 우리한테 큰 뭐 이래라 저래라 하신 것도 없고 앉아서 교육시키느라 거의 얘기하는 것도 없지만 그거 몇 마디 몇 마디는 깊이 남아있죠."

또한 그녀의 어머니는 언제나 배우는 삶을 강조했다. 특별히 많은 조언을 하진 않았지만, 그녀의 부모님은 삶의 가장 중요한 축을 그녀에게 심어주셨다. 성실하게 삶을 살아가며 자신의 근원을 기억하고, 언제나 배우는 삶이 그녀에게 가장 중요한 원칙이 되었고, 그러한 삶의 방식은 자녀 교육의 중요한 신념이 되었다.

(4) 일과 삶

① 개인 사업

베를린에 정착해서 자녀들이 어느 정도 성장한 후에 그녀는 다시 일하기 시작했다. 예전에 미국에서 했던 사업을 응용해서 패션 사업을 했다. 액세서리를 한국에서 사와서 독일에서 파는 것이었다. 특히 독일 내의 부티크(boutique) 숍들에서 판매했다. 그러나 일 년이 지나도 수입이 잘 나오지 않아 정리하게 됐다.

"나도 여기서 다시 비즈니스를 해야겠다. [다시 베를린에서요?] 네. 그래서 뭘 했냐 하면 악세사리. 한국에는 악세사리가 굉장히 앞서가요. 내가 이거 어디서 났냐면 엘에이에서 그 패션 했던 그곳에서 일하면서 보면 물건들이 한국에서 온 것들이 비싸고 중국에서 온 건 싸요. 근데 한국 물건이 퀄리티가 좋아요. 그리고 이 패션도 앞서가고 그래서 보면 여기에서 왜냐하면 독일이 패션이 좀 늦어요. 악세사리도 잘 안 해요. 그렇지만 부티크 있어요. 오케이. 내가 한국에서 물건 해가지고 여기에 이제 부티크만 다녔지요. 가서 물건을 이렇게 샘플로 보여주고 가서 하는 거예요. 그래서 그 자리에서 즉석에서 현찰로 다 팔았고 이렇게 시작했죠. 그거를 1년을 했는데 수입이 없더라고요. 이것도 아니다. 집어치웠어요. (중략) 스페인에서는 계속 연락이 오는 거예요.* 여기 좀 손이 딸리는데 왜 거기에서 뭐하고 있냐, 왜 썩고 있어. 오케이 갈게. 그래서 다시 일하기 시작한 거예요. 그래서 스페인으로 비행기 타고 가서 일했어요. 그래서 이제 일 년에 자주 갔지. 두 달에 한 번 넘게, 그러니까 여섯 번은 더 갔어요. 일 년에 비행기 타고 스페인을. 가서 일주일, 이주일, 삼주일 한꺼번에 일을 하고 오는 거예요. 그렇게 해서 일을 했어요."

연구참여자는 베를린에서 첫 사업을 접고 다시 스페인에서 일을 이어갔다. 베를린에 거주하면서 스페인을 오가게 됐다.

---

* 스페인 이주 초창기 코트라(KOTRA)를 통해 소개받은 신발가죽공장에서 처음에 입사를 제안했으나 그 당시 그녀는 마드리드에 살았기에 제의를 거절할 수밖에 없었다. 직장에서는 집과 자동차도 제안했지만, 남편 직장 문제로 받아들일 수 없었다. 그러다가 베를린에 있는 그녀와 연락되어 일을 다시 시작하게 됐다.

② 레스토랑에서의 서빙

연구참여자는 끊임없이 일을 해왔다. 레스토랑을 운영할 계획을 하고서는 기초적인 것부터 배워야겠다고 해서 서빙부터 일을 시작했다.

> "다른 걸 해볼까, 오케이. 그래서 레스토랑도 해보는 거지. 내가 음식 못하는 것도 아니고 사람하고 얘기도 못 하는 것도 아니고 그래서 그러면 바닥부터 일을 해봐야지. 시스템을 알고 사람이랑 일해서 바닥에서 어떻게 시작하는가를 일을 해봐야지. (중략) 내가 파트타임으로 일하겠다고 그래서 일하기 시작한 거예요. 거기에서 서빙하는 일을 했어요. 그러니까 사람들 만나고 아, 이렇게 이게 돌아가는구나. 그렇게 일하면서 용돈을 벌었지. 몇 년을 일했어요."

③ 한글학교 교장

연구참여자는 자녀들의 한글 교육을 위해 자녀들을 베를린에 있는 한글학교에 보냈다. 그녀는 처음에는 학교에서 교감으로 이후에는 교장으로 선출되었다. 그녀는 4년 동안 교장으로 학교를 운영하면서 교육과 행정 등 다양한 일을 맡아 해냈다.

> "한글학교를 다녀야 하기 때문에 가게 된 거예요. 처음에는 교감으로 추천을 해준 거예요. 내가 온 지도 얼마 안 됐는데 무슨 교감을 해요. 그런데 뽑혀가지고 내가 교감을 했어요. 2년을 하고 나니까 아무리 봐도 내가 교장이 될 거 같아. 그래서 도망갔어요. (웃음) 그런데 너무너

무 부탁을 많이 하는 거예요. 솔직히 할 사람도 없었지만. 와서 너무 부탁을 하는 거예요. 그래서 '알았어. 내가 할게.' 총회에 들어가서 만장일치로 교장이 된 거예요. 그래서 교장을 4년을 했어요. 내가 교장을 4년을 하고 나니까 지치는 거예요. 사람이 왜냐하면 사실 학생이 많지 않았어도 작은 일이 많잖아요. 선생님들이 여덟 분에 그다음에 독일 학교하고 서류, 대사관에 서류, 교육원에 서류, 이런 행정일도 있고, 또 부모님들하고 대화 나눠야지, 회의 있고, 자잘한 잡일이 많아요. 그러다 보니까 지치는 거야. 내가 4년을 하고 나니까 '그만. 나 더 이상 못해.' 우리 애들도 이제 학교 안 나오는데 그러다가 이제 끝났어요."

④ 통역

호기심도 많고 배우는 것을 좋아하는 연구참여자는 통역하면서 자신이 성장할 수 있어서 즐겁게 일할 수 있었다. 끊임없는 배움은 그녀를 움직이는 원동력이다.

"통역하는 걸 좋아하는 거는 일을 하면서 사람 만나면서 내가 배우는 것도 있고, 사람에 대해서도 배우고. 똑같은 데를 가더라도 내가 뭔가가 하나가 또 보였네. 아 저기 있었구나, 그것도 배우고 그다음에 지나가면서 뭐를 하나 읽어도 아 저런 게 있었구나, 내가 터득이 되잖아요. 그러니까 그만큼 나를 내 자신을 조금 아주 천천히지만 작지만 키우는 거. (중략) 다른 장소, 특별한 장소를 갈 때 내가 생각지도 않은 그런 부분을 또 공부를 하게 돼요. 그러니까 그게 좋아요. 그래서 내가 이 길을 놓지를 못해요. 내가 호기심도 많고 알고 싶은 것도 많고. 그리고 사람들한테 가서 물어봐요. 나는 부끄럼 타는 게 별로 없어요."

⑤ 여행가이드

연구참여자는 또 다른 일을 하기 위해 여행사에 직접 찾아갔다. 스페인 지역 가이드가 되기 위해 공부를 시작해서 공식적인 가이드가 되었다. 한국인을 이끄는 가이드여서 한국어를 다시 공부하게 되었다. 한국에 대한 애정이 남달랐던 그녀는 가이드를 하면서 한국어를 더욱 공부할 수 있게 된 것을 보람 있게 생각한다. 또한 한국인 친구들도 점차 많이 사귀게 되어 새로운 네트워크를 만들어나가고 있다.

"여기 여행사를 내가 찾아갔지요. 그냥 무턱대고 찾아갔어요. (중략) 사장이 그러더라고요. 내가 지금 들어보니까 얼마든지 할 수 있는 능력이 있는 거 같은데, 한 달 시간을 주겠다고 그래요 나보고. 왜요? 그랬더니 한 달 동안 역사 모든 걸 공부해라 이거예요. 그래서 내가 그때 스페인어, 독일어, 다 책 사서 공부했어요. 읽어가면서 자료를 뽑은 거예요. 그리고 한번은 세미나가 있었어요. 스페인 오피셜가이드. 그러니까 정말로 스페인에 마드리드 로컬가이드들하고 같이 앉아서 공부하는 거죠. 세미나 받고, 그다음에 직원을 통해서 투어 견습하는 거예요. 어떻게 하는가. 그리고 일을 시작했어요. 처음에는 내가 한국말을 잘 못했어요. 왜냐하면 오랫동안 한국말을 안 했기 때문에… 이 말이라는 게 아시잖아요. 안 쓰면 정말 너무 야속하게 금방 떠나버려요. 그래서 내가 이 한국 사람이랑 일을 해야겠다는 이유 중에 하나가 그거였어요. 한국말을 안 쓰니까 자꾸 잊어버리는 거야. 그래서 안 되겠다

해서 내가 한국어를 공부한 거예요. [한국어에 대한 애정이 많으셨군요.] 그럼요. 그래서 가이드를 시작했어요. 그래서 처음에 내가 잊지 못하는 게. 내가 하필 또 제일 첫 팀 맡았는데 그게 2박 3일 코스, 마드리드 수도하고 그 주위에 도는 거였는데 그런데 그중에 한 분이 어느 대학교 교수님이였더라. 연세대학교인가 경희대학교인가 교수님 오셨어요. 연세 좀 드셨는데, 그분 보니까 가슴이 철컹 하는 거예요. 교수님인데 내가 한국말로 못하면 어떡하지 걱정했어요. 그래서 내가 처음이니까 솔직히 얘기했어요. 내가 외국에서 오래 살아서 한국말을 너무 오랫동안 안 했더니 잊어버렸다 죄송합니다, 내가 실수가 있을 수 있으니까 용서를 바랍니다, 그리고 시작했는데 아무 컴플레인도 없었어요. 왜냐하면 솔직히 얘기했기 때문에. 그다음에 차근차근 한국말을 공부하는 거죠. 지금도 마음이 급하면 말이 뒤죽박죽 돼요. 급하면 단어도 거꾸로 생각이 나고 엉뚱한 단어만 이 머리에서 생각나지 정말 제대로 된 단어가 생각이 안 날 때도 있고 그렇거든요. 그런데 지금은 내가 좀 특별한 케이스라서 일할 적에는 손님들한테 양해를 구해요. 가끔 내가 실수를 합니다. 내가 양해를 구합니다. 왜냐하면 사실 햇수로 따지면 43년이잖아요. 내가 이제 한국말을 다시 되찾고 그렇게 살면서 애들도 한글학교도 보내고. 그러면서 한국 엄마들도 또 만나고 그러면서 같이 또 친구도 되고."

다양한 진로 경로를 규명한 '사회인지진로이론(Social Cognitive Career Theory: SCCT)'에 따르면, 진로 발달과 선택은 자신에 대한 평가와 신념, 즉 인지적 측면에 영향을 받는다(Lent, Brown, & Hackett, 1994). 이러한 진로 결정은 전 생애에 걸쳐 수차례 반복되고, 진로 발달은 일생에 걸쳐 지속적으로 이루어진다(Lent & Brown, 2013). 이렇듯 연구참여자는 삶 전반에 걸쳐 자신의 진로를 스스로 선택하면서 끊임없이 발달시키고 있다.

(5) 예술과 함께하는 삶

① 노래

연구참여자는 볼리비아에서부터 노래하기를 쉬지 않았다. 볼리비아에서 합창단원으로 많은 콘서트에 참가했다. 그러다가 스페인에 사는 9년 동안에도 합창단에 들어갔다. 유일한 한국인이었던 그녀는 그곳에서는 솔리스트로 활약하기도 했다. 독일로 이주했을 때도 합창단을 찾아 노래했다. 성악가가 꿈이었던 그녀에게 노래는 언제나 '힐링'이다.

"베를린에 와서도 찾아간 곳이 합창단! 왜냐하면 내가 여러 나라에서 살다 보니까 그 취미는 꾸준히 하는 것도 좋잖아요. 내가 좋아하는 것도 있고 노래를 하다가 말았기 때문에. 그리고 합창을 하면서 내 정신에도 많이 힐링이 되고. 그다음에 또 친구들도 사귀게 되고 그다음에 그 나라에 적응하는 데 훨씬 많이 도움이 되었어요. 사람을 만나기 때문에. 내가 나라를 이사 다닐 때마다 찾아다녔기 때문에 그게 많이 도움이 되더라고요. 그리고 내가 어려서부터 노래를 했고 노래를 좋아하기 때문에 그래서 그 합창단을 찾아갔어요. 그런데 합창단을 어떻게 찾았냐 하면. 딱 도착하니까 그 처음에는 아파트에 살았는데 그 밑에 사는 독일분한테 내가 물어봤어요. 나 여기 이사 왔다 인사를 하고서 혹시 여기는 합창단 아는 데 있는가 했더니 나보고 책자 하나 줬어요. 책이 되게 두껍더라고요. 그 책자가 뭐냐 하면 베를린 안에 있는 100개의 합창단의 리스트예요. 그러니까 그 친구 남편이 합창단에서 노래를 했어요. 그래서 내가 거기서 골랐어요. 맘에 드는 거. 그래서 그 중에서 세 개를 골랐는데 그중에 세 번째 합창단이에요. 첫 번째는 너무 공연을 많이 다니고 그래서 그건 애들 때문에 힘들겠고, 두 번째는 전화했더니 그게 없어졌더라고요. 그래서 세 번째. 그리고 우리 사는 근처에 작은 카페. 바로 앞에. 그래서 한 몇 명 정도 되는 합창단에 들어가서 노래를 하면서 친구를 사귀었죠. 그때 만난 친구가 아직도 친해요. 그중에 한 명이 아직까지도 나랑 가장 친한 독일 친구예요. 그래서 합창단에서 계속 노래하고. 독일합창단 거기서는 노래하다가 한 10년 전에 제가 합창단을 옮겼어요. 더 큰 데로. 왜 그러냐 하면 그 합창단이 좀 크기도 하지만 우리가 이사 왔기 때문에. 여기 샤로텐부르크(Charlottenburg)라고 이 동네에서 조금 더 가까운 곳으로. 그래서 거기서 지금 노래한 지가 한 십여 년이 됐고. 클래식을 많이 하죠. 당연히. 그래서 1월 말에도 우리 콘서트가 있어서 그거 준비하고 있죠. 그러니까 어려서부터 솔직히 나는 우리 아버지를 따라서 음악에 약간 자질이 있는 쪽이었어요. (중략) 음악에 관심이 있는 그런 피의 가족이에요. 그래서 나는 사실 성악을 하고 싶었는데 상황이 그렇게 못됐죠."

② 무용

연구참여자는 한글학교 교장일 때부터 고전무용을 시작했다. 전문가에게 지도를 받으면서 점점 무용의 매력에 빠지게 되었다. 특히 한국의 고전무용이 주는 정적이고 우아한 정서는 지금까지 느껴보지 못했던 또 다른 세계였다. 처음에는 힘들게 연마했지만, 이제는 공연하는 정도까지 되었다. 그리고 2세와도 함께 한국무용을 하는 뜻깊은 시간을 갖기도 한다. 그녀는 더욱 아름다운 무용을 하기 위해 지금도 배우고 연습한다.

"무용 뭐라 그럴까 푸근하면서도 옛날 생각, 한국 그 정서 그 분위기가 나오잖아요. 그래서 보면 볼수록 '아, 참 좋다.' 또 무용에서 입는 한복 그런 게 정서를 다시 돌이킬 수 있는 그런 기회를 줬다고 할까요. (중략) 이제는 여기저기 무대에서 공연해달라고 요청이 오거든요. 독일 단체에서. 그러면 가야무용단이 들어오면 이제 단장님이 이제는 어레인지 해가지고 날짜 맞춰서 무용할 수 있는 사람 해서 저희가 무대 서고 약간의 개런티도 받고 해요. 왜냐하면 차비 정도는 나와야 하니까. [그러면 가야무용단은 여기 베를린에 계신 분들로 이루어진 거예요?] 네, 그렇게 이루어졌어요. 그래서 35년 됐어요. 작년에 35주년 대공연을 했었어요. 올해가 36년째지. 사실 처음에 시작할 적에는 꽤 많았다고 그래요. 그런데 지금은 무용단이 갈라진 것도 있고 또 안 하시는 분들도 많고 지금 현재 내가 있는 그 무용단에서는 9명이에요. 그다음에 그분들의 딸들, 2세가 거기 8명이 있었는데 지금 다 지방으로 발령받아서 가고 애기 낳아서 못하고 뭐 임신해서 못하고 등등. 그래서 지금 무용할 수 있는 애들이 셋밖에 없어요. 현재로는. 2세들이 다 딸들. [그래도 2세들도 같이 한다는 게 의미가 있을 거 같아요.] 그렇죠! 그래서 작년 35주년 때는 거기 젊은 애들 딸들이 다섯 명이었어요. 다섯 명이 같이. 한국에서 가끔 선생님도 오세요. 정말 그 한국에서 인정받는 선생님도 무용 전문가 보면 3박 4일, 4박 5일 워크숍도 문화원에서 우리가 등록해서 하는데 가서 전적으로 무용을 배우는 거죠. 그래서 이제는 그렇게 1년에 한두 번 선생님 모시면 워크숍에 제가 가요. 한번 배운 춤이나 북이라든가 이런 건 배우다가 안 하면 너무 아깝잖아요. 마스터를 해야지. 마스터를 해도 꾸준히 나를 더 잘하게끔 아주 잘 표현하려면 더 열심히 해야 되니까. 계속 워크숍을 다 가는 거예요. 그래야 더 예쁜 무용, 감정 있는 무용을 보여줄 수 있으니까."

그녀는 무용을 통해 사회적인 참여도 한다. 특히 베를린에서 있었던 위안부 소녀상 캠페인 등 정치적 참여를 통해 한국에 관심을 갖고 한인이주여성으로서 목소리를 내고 있다.

"무용하면서 우리가 그 위안부 소녀상 세우는 거 캠페인도 많이 참여를 했거든요. 그리고 여기 베를린 브란덴부르크 문 앞에서 시위할 때 북도 치고 무용도 하고 다 했거든요. 그리고 그런 거 하면서 내가 조금 더 많이 접하다 보니까 한국 정세에 대해서 조금 더 많이 알게 되는 거죠. 그래서 친구들 중에서 그래도 내가 조금 더 그런 면에서 더 활동하고 조금 더 많이 알고. [예술 활동을 통해 사회적인 참여도 하시는 거네요.] 그렇죠!"

③ 미술

연구참여자는 미술에도 관심이 많다. 특히 그녀가 직접 만든 작품이 그녀와 인터뷰를 했던 베를린 자택에 걸려 있었다. 그녀의 작품에는 한국에 대한 깊은 애정이 녹아 있다. 한국의 자연, 계절, 음식, 풍습, 예술 등이 조화를 이루면서 작품을 만들어냈다.

"내가 제일 좋아하는 건 저거 (벽면에 걸려 있는 액자를 가리키며) 내가 만들었어요! [직접 만드신 거예요?] 네, 내가 만들었어요. 손님들이 오시면 딱 보고 저거 누가 만든 거예요? 하면 '내가 만들었어요' 하지. 내가 만들고도 너무 좋은 게, 저거 보면 내 고향이 있잖아요. 내가 마음에 드는 걸 다 오려서 그냥 다 끼운 거예요. 여러 잡지에서 내가 좋아하는 사진을 이만큼 모아서 이렇게 조립하고 저렇게 조립하고. 저기에 사계절이며 음식이며 풍습이며 저런 게 다 들어가 있잖아요. [직접 콜라주를 하신 거네요.] 네. 내가 대충 붙여놓고 이거 액자를 내가 할 수가 없잖아요. 그래서 직접 틀, 저거 만드는 액자 파는 집 있어요. 그 집에 가져다줘서 해달라고. 저 액자가 엄청 비싼 액자예요. 그래서 중간에 하나 딱 들어가 있는 글자도 좋고. 그리고 붓글씨, 서예, 바로 옆에 세종대왕님. 하나하나 다 의미가 있는 거예요. [언제 만드신 거예요?] 7~8년 전에 만들었어요. 시간 엄청 걸렸어요. 정말 하루 종일 앉아서 몇 일 그렇게 했어요. [멋져요. 제주도까지.] 그럼요. 다 했어요."

예술은 그녀에게 감정의 집합체다. 특히 아래 [그림 1]에서 알 수 있는 것처럼 그녀의 예술에는 한국에 대한 그리움이 가득하다. 그리고 예술을 통해 그녀는 심리적으로 치유될 수 있었다.

"사실 예술은 사람의 감정의 표현이잖아요. 그러니까 그 사람 하나하나의 감정이 담겨 있는 것으로 이렇게 보여준다는 게 그게 예술인 거 같아요. 그래서 사진 찍어도 그렇고 그림을 그려도 그렇고. 저런 걸

[그림 1] 한국을 담은 연구참여자의 작품

왜냐하면 한국이 그리워서 한국을 생각하면서 만들었기 때문에 내 감정표현이잖아요. 그것이 이제 예술이 되는 거라고 생각해요, 예술적인 감정은 모든 사람들이 다 갖고 있다고 그렇게 나는 생각해요. 클래식을 좋아하건 팝을 좋아하건 음악은 음악이니까. 그리고 무용을 좋아하건 그리고 나는 또 스포츠를 좋아하니까. 그래서 스포츠도 꾸준히 하고 그다음에 보니까 내 삶에서 음악, 그림, 운동, 예술 이런 게 빠지면 내 삶은 정말 무의미했을 거 같아요. 가장 중요했던 건 내가 어려웠을 때 내 감정을 잘 흔들리지 않고 지켜준 것이 바로 예술, 문화, 음악인 거 같아요. 그런 걸 하면서 내 스트레스도 풀고 그걸 하면서 내 감정을 풀고."

톨스토이(Tolstoy)는 예술을 감정의 공동성(community)을 목표로 하는 정서의 전달자로 보고, "훌륭한 예술은 인간 생활에 있어서 지극히 중요한 기능을 갖는다"라고 했다(Aldrich, 1963). 삶 속에서 예술은 다양한 주제와 경로를 통해 경험할 수 있으며, 행위자의 자발적인 노력을 통해 지속적인 실천과 참여가 가능하다. 홍애령(2014)은 삶 속에서의 예술 실천이라는 측면에서 직접 그 활동에 참여해보는 '심미적 경험', 그 활동에 대한 지식과 안목을 넓혀가는 '탐구적 학습', 그 활동의 가치와 의미에 대해 해석하고 평가하는 '비판적 감상'으로 나누어 제시했다. 이러한 세 가지 활동은 특히 창의성과 감수성을 확장할 수 있는 예술적 실천 방법이다. 연구참여자의 삶은 예술과 밀접하게 연결되어 있으며, 자신의 삶 속에서 심미적 경험, 탐구적 학습, 비판적 감상을 통해 예술에 참여하고 있다. 나아가 예술은 그녀에게 사회적 실천을 할 수 있는 원동력이 된다.

(6) 안정된 이주의 삶

① 새로운 사랑

연구참여자는 이혼 후에 새로운 남자를 만나 재혼했다. 예술적인 부분에서 서로 공감하면서 두 사람은 사랑을 키워나갔다.

> "일을 하는 와중에 이 새로운 남편을 만난 거예요. 지금 현재 남편. 우리 결혼한 지 5년 됐어요. 그리고 사귄 건 3년 사귀고. (중략) 친구랑 만나서 얘기하면서 있는데, 이 우리 남편이 사진을 좋아하거든요. 그

러니까 취미가 사진이에요. 그래서 거의 사진작가처럼 사진 찍고 이렇게. 저녁에 재즈 그 페스티벌이 있었는데, 거기에 가서 사진을 찍고 온 거예요. 그 음악 하는 곳 가서. 그래가지고 마지막에 집에 가기 전에 자기도 혼자 술 한잔 마시면서 앉아서 사진을 계속 보고 있더라고. 그래서 옆에 이제 친구랑 얘기가 시작하면서 이제 알게 된 거예요. 그러면서 우리 이제 예술적인 얘기. 이렇게 하다가. [예술로 통하시는 게 있었군요.] 네! 사진 전시 얘기하면서, 이런저런 예술 얘기하면서 얘기를 한 거예요. 밤 2시까지 얘기했어요. 아, 이 사람이 예술을 좋아하는구나. 그래서 그래, 오케이. 좀 얘기가 통하겠다, 이렇게 생각하게 된 거예요. (중략) 3년 사귀고 그러고서는 이제 결혼하자는 얘기가 있어서 유럽에서는 왜 동거를 많이 하잖아요. 그래서 자꾸 동거를 하자는 거예요. 나 동거 안 한다, 우리 딸도 있고, 그리고 솔직히 이게 옛날 구시대적인 사상이지만 아직도 우리 언니나 우리 집안에서는 동생도 그렇고 '아니, 3년을 사귀었으면 됐지. 니 나이가 몇 살인데 지금 동거를 해? 그렇게 살 거면 결혼을 해버리지.' 그렇게 얘기한다고 말했어요. 그랬더니 그러면 '결혼하자!' 그러는 거예요. 쉽게. (웃음)"

그녀의 남편은 광고회사를 운영했다. 그러다가 자신을 찾기 위해 네팔로 여행을 다녀왔고, 그곳에서 자기 수련을 하고 돌아왔다. 이후에 남편은 더욱 열린 마인드가 된 것이라고 한다.

"남편 마인드는 굉장히 열려있는 편이에요. 내가 한국인이라 그랬더니 다들 시댁 식구들이 다들 좋아했대요. 나는 모르지 뭐. (웃음) 그런데 내가 봐도 좋아하는 게 느껴져. 내가 가면 너무 좋아해 다들. 식구들이 너무너무 좋아해요. 왜냐하면 전부인하고 이혼한 지 꽤 됐거든요. 오랫동안 혼자 살았어요. (중략) 이제 겨우 찾았다 싶어서 굉장히 좋아해요. 한국에 대한 이미지가 굉장히 좋아요. 나 때문에가 아니라 일단 한국 사람들에 대한 이미지는 부지런하고 깨끗하고 말썽 안 피우고. 사실 대표적으로 그렇거든요. 어쩌다가 나쁜 사람들이 있어서 이게 깎이는 것도 있지만, 대체적으로 한국 사람들이 이미지가 좋아요. 왜냐하면 그게 특히나 광부하고 간호사들 때문에 특히 이분들 때문에 인식이 굉장히 좋거든."

남편뿐만 아니라 시댁 가족들 모두 연구참여자를 좋아한다. 또한 한국과 한국인에 대한 이미지가 매우 좋다고 한다. 이것은 이전에 광부와 간호사로 독일로 이주한 한국인 덕분이기도 하다. 독일 사회에서 성실하게 살아온 한인 이주민의 삶의 여정은 지금도 이어지고 있다.

② 언제나 배우는 삶

연구참여자는 항상 배우고자 한다. 안주하는 것이 아니라 좀 더 나은 자신을 위해 끊임없이 무언가를 배우는 것이 그녀에게는 중요하다. 배움을 멈추지 않는 그녀의 삶은 지금도 앞으로 나아가고 있다.

"애들 교육 때문에 베를린에 와가지고 보니까 애들이 어리니까 일단 처음에는 일을 못 했지만 뭐를 해야겠다라는 그런 생각은 나 항상 갖고 있었어요. 나는 집에 가만히 앉아서 있는 그냥 있는 사람이 아니에요. 뭐를 해야 해! (웃음) 그래서 나는 이 정도 되면 뭐를 해야지, 그걸 안 하면 내가 바보 같은 느낌이 들어요. 항상 뭐를 배워야지."

배움은 끝이 없다. 배우면 배울수록 배울 것들이 더 많이 생겨나고, 배움의 세계는 너무나 넓기 때문이다. 공자(孔子)는 "나는 나면서부터 아는 사람이 아니라, 옛것을 좋아하여 부지런히 찾아 배워 아는 사람이다"라고 했다. 배움은 연구참여자에게 삶의 씨앗이 되었고, 끊임없는 배움으로 그녀의 삶은 더욱 풍성해지고 있다.

③ 연대의 공동체

연구참여자는 '코윈'이라는 공동체에 참여하고 있다. 특히 한국의 정책과 북한 문제에도 관여하면서 정치적 관심이 많아졌다. 이처럼 한국과 독일을 넘나드는 초국적 공동체에 참여하는 그녀는 이를 통해 초국적 정체성을 더욱 발현하게 된다.

"내가 지금 코윈 멤버로 있어요. 베를린의 멤버로. 11월부터는 내가 베를린 지회장이에요. 그런데 사실 감투를 나는 별로 좋아하지 않아요. 그러면 신경 쓰이고. 다 똑같은 멤버예요. (중략) 코윈에도 몸담고 있으면서 오랫동안 베를린 사시면서 활동하신 분들하고 어울리면서 그 위안부 문제도 하고, 우리 할머니들 위해서도 많이 알게 되고. 그다음에 한국 정책, 정치며 그 북한하고의 관계, 북한도 많이 내가 알게 되고. 그러니까 조금 더 내가 나이가 들면 들수록 한국을 더 많이 알아가고 있어요. 더 많이 알게 되고 활동도 더 많이 해야 되죠. 왜냐하면 앞으로 더 많이 컨퍼런스 해서 다양한 행사에 가서 도와주기도 하고 또

참여도 해야 되고."

연대(solidarity)는 사회적 결속(social cohesion), 사회적 협력(social cooperation), 실존적 저항 동조(support for existential resistance), 인격적 충성심(personal loyalty), 사회유기적 상호영향(social organic inter-influence), 사회정의(social justice) 등의 의미로 사용되고 있다. 또한 사실적 실재(factual reality), 또는 당위적 실재(normative reality)로도 이해되었고, 따라서 사회체계에 도전하는 것으로, 혹은 사회가 궁극적으로 도달해야 할 이상(social ideal)으로도 이해되었기에 어떤 사회적 이념의 입장에 서 있느냐에 따라 연대 개념을 두고 대립되거나 확대 혹은 축소를 주장하기도 한다(김용해, 2017). 연대 개념은 공동체 개념과 상관관계를 이루고, 특정한 공동체 또는 사회에 상응하는 관계와 이로부터 발생하는 상호의무에 따라 다르다. 그리고 각각의 개인에게 특별히 의무로 느껴지는 연대의 유형과 특별히 중요한 공동체는 역사적 · 문화적으로 영향을 받아 우연성이 지배할 수밖에 없다(Bayertz, 1999). 그러나 한 개인의 정체성이 공동체의 우연적 귀속에서 영향받았다 하더라도 그것에 평생 구속되는 것이 아니라 계속해서 자기초월적 경험을 통해 성장하고 발전한다. 그리고 상호 소통을 통해 타자의 경험에 공감하고 국가와 종교, 성을 초월한 '차이의 연대'도 가능하게 된다(김용해, 2017). 혼종적 정체성을 가진 독일 한인이주여성은 상호소통하는 공동체를 통해 연대를 실천하고 있다.

8.
연구참여자 8: 독일에서 인정받은 엘리트 음악가

1) 생애담 요약

연구참여자는 1939년 서울 부유층 가정에서 자라나 첼로 전공으로 대학원까지 마치고, 1965년 오스트리아 문교부 장학생으로 수도 빈에 유학 온 음악예술인이다. 남편은 독일에서 성공한 건축가이자 사업가이고, 서울의 모 대학교에서 석좌교수를 지내기도 했다. 이들은 유럽에 오기 전 서울에서 이미 지인이자 연인 관계였다. 남편 될 분이 오스트리아에 먼저 유학을 와 있었고, 연구참여자는 몇 년 뒤 유학 신청을 했다. 1969년 결혼 후에는 남편의 직장이 있는 독일 뒤셀도르프로 이주하여 그곳에서 수십 년간 거주하다가 최근 딸이 의사로 근무하는 베를린으로 이사했다. 연구참여자는 빈과 뒤셀도르프에서 최고연주자과정까지 마친 후 음악학교에서 30년간 학생들을 가르쳤다. 퇴직 후에는 대학에서 미술과 철학 전공을 하며 지적 · 예술적 욕구를 충족시켰다.

건축가로 성공한 남편은 늘 바빴으나 경제적인 여유가 많았다. 그래서 연구참여자는 일찌감치 포르쉐를 몰았고, 아이 둘을 혼자 키우며 집안 살림도 도맡으면서 음악도 가르치고, 은퇴 후에도 미술과 철학 전공 학업을 지속했다. 본인 스스로 일반 독일인이나 광부 · 간호사 출신의 한인 이주민에 비해 경제적 · 사회문화적 자본 차원에서 우월한 위치에 있었기에 시기와 질투는 받았지만, 딱히 차별 대상이었던 경험은 없었다고 단언한다. 오히려 자신이 다른 사람들을 차별했다고 한다. 즉, 이웃의 독일인은 경제적으로는 비슷하나 학벌 등에서 본인이 우세했기에 비교의 대상이 되지 않았고, 후에 다시 대학에 진학하여 철학과 미술을 공부할 때 만난 동료 학생들은 경제적인 여건뿐 아니라 사회적 지위 면에서 자신이 우위에 있다고 여겼기에 시기의 대상이었을망정 부당하게 차별을 받았다고 생각하지 않는다.

대부분의 이주, 특히 비서구 사회에서 서구 사회로의 이주는 사회적 하향 이동(downward social mobility)을 동반하는 경향이 있다. 자국에서 고등교육을 받거나 사회적 지위가 높았어도 이주국에서는 대부분 노동자 또는 사회적 소수자로서 인식되기 마련이다. 파독 간호사의 경우, 독일 병원에서 비록 급여는 당시 한국보다 월등히 높았지만, 고향에서의 인지도에 비해 높은 노동 강도만큼이나 현지인들 사이에서 꺼리는 직종이었고 그만큼 사회적 인지도도 낮은 편이었다. 아메리칸드림을 좇아 미국으로 넘어간 한인 이주민도 상황은 유사하다. 한국에서 좋은 대학을 졸업한 이들도 전문 직종보다는 자영업을 하며 경제적 자본을 축적해나갔다. 유학생의 경우에도 학위 취득을 통해 사회적 자본을 획득하고 자국으로 돌아가는 경우가 다반사였고, 현지에 남을 경우 주류층으로 인정받는 것은 쉽지 않았다. 그런 측면에서 본다면, 연구참여자의 가족은 유학을 통해 왔다가 남편이 실력을 인정받아 지속적으로 체류하게 된 사례에 해당한다.

2) 초국적 이주의 생애담

(1) 꿈에 그리던 곳으로의 유학 그리고 독일 정착

연구참여자는 서울 토박이다. 성균관이 내려다보이는 동네에서 5녀 중 막내로 태어났다. 모두 힘든 시기였지만, 주변에 피아노가 있는 유일한 집이었다. 손위 언니들과는 나이 차이가 많이 났다. 부모님의 교육열이 높아서 일제강점기에 언니들은 일본 유학을 가 있었고, 집에서 먹거리를 보내줄 정도였다. 여섯 살 위 언니가 첼로 전공으로 서울의 모 대학에 진학할 때는 첼로 학과가 신설되고 교수도 새로 임용했다고 기억한다. 한국전쟁 중에는 충청도로 피난을 가 있다가 다시 서울로 돌아왔다. 언니가 첼로를 하는 걸 보면서 자연스레 취미를 갖게 되었는데, 개인레슨을 받을 때 재능을 인정받아 전공까지 하게 되었다.

"저는 첼로 할 생각을 안 했는데, 왜냐하면 취미로 하는데 언니 악기만 만져봤더니 언니가 소질이 있다고 해보라고 해서. 레슨을 받았거든요. 나는 언니가 연주한 곡을 들었기 때문에 빨리 습득을 했어요. 그래서 굉장히 저를, 교수님이 소질이 있다고 백날 칭찬을 해가지고 마음이 들떠서 천재인 줄 알고. 근데 하고 보니까 너무 어려웠어요. 이거에

다 시간을 다 썼어요."

유럽으로 유학을 나오기 위해서는 더 많은 연습을 필요로 했다. 지금의 남편이 1962년 먼저 유학을 나갔기에 그가 있는 곳으로 가고자 독일어 공부도 매일 하고 첼로 연습도 많이 했다. 연구참여자는 남편을 칭할 때 '윤교수님'이라 했다. 그와 알게 된 건 그의 사촌 여동생 친구를 통해서다. 자기가 마음에 들었는지 공연할 때 와서 사진도 찍어가고 그러더라는 것이다. 먼저 유학 떠난 연인과 편지만 이백 통을 썼다. 당시에는 해외에 나가고 싶다고, 유학을 가고 싶다고 마음대로 갈 수 있는 시대가 아니었다. 정부로부터 허락을 받아야 했다. 여권 하나 만드는 게 쉬운 일이 아닌 때였다. 유학 준비를 하며 매일 독일어 개인교습을 받아서 오스트리아 담당자와 인터뷰할 때는 이미 독일어로 진행할 수 있었고, 문교부 장학생이 되어 재정적으로도 지원받게 되었다. 당시 해외 출국할 때 짐은 20kg에 현찰은 100달러밖에 가지고 나가지 못했다. 마침내 3일 낮밤을 거쳐 빈에 도착했다. 미래의 남편이 마중을 나왔고, 사전에 이미 기숙사도 자기를 위해 마련해두었다. 쉬운 초기 정착을 하게 된 셈이었다.

오스트리아 문교부 장학금은 다른 장학생들보다 많이 받았는데 생활비 용도로 2년간 받았으며, 그 후 계속 공부하다가 1969년 결혼했다. 그러면서 남편이 근무하게 된 독일의 뒤셀도르프로 이사했다. 그곳 음대에서 최고연주자과정을 마쳤다. 연구참여자의 남편 윤 교수는 건축 분야로 현역에 있는 동안 총 경시대회에서 70번가량 1등상을 탔다. 일 년에 두세 번씩 수상한 셈이라고 한다. 뒤셀도르프에서 최고연주자과정도 마치고 음악학교에서 첼로를 가르쳤다. 남편은 언제나 바빴기에 가사와 육아, 그리고 직장생활과 연주활동을 혼자 감당해야 했다.

"내가 오후에는 애들 택시운전수 노릇하고, 피아노 가르치러 가야 지 악기를 두 개씩 가르쳤거든요. (중략) 큰애는 피아노하고 플룻하고요, 작은 애는 피아노하고 첼로. 그런데 첼로도 내가 직접 가르치기 어려우니까 일주일에 한 번씩 보내고, 그 작은애는 발레도 시키고 큰애는 유도. 한 아이가 세 가지를 과외로 또 배우니까 일주일은 내내 데려다주고. 오후는 힘들더라고요."

독일에서 교육열이라 함은 학교 교육에만 집중하기보다는 자녀의 재능을 알아보기 위해 다양한 경험을 시킨다는 점이라 볼 수 있다. 그중에는 스포츠와 음악 활동이 주를 이루며 이를 위해 독일에는 다양한 방과 후 프로그램들이 저렴한 비용으로 마련되어 있다. 그리고 그러한 방과 후 활동들도 부모에 의해 강압적으로 하기보다는 자녀들의 판단에 맡긴다. 자신이 해보다가 싫으면 다른 것으로 옮기면서 자기에게 적합한 것을 찾아나간다. 그렇게 스스로 찾아가고자 할 때 그것을 뒷받침해줄 수 있는 관심과 배려, 그리고 부지런히 데려다주고 데려오는 뒷받침이 교육열이라면 교육열이라고 할 수 있다. 연구참여자의 자녀들은 2개의 악기도 하고, 운동도 하는 등 다양한 활동을 접하게 한 점으로 보아 오후 시간대가 무척 바빴을 것이다. 아이들이 직접 자전거로 다닐 수 없는 상황에서 부모 중 한 명은 늘 아이들을 위해 운전사가 되어야 하는데, 이 일을 그녀 혼자 감당했다.

이주민 가족으로서 외국 생활이 어려운 점 중 하나는 주변에 다른 친지들이 없다는 점이다. 한국에서는 가족 대소사로 인해 힘들어하는 경우도 많다. 특히 명절이면 며느리들의 고충이 늘 문제시된다. 그 때문에 외국 생활하는 기혼여성들에게 오히려 부러움의 시선을 보내곤 한다. 하지만 아이들의 양육 과정, 심지어 정서적 교감이 필요한 상황이 오더라도 외국에서는 쉽게 의지할만한 친지가 주변에 없으면 오롯이 부부가 감당해야 한다. 이웃집에 부탁하는 것도 한국처럼 되지 않는다. 이런 현실적 상황을 이해하면, 나름 음악의 본고장 오스트리아와 독일에서 장학생에 최고연주자과정까지 마친 전문 음악인으로서 육아와 가사를 혼자 감당하며 전문성을 이어간다는 것은 쉽지 않다. 마치 자기만 희생한다는 느낌을 가지게 되기 때문이다. 하지만 연구참여자는 그렇게 힘들다고 여긴 적이 없었다고 한다. 그럴 수 있었던 배경에는 크게 두 가지 여건이 마련되어 있었다. 하나는 경제적인 뒷받침이었고, 다른 하나는 높은 자존감이었다.

> "애들 키우면서 힘든 건 기억이 안 나요. (중략) 저는 애들 때문에 얽매여서 내 직업을 어떻게 포기한다던가 한국말로 억지로 한다거나 그러지 않았어요. 베이비시터랑 있었으니까요. 우리는 빈 연주회에 초대 세네 번 받았어요. 거기 갈 때 베이비시터 집에 맡기고 가고 그랬어요. (중략) 밤에 초대받으면 한 번도 나는 애들 데리고는 못 가고 그런 거 없이 베이비시터에 맡기고… 나는 집에서도 연습을 해야 해서, 큰애가 유치원 들어가기 전에는 베이비시터한테 맡겨 데리고 나가게 했어요. 그런데 아이가 돌아와도 내가 연습을 하고 있잖아요, 그러면 애가, 엄마가 계속하고 있으니까 그만하라고, 훼어 아우프(Hör auf, 그만해)! 그러기도 했어요. (웃음)"

베이비시터(아이돌보미)를 최대한 효율적으로 활용하는 것은 부부가 각각 자신들의 커리어를 유지해나가는 데 필수불가결하기도 하다. 연구참여자는 일터에 정해진 시간만 일해도 되는 그런 직종이 아니라 학생들을 위해서나 자신의 연주회를 위해서나 집에서도 연습해야 하는 음악인이었다.

남편은 언제나 바빠서 아이들을 돌볼 시간이 없었지만, 그만큼 재정적인 면에서는 넉넉했기에 아이돌보미를 고용해서 자신만의 시간과 공간을 만들어내면서 커리어를 이어나갔다.

그렇게 하더라도 식사를 매 끼니 한식으로 준비하는 일은 쉽지 않다. 하지만 그녀는 요리에도 일가견이 있었다고 한다. 외국에 나오기 전에는 집에서 딱히 요리를 배우거나 그러지 않았지만, 아이들에게 삼시 세끼를 늘 해먹여야 했다. 무엇보다 김칫국이 반드시 있어야 하는 남편의 저녁 밥상 차림 때문에 아이들도 한식을 무척 좋아하게 되었다. 요리도 하나의 예술이라 자신의 '센스'에 따라 못하는 음식이 없을 정도까지 되었다.

"제가 예술적인 방면에 굉장히 발달되어 있어요. 손으로 하는 거. 바느질도 잘해서 애들 어렸을 때는 옷도 다 만들어 입혔어요. 옛날에 한국음식점 없을 때, 한국에서 손님 오면 상이 휘어져라 별걸 다해서 차렸어요. 우리 어머님한테 그걸 얘기하면 그걸 언제 배워서 하느냐 했대요. 배워서 하는 게 아니라 센스로 하죠."

연구참여자는 자기 자신에 대한 자존감이 높다는 표현을 자주 거론했다. 사적으로 힘든 감정이 들어도 남편에게 투정을 부리는 게 용납되지 않아서 혼자 삭히면서 이겨냈다. 주변에 한인이라든지 독일인 동료들에게도 자신의 부정적 감정이나 생각을 드러내면서 공감을 사려 하지 않았다. 아이들을 키우는 시기에 간호사 출신의 한국 사람들이 몇몇 있었지만, 일부러 접촉하지 않았다.

"그땐 한국 사람, 간호원사들이 70년도에 주변에 있었지만, 나는 의식적으로 콘탁(Kontak, 접촉)을 안 했어요. 생활 수준이 다르면 소통하기 힘들어요. 결합하기가 그러니까 의식적으로 나는 피했고. 우리 교수님은 시간이 없는 분에다가 내 사적인 콘플릭트(Konflikt, 갈등)가 있어서 얘기하면, 절대로 안 받아줘요. 나는 사무에서도 프러블럼(Problem, 문제)이 많은데 집에 와서도 시달려야 하냐? (중략) 니가 알아서 하라는 뜻으로. 나한테 큰 뭐랄까? 약이라고 할까? 그거는 내 모토였어요. 니 자신이 너를 망치면 안 된다. (중략) 그게 나한테 굉장히 큰 도움을 주고 힘을 줬기 때문에 오히려 좋았어요."

연구참여자는 자신의 고민이나 걱정거리에 대해 말하려고 할 때 남편이 안 받아준 것을 서운해하는 대신 오히려 큰 도움이 되었다고 해석한다. 자신의 일은 자신이 처리하는 자립심을 키웠기 때문이다. 그러면서도 '혼자 삭히기' 위해 종교에 의지했다. 남편이 천주교 신자라 결혼하면서 세례받고 '세실리아'라는 세례명을 받았기에 주말이면 아이들을 데리고 열심히 독일 성당에 나갔다. 하지만 자신의 힘든 이야기를 남한테 한다는 것은 '국가적인 수치'로 여겼기에 절대 얘기 안 하고 혼자 다스렸다. 한국에서는 자신이 막내여서 응석 부리며 자랐지만, "여기 와서 혼자 있는 바람에 많이 성숙해졌다"라고 한다.

"남편에게 서운한 점도 많았죠. 그럴 때마다 그냥 나 혼자. 그래도 내 자신의 주관을 절대로 잊어버리지 않고 나는 나대로 자존심 있으니까요. 표현을 안 하고. 제 성격이 오히려 남자 같아요. 우리 교수님보다. 그분이 외적으로 보기에는 굉장히 원만하고 관대하고 그러는데 집에서는 정반대예요."

남편에 대해서는 '우리 교수님'이라는 호칭에서 보이듯 언제나 그 위상을 높이고 그만큼 신뢰가 많은 편이다. 이는 연구참여자의 부부관계가 한국의 고전적인 가부장제와 함께 독일의 규범이 혼재된 특성을 보여주는 것이기도 하다. 우선 가장으로서의 남편을 우선적 존중의 중심에 두고, 자신의 존재감과 자립적 활동을 협상해온 것으로 볼 수 있다. 애초에 남편 '시중'을 들기 위해 한국을 떠난 게 아니라 당시에는 나가고 싶다고 나올 수 있는 곳이 아니었기에 만반의 준비를 해서 기쁘게 떠나온 유학이었다. 그리고 원하던 결혼을 했다. 남편의 직장을 따라 독일로 이주했지만, 학업을 그만둔 것이 아니라 계속 이어나갈 수 있었다. 국제 콩쿠르 등에 출전하여 커리어를 더 쌓을 수도 있었겠지만, 유학 나왔을 때 이미 20대 중반이었기에 당시 나이 제한으로 인해 콩쿠르 출전 자격이 안 되었다고 한다. 더욱이 자신의 신체적 조건은 서양의 첼로 연주자들, 특히나 그녀 표현대로 2미터 가까이 되는 거구의 남자들이 큰 손으로 연주하는 것과는 상대가 아예 되지 않음을 일찌감치 간파한 것으로 보인다.

> "내가 157인데, 키 180에서 2미터나 되는 사람들하고 상대가 돼요? 손이 나보다 1센티는 더 긴데, 나는 157이고. 두 배 이상 노력을 해야 따라가거든요. 하루에 7~8시간 첼로만 연습했어요."

동양 여성의 작은 체격으로 서양 음악계에서 같은 경쟁력을 가진다는 것은 쉬운 일이 아니라는 분명한 상황이기에 커리어 측면에서도 어느 정도의 수준까지 자신이 할 수 있는지 판단하고 그것을 실천하면서, 외국에서 친지의 도움 없이 자녀를 키우며 가족을 유지하는 것까지 균형을 맞추려 했다. 유학 후 처음 한국에 나갔던 1970년대에 모교를 방문했더니 첼로 교수를 구하고 있다며 들어와줄 것을 제안받기도 했다. 그때 그대로 귀국했다면 교수가 되었겠지만, 그녀는 당시 자녀도 키우고 있었고 일하던 남편을 데리고 돌아간다는 상상도 안 했기에 '콧방귀도 안 뀌고' 다시 독일로 돌아왔다. "1969년 가정을 꾸리면서부터는 한국 갈 생각해본 적이 없다"라는 단정적인 표현에서 그녀의 다중적 정체성, 즉, 자존감과 자립심 높은 부인, 자기 일을 포기하지 않는 엄마, 그리고 너무 잘해서 시기의 대상이 되는 음악학교 선생님의 균형을 맞추며 이국에서 살고자 했다.

(2) 독일에서 자녀 키우기

첫째 딸은 1972년 태어났다. 아빠도 엄마도 집에서는 아이와 한국말로 쓰니 큰아이는 한국말이 괜찮았다. 둘째 딸아이가 태어나 자라면서는 서로 독일어를 쓰더니 결국 아빠와 엄마도 아이들과 독일어로 대화하는 가정이 되었다. 한국 사람들과의 교류가 없기에 아이들도 한국어를 사용할 기회가 없었다. 이제 와 생각해보면 아이들에게 한국말을 가르치지 않은 게 가장 후회스러운 일이다. 그거 말고는 아이들은 잘 자라주었다. 경제적으로 넉넉했기에 아이돌보미를 둘 수 있었고, 연구참여자도 자기 일을 하며 자녀를 키울 수 있었다. 삼시 세끼 아이들 식사는 신경 써서 맛있게 해주었고, 오후 방과 후 수업 활동을 위해 운전사 역할도 마다하지 않았다. 그러면서 음악학교에서 아이들을 가르쳤다.

큰딸은 현재 자녀 둘을 둔 의사다. 둘째는 아버지 뒤를 이어 건축을 시키려 했으나, 아버지 그늘에 있는 것 같아 싫다며 그만두고 지금은 디자인 계통에서 일하고 있다. 비록 남편과 연구참여자 모두 오스트리아와 독일에서 유학 생활을 했지만, 자녀들이 다닐 독일학교 제도나 문화에 대해서는 낯설었을 것이다. 이주민 가정이 경험하는 보편적인 문제이기도 하다. 한국에서 엘리트 코스를 경험한 부모이지만, 한국식으로 자녀 교육에 임하는 것도 선호되지 않는다. 무리하게 아이들을 몰아세우거나 하지 않고 자기 스스로 하고 싶은 것을 찾아 수행하도록 뒷받침할 수 있는 것만으로도 이주민 부모 세대의 역할은 잘 수행하는 것으로 볼 수 있다.

> "독일의 교육제도는 굉장히 실제적인 게요, 고등학교 졸업하기 1년 전에 실습을 보내거든요. 자기가 원하는 직업에 관한, 의사가 되고 싶으면 병원에서 1년 일하게 하고 뭐라 그럴까 기계공학을 한다면 그런 회사에 가서 실습을 하는 시간을 1년을 의무적으로 그게 되어 있어요. 산교육이지 그게. 한국에서는 대학을 졸업을 해도 실습이라는 게 전혀 없었기 때문에 이론으로만 배웠잖아요. 사회 나가서 딱 자기 직업을 당면했을 때 여기 애들하고는 다르죠. (중략) 큰 딸아이의 경우는 의사가 되겠다고 결심한 게 75년, 두 살 반 때예요."

연구참여자는 큰딸이 두 살 때 어느 날 아이를 돌보미에게 맡기고 외출했다. 그때 운전 중에 교통사고를 심하게 당한 적이 있다. 차량은 심하게 파손되었으나 다행히도 그녀는 크게 다치지 않았고 첼로 역시 망가지지 않았다. 그 사고로 입원하자 남편이 퇴근 후에 아이를 돌봤다. 그런데 자기 전에 이를 닦이지 않았는지, 후에 치과를 데려가야 했다. 그때 치과 치료를 받고 나온 딸이 엄마에게 "난 친절한 치과의사가 될 거야"라고 하더란다. 치과의사가 불친절했던 모양이다. 그 결심이 오래 지속되다가 고등학교 과정 졸업 무렵부터는 일반 의사가 되는 걸로 정했다고 한다.

한편, 그녀는 아이들에게 악기 2개씩 연주할 수 있도록 했지만, 그냥 취미로 존중할 뿐 전문 음악인이 되는 것은 원치 않았다. 그 이유는 자신이 음악을 하면서 심적 고통이 심했고, 그만큼 많이 고되었기 때문에 아이들이 음악을 전공하는 것은 원치 않았다. 큰딸은 성인이 되도록 디스코클럽에 혼자 가본 적도 없어서 엄마가 데려가야 했을 정도로 모범생처럼 공부했다. 여름에는 영어를 배우게 하려고 영국으로 석 달 동안 보내곤 했는데, 꼭 1등 상을 받아왔다. 그리고 열여섯 살 때는 미국의 유명한 사립학교에 1년간 보내주었다. 그래서 지금도 영어 회화는 외국식 억양 없이 완벽히 구사하고, 논문 쓰는 것도 독일어보다는 영어로 쓰는 게 더 쉽다고 한다. 이처럼 자녀 양육도 넉넉한 재정으로 뒷받침해주면서 각자가 하고자 한 바를 추구하도록 해주었다. 남편의 바쁜 직장생활에다 낯선 독일 교육제도로 인해 어려운 점들도 있었을법하고, 딸들의 경우 사춘기를 겪는 과정에서 마찰도 있었을법한데, 그녀의 기억에는 힘든 경험이 남아있지 않았다. 자신의 몸에 밴 스스로에 대한 자존감과 현지인보다 높은 우월감, 그리고 경제적인 넉넉함을 기반으로 한 자녀 교육과 자기 커리어 병행 등 자신의 역량 안에서 성공적으로 운영해온 것으로 스스로 자부하고 있었다.

(3) 선망의 대상으로 살기: 음악에서 철학과 미술로!

연구참여자가 유럽으로 온 시기에는 동양인의 수가 많지 않았다. 낯선 이국땅이었으나, 선망의 대상이던 음악의 본고장 오스트리아 빈을 생각하면 두려울 게 없었다. 유학 준비를 위해 악기 연습도 많이 했고, 독일어 실력도 쌓은 편이었으며, 공항에 도착하니 미래의 남편이 미리 기숙사까지 예약해주었다. 1960년대 서울은 여전히 가난했고, 전쟁의 기억과 흔적도 선명했다. 아무리 부유한 가정에서 자랐다고는 하나 가난과 위험은 도처에 널려 있었다. 그런 서울을 떠나 도착한 빈, 그리고 몇 년 후 독일에서의 생활. 그렇게 거의 60여 년을 지낸 유럽에서 자신은 늘 타인보다 우월한 위치에 있다고 믿었고, 그래서 오히려 타인을 차별했다고 한다.

"저는 여기 왔을 때 동양인 사람이 적으니까 우대를 받았어요. 동양 차별대우가 눈에 띄는 거는 오히려 요 최근에 일이고. 옛날에는 오히려 우대를 받았어요. (중략) 빈에서 음악 공부할 때 우리 교수님이 나를 자랑스러워해가지고, 매일 음악회가 있었는데, 세계 각국에서 사람들이 몰려오는데, 날 무대에 내보내고 싶어가지고, 피아니스트 옆에 앉아서 악보 좀 넘겨달라고, 그렇게 오히려 대우를 받은 셈이에요. 어디 상점에 뭘 사러 가도 깎아주려 하고 친절하고 그랬어요."

뒤셀도르프로 온 이후로도 동양 여성이기에 부당한 대우를 받거나 차별을 받은 적이 없었다고 단언한다. 오히려 우월감으로 살았다.

"독일 여자들 보면 대학도 못 간 사람들도 많고. 나는 대학을 한 번도 아니고 전공을 몇 가지를 했고 상대가 안 되니까. 이렇게 경쟁을 한다는 그런 건 상상도 안 가고 오히려 우월감을 갖고 살았기 때문에요."

음악학교에서 아이들에게 첼로를 가르칠 때도 동료들에게 시샘을 받았다. 학생들이 콩쿠르에 참가하여 늘 수상했기 때문이다. 콩쿠르 참여는 개인의 선택이기에 학교 차원에서 굳이 준비시켜줄 필요는 없었다. 그러나 연구참여자는 1년 전부터 콩쿠르에 참석할 학생을 준비시켰다. 6개월 전부터는 원래 학교 수업 외에도 별도로 개인교습을 무료로 시켜주었으며, 시간이 다가올수록 교습 시간을 늘렸다. 그렇게 준비시킨 학생들은 1, 2등을 수상했다. 성과를 내니 학생과 학부모는 좋아할 수밖에 없다. 독일에서 어느 선생이 자신의 집까지 오게 해서 개인레슨을 무료로 시켜주겠는가? 그렇게 수상을 해오면 학교에서 고마워해야 하는 게 한국의 문화일지 모른다. 하지만 그녀의 학교는 오히려 그녀에게 불만을 표시했다. 다른 선생들은 그렇게 개인시간을 투자하면서 강습하지 않기 때문에 불공정하다는 것, 그리고 학생들에게 추가 학습을 시킨 것은 그들의 자유시간을 침해한 것이라는 이유로 학장이 경고하기도 했다. 그렇게 시샘을 받던 그녀는 결국 정기 퇴직 전에 사직서를 던져버렸다. 고맙다는 소리는 그만두더라도 싫은 소리를 들으면서까지 다녀야 할 직장은 아니었다. 자신의 인생을 위해서라도 차라리 자신이 하고 싶은 것을 하는 게 낫다고 판단했다.

연구참여자는 평소에 관심 있던 철학, 그리고 어려서부터 재능이 있던 미술 공부를 더 하기로 했다. 독일의 대학교육은 연령제한이 없다. 그리고 전체 독일 청소년 중 대학 입학률은 50퍼센트에 미치지도 않는데, 전문영역은 직업학교에서 자격증을 취득하며, 미술이나 음악 등의 전공도 대학이 아닌 해당 전문학교에서 연령제한 없이, 즉 어린 나이부터 수학할 수 있다. 물론 음악이나 미술 등의 창의 영역은 경력과 실기 능력이 뒷받침되어야 한다. 그녀는 철학 전공을 위해 대학에 입학했다. 그녀는 자신이 하고자 하는 것은 뭐든 열심히 하고자 했다.

"레히츠필로소피(Rechtsphilosophie, 법철학). 그게 저한테는 제일 의미 있었고. 우리 생활하는 데 모랄(moral, 도덕)이라는 게 자기 자신이 결정할 수 있는 거 아니에요. 이웃의 밥을 굶는 사람이 있다면, 법적으로는 도와줘야 할 의무는 없지만, 모랄리시(moralisch, 도덕적으로)는 그런 거를 도와야 한다고 결정하는 거. 또 애를 가졌는데 정상인지 아닌지 알 수 있잖아요 요즘은. 만약에 불구자 애를 가졌으면 그런 건 유산을 시킬 것이냐 그런 걸 어떻게 하느냐 모랄리시 뎅켄(moralisch denken, 도덕적인 생각)을 그런 걸 우리가 많이 다뤘어요."

연구참여자가 가장 좋아하던 철학가 중에 코마에 빠진 환자를 어떻게 할 것인가에 대해 논한 적이 있는데, 그녀는 그 주제에 대해 유난히 관심이 갔다. 내용에 대한 상세한 설명도 덧붙이고, 그 주제에 대해 스무 장 정도의 과제물도 써서 제출했다는 것을 강조했다.

"코마 환자 한 명을 돌보는 데 플레거(Pfleger, 간병인)가 일곱여덟 명이래요. 근데 그 돈이 무지하게 들어간다고. 우리가 내는 세금에서 그게 다 나가는 거거든요? 근데 코마 환자의 생명을 결정할 사람이, 본인은 그렇게 못하고, 또 보호자는 자기가 보호자기 때문에, 그리고 의사는 환자를 구해야 하는 의무 때문에 결정을 못하고 쓸데없는 돈이 많이 드는 거예요. 그래서 그런 걸 누가 생명 연장과 죽음을 결정하느냐로 몇 주를 걸쳐 토론을 한다고요. 나는 그런 것에 관심이 굉장히 많았었어요. 여기선 그걸 '하우스 아르바이트'라고 하는데 논문 쓰는 거, 그걸 20장을 써야 하거든요 논문을. 그걸 내가 게레히트카이트(Gerechtigkeit, 정의)에 대해서 썼어요."

학구적인 열정과 함께 연구참여자는 젊은 학생들 사이에서 캠퍼스 생활을 누려보는 것 또한 적극적으로 임했다. 작은 몸집에 스타일리시한 감각으로 학교를 오가며 밴드 활동에도 가입했다. 처음에는 자신의 주전공인 첼로로 함께 연주하려 했지만 쉽지 않았다. 밴드에서는 대중음악, 그것도 록(Rock)이나 재즈 장르를 해야 해서 즉흥성이 요구되기 때문이다. 악보를 보고 정확히 하도록 훈련받은 정통 클래식을 해온 터라 어려웠다고 한다. 즉흥적으로 서로 호흡을 맞추어야 하는 상황에 익숙해지기 위한 노력이 필요했다. 오케스트라 연주에서는 다른 악기들과의 호흡을 지휘자가 해준다. 그러나 밴드에서는 각자가 알아서 다른 악기들과의 조화를 창의적으로 해나가야 한다. 정통 클래식을 평생 연마해온 음악인으로서 오합지졸처럼 보인 대중음악 밴드 연주자들을 우습게 여기기도 했지만, 막상 현장에서 함께 연주하려다 보니 이들의 감각에 새삼 존중감을 가지게 되었다.

클래식으로 내재화된 음악성으로는 도저히 그 즉흥성을 따라가기 힘들 거라 그만두고 싶었지만, 그녀는 포기하지 않았다. 첼로 대신 드럼 스틱을 잡은 것이다. 타악기를 배운 적은 없기에 사비를 들여 별도로 강습을 받으며 집중적으로 배우고 연습했다. 그리고 자기가 이끄는 밴드로 만들었다. 밴드는 인기가 많았고 활동도 재미있었다고 한다. 그런데 역시 클래식계와 다른 점 하나가 더 있었는데, 멤버들의 무책임성이었다. 하다가 마음에 안 맞으면 그냥 나가버린다는 것이다. 공연을 앞두고 연습을 이어가는 와중에 멤버 하나가 기분이 안 좋든 뭐든 다른 팀원들은 생각하지도 않고 나가버리니 연구참여자로서는 이해하기 힘들었다. 그러면 다른 멤버들은 그 사실을 받아들이고 새 멤버를 구하곤 했다.

한번은 싱어를 새로 뽑은 적이 있었다. 하도 어려 보이기에 몇 살이냐 물었더니 열일곱이라 대답하면서, 연구참여자에게도 "그런 당신은 몇 살이지?"라고 되묻더란다. 독일에서는 한국말과 유사하게 반말과 존댓말이 있는데, 나이 고하를 막론하고 동료나 친구들은 반말을 쓰는데, 젊은이들이 주축인 밴드에서는 더욱 그렇기에 열일곱 소년이 반말로 그녀에게 묻는 것은 당연하다. 반말을 쓰더라도 상대에 대한 예의와 존중은 유지되기 때문이다. 또 하나 독일에서는 처음부터 상대의 나이를 묻는 것은 예의가 아니다. 친한 사이라면 몰라도 낯선 사이에서는 더더욱 나이나 가족관계, 이성관계, 심지어 외모와 관련된 것 등 사적인 질문은 하지 말아야 한다. 반면 상대가 그러한 질문을 했을 때 부담 없이 답하고는 그와 같은 질문을 상대에게도 할 수 있다. 연구참여자가 멤버가 된 싱어에게 나이를 물은 것은 상대를 곤혹스럽게 하기보다는 같은 멤버가 되었지만 많이 어려 보이기도 하기에 호기심에 물었던 것이다. 그래서 바로 아무 경계심 없이 자신의 나이를 말하고는 상대에게도 같은 질문을 던진 것이다. 이에 그녀는 살짝 당황했지만, 임기응변조로 그 친구보다 열 살 위를 잡아 "난, 스물 일곱이야"라고 대답했다. 그랬더니 다른 멤버가 "아, 그래? 난 그동안 네가 스물아홉쯤은 되지 않을까 했는데…"라고 하자 그녀는 이에 "너 나를 더 나이 들게 봤니?" 하며 웃고 넘어갔다고 한다.

자신의 실제 나이와 상관없이 젊은 친구들과 어울려 공부하고 취미활동으로 밴드도 하며 철학과를 다녔지만, 결국 철학 전공으로 졸업장을 따진 않았다. 아니 정확히 얘기하면 철학학사 자격증 취득을 포기하게 되었다. 나이 때문이었다. 일상에서 누구도 나이를 묻거나 문제 삼지 않았지만, 마지막 졸업을 위해 논문을 제출하고 시험을 보기 위해서는 공식적인 생년월일을 제출해야 했다. 처음 입학할 때는 신분증 제출도 없이 출생일을 적어서 내면 그만이었는데, 졸업을 위해서는 증명서를 제출해야 했다. 그렇게 되면 행정 사무실에서 처음 입학 때의 문서와 비교하게 될 것이고, 결국 자신이 처음부터 연령 기재를 잘못한 것이 드러나 문제가 되리라 예상했다.

그런 상황이 벌어지게 하는 것은 좋지 않다고 판단했다. 그래서 어차피 졸업장이 반드시 필요한 공부가 아니었고, 오로지 자신의 지적 호기심을 충족하는 것이 우선이었기에 공식 학위에 연연해하지 않기로 했다. 이 사실을 안 딸은 그렇게 열심히 공부해놓고 왜 학위를 포기하냐고 물었다. 게다가 자신이 과제물을 위해서나 수업을 위해 늦은 밤까지 어려운 학술서를 읽을 때마다 왜 그렇게 힘들게 사냐고 잔소리하는 남편에게 힘든 게 아니라 좋아서 하는 거라 대답했던 공부인 터라 이왕지사 학위까지 따면 좋은 거였다. 하지만 그런 눈에 보이는 성과보다는 자신이 학교를 상대로 나이를 속였다는 게 더 마음에 걸렸다. 그렇기 때문에 학위보다는 배우고 싶은 것을 배웠다는 만족감으로 마지막 학위를 포기하기로 했다. 이에 대해서는 아쉬움이나 후회를 가지진 않는다.

또한 미술 공부를 전문적으로 하기 위해 다닌 미술학교에서도 연구참여자는 두각을 나타냈다고 한다. 미술에 대한 재능은 타고났다고 여길 만큼 어려서부터 그림을 잘 그렸고, 현재도 무언가를 그대로 묘사하는 것은 잘한다. 그렇기 때문에 미술전문학교에서는 조각을 전공했다. 그리고 전시회에 출품하면 늘 자신의 작품이 가장 먼저 팔리곤 했다. 하지만 이것은 곧 다른 학생들의 시샘을 사는 계기가 되기도 했다. 심지어 동기 중 과대표에 해당하는 친구는 일부러 연구참여자의 연락처를 잘못 기재하여 작품 구매자의 연락이 닿지 않도록 했다고 한다. 그녀는 그렇게 자기를 시샘해서 불이익을 주려고 한 그런 행동에 기분이 좋지 않았다. 그렇지만 그게 다 자기를 시샘해서 한 것으로 이해했다. 자신은 작품 활동이 좋아서 하는 것에 비해 다른 젊은 친구들은 미술 활동이 생계와 직접적인 연관이 되기 때문에 민감하다고 본 것이다.

연구참여자는 고급 승용차를 몰고 다니며, 출품하는 작품들도 다른 학생들 작품들에 비해 전문가다운 수준이어서 차이가 났다. 대부분 학생은 저렴한 비용으로 조형물을 만들어야 하기에 스스로 재료를 구해서 직접 제작했다. 하지만 그녀는 창의적인 아이디어로 조형물을 도면으로 디자인한 후 그런 걸 제작해주는 전문 목공에게 맡겨서 완제품을 만들어 출품했다. 그녀의 작품들은 마치 수학적 계산을 통해 균형을 잡은 듯한 모형들로 구성되었다. 간결하면서도 대칭을 이루는 네모와 동그라미들이 서로 조화를 이루는 스타일이었다. 연구참여자는 그러한 자신의 미적 감각을 조형적 상상을 통해 정확한 길이까지 명시한 작품 도면으로 그린 후 제작사에 보내 작품을 만들어 안전하게 집까지 배송되게 한 것이다. 이러니 다른 학생들의 작품과는 수준 차이가 날 수밖에 없었다. 그녀는 그래서 학생들의 시샘을 이해했다. 경제적인 여유, 작품을 제작하는 과정의 차이, 그리고 자신의 예술적 상상력을 즐기며 발휘할 수 있는 여유까지 이미 동급생들보다 우월한 위치에서 조형미술을 한 것이다.

따라서 연구참여자는 이주민이기에 주류가 될 수 없다는 식의 중심-변두리 이론을 적용하기 어렵다. 이주민은 사회적 소수라는 편견, 그래서 삶의 여정에서 인종적 차별이나 부당한 대우를 받은 피해자의 모습이나 태도를 그녀의 구술에서는 찾아보기 힘들다. 남들에게 차별이나 무시를 당하지 않기 위해 이를 악물고 극복해나가려 했다거나 하는 식의 무용담은 나오지 않았다. 더욱이 현지인 중심의 상류층 사회에서 어쩌면 교묘하게 존재했을 타자화에 대한 경험도 없었다. 오히려 그녀는 자신이 독일 현지인들을 낮추어 보았다는 점을 강조했다. 그리고 사람들은 자신을 부러워하거나 그래서 시기하는 관계이지, 동등한 위치가 아니었다는 것이다.

(4) 젊은 친구들

독일은 개인들의 속하는 사회를 2개의 문화적 공간으로 구분한다. 게마인샤프트(Gemeinschaft)는 가까운 개인적 · 가족적 연계에 기반한 개인들 간의 관계를 의미하며, 게젤샤프트(Gesellschaft)는 그런 사적인 관계를 넘어선 공적인 영역에서의 사회적 관계를 뜻한다. 공과 사의 구분처럼 직장 동료와 주말이나 저녁에 만나는 친구는 다르다. 오랫동안 근무를 같이하는 동료 사이라 해도 핸드폰 번호를 교환하지 않을 정도로 일로 만나는 동료와 사적인 대화를 나누는 친구를 구분하는 경향도 존재한다. 물론 학교 동창이나 직장 동료, 일과 후의 취미 활동 등을 통해 친구가 만들어진다. 그리고 직장생활만큼, 아니 어쩌면 그보다 중요시하는 사적인 관계는 가족 또는 친구와의 교제라 해도 과언이 아니다.

그러나 이주민은 가족과 친구 관계 형성에서 현지인들과는 다른 경험을 하게 된다. 우선 친인척이 함께 이주해온 경우가 아니라면, 가족 같은 역할을 해주는 종교(교회, 사찰 등)와 민족 공동체(예를 들어, 한인회)가 중요시된다. 친구 관계도 그 안에서 형성되지만, 현지인들과의 친구 관계 형성은 쉽지 않은 게 사실이다. 독일인의 경우 오랜 시간을 들여 사적인 친구 관계를 맺는 경향이 있기 때문이기도 하거니와, 이민 1세대는 언어는 물론 음식과 감성 등 몸에 밴 문화적 습관의 차이를 쉽게 넘어설 수 없기도 하다. 그렇기 때문에 하나의 사적 관계의 연장선상에서 다른 사적 관계가 만들어진다. 예를 들어, 현지인과 연인 관계로 사귀거나 결혼한 경우에는 배우자를 통해 그 주변의 친구 관계망 안에 '자연스럽게' 들어가기도 하고, 자녀를 양육할 경우에는 자녀의 친구 학부모들과 친구 관계가 되기도 한다. 물론 학창시절을 함께할 정도로 젊은 나이부터 이주해온 경우에는 학교나 방과 후 취미 활동 등을 통해 친구 관계가 형성될 수 있다.

게마인샤프트는 개인에게는 피에르 부르디외(Pierre Bourdieu)가 제안한 사회적 자본의 관계망이라 해도 과언이 아니다. 연구참여자는 50년 넘는 세월을 독일에서 보냈다. 그동안 직장생활에 육아까지 전담하며 새로운 대학생활까지 해왔다. 그 과정에서 어떻게 사적 관계들을 만들고 유지해왔는지 궁금할 수밖에 없다.

> "저는 애들 키울 때까지는 그런 여유는 없었고, 나중에 내가 철학 공부하고 쿤스트아카데미(Kunstakademie, 미술학교)에서 공부할 때 동료들. 나보다 20년 30년 아래들. 나는 젊은 척하고 어울려 다녔지요."

그전에 육아와 병행했던 30년간의 음악학교 직장생활 기간에도 동료 중에 '친구'로 발전한 관계는 없다. 간호사로 온 같은 한국인과는 생활이나 배경 면에서 달라 처음부터 거리를 둔 터였다. 천주교 신자이지만 한인 성당에 나가지 않고 독일 성당을 다녔다. 독일인에게 자신의 속내를 드러내며 얘기하는 것은 마치 국가를 창피하게 하는 것 같아 자신의 자존심이 허락하지 않았다. 두 딸이 학교에 다녔기에 학부모들과의 관계도 있었을법한데 아이를 통한 관계 맺기도 없었다.

연구참여자는 주변과의 사적인 관계 맺기에 연연한 것으로 보이지 않는다. 사실 사적인 인간관계라는 게 오랜 시간이라는 물리적 조건이 갖추어졌다고 해서 되는 것도 아니다. 공감이라는 문화적 반응이 동반되어야 하는 질적 관계인 터라 집착한다고 만들어지는 것도 아니다. 그녀는 자존감도 높고, 학업이나 직장 등의 사회생활 과정에서 만난 주변 사람들과는 '수준'이 달랐던 이유 등으로 소위 '친구'를 만들 형편이 안 되었다고 인정한다. 그러나 그렇다고 그러한 현실을 아쉬워하거나 원망하지도 않는다. 연구참여자는 그것이 자신이 처한 환경과 조건에서 자신이 선택한 것이었으며, 무엇보다 자신은 문제가 있으면 혼자서 삭히는 능력을 길렀고, 또한 누군가의 강요가 아닌 혼자만의 활동을 찾아 자유롭게 추구하고 즐기는 삶을 살았다고 만족하고 있다. 나아가 이미 은퇴할 나이에 다시 자기가 하고 싶어 했던 공부와 미술도 했으며, 그 과정에서 젊은 세대와 소통하는 기회를 가졌고, 지금도 예술 분야에 있는 '젊은 사람들'과의 대화와 교제를 좋아하고 있다. 실제로 연구자와의 만남 역시 젊은 사람과의 만남을 선호하기 때문이었다고 했다. 그리고 한국 명절인 설날을 맞이할 때도 자신의 집으로 젊은 예술가들을 초대할 예정이라 연구자에게도 초대장을 보내왔다. 그러나 당시 연구자의 개인 사정으로 참석하지 못하자, 며칠 후에 설날 파티에 찍은 사진들을 공유해주었다. 그 사진 안에는 초대 손님들을 위해 상을 차리는 모습, 푸짐한 상차림, 그리고 그 자리에 함께한 한국계와 독일계 젊은 사람들과의 단란한 모습들이 담겨 있었다.

연구참여자의 생애담은 그동안 한국에 소개되었던 재독한인의 이미지와는 사뭇 다르다는 느낌을 가지게 한다. 재독한인이라 하면 파독 광부와 간호사 출신의 교민들이 대표적인 게 사실이다. 유학파라 하더라도 대부분은 한국으로 돌아갔으며, 현재 활동하는 전문인들도 소수에 해당하여 몇몇 국내의 정치적 상황으로 인해 본의 아니게 유명해진 분들 외에는 많이 알려진 바 없다. 독일 내에서도 다문화주의 관련 연구나 인식 면에서도 재독한인 사례는 아직 제한적이다. 그런 점에서 본다면, 파독 간호사 출신 이외에도 유학생이나 직업으로 이주한 경우도 있다. 이는 재독한인 사회의 다양성을 보여주는 사례이기도 하거니와 현지에서 중상류층에 속하는 이주민 특성을 이해하는 데도 유의미하다.

독일 사회도 과거에 비해 많이 바뀌었지만, 한국의 변화와는 비교할 바 되지 않는다. 그렇기 때문에 1960년대 한국과는 차원이 다르게 발전해 있던 오스트리아와 독일에 와서 정착한 분들은 한국의 변화를 비교적 관점에서 파악한다. 특히 경제적 성장에 집중하는 것이 아니라 문화적인 측면에 관심을 두는 경향이 크다. 연구참여자는 적지 않은 재독한인 1세대와 유사하게 한국 사회, 즉 자신의 고향이 지금은 매우 잘사는 나라가 되었지만, '민도의 차이'가 너무 난다며 인상을 찡그렸다. 여기서 '민도'란 쉽게 얘기하면 사람에 대한 기본적인 예의와 범절이고, 넓게 보면 사회 전반에 깔려 있는 문화적 수준에 해당한다.

연구참여자 자신은 이제 '순 한국적인' 사람도 아니고, 독일에서도 완전히 독일 사람이 되지는 못하지만, "한국에 가서 옛날에 그렇게 친했던 친구들을 만나면 너무 비위에 안 맞는 게 많아졌다"라고 한다. 특히나 대인관계에서 직접적으로 경험하게 된다. "남에 대해 간섭을 너무 많이 하는" 한국 문화가 익숙하지 않게 되었다. 독일에서는 자신의 자녀라 해도 의견을 존중하는 자세가 몸에 배어 있어 한국에 가서 친구들을 만났을 때 남에 대해 지나치게 관심을 갖고 간섭하려 드는 것이 영 마음에 안 들게 되었다. 마찬가지로, 식사 예절의 경우에도 한국에서는 아무리 높은 지위라 해도 여전히 음식 먹는 습관이 좋지 않고, 언어나 예절 면에서도 여전히 상하 위계가 서열화되어 있어 불편하다. 자기보다 어려 보이거나 하면 바로 말을 놓으며 낮추어 대하는 태도가 여전히 만연해 있다는 것은 좋지 않다. 무엇보다 인간 본연에 대한 존중감이 실천되는 '민도'가 높아지길 기대한다.

연구참여자가 말하는 '민도' 개념은 독일 다문화 사회의 특성을 이해하는 데도 도움이 된다. 남에 대한 지나친 간섭을 안 하는 것은 '개인'의 사생활 영역을 인정하는 독일의 보편적 관계 문화다. 이러한 적당한 '거리 두기’가 다름과의 공존을 가능하게도 한다. 인종과 민족, 종교나 이념 측면에서 개인의 자유가 인정되고, 그러한 자유를 구가하는 인간은 존엄한 존재로 존중되어야 한다.

9.
연구참여자 9: 탈경계의 재일동포 출신 피아니스트

1) 생애담 요약

연구참여자는 재일동포 출신의 피아니스트다. 그녀의 친조부와 친부는 제주 4.3항쟁 당시 난민으로 일본에 입국했으나, 탈출을 도운 친조모는 남은 가족들과 함께 학살을 당했다. 그녀는 음악가 아버지의 영향으로 일찌감치 피아노를 배우기 시작했고, 일본 내 각종 콩쿠르에서 두각을 나타냈다. 도쿄음악대학을 마칠 즈음 객원교수로 독일에서 온 교수의 제안과 추천으로 1981년 독일 유학을 떠나게 되었다. 그녀는 자신의 정체성에 대해 '아웃사이더'라고 정의한다. 한국인도 아니고, 일본인도 아니고, 그렇다고 독일인도 아닌 상황이며, 법적으로 결혼한 상태도 아니기 때문이다. 그녀의 생애담을 통해 동아시아와 유럽의 맥락에서 유연한 시민권을 획득한다는 것이 얼마나 특수한 과정인가를 고찰한다. 한 개인의 가족사 안에 동아시아 근대의 역사적 상흔이 고스란히 각인되고, 민족-국가라는 근대의 산물은 어떻게 제도이자 정체성으로서 끊임없이 개인과 가족의 삶에 작동하는지 살펴볼 수 있다. 또한 그녀는 디아스포라 음악인의 탈경계 민족주의 감성을 보여주기도 한다.

2) 초국적 이주의 생애담

(1) 재일동포에서 재독동포 음악가로

연구참여자는 1958년생이다. 한국에서는 '58년 개띠'라 하여 유난히 회자가 많이 되었는데, 전쟁 이후 베이비붐 시기에 태어나 급속한 근대화 · 도시화와 정치적 격변기를 겪은 세대이기 때문이다. 그녀는 한국 태생이 아니라 오사카에서 재일동포 2세로 태어났다. 부친의 고향은 제주도였다. 그곳에서 극적으로 홀로 탈출하여 먼저 노동자로 와 있던 선친에게서 자라 장녀인 연구참여자와 그 아래 다섯 살 터울 아들을 키웠다. 그녀의 부친도 음악가였다. 그는 작곡과 성악을 공부했고, 두 자녀를 음악가로 키웠다. 무엇보다 조선인의 정체성을 강조하신 분이고, 10대의 나이에 홀로 탈출했던 제주도를 언제나 그리워하신 분이었다. 오랫동안 대다수의 재일동포가 그랬듯 연구참여자의 오사카 가족 모두는 조총련계였다. 떠나온 고향은 남쪽이었고, 북측에는 가본 적도 없지만, 일본 땅에서 조선의 말과 얼, 노래를 가르치는 민족학교는 조총련(재일본조선인총연합회) 공동체뿐이었다. 연구참여자의 아버지는 이 민족학교의 교사였다. 그리고 '민족음악연구소'라는 단체를 만들어 활동하고, 현재까지도 성악 레슨을 하고 있다.

> "우리 아버지의 어머니는 아마도 독립운동을 하셨던 것 같아요. 그래서 아버지는 그러니까 할아버지 할머니가 키우셨고, 4.3 때 아버지를 아버지의 아버지, 그러니까 제 할아버지가 노동자로 계시던 일본으로 탈출시키셨대요."

제주도 북촌에서 10대였던 연구참여자의 부친을 탈출시키고 남은 가족들은 4.3 학살에서 살아남지 못했다. 조총련계 재일동포였던 연구참여자의 부친은 돌아갈 수 없는 고향을 그리워했고, 그렇게 만들어진 노래가 『망향제주』라는 가곡집이다. 연구참여자는 아버지의 이 작품을 좋아한다. 한국에서도 공연된 바 있기에 연구자도 인터넷을 통해 감상할 수 있었고, 2018년 베를린 윤이상하우스에서 개최된 '독일에서의 윤이상 구명운동 50주년 평화 토크 & 콘서트'에서 공연하기도 했다.

해방되었지만 고향 땅 제주는 소위 '빨갱이 토벌'이라는 명목으로 학살 현장으로 변했다. 현지 남자들이 먼저 생존에 위협을 받았기에 연구참여자의 연로한 조모는 다시 열여섯 살 청년이던 연구참여자의 부친부터 살리기 위해 밤에 몰래 떠나는 작은 배에 태워 보냈다. 그렇게 생존을 위해 난민이 되어 떠나온 곳이 남쪽 육지가 아니라 식민지 종주국이던 일본 땅이었다. 토벌대가 뭍에서 왔기에 남쪽 어디에도 안전한 곳은 없었다. 조국은 식민지를 벗어났건만 분단으로 나뉜 국토는 오히려 생지옥이었기에 생존을 위해 갈 수 있었던 땅이 오직 식민지 수탈을 했던 일본이었다니 참담할 뿐이었다. 그곳에서 다시 일본인의 차별과 멸시를 받았지만, 그럴수록 조선인으로서의 정체성을 강하게 가지려 했다.

그래서 연구참여자와 동생은 태어나면서부터 줄곧 '본명(한국 이름)'을 지켰다. 일본 이름을 쓰다가 본명으로 바꾸거나, 본명을 쓰다가 일본 이름으로 바꾸거나 하지 않고, 그대로 지금까지 사용한 것이다. 시골 마을에서 살던 어린 시절에도 조선말로 가르치는 민족학교를 가기 위해 버스를 타고 1시간 걸려 오사카 시내로 나왔다.

"중학교부터는 다시 일본 중학교로. 왜냐하면 예술고등학교를 보내고 싶으셨거든요. 좀 지켜보니까 내가 실력이 되는 거 같고, 그런데 그 당시 일본 예고를 다니려면 우리 민족학교 졸업증으로는 조건이 안 됐어요. 그러니까 아주 복잡했어요. 그래도 아버지는 자기 자식을 일본 학교로 보낸다고 하면 재일교포라고 하니까 교육상 안 된다 그래서 저를 양녀로, 아버지가 잘 아시는 일본분께 맡기셨어요. 서류상이었지요. 그래서 그 일본인 부부가 사시는 ○○에 거기 그 딸로 하고, 거기 있는 중학교를, 그러니까 1시간 반 걸려요. 항상 맨날 열차로 다녔었어요, 왔다 갔다."

자녀가 없던 일본인 교사 부부는 연구참여자 가족과 원래는 이웃이었기에 친하게 지내던 분들이다. 아이가 없다 보니 연구참여자가 어렸을 때도 마치 딸처럼 대해주었는데, 다른 곳으로 이사 갔던 것이다. 그래서 중학생이던 연구참여자는 그 집에 양녀로 등록되어 그 지역 학교를 다녀야 했다. 열차를 타고 그 먼 거리를 매일 등하교했다. 그녀는 근처 일본 중학교도 입학 시도를 해보았지만, 민족학교 출신이라고 거절당했기 때문이다.

그렇게 원거리를 등하교하면서 중학교를 마친 후에는 교토에 있는 일본 예고를 다녔고, 이어 도쿄음악대학에서 수학했다. 이때 독일에서 온 객원교수의 눈에 띄었고, 독일로 유학 올 것을 제안했다. 조선 국적자로서 해외에 나간다는 것이 거의 불가능했던 상황이었다. 일본에서는 재일동포 중 한국 국적을 취득한 사람들만 그나마 여행의 자유가 주어졌다. 하지만 조총련계이자 한국 국적으로 신청하지 않은 재일동포는 일본에서는 무국적자에 해당한다. 해외로 나가기도 어렵거니와 한번 나가면 다시는 들어오지 못하는 신분이었다.

"저는 그 당시에도 조선 국적이었어요. 그게 아시듯이, 북도 아니고 남도 아니고 그냥 분단되기 전에 그런 정체성이어서, 그런 상황에서는 해외로 못 나갔어요. 나가서도 못 들어온다 다시는. 그래서 처음에는 고민을 했는데 그래도 그 당시에 일본에서 그 큰 콩쿠르가 있었어요. 해외파견 콩쿠르라는 게 있어서 거기에서 상을 받았어요. 그래서 해외파견 콩쿠르인데 왜 못 나가냐 이런 식으로. 그 콩쿠르는 ○○○신문사에서 주최하는 전통적인 콩쿠르라서 그 신문사에서도 응원을 해줬고."

일본의 언론사가 주최하는 유서 깊은 해외파견 콩쿠르에 입상함으로써 마침내 독일로의 유학을 현실화시킬 계기가 마련되었다. 비자와 비용 모든 면에서 힘들었으나, 콩쿠르 입상으로 상금도 미리 받았고, 자신들이 상을 준 피아니스트가 해외파견을 갈 수 있도록 언론사가 적극 뒷받침해주었다. 독일 교수의 추천서도 갖추었다. 일본에서도 문제였지만, 무국적자인 조선의 젊은 여성에게 비자를 선뜻 내줄 독일도 아니었다. 유학 비자를 받기 위해 도쿄의 독일대사관을 여러 차례 방문해야 했고, 지금으로도 적지 않은 약 3천 유로를 당시 기탁금으로 독일대사관에 지불해야 했다(이 기탁금은 아직도 돌려받지 못하고 있다). 언제 올지 모르지만 거액을 들여 왕복 항공권을 끊어야 했고, 그렇게 독일로 올 수 있었다.

(2) 독일에서의 타자화

일본은 그녀가 태어나고 자란 곳이지만 고향이라고 할 수 있을까? 일본인 가정에 양녀로 이름을 올리고 일본인 중 · 고등학교를 다닐 수 있었지만, 그녀는 국적법상 무국적자였다. 아버지가 태어났던 제주도가 속한 한국도 그녀에게는 법적 소속감을 증명할 수 없는 곳이었고, 아버지를 따라 방문할 수도 없는 곳이었다. 그녀가 아버지로부터 이어받은 국가적 소속감은 분단 이전의 조선반도이지만 더 이상 존재하지 않았고, 그나마 조선인으로서의 민족적 정체성을 이어주려 한 곳은 아버지 고향이 속한 남쪽이 아닌 분단선 북쪽 조선인민민주주의공화국이었다. 하지만 그 북조선의 여권이 그녀에게 있었던 것도 아니었다. 그렇게 그녀는 1986년 무국적자로 독일로 유학 왔다.

프라이부르크는 독일에서도 연중 기온이 가장 따뜻한 곳으로 동화 『헨젤과 그레텔』의 배경으로 유명한 검은 숲을 곁에 두고 있는 오래된 도시다. 자연경관도 수려하고, 그녀가 처음 머물게 된 집의 주인아주머니도 너무도 친절하여 그녀는 일본에서도 현지의 좋은 일본인의 도움을 받았듯이 이번에도 매우 '운이 좋다'고 생각했다.

> "아시잖아요. 피아노 하는 사람은 동네가 좋건 안 좋건 연습을 많이 해야 되니까. 그래도 동네도 좋았고 친구들도 아주 좋았고, 거기 하숙집 아주머니도 너무 좋은 분이셨고. 그런데 가장 저를 힘들게 한 게 한

국에서 온 유학생들이었어요. 특히 식구로 와 있는 사람들."

독일에서 맞닥뜨린 뜻밖의 차별은 자신이 같은 민족이라고 여겼던 한국 사람들에게서였다. 프라이부르크에는 유학생들을 중심으로 한인 공동체가 있었다. 그녀는 처음에 너무나도 반가웠다. 난생처음 일본이 아닌 곳에서 자신과 같은 민족인 한국인을 보았기 때문이다. 그래서 그들도 자기처럼 동포와의 만남을 반기고 독일 사람들보다는 더 친근하게 대해줄 것으로 은근 기대했다.

그러나 그들은 이방인을 대하는 독일 사람들보다 못하게 그녀와 거리를 유지하고자 했다. 독일 사람들이야 그게 이방인이든 같은 독일인이든 타인들에 대해 적당한 무관심의 거리 두기를 한다지만, 같은 민족인 한국 유학생들, 특히나 가족 단위로 와있는 사람들은 백안시하며 꺼렸다.

"저를 무서워했던 거 같아요. 그걸 제가 몇 년 지나고 나서 알았는데, 왜냐하면 윤이상 곡을 친다거나, 아니면 일본에서 와있다 그렇게 소문이 아마 났었던 거 같아요. 제가 조총련 쪽 사람이라고들 알아서 조심을 했었던 거죠. 왜냐하면 윤이상 선생님의 동백림사건도 있었고 하니까 겁이 있었던 거 같아요."

1967년 당시 박정희 정권에 의해 자행된 동백림사건, 이어 1973년 유럽간첩단사건 모두 독일 내 한인 공동체에 한국식 냉전 이데올로기가 강화되게 했다. 냉전 이데올로기는 사상적 차원의 판단에 의한 이성의 영역이 아니라 공포와 두려움을 더욱 강하게 자극하는 감성 통제 기제로 작동했다. 그래서 재일동포 출신의 음악가인 연구참여자에 대해서도 한국 사람들은 '무서움'을 가지고 경계한 것으로 보인다. 물론 모든 한국 유학생이나 교민이 조총련계 출신이라 해서 그녀를 멀리한 건 아니긴 했다. 함께 음식도 해 먹고 식사 초대도 하며 살갑게 지낸 한국인도 있다. 그들은 학위를 마치고 귀국하여 대학에서 학생들을 가르치고 있다. 그러나 연구참여자가 경험한 같은 동포로부터의 차별은 그 이전에 예상도 하지 못한 상황이라 매우 당혹스러웠던 것으로 보인다. 한 번도 가보지 못 했지만 부모님의 고향, "그러니까 조국에서 온 진짜 조선인을 평생 처음" 독일 땅에서 만났기에 "너무 너무 반가웠"으나, 정작 현실은 한국인 교민 사이에서는 내면화된 냉전 이데올로기가 이역만리 해외에서조차 공포와 경계심으로 작동하여 민족적 소속감이나 연대감을 방해했다.

국적법상 무국적자였던 연구참여자에게 또 하나의 물리적이고 사회적인 경계가 있었다. 유럽 인근 국가에서 열리는 콩쿠르에 나가려면 여간 힘든 게 아니었다. 무국적자이기에 일본으로부터는 여권 대신 딱 1년짜리 출입국 허가서를 받아 나왔기에 매년 일본에 가서 다시 받아와야 했다. 그렇게 1년 출입국 허가서가 있으면 독일에서는 9개월 정도짜리 비자를 내주었다고 한다. 그리고 스위스나 이탈리아에서 개최되는 콩쿠르에 나가려면 각 나라의 비자를 받아야 했다. 근본적으로 제한된 여권 유형과 독일 체류 비자로 인해 인접국의 비자들을 받는다는 것 자체가 쉽지 않았다.

국경을 넘나드는 자격을 취득하기 위한 행정적 과정에서는 개인의 능력과 개성 등은 중요하지 않았다. 전 지구화 시대의 '유연한 시민권'은 경제적 자본만 있다고 해서 획득되는 것은 아니다. 식민의 역사와 냉전체제가 동시에 작동하여 그 정체성을 제한한 조총련계 재일동포. 그러한 국내외적 불이익을 알지만, 조선인의 정체성을 결연히 지켜내면서도 초국적 이주의 유연성을 얻기 위해서는 인내와 자존감이라는 감성적 노력(혹은 자본)도 요구된다.

"독일에 유학을 오고 싶었는데 정부에서 이렇게 막혀져 있어 가지고 못 나간다, 여권도 없다 뭐도 없다 뭐도 없다 해서 영사관이나 대사관에 이렇게 자주 다녔을 때, 제가 어떤 인간인지 피아노를 얼마나 잘 치던 못 치던 거기서 사람대접을 못 받는다 그렇잖아요. 그런 경험은 그러니까 독일에 와서도 저는 그러니까 난민으로 살았으니까 그거는 계속 그랬죠."

클래식 피아노 전공하러 유학 온 아시아인이 독일의 '난민'이라면 믿고자 하는 사람이 거의 없을 것이다. 그러나 한인 디아스포라 역사에서 그리 낯선 것만은 아니다. 지금으로부터 약 100년 전, 조선이 일본 식민지였던 시기 독일에 와있던 지식인들이 있었다. 대표적인 인물이 『압록강은 흐른다』라는 소설로 잘 알려진 이미륵 작가다. 그 당시 조선이라는 나라는 존재하지 않았다. 그저 일본의 식민지였다. 분단 시기 동백림사건으로 옥고를 치른 작곡가 윤이상 선생도 한국에서 추방된 뒤 정치 난민으로 인정되어 독일 국적을 취득하게 되었다. 연구참여자는 앞선 두 망명가보다 늦게 독일로 왔지만, 식민의 잔재와 냉전의 굴레가 동시에 정체성을 규정한 사례라 볼 수 있다. 그리고 그녀가 스스로 난민이라 한 배경에는 4.3사건의 난민이던 가족사도 품은 것이라 볼 수 있다. 국제법상 임시 신분증이랄 수밖에 없는 일본에서 발급해준 출입국 허가서로 단기 체류 비자만 지녔기에 유학 시절 그녀는 스위스와 이탈리아 등 인근 국가도 콩쿠르 등의 명목이 없으면 갈 수 없는 제한적 유연성을 인내해야 했다.

비자 문제를 어렵사리 해결하고 참가한 콩쿠르에서도 국적에 대한 편견으로 불이익을 당하기도 했다. 이탈리아에서 열린 국제경연대회였는데, 심사위원 중 한 명이 느닷없이 "Where are you from?"이라는 질문을 던졌다. 참가신청서에 자신의 고집대로 'Korea'라고 쓴 것을 보고, 연주 시작 직전에 한 심사위원이 빈정대듯 물었다. 그래서 연구참여자는 "I am from Korea"라고 대답했다.

> "그랬더니 막 웃어요. 그러면서 South or North(남쪽 아니면 북쪽)? 그래서 Both(둘 다)라고 대답했더니 또 막 웃는 거예요. 저야 자랑스럽게 말을 한 건데, 반응이 막 웃고 그러니까, 연주 전에 긴장감이 꺾여지더라구요. 내 대답이 무슨 농담이라고 생각했는지… 웃어요, 이상하게."

이탈리아에서의 콩쿠르는 편파성이 상대적으로 높다고 경험한 음악인들이 적지 않은데, 연구참여자의 경우에도 연주력에 필요한 긴장감을 떨어뜨리게 할 의도로 국적 문제를 거론했는지 모른다. 누군가에는 일상적인 질문일 수 있으나, 현존하지 않는 국가, 즉 분단 없는 코리아를 정체성으로 고수한 그녀에게는 특수한 감정을 유발했다.

그렇지만 그녀가 스스로를 규정한 "난민이었다"라는 표현에서 '난민'의 개념을 고전적 의미의 피난민처럼 도움 없이는 설 수 없는 그런 무력한(helpless) 존재로 볼 필요는 없다(Malkki, 1995). 난민의 범주를 넓혀보면, 자신의 더 나은 미래를 위해, 그런 미래를 만들기 위한 자기 삶의 주체로서의 난민-이주민이기도 하다. 과거 고통에만 얽매인 난민이 아니라 새로운 체류국에서 바른 시민으로 재문화화할 의지와 비전을 가진 적극적인 주체. 스스로도 나치 시대 미국으로 피난 간 한나 아렌트(Hannah Arendt)는 이러한 미래지향적 난민을 '낙관적 난민(optimistic refugees)'이라 불렀다(Arendt, 1943).* 연구참여자가 독일로 유학 나오는 게 어쩌면 불가능했을 수 있었지만, 그러한 힘든 과정을 마다하지 않은 동기 중 하나는 독일이라는 나라에서 더 나은 삶이 가능할 수 있을 거라는 기대감을 무시할 수 없었다. 일본 안에서도 국적을 받지 못했고, 독일에서도 이동에 제약이 컸으며, 국경을 넘나들 때는 개인의 능력과 성품은 필요 없고 오로지 여권과 비자 승인만이 중요했지만, 기회가 왔을 때 그녀는 이주의 유연성을 높일 수 있는 실력을 발휘했다.

독일에서의 체류 자격을 매번 연장해가며 자신의 실력을 연마해가던 1988년, 연구참여자는 비자 문제를 어렵게 해결하고 참여한 스위스 제네바의 제44회 국제음악콩쿠르 피아노 솔로 부문 수상을 거머쥐었다. 예술가로서 국제대회에서 입상하는 것은 사회적 자본을 상승시키는 일이다. 그러나 그러한 사회적 자본도 유연한 시민권 획득으로 온전하게 치환되기 위해서는 또 다른 편견들을 맞닥뜨리고 감내해야 한다. 젠더 문제가 그중 하나다. 유럽은 페미니즘의 발원지라 해도 과언이 아니다. 성평등에 대한 인식도 아시아 문화권보다는 상대적으로 잘 느낄 수 있다. 하지만 기득권층으로 갈수록 남성 중심의 권력 서열화가 좀 더 오래 잔존하거나, 어떤 지위들은 젠더화되어 있기도 하다. 그러한 젠더 편견이 그녀에게 또 다른 장애물로 경험되기도 했다.

> "제가 프로페서(Professor)가 되기 위해 여러 군데 다녔어요. 아시겠지만, 여기 교수 채용 시스템이 어떤 거냐 하면 1, 2, 3등 이렇게 뽑아가

---

* 독일에서 철학자와 문화비평가로 잘 알려진 한병철 교수는 최근 독일의 난민 유입을 반대하는 보수적 목소리에 대해 바로 한나 아렌트의 개념을 빌려 비판하면서 난민에 대한 인식 제고와 포용적 시민의식을 요구한 바 있다. https://www.faz.net/aktuell/feuilleton/optimismus-der-fremden-wer-ist-fluechtling-14718649.html?printPagedArticle=true#pageIndex_2

지고, 그래서 ○ ○ ○ 음대에서 학생들도 심사하고 그래서 제가 1등으로 뽑혔는데, 막판에 거기 심사위원이었던 독일 교수가 왜 음악의 메카인 독일 대학에서 가장 높은 포지션을 아시아 여인한테 줘야 되냐고 발언해서. 그게 취소되었어요."

연구참여자는 현재 근무하는 대학에 임용되기 전 다른 대학들에 응시했다. 그러나 아시아 여성이라는 이유로 1등임에도 탈락한 경험을 했다. 이에 대해 그녀는 "그럼 처음 모집할 때부터 아시아 여성은 안 된다거나 했어야지 백 퍼센트 오픈해놓고는 마지막에 탈락시킨 것은 공정하지 않은 것이었다"라고 토로했다. 자주 있는 상황은 아니었지만, 경쟁 관계가 심화될수록 가장 보수적인 편견이나 주류 세력 안에 무의식적으로 내면화되어 있는 백인 남성우월주의를 만나야 한다.

그러나 전반적으로 자신의 커리어 생활에서 심각할 정도의 차별을 경험한 적이 매우 적은 편이라며 만족해한다. 그녀는 그런 삶을 "아주 운 좋게 잘살아왔던" 것으로 평가하는 편이다. 유연성의 확보도 국경에서만이 아니라 개인의 정체성, 그리고 가족이라는 사회구성의 기본단위에서도 최대한 현명하게 이루어낸 것으로 볼 수 있다.

(3) 따로 또 같이: 독일에서 만든 가족 이야기

연구참여자는 아직 법적으로 결혼하지 않았다. 대신 그녀가 독일로 온 지 3년 후에 건너온 그녀의 예고 시절 친구이자 연인과 딸을 낳고 살고 있다. 파트너는 일본 남성 음악가다. 그녀가 청소년 시절, 부친께서 조선인으로서 일본 사람과 결혼은 안 된다고 강조하신 바 있었다. 그녀는 그런 아버지의 뜻을 따르면서도 외국에서 활동하는 전문 음악가로서의 전문성도 살리며 딸을 함께 양육하는 방법을 구사했다. 독일은 다른 유럽 국가들에서처럼 법적인 결혼이 필수는 아니다. 법적 결혼이란 시청에 가서 결혼 신고를 하는 것인데, 그래서 당일에 가족 및 친구 몇몇이 조촐하게 함께 증인처럼 참석해서 축하해주고, 이후에 파티를 하는 식이다. 그리고 이러한 법적 부부는 세금 정산 과정에 독립되지 않고 하나의 가족으로 혜택을 받는다. 반면에 법적 결혼 없이 동거하며 자녀를 낳고 지내는 경우도 적지 않다. 이 경우 아이는 일단 생모에게 귀속되며 세금 정산도 동거자 개인별로 하게 된다. 법적 신고를 전제로 한 결혼을 하나의 제도적 구속으로 보면서, 그런 제약 없이 동거로 사는 것을 선호하는 커플들이 적지 않은 게 독일 가정문화의 특성 중 하나다. 이런 문화적 특성과 연구참여자 개인의 관점을 고려하여 이 책에서는 그녀의 파트너를 '남편'으로 칭한다. 그녀는 남편과 함께 듀오를 구성해서 함께 공연을 다니기도 하고, 각자 개인적으로 연주 투어를 다니기도 하며 지난 30여 년을 함께했다.

> "상상 못 하실 텐데. 그러니까 우리 집에는 엄마와 둘이, 아빠와 둘이(엄마와 딸, 아빠와 딸) 이런 식으로, 그리고 물론 밥이야 같이 자주 먹는데 그래도 이렇게 로테이션으로 애를 볼 때도 제가 일을 할 때에는 아빠가 봐줘야 되고 제가 연주여행갈 때는 아빠가 있어야 되고. 그러니까 계속 애가 학교 다닐 때에는 우리 공연 약속들을 항상 애가 학교 없을 때나 같이 그러니까 데리고 갈 수 있을 때 아니면 한 사람이 집에 있을 수 있을 때 이렇게 계속 로테이션을 하면서 살았어요."

대부분의 전문직 여성들이 자녀 출산과 함께 커리어를 포기해야 하는 게 상식처럼 되어 있다. 그러나 독일 음악대학의 교수로 함께 근무하고, 개인별 순회공연을 다니기도 하며 자녀를 함께 키우기 위해서는 어쩌면 일반 가정에 대한 환상을 버리는 일이 우선일 것이다. 즉, 유연한 가정이 되어야 한다는 것이다. 근대 자본주의 시대에 하나의 보편적 모델로 자리 잡은 핵가족, 특히 일하는 남편과 그를 내조하는 부인 식의 성 역할 기대에서 자유로워져야 한다. 그런 자유는 상대방에 대한 배려와 인정, 일정 정도의 포기와 불편함도 감수할 필요가 있다.

만약 부부가 따로 또는 함께 연주여행을 가야 할 경우, 미성년인 딸과 동행해야 할 경우도 있다. 그러면 딸은 학교를 결석해야 한다. 연구참여자와 남편은 아이의 양육권을 지닌 부모로서, 학교 교육에만 얽매이는 것을 지양하고 좀 더 다양한 경험을 하기 원했다. 또한, 그녀의 경우, 어린 시절 일본 친구들과 너무 어울리면 일본 사람처럼 된다며 "같이 먹고 수다 떠는" 파티에도 잘 못 가게 한 부친과 달리 딸이 활발하게 친구들과 어울리기를 원했고, 딸 역시 성격이 활달하여 친구들 사이에서 인기가 많았다.

그러나 부모가 서로 돌아가며 집에 있지 못할 때는 연주회에 함께 데리고 다니기도 하여 아이가 학교를 빠지는 일도 있어 사실 학교 담임과 안 좋은 관계를 맺기도 했다. 한번은 초등학생이던 아이가 심한 질병으로 장기간 학교를 못 갔는데, 담임이 연락도 없었고 집에 한 번 찾아온 적도 없었다고 한다. 그리고 학부형 모임이 있어서 참석했을 때 교사와 학부모 모두 지역 사투리를 쓰며 대화해서 거의 못 알아듣는 상황이 있었는데, 교사가 그런 사실을 엄연히 알면서도 표준어로 다시 설명해주거나 하는 배려를 전혀 보이지 않아 힘든 적이 있었다. 그래서 딸 앞에서 무책임한 담임을 비판한 적도 있었단다. 그러나 딸은 어른 공경하듯 담임선생님 편을 들기도 했다.

아시아계 학생들이 많지 않은 독일학교에서 딸은 활발하고 긍정적인 성격으로 친구들과 친하게 지냈다고 한다. 딸에 의하면 다른 동양계 학생은 낯선 도시락을 싸오거나 하면 놀림을 받기도 했지만, 이 아이는 오히려 고구마를 싸 가면 맛있게 보인다고 하여 나눠 먹기도 하며 적극적이어서 즐거운 학창 시절을 보냈다. 또한 연구참여자의 딸은 매년 일본 외조부모 댁에서 지내며 재일동포 전통무용가에게 전통춤을 주기적으로 배우기도 했으며, 한국에도 가서 새로운 전통무용을 전수받고 있다. 그렇게 하여 피아노와 한국의 전통무용 모두에 전문성을 가지게 되었다.

(4) 다중 국적의 유연성

무국적자로 매우 불편한 비자 발급 과정들을 겪으면서 세계적인 콩쿠르에서의 수상, 그리고 국제무대에서의 활약이 많아지면서 법적인 차원의 국적 획득을 고민하지 않을 수 없었다. 그녀의 부친은 일찌감치 한국 국적 취득을 허락했지만, 그녀는 그러고 싶지 않았다. 그러던 1990년대 초 · 중반 어느 날, 카나리아섬에 연주하러 간 적이 있었다. 공연을 마치고 다음 비행기를 기다리며 며칠 편히 쉬던 중 아름다운 수평선의 석양을 바라보다가 문득 떠오르는 감회가 있었다.

> "그렇게 해가 지는 걸 보면서, 내가 왜 여기서 이러고 있나. 내 고향에는 한 번도 못 가봤는데, 그런 생각이 들었어요. 제주도에도 한번 못 가봤는데 내가 왜 여기 이러고 있나 해서, 오케이 그럼 거기 직접 가서 사람 만나야겠다는 생각을 했어요."

그리고 일본으로 가서 오사카 가족들과 함께 한국 국적을 신청하고 취득하게 된다. 시간이 지나면서 더불어 일본 영주권과 독일 영주권도 가지게 되었다. 딸의 경우에는 일본과 한국 국적을 모두 가지고 현재 독일 영주권도 가졌다. 명실공히 아이화 옹(Aihwa Ong)이 사례로 든 홍콩이나 동남아시아 중상류층 사업가들처럼 몇 개의 여권을 가지고 다국적 활동을 하는 유연한 시민이 되었다고 할 수 있다. 독일 국적 취득에 대해서는 고려하지 않고 있다. 왜냐하면, 현재의 국적 신분이 '국제적으로 활동하기에 편하기' 때문이다.

성년의 나이인 딸의 경우에는 스스로 정체성을 정해야 한다. 그것은 단지 국적 정체성만이 아니다. 연구참여자의 생각으로는 자기 딸이 정체성 문제로 많이 힘들지 않았을까 하여 매우 안쓰러워했다. 그러나 대견스럽게도 혼종적 정체성을 스스로 주체적으로 형성하고 있는 것으로 보고 있다. 딸은 다중언어를 구사한다. 영어에 능통하고, 일본어와 한국어도 구사하며, 이제는 중국어도 배우고 있다. 한국의 전통무용을 연마하면서도 서양의 클래식 피아노 역시 전공이다. 이 둘을 모두 종합적으로 수학하기 위해 한국 대학의 입학을 시도했으나, 한국 대학들은 분과가 명확한 편이라 어렵다. 그래서 곧 독일 대학으로 진학할 예정이다.

여권으로 대표되는 제도적 차원의 국적 획득은 무국적자 신분보다는 더 높은 초국가적 유연성을 담보해주었다. 한국 국적을 취득할 때만 해도 조국이라 함은 분단 상황이 아닌 한반도 조선이었다. 그리고 그녀에게 '고향'이라 함은 본인이 태어난 땅 일본이 아니라 아버지가 탈출해온 제주도라 여겼다. 그러나 국적 취득 후 한국도 자주 방문하고 제주도도 가보게 되면서 이제는 실체가 존재하는 그리고 더 가까워진 조국이자 고향이 되었다.

한국에서 온 제자들, 그들의 고향에 초대되어 가서 수업도 하고 연주도 하며 사람들을 만났다. 학생들의 기량은 그 어느 나라 또래들보다 뛰어났다. 어릴 적부터 교육열이 높아 장시간 연습했기에 테크닉도 좋지만, 작품을 표현하는 감성도 뛰어났다. 한국에 가서 만난 한국인은 친절했고 정겨웠다. 그러나 한편으로 자신은 늘 이방인이었다. 어디에도 속하지 않는, 혹은 살짝만 걸쳐있는 이방인. 연구참여자는 언제나 그랬다고 말한다. 소속감의 부재라는 뜻은 아니다. 어쩌면 모든 곳에 다 속할 수 있는 유연성인지도 모른다. 그래서인지 낯선 곳에서도 낯설지 않을 수 있고, 말이 통하지 않는 곳에서도 함께 소통할 수 있다. 세계를 두루 다녔기에 경험상으로 어디에 정착해 살고 싶은지에 대한 질문에도 유연한 생각을 가졌다.

> "저는 어디 가도 '다녀오겠습니다' 하고 나가고, 돌아와도 '돌아왔습니다' 이러거든요. 한국에 가서도 거기에 집은 없지만 나갈 때 '다녀올게' 하고 '저 나가요' 하고 그래요. 이번에 브라질에 가족이 다 함께 가서 수업도 하고 연주도 했는데, 거기도 통역도 없었고 그랬는데, 좋았어요."

연구참여자에게 '집'은 현재 독일 남부 도시에 있다. 거기서 학생들을 가르치고, 가족과 생활한다. 그러나 한국과 일본도 오가고, 중남미도 일정기간 가 있기도 하는 등 말 그대로 유연한 시민권을 획득한 셈이다. 그렇기 때문에 어디든 집일 수 있고, 어디든 다시 떠날 수 있다. 그러나 동시에 그녀에게 있어 자신의 가족사에 새겨진, 그래서 스스로에게 더욱 동기부여가 되었던 일본에서의 조선인 정체성은 여권 갱신하듯 그렇게 바꿀 수 있는 게 아닌지 모른다.

(5) 뿌리: 존재와 예술

음악은 소리의 예술이다. 감정과 스토리들이 음표로 기록되고 악기에 실려 소리로 외화된다. 청중은 인종과 국적에 관계 없이 그 소리를 듣고 저마다의 지식과 감수성으로 작품을 감상한다. 미술작품도 그러하다. 예술작품은 그렇게 보편적 언어로 구현된다. 작곡가나 연주자나 보편적 언어를 구사한다. 하지만 그러한 보편성은 특수성을 전제로 한다. 개인과 개인이 속한 역사의 특수한 경험과 맥락 없이 보편성이 보장되기는 어렵다. 연구참여자는 재독 음악가로 서양의 현대음악계에 큰 족적을 남긴 고 윤이상 작곡가의 피아노 부문 정통 후계자이기도 하다. 언젠가 윤이상의 작품특성에 대해 논한 적이 있는데, 당시 주제는 '고통'이었다. 윤이상은 인간의 고통에 천착하지 않는 작곡가는 음악을 하지 못한다고 했다. 인간의 고통에는 원인이 있다. 그것은 정치적 상황일 수 있고, 인간 본연의 원죄이기도 하다. 윤이상은 스스로 독재정권의 폭압에 부당하게 고문을 당하고 옥고를 치르는 고통을 겪기도 했다. 그러나 연구참여자에게 윤이상의 고통은 혼자만이 겪을 수 있는 특수한 경험에 머물지 않고, 음악으로 승화하여 누구든 자신들의 경험으로 공감할 수 있고 그래서 고통의 승화가 이루어지는 것이라 보았다.

"예를 들어 베토벤이나 쇼팽에게나 어떤 얘기든 작품이든, 그 내용은 그 사람의 역사가 있고 그 뿌리에서 나온 거죠. 그러니까 뿌리에 집착하는 게 아니라 뿌리에서만 저는 존재할 수 있는 거죠. 뿌리가 없으면 존재조차 없죠."

예술은 시대와 국경을 넘어 회자되거나 감상된다. 그렇다고 예술이 탈역사적이라고 할 수는 없다. 한때 순수예술과 참여예술이라는 식의 이분법으로 작품성을 논하던 시기가 있었다. 순수예술이라 함은 시대적 특수성, 특히 정치적 상황에 대한 인식이나 표현을 옆으로 밀치고, 인간의 본성이나 심성 등을 마치 통역사적으로 존재하는 것으로 보고 그에 대해 더 집착하는 경향성을 뜻한다. 그러나 참여예술은 시대적 아픔, 특히 사회구조적 문제들과 그로 인한 억압과 그에 대한 저항들이 등장하기 마련이다. 이제는 이런 이분법적 접근을 하지 않지만, 여전히 예술계 특히나 한국의 서양음악계에는 사회참여적 작품이나 공연은 흔하지 않다. 이는 음악 하는 사람들의 계층적 특성과도 무관하지 않을 것이다. 그렇기 때문에 사실 어떤 작품이나 연주든 연구참여자가 말한 '뿌리'와 연관되어 있다.

연구참여자에게서의 뿌리는 자기를 타인과 구별하는 독특한 정체성이자 개성이고, 자신의 철학이다. 그녀는 일본에 가서도 일본인처럼 일본어를 구사하고 외모만 봐서는 비일본인인지 구별되지 않는다. 그렇기 때문에 일본 사람 중에서 그녀가 일본 태생이라는 것을 알고는 "아, 죄송해요, 그러면 우리랑 같은 일본분이시군요"라는 반응을 접하면 그리 기쁘지 않다. 그것은 자신과 같은 재일동포가 겪은 일본 내에서의 타자화, 차별과 외면 등의 특수한 삶의 경험과 역사를 무시한 관점이기 때문이다. 뿌리가 다름을 인정하는 것은 중요하다. 그 뿌리가 같은 사람과 만나면 공감대를 빨리 가질 수도 있겠지만, 서로 다른 뿌리이기 때문에 더 친해질 수 있기도 하다. 뿌리에 대한 인정이 시대와 문화를 넘어서도 소통할 수 있는 예술의 원천이기도 하다. 그래서 그 뿌리는 어쩌면 유연한 시민권 개념의 이동성이나 혼종성 같은 특징들과 모순되게 보인다. 하지만 뿌리가 있기에, 그리고 그 뿌리가 강하게 심어져 있을수록 유연할 수도 있을 것이다.

연구참여자에게 뿌리는 물리적 영토만을 가리키지 않는다. 그것은 마음의 영역이기도 하다. 그것은 정체성의 근원이기에 자기의 존재를 가능케 한 가족의 역사로부터 뻗어온다. 특히 그녀의 고향 제주도는 4.3항쟁의 역사로부터 의미가 있다. 난민으로 일본에 가야 했던 부친, 그 아래서 조총련계 조선인의 정체성을 심지처럼 지키고 살았다.

그러다가 독일로 가서 무국적자이기에 겪었던 불편한 상황에서도 유럽 국경을 넘나들며 음악가로서의 사회적 자본을 획득한다. 그러나 정작 자신은 고향이라 여기는 제주도에도 갈 수 없는 처지임을 깨닫는다. 한국 국적 취득, 그래서 전 지구화 자본주의 시대의 유연한 시민권을 획득한다는 것은 그녀에게 본인의 국적을 정하는 문제로 귀결된다.

어떻게 보면 무국적주의가 민족-국가를 제도적 틀을 벗어난 더 초월적 정체성으로 보인다. 하지만 실제로 유연한 시민권의 획득은 경제사회적 자본과 더불어 제도적 규범이 허용하는 범위로 들어와서 한 국가의 직인이 찍힌 공식 문서(특히 여권, 영주권 등)를 확보해야 하는, 즉 통치의 대상으로 인정해야 하는 법적 절차를 전제로 한다.

그렇다고 이제 한국 여권으로 살며 독일과 일본의 영주권자인 그녀에게 한때 차별을 감당하며 '본명(조선 이름)'을 고수하고, 국제경연에서 남한과 북한 두 군데 중 하나가 아닌 두 군데 모두를 국가적 정체성으로 밝히던 그 신념과 과거들이 희석화된 것은 아니다. 그 모든 과거의 경험은 현재 자신의 뿌리가 된 것이다. 그것은 과거를 자양분으로 현재를 살아가는 힘이자 미래의 열망을 키우는 혼이자 정체성이다.

그렇기 때문에 그녀는 한국 사회와 한국의 후대 음악가들에게도 이러한 '뿌리'에 집중할 것을 제안한다. 이른 시기부터 집중적인 관리 프로그램으로 기량을 향상시킨 한국의 음악가들은 이미 세계 최정상급이다. 그러나 독일의 대학 동료 교수 중에는 한국에서 음악을 하는 여성들의 경우, 진정 음악을 사랑해서가 아니라 연주나 유학 등의 경력을 토대로 궁극적으로는 시집을 잘 가려고 한다는 선입견이 존재한다. 그러한 현상은 일부 진실이기도 하다.

따라서 그녀가 제안하는 '뿌리' 들여다보기는 곧 성찰적 자아의 개발에 해당한다고 볼 수 있다. 자기를 자기이도록 하는 역사와 시대, 문화적 환경을 자기와의 관계에서 인식하는 것을 의미한다. 자신의 원천을 알고, 세상과 호흡하다 보면 더욱 포용적인 자아로 성장할 수 있다. 그래서 과거 분단 이전의 조선이라는 정체성은 현재도 유효하다. 한국 국적자로서 법적 지위는 조국 남쪽의 정체성이고, 그를 통해 만난 조국의 사람들은 이제 자기 일부가 되었다. 그러나 궁극적으로는 분단이 해소된 미래의 조국을 끊임없이 추구하고자 한다. 자신과 같이 일본이라는 나라에서 마이너리티로 살고 무국적자로 해외로 가야 했던 현실도 종국에는 분단으로부터 기인했음을 직시한다. 그리하여 그녀가 겪은 삶의 역경은 냉전이라는 구조적 문제와 직결되어 있다.

전 지구화(globalization)가 야기한 개인과 공동체의 탈영토화(deterritorialization: Appadurai, 1990) 현상에 대한 성찰적 접근이 필요하기에 물리적 영토로서가 아니라 '마음'이라는 내면적 영토와 지리적 공간의 넘나듦 속에서 독특한 공동체 정체성을 구성하는 초국적 자아를 만날 수 있다.

이제는 재독한인 음악인이지만, 재일동포 출신의 한인이라는 특수한 내력은 그녀에게 한반도의 갈등 해소를 위한 음악 활동에도 관심을 가지게 한다. 윤이상의 음악을 후대에 교육하는 것도, 또 그 작품들을 고향을 그리는 아버지의 작품과 같이 연주하기도 하는 이유는 그녀의 뿌리이기도 함과 동시에 유연한 국제 음악인으로 활동하는 동력이기도 하다. 자기의 뿌리를 찾게 되면 타인도 보인다. 타자에 대한 인식과 인정, 그리고 편파적이지 않은 공정성은 매우 중요하다.

10.
연구참여자 10:
시나위 같은 삶과 음악의 작곡가

1) 생애담 요약

이 장에서 소개할 연구참여자는 재독여성 음악가로, 현대음악 작곡가다. 서울대학교에서 작곡을 전공하고, 1974년 독일학술교류처(DAAD: Deutscher Akademischer Austauschdienst)의 장학생으로 선발되어 프라이부르크 대학에서 수학한 후, 브레멘 음악대학 교수를 역임했다. 서양 음악계에 동양 여성으로서만이 아니라 순수 여성 작곡가로서 각종 음악상을 최초로 수상한 전적을 가지고 있다. 또한 베를린 소재 주독한국문화원에서는 그녀의 이름으로 작곡상을 제정하여 매년 신예 작곡가를 선발 수상하고 있으며, 2020년 초에는 동양 여성 최초로 베를린 예술대상을 수상했다. 이 연구에서 심층 인터뷰는 연구참여자의 베를린 방문에 맞추어 가질 수 있었다. 일정상의 여건을 고려하여 생애사 전반보다는 독일에서의 삶을 중심으로 한국 사회와 작품 세계와의 관계에 이르기까지 다양한 주제를 자유롭게 다루었다. 따라서 대담 내용은 주제별로 요약하면서 그 함의들을 분석하고자 한다.

2) 초국적 이주의 생애담

(1) '굉장한 행운' 혹은 보편적 인간에 대한 예의

서양 음악사에 이름이 알려진 음악가들은 대부분 남성이다. 최근까지도 클래식 오케스트라 연주자 중에는 남성 비율이 높은 편이었다. 연주자들 외에 작곡가의 경우는 더욱 심하다. 작곡가 중 여성의 이름을 바로 댈 수 있는 사람은 많지 않을 것이다. 아예 없었던 것도 아니지만, 오랫동안 음악계의 주연들은 남성들이었다. 여성 작곡가의 작품이라 해도 남성의 이름으로 발표되어야 했다. 펠릭스 멘델스존(Felix Mendelssohn)의 누이 파니 멘델스존(Fanny Mendelssohn)의 작품도 남동생의 이름으로나 발표가 가능했다. 여성들이 서양 음악계에 두각을 나타내기 시작한 것은 그리 오래되지 않았다고 볼 수 있다. 작곡가의 경우는 더욱 그러하다. 그런 정통 서양 음악의 본산인 독일에서 독일 여성이 아닌 한국 여성 작곡가가 그 선두에 서 있다. 유학생 출신의 여성 이주민으로는 독일에서 현재 가장 인정받는 음악인이 되었는데, 그렇다면 최근 이민자 수가 늘어난 한국에서도 이주여성 음악가가 그만큼 인정받을 수 있을까 하는 의문에서부터 우리의 담화는 시작되었다.

“한국 사회에서 한국에서 이주여성 음악가가 인정받는다는 것은 전혀 불가능해요. 못해요. 한국 사회는 단일민족이라는 걸 굉장히 강조하는 민족이고, 독일에서 이민자 배타적인 거에 몇 배예요 사실은. 그런데 교육을 받은 인텔리전트들도 한국에 있는 그런 고도의 교육을 받은 사람들도 이민자들을 싫어하고 자기 나라로 가라고 그런다고요. 그래서 저는 그런 얘기를 들었을 때 놀랐어요. 그리고 저는 74년에 여기에 와가지고 지금까지 있으면서 한 번도 외국인이라고 눈을 찡그리는 걸 당해보지를 않았어요. 그 굉장한 행운이에요. 한 번도 당해보지를 않았어요. 대단한 일이죠.”

외국인에 대한 편견이 없는 나라는 거의 존재하지 않는다. 독일도 도시에 따라, 만나는 사람마다 다를 수 있다. 일터가 어디냐에 따라, 사는 동네가 어디냐에 따라 경험하는 정도가 다르기에 일반화하기는 어렵다. 상시적인 만남을 가지는 사회생활에서 인종과 민족이 다르다는 이유로 차별을 경험하는 경우는 상대적으로 적을 수 있다. 반면에 시장이나 대중교통 같은 공공장소에서의 도발적 차별 행위는 예측 불허이며, 적지 않은 외국인이 자신들의 사회적 지위와 무관하게 맞닥뜨리는 경우가 종종 있어 매우 당혹스러워하기도 하다. 그렇기에 연구참여자에게는 외국인이기에 부당한 대우를 당하지 않았거나 기분 상하지 않았던 것이 ‘굉장한 행운’이라고 자신의 경험을 평가한다.

“길거리에서 지나가는 사람들한테도 누구한테도 부당한 것은 안 당해봤어요. 음악계에서는 말할 것도 없고 보통 삶에서도 지금 이렇게 힘들게 지팡이 짚고 다니지만 항상 도와줘요. 그렇다고 이주민이나 여성을 배려하는 문화를 경험한 것이 아니라, 인간을 그냥 보편적인 인간에 대한 존엄성, 그런 정신이 있어요. [인간의 존엄성을 존중한다는 경험을 해오셨군요.] 또 놀란 일이 있었는데, 독일의 젊은 아이들, 한 열여덟 살 정도 되는 아이들이요 뭐 펑크같이 옷 입고 다니고 머리도 이렇게 염색과 이상한 모양으로 하고 다니지만, 그 사람들도 제가 버스에 올라타면 전철에 타면 일어나요. 그래서 아직도 이렇게 교육을 받은 사람들이 있구나, 밖에서 내가 볼 적에는 아무것도 안 하는 그런 애들 같은데, 인성은 있어요."

독일에서 한인 이주민의 인종차별 경험은 상대적으로 낮은 편이다. 미국에서 흔히 소수 이주민의 모범이자 모델로 인식되는 것과 유사하게 동아시아 출신 이주민에 대해 그리 배타적이지 않다. 더욱이 한인 이주민의 경우에는 유럽 근대 시대부터 존재했던 오리엔탈리즘*의 연장선을 무시할 수 없다. 특히 유럽 남성들에게는 오랫동안 '순종적'인 일본 여성에 대한 환상이 잔존해왔다. 노동 이주민이 급격히 늘기 시작한 '라인강의 기적' 시기에 유입된 한인 여성의 대부분은 간호사로 왔으며, 그들에 대한 독일 병원과 언론의 평가는 매우 긍정적이었다. "아몬드 눈의 천사", "노란 천사" 등 사실 인종적 차이를 전제로 한 표현이었지만, 1960~1970년대 한인 여성 간호사들에 대해 긍정적으로 묘사한 언론 매체들을 보더라도 독일 내 한인 이주민의 위상은 근면, 성실 그리고 실력을 겸비한 모범적 이주민 소수자였다. 그리고 실제 대부분 한인 1세대와 1.5세대(어린 나이에 부모님의 이주를 따라와서 자란 성인들)는 자신들의 경험에 기반하여 판단했을 때, 독일은 인종차별

* 동양을 신비롭고 이질적으로 여기는 서구 중심적 타자화

적 제도와 관습이 상대적으로 적은 것으로 나타난다.

한편 좀 더 면밀히 살펴볼 경우, 독일 사회에서는 누군가에게는 인종차별적 언행으로 해석될 수 있는 사건이라 하더라도 '개인' 성품의 문제로 축소시켜 받아들이는 경우도 적지 않다. 인종이 다르고 독일어에 서툰 이주민이기에 차별적 언행을 한 것으로 볼 수 있는 사례에 대해서도 종종 그 독일 사람 개인의 잘못된 품성이나 기분 문제로 치부하는 경향이 적지 않다는 것이다. 이것은 나치에 의해 홀로코스트를 저질렀던 치욕적이고 파괴적인 과거에 대한 반성에 기인한 사회적 금기일 수도 있다. 즉, 피부색이나 종교가 다르다는 이유로 차별하는 행위는 도덕적으로나 법률적으로 매우 민감하게 여기는 편이다.

그렇다고 이주민에 대한 편견과 타자화가 왜 없겠는가? 연구참여자의 '굉장한 행운'은 상대적 차원에서 이해될 필요도 있다. 연구자의 기존 연구자료를 보면, 간호사 출신의 재독한인여성의 유의미한 경험과 관점을 간과할 수 없다. 즉, 독일 내 이주민 중에서 한인의 수는 극히 적은 편이고 생김새를 제외하고는 문화적 차원에서 독일 주류 문화와 구별되지 않는 편이다. 반면에 이주민 다수를 차지하는 터키계 무슬림은 일상에서도 구별되는 차림새(히잡 등)와 식생활, 그리고 종교 생활을 하기에 다른 이주민, 특히 한인 앞에 방패처럼 독일 사람들의 타자화에 주요 대상이 된다는 것이다. 그럼에도 유럽에서 가장 높은 다문화 · 다인종 인구 분포를 보이는 독일에서 최근 보수 민족주의 정당(AfD)**과 페기다(Pegida)***가 벌어짐에도 독일에서의

** Alternative für Deutschland(독일을 위한 대안정당)으로 반이주-난민주의와 나치 시대의 독일 민족 우월주의를 내세운 정당이다.

*** Patriotische Europäer gegen die Islamisierung des Abendlandes(반이슬람유럽연대)의 약자로 반이슬람, 보수적 독일 민족주의를 내세운 극우 세력이 2014년 드레스덴을 중심으로 결집하여 거리 시위 등을 벌였다. 이러한 보수 대중운동에 기반하여 등장한 정당이 AfD다.

생애 전반을 통틀어 인종과 젠더로 인해 차별받은 경험이 없거나 아주 적다는 증언은 재독한인여성이 자신들이 체험한 고국 현실과의 상대적 비교에 기인하는 측면도 있다. 그것은 곧 지나치게 강조되는 '단일민족' 신화, 그리고 여성의 권리와 권위가 여전히 폄하되는 뿌리 깊은 가부장적이고 남성중심적 문화에 대한 비판의 목소리다.

따라서 연구참여자에게 한국은 다문화 사회로 급격하게 진입했지만, 이주민 출신의 여성이 음악 분야에서 그녀가 독일 사회에서 인정받은 만큼 가능할 수 있을지, 그리고 그럴 수 있는 사회가 되기 위한 노력은 무엇인지 하는 질문에 대해 매우 단호하게 부정적인 결론부터 내렸다.

사실 남성중심적 위계질서가 여전히 강해 보이는 클래식 음악계에서, 그리고 상류층으로 갈수록 백인우월주의가 뿌리 깊게 잔존하고 있을 독일 사회에서 가장 인정받는 여성 작곡가로 알려지기까지 적지 않은 고난을 감수했을 거라 예상했던 것과 달리 '굉장한 행운'이라 표현하며 독일에서 겪은 '인간'에 대한 기본적인 예의, 그리고 자신의 고국에 대해서는 쓴소리를 마다하지 않았다.

그러나 고국인 한국 사회를 비난하는 것으로 오해해서는 안 된다. 이 쓴소리는 성찰적 비판이자 변화를 위한 기대다. 그리고 독일에서 긍정적으로 경험한 보편적 인간에 대한 예의는 서구 사회에서만 존재하는 가치가 아니다. 오히려 우리 안에 내재한 긍정적 인간관과 우주관을 회복하자는 주장에 다름아니다. 이를 좀 더 자세히 이해하기 위해 연구참여자의 작품 세계와 삶을 조명했던 기존 자료와 구술 자료를 종합해서 접근하고자 한다.

(2) '잠시' 온 독일: 고향과 타향 '사이'의 삶

연구참여자가 독일에 온 지 어느새 45년 이상이 흘렀다. 1974년 29세의 나이로 독일 독일학술교류처(DAAD)의 장학생으로 독일에 왔으니 인생의 3분의 2를 독일에서 보냈다. 2020년 1월, 6년을 주기로 독일 예술계에 가장 영향력 있는 인사에게 수여하는 베를린 예술대상을 최초의 여성이자 최초의 동양인으로서 수상한 연구참여자의 삶은 가히 성공적이었다고 볼 수 있다. 하지만 그녀는 독일에 '이주'했다거나 '정착'했다는 생각이나 인정을 한 번도 한 적이 없다고 한다.

> "제가 이주했다고 한 번도 생각을 해본 적이 없어요. 이주를 하는 사람들은 의도적으로 고향을 떠나서 여기 정착하는 건데, 저는 처음부터 여기서 몇 년 공부하고 집에 가야지, 여기 머물러야되겠다는 생각을 한 번도 한 적이 없어요. 2년 공부해가지고 졸업하면 한국 가는 걸로 해서, 집에 가서 우리 어머니를 행복하게 해드려야 된다는 생각을 항상 가지고 있었는데 일을 하다 작곡을 하다 또 그다음에 다른 작곡을 해야 되고 하다 보니까 어떻게 45년이 흘렀지. 이주를 한다는 그런 생각이나 계획은 한 번도 한 적이 없어요."

1970년대는 외국에 나온다는 것 자체가 자유롭지 못했다. 고향이 청주인 연구참여자는 8남매의 일곱 번째로 자랐다. 아버님은 열 살 되던 해에 돌아가셔서 홀어머니께서 8남매를 모두 대학 공부까지 시키시느라 고생하셨다. 어린 시절에 연구참여자가 음악을 시작한 건 열 살 무렵 손위 언니로부터 피아노를 배우면서부터였다. 모두가 어려운 시절이라 집에 피아노 있는 집이 흔치 않았다. 그래서 당시 그녀는 실물 크기의 피아노 건반을 종이에 그려가지고 다니면서 연습도 하고, 심지어 작곡도 시작했다. 어머니는 그런 딸이 하고 싶은 걸 하도록 응원해주셨다. 그런 각별한 모정을 가슴에 간직해서였는지, 유학을 떠나와 현재까지 독일을 주무대로 활동해왔으면서도 독일로의 이주나 정착을 염두에 두지 않았다.

> "독일은 일시적 경험으로만 공부하기 위해서 온 거지 정착한다는 생각은 아니고. 이주를 한다는 생각은 더더욱 안 했었고. 그리고 제가 작곡을 한다는 건 꿈에도 생각을 못했어요. 그래서 저는 전공을 두 개를 했어요. 작곡 전공하고 음악 테오리(Theorie, 이론) 전공. 그다음에 독일에서 그러니까는 독일에서 클래식 음악 테오리를 가르칠 수 있는 자격증을 따는 것이 테오리 하프 전공이에요. 그런데 작곡 전공은 작곡가가 되기 위해서 하는 건데 저는 그래서 디플롬(Diplom)이 두 개예요. 뮤직 테오리를 한 이유는 한국에 가서 교수가 되려고. 제가 독일에서 작곡가, 교수가 된다는 건 상상도, 꿈도 안 꿨던 일이에요. 그런데 이 길이 어떻게 그렇게 가서 이제 이렇게 오래 살게 됐는데요."

유학길에 오르며 한국에 다시 돌아올 것을 미리 결정했기에 독일에 이주하거나 정착한다는 생각은 아예 가져보지 못했다고 한다. 남성 중심의 문화가 뿌리 깊은 사회였으나 연구참여자에게 고향은 어머니가 계신 곳이었다. 어머니께서는 혼자 8남매를 키우시면서도 힘들다는 소리를 한번 내지 않으셨고, "내가 하고 싶어 하는 음악 하게 했다고, 너도 내가 원하는 이거 해라" 식의 요구를 하신 적도 없으셨다. 하지만 옛날에 누구나 그랬듯 공부를 시켰으면, 공부 마치고 돌아와 가정 경제에 보탬도 되고 가문도 일으켜 세워야 하는 그런 상식을 스스로 내재화시켰기에 돌아가고자 했다. 그녀는 한국에 가서 어머니를 편히 모시고 편히 살고 싶었다.

그러나 유학 시절(1974~1979) 수많은 국제 콩쿠르에서 우승을 하고, 한국에서도 난파음악상을 수상하는 영예를 안았다. 1980년 들어서도 독일에서 작곡 콩쿠르에서 1등을 하고, 세계적으로 명성이 높은 현대음악제에 여성 최초로 위촉되어 오케스트라 작품이 세계 초연되어 호평을 받아 그 후로도 1987년, 1998년, 2007년에도 작품을 위촉받아 초연되었다. 학업을 마친 후에도 독일 예술 재단들의 지원을 받아 작곡 활동을 이어나갔으며, 1990년대 들어 오스트리아와 독일의 국립 음악대학교의 초빙교수를 역임했다. 그리고 1994년부터 독일의 예술대학교 교수로 재직하다가 2011년 퇴직했다. 그러는 사이 45년여의 세월이 흘렀다.

연구참여자는 어머니와 함께하고 싶었으나, 작곡과 음악 활동을 하면서 쉴 새 없이 일하는 동안 시간이 흘렀다. 이렇게 '잠시' 동안만 머물다가 가려던 독일 생활에 대한 이야기는 전 파독 간호사, 광부 출신의 한인 이주민 1세대에게 종종 들을 수 있었다. 그런 면에서 본다면, 1960~1970년대 독일로 온 이들에게서는 고향(homeland)과 이주국(host society)의 구분이 처음에는 명확했던 것으로 볼 수 있다. 이주국으로서의 독일은 대부분의 생애를 함께했으며, 현재도 물리적인 삶의 터전이면서도 영원히 타향인 셈이다. 그렇다고 고향 청주가 있는 고국이 현재의 집일 수도 없다. 그곳은 오히려 친족이 있고 어머니와의 기억, 그리고 독일에서 자신의 정체성이자 음악 작품의 원천이 솟는 곳이다. 어린 시절 청주 장터에서 들었던 민속 음악들, 그 노래와 악기들, 무당굿, 소리꾼과 고수가 함께 몇 시간을 연행하는 판소리 등에서 얻었던 강한 인상과 느낌은 동서양 선율이 어우러져 새로운 음악을 창조하게 한 예술적 영감의 샘물이자 상상의 뿌리다.

시공간적 거리가 확연히 떨어진 두 곳 '사이'가 어쩌면 그녀의 자아와 작품이 존재하는 곳인지도 모른다. 실제로 작품을 통해 말하는 작곡가에게 고국과 독일은 혼종적으로 융합되어 그 역사와 문화를 예술적으로 승화시킨다. 그녀의 작품은 두 나라의 매개이자, 자신과 세계의 매개이고, 그리고 나눔과 소통이라 할 수 있다.

(3) 작품으로 승화된 고국과 유럽의 역사

독일의 음악전문 저널리스트이자 비평가인 막스 니펠러(Max Nyffeler)는 연구참여자의 예술적 특질을 두 가지로 간명하게 설명한 바 있다.

> "지금까지 그녀의 예술 작품들은 두 가지 특질을 보이고 있다. 하나는 한국 음악 전통에 근본적으로 뿌리를 두고 있는 표현의 일관성이고, 또 다른 하나는 이국적 환경 안에서 고립된 그 전통을 구제하려는, 그리고 한국의 역사를 거울삼아 세계가 처한 상황을 직시하려는 의지다. 그녀는 상업주의, 식민주의적 병합 그리고 전 지구화의 폭력으로부터 자유로운 삶의 이미지들, 보편적으로 적용할 수 있는 이미지들, 즉 하나의 애도이면서 동시에 화해와 유토피아의 이미지들을 찾고자 고심한다."

연구참여자의 주요 작품 제목들만 보더라도 한국적 정서와 문화가 창작의 모티프가 되었다는 점은 쉽게 예상할 수 있다. 1980년 현대음악제에 여성 최초로 위촉되어 초연된 작품명이 「소리」다. '소리'는 말 그대로 인간에게 들릴 수 있는 모든 종류의 소리를 의미한다. 잡음, 소음, 외침, 목소리, 톤, 음향 등을 아우르며, 마당극으로부터 영감을 받은 작품이라고 한다. 그녀의 작품에 대한 해석을 살펴보면 다음과 같다.

> 그녀는 이 '소리'를 외침, 한의 울부짖음이라 설명한다. 여기에서 '한'이란 어떤 특정된 누군가에게의 한이 아닌 우리 민족 스스로가 역사상, 풍토지리상 억눌리고 짓밟혔던 그 옛날부터 출발한다고 한다. 우리나라의 역사를 둘러볼 때 당시 강대국이었던 일본, 중국, 몽골 등의 압박을 우리 민족은 침묵으로 억누르며, 살아남기 위해 발버둥 치던 그 지난날들이 원인은 다르지만 우리의 민족성의 하나로, 또 한의 외침으로 많이 작용했다고 한다.*

한글로 설명된 위와 같은 작품 해설 부분에 덧붙여 작곡가 스스로 1986년 설명한 독일어/영어 버전은 더 자세하게 한국의 조선 시대부터의 역사문화적 배경을 다루고 있다. 즉, '한'의 경우 오랜 유교 전통 아래서 여성들이 받았던 억압적인 문화, 그러나 세종대왕이 창제한 한글을 사용하여 민족적 정체성을 유지해온 주역들로서 여성의 문제를 거론하고 있다. 전라도 지역에서 직접 녹취한 전통음악을 바탕으로, 실제 민족의 문화유산을 한글과 구전으로 이어온 여성들의 위대함을 음악으로 드러낸 관현악곡이 「소리」라는 것이다.**

이러한 역사적 · 문화적 배경이 공식적으로 '소리'를 표현한 것이라면, 연구자와의 인터뷰에서는 작곡가 개인이 처했던 시대적 상황과의 연관성

---

* https://www.pagh-paan.com/dsp.php?kr,2.

** https://www.pagh-paan.com/dsp.php?en,3,0,3,1.

을 명확히 진술했다. 즉, 이 「소리」는 1980년 5월 광주 학살의 아픔을, 그 희생자들에 대한 애도와 그 분노를 담은 작품이라는 것이다.

> "나는 이미 그런 사태가 벌어질 것으로 예상했어요. 79년 전두환 일당이 쿠데타로 정권을 잡았잖아요. 그래서 참 걱정이 많이 되어서, 그때부터 작품을 구상하고 쓰기 시작했었어요. 그런데 1980년 당시 ZDF(독일 공영방송)에서, 그때는 광주사태라 했잖아요, 그 장면들이 보도되는 걸 종일 시청했어요. 정말 얼마나 끔찍했는지…. 그래서 그전부터 써오던 작품을 다시 그 사건에 맞추어 써서 도나우싱엔 현대음악제에서 초연한 거예요. [그렇다면, 선생님의 「소리」는 윤이상 선생님의 「광주여, 영원히!」가 그다음 해인 1981년에 초연되었으니, 그보다 앞서서 광주에 대해 처음 작곡되고 연주된 작품이네요?] 네, 그렇지요. 윤이상 선생님께서 유명하시니까 그분 작품이 한국에 더 많이 알려졌는데, 사실은 제가 맨 처음이라 할 수 있지요."

독일에서 음악을 통해, 그것도 한국에서 통칭 '민중가요'라 불리는 장르가 아니라 정통 서양 음악을 통해 한국 사회 문제를 표현하는 것은 적지 않은 용기가 필요했다. 그것은 1967년 발생한 동백림사건과 1973년 유럽 간첩단사건, 그리고 그 이후에도 프락치들을 통한 끊임없는 감시와 협박 등이 있었던 독일 교포사회 현실을 봐도 그렇거니와, 한국에 있는 가족들에게 혹시 좋지 않은 일이 생길지도 모르기 때문이기도 했다.

그러나 1980년 5월 독일은 위르겐 힌츠페터(Jürgen Hinzpeter) 특파원이 보내온 광주의 영상이 방영되면서 충격에 휩싸였다. 당시 유학생과 교민은 사태 파악과 대처 방안을 의논하기 위해 서로를 찾아 나섰다. 베를린에서,

프랑크푸르트에서, 본에서, 복훔에서 유학생과 교민은 뛰는 가슴을 부여잡고 믿기지 않는 참상에 대해 뭔가를 하고자 했다. 연구참여자는 유학 시절부터 타 전공 유학생들과의 교류를 통해 한국 역사와 사회 문제에 대해 배우고 의논도 했다. 당시 사회과학이며 철학을 하는 유학생들에게 이 같은 상황을 어떻게 하면 좋겠냐 했더니, "당신은 그래도 음악이라는 것을 통해 이 같은 문제를 세계에 알릴 수도 있지 않소. 그러나 오히려 우리는 우리의 지식으로 아무것도 기여할 바가 없으니 답답하오."

사실 당시 공수부대의 총칼과 군사적 폭압 속에서 고국에서조차 뭔가 할 수 있는 것은 없었고 다들 두려움에 떨어야 했다. 그나마 이역만리 떨어진 독일에서는 직접적인 폭력이 가해지는 것은 아니었기에 당시의 참상을 목격한 유학생과 교민은 거리로 나서서 "전두환은 물러가라", "군부독재 타도하자" 등의 구호를 외쳤다. 그리고 연구참여자는 현대음악제 위촉 작품인 「소리」를 멀게는 오랜 억압 속에서도 면면히 민족의 문화를 구전해온 여성들을 위해, 그리고 가깝게는 광주의 민중을 위해 작곡하고 세계에 선보였다.

> "우리에게 1980년대는 참 암울했지요. 다른 사람들이 밖에서 바라볼 때, 나는 그냥 작곡만 하면 되었으니까 편안해 보였겠지만, 1980년대 학생운동으로 70여 명의 학생이 그들의 민주화를 위해 길에서 투신하는 동안 내게는 작곡이라는 것이, 음악을 쓴다는 것이 내가 할 수 있는 단 한 가지의 저항수단이었지요."*

---

* https://www.pagh-paan.com/dsp.php?kr,2 중 작품 「봉화」에 대한 설명글 중에서 발췌.

1980년 광주는 적지 않은 재독교포의 삶의 방향을 바꾸었는데, 그중에는 연구참여자도 포함된다고 볼 수 있다. 한글 이름으로 작품 제목을 정하고 그만큼 한국 전통음악을 서양의 작곡기법으로 녹여내어 유럽 현대음악계에 지대한 영향을 끼친다. 「소리」, 「노을」, 「님」, 「봉화」, 「황토」 등의 작품이 광주항쟁과 연관되어 창작 · 연주되었다. 그런 의미에서 '정치적인' 작곡가인가 하는 질문을 던질 수 있으나, 이에 대해 한때 이미 그녀는 자신의 관점을 명확히 한 적이 있다.

> "나는 인류의 존재성에 의미를 부여하기 때문에 나는 결국은 정치적인 작곡가입니다. 나무, 강, 벼, 보리, 동물 등등 그 무엇 하나도 환경오염에 시달리지 않는 것이 있다면 말씀해주시겠어요? 이 모든 것이 오늘날 정치적인 것이라고 생각합니다."*

한국에서는 정치라는 개념이 제도 정치 혹은 정치적인 사건에 목소리를 내거나 참여하는 것 정도의 협소한 의미로 사용되는 경향이 있다. 그러나 정치는 이미 사회 전반의 영역과 구분될 수 없고, 일상과 무관하지 않다. 그만큼 인간은 이미 정치적이며, 인간과 관계된 자연환경까지 포함하는 존재론적 고민을 하는 모든 행위는 정치와 관련이 있다. 음악을 순수 음악과 참여 음악으로 나눈다거나 음악가의 작곡과 연주 행위를 그런 식의 잣대로 구분하는 것 자체가 정치적이다. 그런 의미에서 그녀는 자연을 포함한 보편적 인류의 문제를 고민하는 작곡가의 행위 그 자체는 이미 정치적일 수밖에 없다고 단언한 것이다.

---

* https://www.pagh-paan.com/dsp.php?kr,2 중 작품 「봉화」에 대한 해설 내용에서 발췌.

그릇된 애국주의를 가진 자 중에는 독일이라는 서양 나라에서 자기의 고향인 한국에 대해 비판적으로 묘사하거나 그 문제를 지적하는 것은 나라를 부끄럽게 하는 일이 아니냐고 반박하는 경우도 있다. 그러나 이러한 관점은 국가와 정권을 동일시하는 냉전 교육의 산물에 불과하다. 반공을 국시로 하면서 정권을 유지하려 했던 군사독재 권력에 의해 만들어진 그릇된 국가관이다.

반면에 한국 문화와 역사, 그 정서와 의식을 고고한 서양 음악계에 소개하고 그를 통해 서양 음악계의 발전에도 기여한 업적은 초국가적 의미의 사회문화적 송금을 실천한 것으로 봐야 한다. 사회문화적 송금이란 금전이나 경제적 자본처럼 눈에 보이는 실물이 아니라 기술, 생각, 예절, 이념, 아이디어 등 경험과 교육을 통해 습득한 사회문화적 가치들을 자기의 나라와 현재 체류국 사이로 전송하는 실천행위를 말한다. 따라서 한국인의 정서와 역사가 담긴 전통음악의 요소들을 서양 작곡기법으로 표현하여 유럽에서 공연하는 것은 한국 문화의 전파에 해당한다. 그래서 연구참여자에 앞서 1960년대 중 · 후반부터 서양 현대음악계에 명성을 날리기 시작한 윤이상 작곡가가 동백림사건으로 피랍되어 갔을 때, 그를 구하기 위해 작성된 탄원서에는 윤이상을 문화대사로 칭해야 한다는 주장이 담기기도 했다. 즉, 서양의 내로라하는 음악가들이 윤이상의 작품이 아니었다면 한국의 전통음악과 역사에 대해 관심조차 가지지 않았으리라는 것이다. 특히 서양 음악은 중상류층이 향유하는 장르인데다 새로이 발전하기 시작한 현대음악은 진보적 지식과 교양을 갖춘 엘리트 문화권에 영향을 미치는 영역이라 아니할 수 없다. 따라서 윤이상 시기에도 그랬지만, 그 뒤를 이어 명성을 얻은 연구참여자의 작품은 한국에서 독일로 수입된 대안적 문화이자 감성이었다. 이는 파독 광부와 간호사가 어렵게 일해 모은 월급, 차관 등의 물질적 재화들이 잘사는 나라 독일에서 가난한 나라 한국으로 일방향적 송금이 이루어진 것과는 반대되는 전파 경로였기에 의미가 크다.

더불어 유럽 서양 음악계에서 인정받는 그의 작품들은 역으로 다시 한국의 음악에 기여하기도 한다. 한국에서 작곡을 배우기 위해 후학들이 오기도 하며, 그의 작품에 한국에서 연주되면서 서양에도 알렸던 기층 민중의 정서가 담긴 한국 문화의 정체성, 그리고 광주 같은 역사적 비극이나, 현재 인류가 처한 환경 문제 등을 일깨우고자 하는 한 작곡가의 열망이 고국의 무대를 통해 전파되기도 한다.

(4) 우물 정(井), 조화로운 평화

연구참여자는 유럽에서 지난 45년 이상을 살며 동양인 이주민이기에 부당한 대우를 받은 경험이 없었다며, 자민족중심주의가 여전히 강한 한국사회에 대해 비판적이었다. 한국 사회에서 목격되는 배타성은 상대적이다. 그녀의 의견에 따르면, 이주민을 대상으로 할 경우에는 민족주의가 발동되고, 같은 민족 안에서는 학연, 지연, 혈연 등의 사회적 관계망을 통해 또 다른 배타성이 작동한다는 것이다. 이는 한국 사람들 역시 자기 사회를 비판할 때 늘 거론하는 문제다.

독일 음악계로부터 시작해서 세계적 명성을 얻었으나 끝내 냉전 이데올로기의 희생양이 되어 살아생전 고국 땅을 밟지 못한 윤이상 작곡가에 대해서도 "과연 윤 선생님이 한국에서 활동하셨다면 그렇게 유명해지실 수 있었을까요?"라고 반문하기도 했다. 여성 작곡가로서 서양 음악사에 '최초' 수상자라는 기록을 남겼지만, 만약 한국에서 활동했다면 힘들었을 거라고도 첨언했다.

독일에서 동양인으로서만이 아니라 그냥 여성으로서 각종 콩쿠르나 예술상, 그리고 음악제 위촉에서 '최초'의 기록을 세울 수 있었던 유럽사의 배경에는 어쩌면 68운동이 있었기 때문이다. 서구 유럽은 반베트남전쟁 운동으로 시작하여 전 세대와의 문화적 결별을 선언하면서 대안적 가치관을 실천한 1960대 말 변혁운동으로 인해 기존의 서열화와 불평등이 대대적으로 개선되는 전환기를 거쳤다. 그러나 어느 역사에서도 그랬듯 가장 변화에 둔감한 영역은 소위 전통을 중시함으로써 그 정체성이 보장되는 상류층이자 그들의 문화라 할 수 있다. 서양 음악계에도 예술가들의 창의성과 진보성이 중요한 곳이지만, 남녀가 평등하게 인식되기까지는 시간이 더 필요했다. 따라서 1980년 당시 이미 도나우싱엔 음악제는 70년의 전통을 가지고 있었지만, 그 70년 만의 첫 위촉 여성 작곡가가 그녀였다.

그 후 1990년대에 들어서면서 서양 음악계에 여성 작곡가들의 등장과 활약이 더욱 가속화되었다. 그러한 시발점에 연구참여자가 선두에 서게 된 셈인데, 음악계에서 여성이냐 아니냐를 먼저 판단하기보다는 콩쿠르의 경우 음악 자체로 평가하는 경향이 제도적으로 정착되기 시작했기 때문으로 보인다. 여하튼 1980년 도나우싱엔 현대음악제 위촉 이후 각종 콩쿠르에서 수상하고 작품 위촉을 받게 되는데, 그 이행기에 재미난 일화도 있었다.

"여성이기 때문인 게 혜택을 본 건 아니죠. 악보를 보고 사람 이름 없이 평가하는 거니까. 그리고 음악제에서 있었던 일인데요, 81년에 벨기에 브뤼셀에서 연주가 있었는데요. (작곡가 소개하면서) 내 이름이 방송해서 나가니까, 사람들은 일단 여자인지 남자인지 모르죠. 그런데 한 가지 확실한 건 사람들이 제 작품을 작품으로 듣지 여성 작곡가의 작품으로 듣지는 않죠. 그래서 연주가 끝나고 제가 인사하러 나오니까 다들 놀랐죠. 여자가 저런 곡을 썼다고. 그래서 어떤 사람이 그래요. 어떻게 여자가 저런 곡을 썼냐. 저렇게 오케스트라 큰 곡을 썼냐고."

인종과 젠더라는 울타리를 걷어내고 음악 자체의 작품성을 중심으로 평가하고 감상한다는 것은 음악의 발전을 위해서도 의미가 있으며, 인권과 평등을 이끌어낸 근대적 성과를 현실화하는 데도 도움이 된다. 그렇게 남성의 전유물이던 작곡계에 여성 작곡가들이 더 공평하게 진입하는 변화가 일어났다. 하지만 그럴 경우 같은 젠더 내에서의 경쟁, 시기, 질투 같은 일상의 갈등이 안 나타날 리 만무하다. 같은 여성이라 하더라도 백인 여성이 동양 여성에게 갖는 감정이나 대하는 태도가 다를 수 있기 때문이다.

"그 당시에 어디에서 후배 여성 작곡가들끼리 시샘하는 게 대단하다고 그러기에 '그게 무슨 소리냐. 나는 시샘도 안 하고 시샘을 받지도 않는다' 그랬더니, '아, 너는 예외다' 그러더라구요. 그래서 저는 그런 여성 작곡가들 사이의 시샘에서도 예외였던 것 같아요. [어떻게 그런 갈등 관계에서 예외가 되셨어요?] 제 자신이 시샘을 안 하기 때문에 남들이 저한테도 시샘을 할 게 없어요. 제 생각에는 나는 그렇게 생각해요. 그런데 사람들이 안 믿을 거예요. 왜 안 믿냐 하면 그 당시에 제가 처음에 서 있었기 때문에 누가 시샘을 할 수도 있었는데… 저는 친구들이 많았기 때문에 시샘을 할 건덕지가 없었다고 생각해요. 나 외에 다른 작곡가들도 잘하니까. [각자의 다양성을 서로 인정하신다는 말씀이군요.] 내가 다른 사람한테 인정을 받으려면 나도 인정을 해야죠. 그게 공통적인 사랑이, 동료로서의 사랑이 있는 거죠. 나만 잘났다고 하면, '야 너는 너만 잘

났냐?' 그러면 끝인 거예요."

예술 창작품을 등수를 매기듯 서열화하는 것은 옳은 방법이 아니다. 작품은 예술가의 창의성이 나타나는 것이고, 그것은 하나의 독특한 산물로 인정될 필요가 있다. 이렇듯 그녀의 인간관계 철학은 다름의 인정에 담겨 있다. 그런데 놀라운 것은 이러한 관계의 평등성이 서양 철학이나 도덕, 또는 독일에서의 경험에 비롯한 게 아니라 동양의 정서와 철학에 기인한 것이라는 점이다.

> "[선생님은 인간관계에 있어 어떤 삶의 철학이 있으신 것 같아요. 그리고 그 철학이 작품으로도 표현되지 않나 싶어요. 선생님의 몇 작품을 보면 물을 주제로 한 곡들이 보이더군요.] 우물 정자로 해서 썼어요. 우물 정자를 보시면(우물 정 한자를 탁자 위에 쓰면서), 우물을 파서 썼는데, 서로 나눠 갖는 거예요, 물을. 그러면 그걸 음악적으로 어떻게 표현했냐 하면 중심음을 E로 해가지고, 이 음을 중심으로 여러 악기들이 서로서로 대화를 하는 거예요. 선율적으로 그러니까는 같이. 우리나라 말로 좀 공유하자는 말이 유행이잖아요? 이메일로 공유하고 그런 공유를 하는데 여기서는 주음 E를 가지고 서로서로 자기 얘기를 하는 그런 부분이 있어요. 이것도 민주주의적인 건데 우리나라 음악에서 시나위 음악이 완전히 민주적인 음악이에요. 사람이 피리 독주를 하고 나면 다 한꺼번에 합주를 하고, 그다음에 또 그다음에 악기가 독주를 하고, 또 합주를 하고. 그런 우리나라 국악에서 굉장히 많이 배웠어요."

우물 정(井)과 시나위. 이 두 단어는 한국 문화에 내재된 정신이자 정서

임에 분명하다. 마을 한가운데 우물을 파고, 거기서 나오는 물은 사방팔방 나뉘어 사는 마을 사람들이 공동체로서 공평히 나누어 사용하는 것이다. 물론 우물 문화는 마을을 일구어 살던 인류 문화에 공히 등장한다. 동양이나 서양이나 마찬가지다. 그러나 상형문자인 우물 정자의 의미를 부각시키면서 연구참여자는 '공유'하는 문화, 나눔의 정신을 인간관계와 자신의 작품 세계를 통해 구현하고자 했다.

특히 국악 장르의 하나인 시나위는 서양 오케스트라 연주와 다른 성격을 지닌다. 어쩌면 오히려 대중음악 장르인 재즈와 유사성이 있다고 볼 수 있으나, 후자는 최근에나 등장한 반면, 시나위와 오케스트라는 오랜 전통을 가졌다. 오케스트라 연주는 거대한 규모로 이루어지지만, 각각의 악기가 개별적인 특성을 보여주는 부분들은 많지 않다. 반면에 시나위는 위 묘사에 보이듯, 다 함께 어우러진 합주를 하고는 한 악기의 특성이 최대한 발휘되도록 독주가 이루어질 때 다른 악기들은 보조 역할을 한다. 그러고는 다시 같은 음량으로 합주를 하는 식으로 주거니 받거니 한다. 사람으로 치면 서로 다른 개인별 개성이 드러나도록 하고, 그런 다른 개성들이 서로 어울리는 소통과 조화의 과정이 바로 시나위적 관계 실천이다.

이렇듯 나눔과 소통이라는 한국적 정서와 가치는 위계서열화된 경쟁관계 속에서 변두리로 밀려났다. 급속한 산업화와 경제 성과를 위해 정치적으로는 독재정권이 들어서서 인권과 평등, 민주주의를 외치는 학생과 시민을 짓밟기도 했으며, 노동자의 권리는 성장 위주, 재벌 위주의 경제 구조에 밀려 탄압당했다. 그런 야만의 시대를 거치면서도 끊임없이 저항한 시민으로 인해 한국 사회는 경제적으로나 정치적으로나 선진국 대열에 들어섰다. 하지만 여전히 급격한 경제성장 속도를 따라가지 못하여 발생한 구조적이며 문화적인 한계로 인해 불균형적인 사회 모습을 보이고 있다. 그

급격한 역사의 변화를 한 발짝 떨어져 목격한 여성 음악가의 감수성은 초국가적 경험과 고국의 문화에 내재해 있으나 소외된 공동체적 가치와 정서, 바로 시나위 장르에 담겨 있는 그 신명을 새로운 선율로 조합하여 우리의 감성을 깨우려 한다.

재독여성 작곡가인 연구참여자는 이러한 인간관계에서의 공존뿐 아니라 인간과 자연의 공존을 위한 삶의 자세를 한국의 시나위에서 찾았다. 개별 악기들의 개성을 한껏 뽐낼 수도 있고, 그렇게 서로 다른 개성들이 서로를 배려하며 합주할 수 있는 그런 시나위적 관계를 서양의 작곡기법을 통해 음악으로 승화시키고, 동시에 스스로도 그러한 삶의 자세로 인간관계를 맺으려 해왔다는 것이다. 반세기가량 유럽에 살면서 동양인이거나 여성이기에 차별받은 경험이 없는 '굉장한 행운'을 누렸다고는 하지만, 그 행운은 누구나 누릴 수 있는 것은 아니다. 본인이 우선 실력을 갖추어야 하는 것은 기본이고, 자존감 또한 높아야 할 것이다. 그리고 타인과의 관계에서는 서열화가 아닌 다양성의 존중, 바로 인간 본연의 존엄성을 존중하는 자세가 필요하다. 한국의 남성 중심적 유교질서가 팽배하고 합리와 이성보다는 무력에 의한 통치가 지배하던 시절 독일로 유학 온 그녀는 한국 사회가 인위적으로 씌었던 편견의 외투가 해체되는 경험을 했다.

국제콩쿠르에서는 이름 없이 작품만으로 수상자를 선정하고, 그렇게 수상 경력을 높이는 과정에서는 세계적인 음악제로부터 작품 위촉을 받아 명성을 쌓아갈 수 있었다. 그러나 초창기 그녀의 실력이 인정받는 중에도 성공의 의미를 항상 연주자와의 관계에 더 크게 두고자 했다.

"내 작품의 연습을 마친 후 연주자들이 내게 '당신의 작품연습을 기꺼이 한다'라고 할 때나, 혹은 '연습을 하면 할수록 당신을 더 많이 이해할 수 있게 되었다"라고 할 때, 나는 비로소 첫 성공의 기쁨을 맛봅니다."*

이렇게 자신의 작품이 외부 관객에게 알려지기 전에 연주자들의 연습 과정에서 서로 이해하고 교감하는 정도를 더 중시했다. 이는 작곡가 스스로 먼저 자신의 작품을 이해하는 당연한 출발, 그리고 그 작품을 연주자들이 자신들의 개성과 인격으로 이해하면서 진심으로 연주해주었을 때 비로소 청중도 가슴으로 느끼고 이해할 수 있다는 지론을 가졌다. 이는 과정 중심의 가치관이다. 성공은 결과론적으로 나오는 것이지만, 진정한 성공은 그 출발 단계부터 결과가 나오기까지의 과정에서 자연스러운 산물로 등장하는 것이어야 한다.

인터뷰를 진행한 날은 제4회 박영희작곡상 수상식과 연주회가 있는 날이었다. 독일 최고의 공연장 중 하나인 베를린필하모니 공연홀에서 젊은 한국인 작곡가들이 동서양의 악기들을 혼합하여 지은 수상 작품들이 연주되었고, 한국에서 온 국악팀은 시나위 합주를 선보였다. 신라 시대 무속음악으로부터 유래되었다는 시나위는 무악 장단에 맞추어 해금, 대금, 피리, 장구, 가야금 등의 전통 악기들이 저마다의 즉흥적 기량을 뽐내기도 하고 서로 합을 이루어 신명 나는 장단을 풀어냈다. 각 악기가 가락을 뽑아낼 때는 다른 연주자들이 그 장단에 맞추어 추임새를 넣으며 흥을 돋워주기도 하고 어깨를 들썩이며 관중의 신명도 덩달아 키워주었다. 연주가 완료될 때까지 침묵하고 집중해야 하는 서양 오케스트라 연주와는 확연히 다른 분위기를 자아냈다. 한마당에서 연주되어야 할 것 같은 신명 나는 가락이 필

* https://www.pagh-paan.com/dsp.php?kr,2 중 본문 내용에서 발췌.

하모니 무대에 올려진 낯섦도 잠시, 무대와 관객의 경계도 사라지게 하는 신명의 힘이 공연장을 압도했다. 음악은 이렇게 언어로 할 수 없는 감성적 공감대를 만들어내는 감성의 물결이다. 그래서 그녀의 작품에는 물의 이미지가 자주 등장한다. 우물의 물, 호수의 물, 그 물의 생명력으로 최첨단 과학 문명과 물질주의 속에서 자칫 메마르고 단절될 수 있는 인간과 인간의 관계, 인간과 자연의 관계 사이를 흐르게 하라고 한다. 글로벌시대 한국 사회는 시나위 합주 안에 이미 내재한 공존의 미학과 지혜를 다시금 호명할 것을 제안한다.

4장

한국 사회에 전하는 메시지

1. 개인과 사회
2. 정치와 경제
3. 문화와 예술
4. 복지와 교육

독일 한인이주여성은 독일과 한국의 문화를 넘나드는 문화의 매개자이자, 문화의 번역자들로 자신들의 모국에 끊임없이 관심을 갖고 혼종적 정체성의 주체로 살아가고 있다. 우리가 만난 10인의 연구참여자는 인터뷰를 통해 한국 사회에 바라는 점들을 다양한 목소리로 전해주었다.

따라서 이 장에서는 연구참여자들이 한국 사회에 전하는 이야기를 중심으로 사회적 연결성과 관계성을 성찰하고자 한다. 독일 한인이주여성이 전하는 메시지는 초국적 이주, 그 속에서 경험한 초국적 정체성을 통해 다문화 사회에 중요한 시사점을 줄 것이다.

1.
개인과 사회

1) 인간에 대한 존중

연구참여자들은 독일에 이주해 살아온 경험자로서 다문화 사회로 진입한 한국 사회에 대해 다음과 같은 메시지를 전하고 있다. 한국 사람들이 손님으로 일하러 온 노동자나 결혼이주여성에게 먼저 매너 있게 대우해주어야 한다고 전한다. 자신들도 타자로서 독일에서 살았을 때 독일 사람들이 친절하게 잘 대해주었고, 그러한 선의지 때문에 지금까지 정착하여 안정적으로 살 수 있었다고 고백한다. 이는 타자의 위치와 의미를 재정립하려는 시도 중에서 가장 엄격한 입장을 피력한 레비나스(Levinas)의 타자론(이다운, 2011) 같은 삶을 지향하고 있다고 판단된다. 이러한 타자 지향적 삶을 한국 사회도 실천할 때다.

"내가 독일에 와서 일을 해보고 살아보았지만, 나도 손님으로 일을 하러 왔다고. 그래도 독일 사람들은 참 잘해줬다고. 근데 지금 대한민국은 일하는 노동일을 안 하기 때문에 다른 나라에서 사람 데려와가지고 일을 시키고 대우를 참 못 하는데 그거 나 참 안 좋다고 얘기했어요. 우리 한국 사람 좀 고쳐야 된다고! 우리는 대우 받고 살았어요. 진짜. (중략) 독일로 난민들 오죠? 그러면 옷 같은 거 안 입는 거 살림 그런 거 갖다줘요. 저 나라 사람들도 사람인데. 그 사람들이 자기 나라가 잘 살면 왜 와요? 힘들기 때문에 오지. 그래서 우리 한국도 많이 고쳐야 돼요. 독일 사람들이 한국에서도 옛날에 입양 많이 해오거든요. 근데 얼마나 잘 키우는데. 참 잘 키워요." (연구참여자 1)

"독일 사람들이 나한테 따뜻하게 안 해줬다면, 내가 지금까지 남아 있을 수 있었을까? 그 사람들은 자기 생활을 하는 건데 낯선 곳에서 온 사람들한테 힘을 실어주고 관심을 주고 따뜻하게 받아줬어요. 주변에서 저를 잘 받아준 것 같은 느낌을 경험했어요. 외국인한테 최대한 차별 안 하고 같이 가려 하고. 같은 여자면 여자로서, 남자면 남자로서 이런 식으로 편안하게 대해주고. 저희가 사실 월급 받고 이런 것도 독일 사람이랑 하나도 다르지 않았어요. 똑같이 했어요. 오히려 우리가 안 됐다고 해가지고 자기들이 더 많이 초대하고, 많이 불러주고 이러니까 우리 간호사들이 이렇게 살아남을 수 있었지. 그렇지 않고 우리나라에서 가끔 뉴스에 나온 식으로 했으면 다 도망갔을 거예요. 난 일할 때 차별을 진짜 못 느꼈어요. 그런 것들이 살아가는 데 도움이 된 거 같아요." (연구참여자 6)

"외국 여성이 시집을 왔으면 우리 한국 사람이 먼저 스스로 고쳐야 돼요. 사람을 때린다는 그 자체가 나쁜 거고. 내가 한국에서 여자를 못

구해서 다른 데서 데려왔으면 그 사람한테 자기가 선생이 되어야 돼요. 부인을 가르치면서 교육을 시키면서 좋은 말을 하고 새 사람 내 사람을 만들어야 되는데 자기 고집대로 안 되는 걸 사람을 그렇게 때리고 그러면 됩니까. 그거 고쳐야 돼요." (연구참여자 1)

한국을 흔히 '동방예의지국'이라고 하지만, 연구참여자는 오히려 독일 사람들이 더 예의가 있는 것 같다고 했다. 독일에서 이주자로 사는 것은 분명히 고생스러운 일이었지만, 연구참여자는 자신의 인생에서 그러한 경험을 '자산'으로 여기며 그것을 통해 자신의 인생이 바뀌었다고 생각한다.

"처음에 내가 독일 갔을 때 우리 한국이 진짜 예의 바른 나라라고 뭐도 좋고 하는데 그게 한국 남자들 하는 행동이나 또 여자들도 마찬가지로 보면 이건 아니야. 그런데 나는 독일에 가서 고생한 거 자체도 나는 그거를 큰 재산으로 봐요. 내가 그때 고생을 안 했더라면, 한국 남자들이 그렇게 다들 진짜 예의도 있고 인간미가 되어 있었더라면 내가 지금 이렇게 안 돼 있을 거야. 이렇게 내가 고생한 거를 진짜 하나의 재산으로 보아요. 내가 그때 고생 안 했으면 내가 내 삶은 바뀌지 않았을까 하는 생각이 들어요." (연구참여자 5)

결혼을 위해 다른 나라에서 여성을 돈을 주고 사온다는 사고방식에 대해 연구참여자는 적극적으로 반대했다. 왜냐하면 그것은 '노예'와 마찬가지이기 때문이다. 연구참여자는 한국이 가난했을 때 많은 여성이 직업 전선에 뛰어들어야 했던 상황을 떠올렸다. 지금 한국 사회에 이주하여 살아가고 있는 많은 결혼이주여성이나 외국인노동자의 경우 과거 1970년대의 부모 세대처럼 부모, 동생을 보살피기 위해 타국에 건너와 수고하고 있다. 이들의 삶 또한 매우 숭고하다. 이들이 경제적으로 낙후된 나라에서 이주해 왔다는 이유로 이들을 가볍게 여기거나 폄하하는 인식과 태도는 사라져야 한다.

> "내가 독일에 가서 한번 생각해본 적이 있어. 내가 왜 독일에 갔나. 그런데 또 이유가 있어. 그때 그 시절에 우리나라가 민주주의였고 부자나라였고 또 우리나라가 세계에서 아주 자신만만한 나라였다면 내가 여기 갈 필요가 없었잖아. 내가 이 나라에서 태어났다는 것도 하나의 나의 불행이 될 수가 있어. 그렇지만 나는 그 불행을 가지고 외국을 갔지만 나는 불행했기 때문에 내가 발전하는 힘이 됐어. 내가 그런 생각을 했어요. 그런데 내가 이렇게 한번 신문에서 보면, 여자를 사가지고 오는 거. 그게 마치 노예라는 생각이 들어. 그래서 나는 참 슬퍼요. 사실은 많이 슬퍼요. 한국 사람 자체들도 썩어있으니까. 안 그래요? 그런데 내가 보기에 그 사람들도 자기 나라에 부자 아니고 가난하고 그러기 때문에 여기 와서 이렇게 노예 생활하면 마음이 아프지. (중략) 그 시절에 우리 여자들이 그런 걸 왜 해야 했겠어. 우리나라가 가난하고 아무것도 없었잖아. 그러니까 자기도 살기 위해서, 부모 살리기 위해서 또 동생 교육시키기 위해서 한 거야. 나도 한국 민족이지만 서글퍼요." (연구참여자 5)

출신국에 따라 사람을 차별하는 것은 인간의 존엄성을 무시하는 태도다. 특히 이주민에 대한 배려와 존중을 위해서는 그들에게 더 많은 기회를 제공할 필요가 있으며, 시간을 갖고 기다릴 줄도 알아야 한다.

"베트남 여자든지 연변 여자든지 여인하고 결혼을 했다고 하면 그 사람이 어디에서 왔던지 일단 존중을 해줘야 되고 그 사람의 문화를 존중해주고 내 것까지 배려하면서 서로 배려하면서 살아야 돼요. (중략) 그러니까 언어가 딸린다 하면 언어를 배울 수 있게끔 공간을 만들어주고 뒤에서 꾸준히 계속 연습할 수 있도록, 못해도 토닥거려주면서 잘한다고 할 수 있게끔 길을 만들어줘야 해요. 그러니까 돌다리를 놔줘야 된다고. 한번 틀렸으면 설명을 하고 두 번 틀렸으면 또다시 설명을 하고 기회를 줘야죠. 처음부터 모르는 사람들은 다 잘할 수 없어요. 모든 사람들이 그래요. 애기들이 태어나서 엄마들한테 배우고 학교 가서 배우고 왜 배워요. 못하니까 크면서 다 배우는 거잖아요. 그러니까 그 사람들도 외국에서 한국에 들어와서 처음에는 못 하는 거 많을 거라고 분명히. 그러면 가르쳐줘야죠. 가르쳐주고 그리고 학생이 열심히 공부하게끔 자리를 만들어주고 기회를 줘야 해요. 시간을 줘야 되는 거야." (연구참여자 7)

연구참여자가 강조했듯 타자를 위해서는 시간과 공간, 그리고 사랑이 필요하다. 이는 레비나스가 중시한 타자에 대한 책무성과 윤리성이 한국 사회에 더욱 필요한 것이라 할 수 있다.

"일단은 제일 먼저 바뀌어야 할 게 한국 사람들의 마인드예요. 외국인이라고 무조건 무시하고 이러면 안 돼. 그냥 외국인은 와서 충실히 살겠다고 하는 사람들인데 그 사람들 기 죽이지 않고 열심히 일해서 돈 버는 사람이면 오케이 대우를 해줘야지, 왜 그 사람들을 무시해? 그건 아니거든요. (중략) 그건 인간을 존중하는 게 아니기 때문에 그러니까 그걸 먼저 바꾸고 좀 더 그분들을 할 수 있게끔 시간과 공간과 그다음에 사랑을 준다면 그분들도 왜 못하겠어요. 다 잘하지. 그래서 그런 공간을 주면 그분들이 얼마든지 할 수 있을 거 같아요. 그렇게 외국에서 온 사람들이 '당신 잘한다' 남편이 한마디라도 이렇게 한마디 해주면 부인이 더 신나서 잘하지 왜 안 하겠어요? 못 한다 못 한다 하니까 슬프고, 그러니까 자살하고 그러겠죠." (연구참여자 7)

레비나스는 타자와 더불어 세계 안에 살아가는 인간 존재의 의미를 새롭게 규정하며, 타자가 누구이든지 조건 없이 받아들이고 존중하는 것이 초월적 존재로 나아가는 것이라 했다(최승은, 2015). 타자를 환대하면서 구체적인 윤리성이 시작되며, 이로써 전체성의 틀은 깨어지고, 참된 무한의 이념이 자리할 공간이 열릴 수 있다(Levinas, 1979).

2) 진정한 자아 찾기

한국은 남에게 어떻게 보이는지 체면이 중요한 사회다. 그러나 연구참여자에게는 남이 아닌 자기 자신을 위해 변화하는 것이 중요했다. 특히 한국의 결혼식 문화에서 이런 '보여짐'의 문제가 많이 발생하는데, 허례허식이나 예물, 예단 문제는 변화해야 한다고 강조했다. 독일에서 반지 하나씩 하고 결혼식을 했던 연구참여자에게 한국의 결혼식은 개선되어야 한다.

"아직도 이게 옛날 그대로 있는 거야. 내가 보기에 나는 내가 나를

> 위해서 많이 나를 변동시켰어. 내가 이렇게 되도록. 그런데 한국 사람들 보면 그냥 옛날 그대로야 생각하는 것도. 예를 들어서 자녀들 결혼할 때 봐. 한국은 결혼하면 장사하는 거 같아. 뭐 뭐를 가지고, 며느리는 뭘 아휴. 나는 그런 거 상상도 못해. 이제 한국에서 내가 못살아. 결혼하면 반지도 뭐 조그마한 거 하나 그거로 끝이지." (연구참여자 5)

그리고 여성이 결혼하고 아이를 낳으면 누구 엄마로 불리는 것에 대해 연구참여자 5는 날카롭게 지적했다. 지금도 자신의 이름으로 불리는 그녀에게 누구의 엄마로 불리는 것은 이해하기 힘든 것이다. 긴 세월 독일에서 살다가 오랜만에 한국을 방문해서 친구들을 찾으려 해도 누구 엄마인지 알아야 찾을 수 있다는 것에 난감했다.

> "나는 독일에 있으면서 그리운 게, 어디가 그리우냐면 우리 한국 경치! 유럽이 아주 얼마나 좋아. 그래도 한국 경치가 좋아. 친구들도 그립고. 그런데 옛날에 우리 초등학교 때 논 애들을 한국 와서 찾으려니까 아무도 못 찾는다. 왜냐하면 한국에는 여자가 결혼하면 이름이 없어져버려. 누구 엄마인 줄 알아야 해. 아직도 그러니까 내가 보기에는 바꿔야 할 게 많아. 여자들도 할 일이 많아. 남자한테 바라면 안 된다. 자기네들이 해야 해. 그런데 한국 사람들이 아직 그거를 잘 못 하는 거 같아." (연구참여자 5)

자신의 '이름'을 잊지 않는 것은 중요하다. 여성들이 남자에게만 의지하거나 바라면 안 된다고 연구참여자는 강조한다. 나를 잊지 않는 주체적인 여성으로 서는 것이 우선되어야 한다.

3) 사회적 연대

독일로 간호사를 파견했던 1960년대 당시 한국뿐만 아니라 필리핀, 베트남, 유고슬라비아, 스페인, 터키 등 7개국에서도 외국인노동자가 들어와 있었다. 그중에 한국이나 베트남은 소수였고, 터키의 경우에는 많은 수의 노동자가 들어와 있었다. 터키인은 다수였기에 독일어를 배우려 하지 않았고, 자신들의 언어를 고집하며 그들만의 영역을 지키려 했다. 그러한 이유로 독일 사회에서 바라보는 인식은 그리 좋지 않았다. 이에 반해, 한국 간호사의 경우에는 개인적인 시간과 비용을 지불해가며 독일어를 열심히 배워 소통하려 노력했고, 환자를 돌봄에서도 성실 그 자체였다. 더불어 간호사라는 전문직 또한 크게 작용했으리라 생각된다. 여하튼 독일인에게 한국인 간호사에 대한 평가나 인식은 매우 좋았다. 이러한 평가에 대해 연구참여자는 한국인이 잘해서가 아니라 터키인 때문에 한국 같은 소수민이 상대적으로 공손하고 사회통합에 기여한다는 긍정적인 평가를 받을 수 있었다고 말한다.

> "근데 아까 말했듯이 독일 사람들이 경계가 있기 때문에 만약에 특히 아랍민족에 대한 그런 게 밖으로 나오지 않았으면 관심을 다른 소수민족한테 돌렸을 거 같아요. 제 개인적인 생각은 그 아랍 쪽 사람들 덕분에 상대적으로 우리가 이익을 많이 봤다고 생각해요. 그러면서 '한국 사람들 저렇게 잘하고 있잖아. 공손하고 사회통합도 잘 되고 있는데 너희는 버릇도 없고' 그러는 거예요. 그 사람들 덕분에 그러니까 우리가 이익을 받는 거예요. 한국 사람들은 우리가 잘나서 그렇다고 생각하는데 절대 아니에요. 그 사람들이 방패막이 되어줘서 우리가 안

전하게 살고 있는 거예요. (중략) 굉장히 마음 아픈 게 외국인 차별 반대 이런 거 할 때 한국 사람들 하나도 안 나와. 한국문화협회 사람들밖에 안 나오지. 우리는 무슨 선민족이라고 생각하는 거예요. 그건 아니잖아요. 거기서 연대가 필요한 거야! 다른 민족하고 연합이! (중략) 그런 연대가 굉장히 중요하다고 생각해요. 한국 문제 터지면 연대해주는 사람이 지금도 있잖아요." (연구참여자 2)

그러나 연구참여자 2는 앞에서 언급했던 '파독 간호사 송환반대 서명운동'에서와 같이 독일 환자 보호자들이나 독일 각 단체와 시민이 서명에 동참해주었던 기억을 되살렸다. 이러한 문제를 비롯하여 외국인 차별 반대 집회 같은 모임에는 한국 사람들이 별로 참여하지 않는 것이 안타깝다고 했다. 하지만 사회적 연대의 긍정적 힘을 경험한 연구참여자로서는 한국 사회에 있는 이주민에게 사회활동 참여를 권장하며, 사회적 연대의 필요성을 강조한다.

콩트(Conte, 1985)는 사회적 연대란 넓은 의미에서 '사회적 결합', '사회적 결집', '사회적 통합'으로 보고 있으며, 어떤 이들은 동등함과 유사성을 고집하지만 혼드리히와 코흐아르츠베르거(Hondrich & Koch-Arzberger, 1992)는 그와는 반대 논리로 동등하지 않음에도 이루어지는 결합이라고 했다. 또한 스피커(Spicker, 1992)는 "연대 이념의 핵심은 타자에 대한 책임을 발전시키고 그것을 수용하는 것"이라고 했다. 이렇듯 학자마다 연대의 의미를 다양하게 설명하고 있지만, 사회적 연대는 타자에 대한 이해와 책임으로 함께 결합하고 행동하는 것으로 보인다. 이러한 사회적 연대의 중요성은 타국에서의 이주민에게만 요구되는 것이 아니라 '나'와 '너'의 구분됨 없이 한 사회에 공존하고 있는 우리 모두에게 요구된다.

2.
정치와 경제

1) 이주민을 포용하는 정부 정책

연구참여자들은 한국의 다문화 사회에 대해 정부가 포용 정책을 베풀어야 한다고 강조한다. 자신이 독일에 살면서 정부의 지원을 받는 위치에 있지 않았지만, 주변 사람들을 살펴보면 못살고, 돈이 없고, 직업이 없는 어려운 사람들에게 먹고살 만큼 지원을 해주는 사회보장제도가 마련되어 있다며 독일 정부가 후한 정책을 시행하고 있다고 했다. 또한 어린 시절 학습했던 독일의 국민성에 관한 내용도 경험해보니 정말 검소하다고 한다.

문재인 정부는 출범 당시 '모두가 누리는 포용적 복지국가'를 주요 국정전략으로 내세웠고, 2018년 9월 '포용국가전략회의'에서 '모두를 위한 나라, 다 함께 잘사는 포용국가'를 사회정책 분야의 국가 비전으로 제시한 데 이어 11월 대통령 시정연설에서 '2019 예산안은 함께 잘사는 포용국가를 위한 예산안'임을 강조했다. 또한 11월 19일 APEC 정상회담 발언에서도 향후 '다 함께 잘사는 혁신적 포용국가'*를 대한민국 정부의 새로운 국정 비전으로 추진할 의지를 밝혔다. 포용적 사회, 포용적 성장, 포용적 번영, 포용적 민주주의에 이르기까지 '배제하지 않는 포용'이 우리 사회의 가치와 철학이 될 때 우리 모두가 함께 잘살게 된다는 뜻이다. 이를 위해서는 산업화 시대의 '최소주의 사회복지'에서 벗어나 '국민 모두가 전 생애에 걸쳐 누리는 포용적 복지 체제와 혁신 사회'를 만들기 위한 정책의 적극적인 역할이 필요하다. 또한 다문화 사회를 다양한 구성원을 특별한 존재로 취급하는 것이 아니라 존엄한 인간으로 인정하고 존중해야 한다.

> "지금 생각해보니까 나는 정부에서 돈 받을 필요가 없었어요. 별로 신경을 안 썼죠. 그런데 보면 독일 정부는 그런 건 참 좋아요. 못살고, 돈이 없고, 직업도 없고 그러면 또 도와줘요. 자기 먹고살 만큼 준다고. 그런 거 보면 참 독일이 후해. (중략) 독일 사람들은 우리 공부할 때 검소하고 아끼고 깨끗하다고 배웠잖아, 그거 진짜 맞아요. 지금은 여자들이 그렇게 안 살지만 내 갔을 때만 해도 참 깨끗해요." (연구참여자 1)

그러나 과거 독일의 이주 정책은 인종 및 민족적 다양성은 일정 정도 인정하지만, 독일의 혈통과 문화적 단일성을 중요시하는 독일 사회의 특성이 그대로 반영되어 주류사회로부터 이주민을 구분하고 배제하는 차별

---

* '혁신적 포용국가'는 양적 성장이 아닌 질적 성장을 추구하며, 배제와 독식이 아니라 공존과 상생의 사회를 도모하고, 미래를 향해 혁신하는 사회이며, 강자만을 위한 대한민국이 아니라 모두를 위한 대한민국을 의미한다. 문재인 대통령이 제시한 포용국가의 기본적 조건은 1) 사회안전망과 복지 안에서 국민이 안심할 수 있는 나라, 2) 공정한 기회와 정의로운 결과가 보장되는 나라, 3) 국민 단 한 명도 차별받지 않는 나라다. '배제하지 않는 포용'은 정부의 국정 비전일 뿐 아니라 우리 사회가 추구해야 할 가치이기도 하다.

적 배제모델이 오랫동안 지속되었다(박명선, 2007). 이러한 차별적 배제모델에 근거한 독일의 이주 정책은 2000년대 접어들면서 변화하기 시작했으며, 2000년 국적법을 개정하여 국적 취득을 용이하게 했고 전통적인 혈통주의에서 벗어나 속지주의적 원칙을 결합했다(박채복, 2016). 여기서 현실적인 제도와 연구참여자가 체험한 데는 어느 정도 온도 차가 있다. 연구참여자가 경험하여 느끼는 독일인의 이주민에 대한 태도와 정부의 지원책은 자신의 개인적인 성향과 독일에서의 경제적인 지위가 남달랐기 때문이라고 판단된다. 왜냐하면 연구참여자가 위에서 이야기했듯이 당시 한국에서뿐만 아니라 터키, 유고슬라비아, 그리스, 인도 등 다양한 국가에서 일자리를 찾아 이주해왔다. 그러나 모두 전문직을 가지고 온 것이 아니어서 한국에서 온 간호사들 외에 대부분은 부엌일이나 청소 같은 허드렛일을 했다. 따라서 전문직으로 온 한국 간호사들의 경우는 안정직에 있는 독일인과 결혼하여 독일 시민권을 부여받았고, 어느 정도 경제적 지위를 누릴 수 있었다. 그렇기 때문에 이주민에 대한 정부 정책에 대해 호의적일 것이라 생각한다. 이주의 역사에서 독일이 좀 더 오래전에 시작했기에 많은 이주민에 대한 정책의 변화가 앞서고 있음을 알 수 있다.

50여 년 전 연구참여자들이 독일에 도착했을 때, 자신을 포함한 외국인노동자를 '손님노동자'라고 불렀다. '손님'은 남의 집을 잠시 방문한 사람으로 오래 머물지 않고 떠날 사람을 높여 부르는 말이다. 이는 1950년대 초 독일에서 외국인노동자 정책의 일환으로 손님노동자제도를 도입했는데, 외국인노동자를 사회통합의 대상으로 여기지 않고 잠시 머물다 갈 손님으로 한시적으로 활용할 노동력으로 간주했던 제도(최낙준 · 최서리, 2018)이기도 하다. 이처럼 사람 자체에 대한 존중보다는 일의 수단으로서 바라보는 독일인의 인식과 태도가 몹시 불편하고 마음을 아프게 했다. 따라서 연구참여자는 한국 사회에 이주해온 이주민에 대한 지칭이나 태도에 대해 돌아보고, 사회적 약자인 이주민에 대한 배려가 필요하다고 말한다.

> "저희가 처음에 오니까 손님노동자라고 그러더라고요. 그래서 조금 있으니까 외국 사람. 이렇게 손님노동자라고 하니까 언젠가 갈 사람이잖아요. 특별히 신경 안 써도 되는 거야. 외국인 그러면 선이 있는 거야. 그다음 나온 게 이주민이에요. 이 언어라는 게 어느 상황을 대변하는 거예요. 그렇기 때문에 독일 사람들이 이주민이 들어온 게 역사는 오래됐는데 우리나라보다는 100년 넘었잖아요. 그런데도 사실 이 사람들이 신경을 안 쓴 거예요. 그러다가 난민이 많이 오니까 당황한 거죠. 많이 받아들인 건 난 잘했다고 생각해요. 근데 나는 제일 슬플 때가 우리 한국 사람들이 독일 총리의 이주민 정책을 비판할 때가 좀 그래요. 우리가 누구 덕에 살고 있는데. 아까 이야기하다 말았는데 우리는 이주민 중에서도 소수지만 많이 덕 받은 사람들이에요." (연구참여자 2)

한편, 2015년 당시 독일 메르켈 총리가 포용 정책으로 내세운 난민 포용 정책에 대해 한국 사회에서 비판했던 것이 못내 아쉽다. 독일의 발전 과정에서 앞서 거론한 '손님노동자'제도를 뒤로하고, 100만 명 규모의 난민을 수용한다는 것은 이주민에 대한 큰 배려였다. 과거 한국 사람들이 다른 나라에 경제노동자로 다니며 겪어야 했던 서러움과 고통을 생각한다면 독일 메르켈 총리의 난민 정책은 소수자 혹은 이주민에게 배려 깊은 정책이라 생각한다.

그러나 독일 사회에서는 외국인에 대한 독일어 사용 능력 요구와 독일의 주류 문화로의 적응을 강조하는 기류가 점점 커지고 있고, 경제위기와 사회 · 경제적 불안정에 대한 두려움이 커지면서 외국인에 대한 적대적인 태도가 증대되고 있다(박채복, 2016). 독일에서도 한국 사회에서와 같이 이주민이 자신의 일자리를 빼앗아가고 있다고 생각하는 이들이 많다.

이러한 배경을 두고 생각해보아야 할 것은 현재의 한국이 있을 수 있는 것은 지난날 한국의 부모, 삼촌, 이모들을 경제적 노동자로 받아주었던 국가들이 있었기 때문이다. 그러므로 과거를 돌이켜보며 한국 사회를 찾아 일하러 온 이주민에 대한 시선은 바뀔 필요가 있다. 비록 손님노동자로서 차별적 대우를 받았던 시절도 있었지만, 그러한 아픔과 배경을 이해한다면 한국 사회도 이주민에 대한 배려 정책과 국민의 따뜻한 관심이 요구된다.

1970년대 대한민국이 저개발국가로서 위상이 낮았을 때, 독일에 처음 가서 경험한 입장에서 이주민에 대한 무조건적인 환영과 배려를 당부하고 있다. 연구참여자 4는 독일에서 종종 한국 뉴스를 접하면서 알게 되는 여러 이슈 중에서도 한국의 결혼이주여성에 대한 문제점에 대해 많이 알고 있었다.

> "이 사람들을 환영해서 받아주고 정을 주고, 외국 사람이라고 절대 차별하지 말고, 간격을 두지 말고 한국 정부에서 많이 힘써야 한다고 생각합니다. (중략) 제일 제가 부탁하고 싶은 거는 한국 시어머님들 절대로 차별하지 말고, 자기 자식처럼 마음에 안 드는 일이 있어도 마음을 열어서 받아야지 그렇지 않으면 문제가 많을 겁니다. 자식들은 어떻겠어요. 며느리가 말을 못 하면 말을 배우게 해주고. 그렇기 때문에 저는 제일 그게 한국분들한테 부탁입니다. 그러지 말고 잘 받아들이라고." (연구참여자 4)

세계화가 진행되면서 세계 각국에 나타나는 이주 현상 속에서 이방인의 지위는 늘 불안정하고, 사회적 · 정치적으로 동화되지 못한 채 경계인으로 종종 머물게 되는 사회적 · 정치적 희생양이 된다(손영창, 2012). 이러한 배경에서 연구참여자가 당부하는 것은 타자에 대한 환대다. 데리다(Derrida, 2004)는 자신의 환대 이론은 칸트가 말하는 조건부 환대와 다르다며 절대적인 환대에 대해 말했다. 칸트의 경우는 개별국가의 주권성을 침해하지 않는 한에서, 즉 환대하는 자 쪽에서 일정한 기준과 제한을 제시하고, 이에 따라 이방인을 선택하는 방식을 선택한다는 것이다. 하지만 데리다는 이런 조건부의 환대를 넘어서는 절대적 환대를 제안한다(송영창, 2012). 이러한 측면에서 본다면 연구참여자는 데리다 쪽의 조건 없는 절대적인 환대를 해주라는 입장을 제시하고 있다고 볼 수 있겠다.

한편, 이주민에 대한 정책은 다층적이고 복합적인 측면에서 접근해야 한다. 연구참여자 5는 한국에 조성된 독일마을에 대해 비판적인 태도를 보였다. 국제결혼과 독일, 한국의 문화, 정서적 측면이 융합적으로 반영되지 않았기 때문이다.

> "한국에 남해 독일마을이라는 데 있잖아. 한국 사람들하고 독일 사람들하고 결혼해서. 그 사람들이 전부 다 내 이웃 사람들이었어. 그런데 그 독일 남자들이 되게, 걔네들 무식하거든요. 무식해가지고. 걔네들도 자기가 한국 여자들하고 살면서 한국을 무시하는 사람도 있고. 그런 게 있다고요. 그러게 사람이 그 인텔리전트(intelligent)라도 이모션(emotion) 없는 사람들은 힘들어요. 물론 공부도 해야 되지만. 특히 이모셔널 인텔리전스(emotional intelligence)가 없는 사람들은 안 돼요. 옛날에 거기가 왜 시작이 됐냐 하면, 그때 거기 시장이 아마 독일을 갔을 거예

요. 거기서 그 시장이 아마 그 생각을 했을 거예요. 독일로 가신 분들이 다시 한국에 여기 와서 살기를 원한다고. 그때 그래서 땅을 마련해서 집을 짓게 하고 그랬는데, (중략) 사람들이 무지해. 그건 아니지. 거기 가서 또 독일이라고 그 사람들이 거기 와서 사는 거예요." (연구참여자 5)

다문화 정책은 행정적인 처리의 편의성에서 벗어나 상호문화성을 토대로 정서적 측면이 심도 있게 고려되어야 한다. 이제 한국 사회에서도 이주민에 대한 정책이 뜨거운 이슈인 만큼 실제로 이주민으로서 타국에서 살면서 실제적인 경험에 대한 연구참여자의 메시지에 귀를 기울여 타자에 대한 환대의 정책을 기대해본다.

2) 주체적인 여성의 삶

한국 사회에서 사람들이 결혼이주여성을 대하는 태도에 대해 연구참여자는 비판적이다. 이주의 계기가 자신과는 달라서 새로운 곳에서의 삶이 다를 것이라고 했지만, 그들이 무시당하는 것에 대해 지적했다. 특히 외국인을 차별하는 태도에 대해 매우 단호한 입장인 연구참여자 5는 정부 차원에서 이주민을 도와주는 것에 대해 회의적이었다. 다문화 정책에서 이주민을 시혜의 대상으로 한정하고 도움을 주려는 태도는 오히려 이주민을 더욱 타자화(他者化)하는 것이라 판단하기 때문이다.

"애기 낳고 병원에서 보험 해주고 다. 그땐 젊고 그랬으니까 아픈 것도 없고. [선생님께서는 오래전에 먼 타국에서 정착하신 거잖아요. 그때 정착했을 때 독일에서는 어떤 정책이나 지원이 있었는지 궁금해요. 어제도 보셨지만, 한국은 요즘 외국에서 오신 결혼이주여성분들이 많아졌어요. 그분들을 정부에서도 많이 도와주려고 하지만 그분들이 볼 때는 또 미흡하다고 생각을 하고.] 아니, 왜 도와줘? 뭐 때문에? [왜냐하면 한국에 잘 적응하게 해주기 위해서죠.] 아, 그런 거 없었어. 지금이야 있을 수 있겠지만, 그땐 독일에 없었어. 아휴, 내 삶을 내가 다 책임지고 살아야지. 남한테 도움 받으려고. 안 그래? 말도 내가 가서 배우고 다 해야지. 누가 도와주기를 바라고 그런 것도 없고. 없어! 다 메이드 인 셀프(made in self) 스스로! 도움 그런 게 어디 있어." (연구참여자 5)

연구참여자 5는 자신의 초창기 독일 생활을 떠올리면서 도움을 받은 경험이 거의 없다고 했다. 무엇이든 자신이 책임져야 하고, 스스로 삶을 개척해야 했다고 강조했다. 초국적 이주를 통한 새로운 인생에서 무엇보다 중요한 것은 자신의 삶을 주체적으로 이끌어가는 것이다.

"우리 애들이 내가 일하는 걸 굉장히 자랑스럽게 생각해요. 그리고 다문화적이잖아. (중략) 평소에 엄마가 좋아하고 행복해하고 이렇게 일하는 거 보면 자식들이 엄마는 일도 열심히 하고 설명도 잘하고 우리 엄마는 너무 좋아 그렇게 다 되거든요. (중략) 옛날부터 전쟁하면 남자들 전쟁 나가고 여자들은 무너진 건물에서 애기들 키우는 거 다 했잖아요. 공장에 가서 일하기까지 하고 다른 나라에서도 마찬가지예요. (중략) 그러니까 전 세계적으로 훨씬 더 체력적으로 강하고 정신적으로 강한 게 여자예요. 한국 여자들도 잘하고 공부도 많이 하고. 그러니까 한국이 그런 면에서 더 선진국처럼 발전했으면 좋겠어요. 정말 선진국이라면 그게 바뀌어야 되는 거예요. 돈이 많아서 바뀌는 게 아니에요. 돈은 전부가 아니거든. 아닌데 한국이 너무너무 물질적으로 많이 생각하는 거 같아요. (중략) 난 언제나 호기심이 많아요. 가고 싶은 곳은 그냥 나 혼자 가요. 그러니까 그런 것이 나를 좀 더 키워주지 않았을까. (중략) 나는 내가 열심히 살려고 노력한 사람이니까. 내가 참 오랫동안 일기를 썼었거든요. 장점 중에 하나가 일기를 오랫동안 썼다는 거예요. 일기를 쓰면서 내가 항상 하는 말이 후회되는 시간을 가지지 말자. 그런 글들을 내가 많이 썼어요. 후회되는 시간을 가지지 말자. 노력하자. 나 힘들어. 지금 너무 울고 싶어. 울까? 울지 말자 뭐 이런 식으로. 슬플 때 그렇게 나를 위로해가면서 지낸 적도 있었고, 그렇지만 그거를 다 견뎌낼 수 있었던 것은 당연히 내 관심사 예술, 특히나 음악. 그러니까 노래하면서 굉장히 많이 내가 풀었어요." (연구참여자 7)

자기 일을 사랑하면서 역동적으로 사회활동에 참여하는 연구참여자 7은 문화번역의 매개자로도 한국과 독일을 넘나든다. 그녀는 독일 국적을 취득했어도 한국의 정치사회에 관심을 가지고 적극적으로 개입하고 있었다. 이처럼 연구참여자들은 한국 사회의 여성들과 이주민 모두 주체적으로 살아가기를 기대하고 있다.

"내가 할 수 있는 말은 내가 어디 가서든지 자신 있게 할 수 있어. (중략) 자기 삶에 얼마만큼 성실히 열심히 살아가면서 자기 자신을 키우는가, 열심히 살면 행복하게 사는 거 그게 중요하다고 생각하지. 돈이 많다고 해서 다 행복한 것도 아니고 지위가 높다고 해서 다 행복한 것도 아니에요. (중략) 나는 솔직히 내가 한국 사람으로서 우리 아버지가 그랬듯이 니 뿌리가 어디 있는지 알아야 된다는 건 나는 내가 지금 독일 여권을 가지고 있어도 나는 한국 사람이에요. 그 피는 못 속여. 그래서 일단 한국에서 좋은 소식 오는 게 내가 행복하지, 나쁜 소식 들으면 속상해요." (연구참여자 7)

이주민의 문화변용은 2개의 차원, 즉 모국문화 및 정체성 유지와 현지인 접촉 및 현지 사회 참가를 교차시켜 통합(integration), 동화(assimilation), 분리(separation), 주변화(marginalization)라는 네 가지 유형의 전략(Berry & Sabatier, 2011)이 있다. 한편, 모국문화 유지 영역에는 태도, 행동(사적, 공적), 정체성(심리적, 행동적, 가시적)이 있으며, 이 중에서 태도나 행동은 이상적 영역과 사실적 영역으로 구성되어 있고, 각각 주변영역, 중간영역, 핵심영역을 포함(Ward, 2013)하고 있다. 특히 모국문화 유지행동(ethnic behavior) 영역에는 모국어, 모국 음악, 모국 친구, 미디어 등이 중요한 역할을 한다(Berry & Sabatier, 2011). 우리가 만난 독일 한인이주여성은 모국문화를 유지하면서도 독일 사회에 참여하는 통합의 방식으로 문화변용을 이루며 주체적으로 살아가고 있다. 따라서 한국의 다양한 다문화 구성원들은 동화, 분리, 주변화가 아닌 통합의 측면에서 공존해야 할 것이다.

3. 문화와 예술

1) 삶을 풍성하게 하는 문화예술

연구참여자 7은 한국 사회에서는 문화와 예술에 대한 사회적 관심과 인식이 높지 않음에 대해 비판적으로 바라보고 있다. 삶을 더욱 풍성하게 만들기 위해서는 생활 속에서 문화예술을 즐길 기회가 많아야 한다고 했다. 무한경쟁 사회에서 예술을 특정 계층이 한정하여 향유하는 것은 이 사회의 '구별 짓기'다. 부르디외(Bourdieu, 1986)는 '구별 짓기'라는 개념을 통해 개인 취향의 본질은 사회적 계급에 있다고 했다.* 구별 짓기는 남들로부터 자신을 구별 지어 나를 두드러지게 하며 생활 속에서 스스로 구별 당하기

---

* 부르디외는 현대 사회에서 이윤을 확보할 수 있는 자본으로 경제자본, 문화자본, 사회자본, 상징자본을 언급했다. 경제자본은 마르크스적 의미의 자본으로 각종 재화와 소유물 등의 재산권 형태를 의미한다. 사회자본은 개인이나 집단이 동원하고 활용할 수 있는 사회적 관계망, 즉 네트워크라고 할 수 있다. 문화자본은 교육이나 가족에 의해 전수되는 지적 자격의 총체를 의미하며, 상징자본은 명예와 인정에 관련된 의식들 전체로 행위자에게 부여되는 신용과 권위를 의미한다(Cho, 2006).

도 한다. 독일에서는 누구나 문화예술을 경험하듯이 한국 사회도 변화해야 한다.

"여기는 문화 시스템이 잘되어 있어. 그냥 공짜에서부터 비싼 거까지 내가 원하는 만큼 문화예술을 즐길 수 있는 도시가 베를린이에요. 문화가 훨씬 더 대중들한테도 많이 열려있죠. 그것도 한 가지가 아니에요. 굉장히 다양하게. 평범한 연극부터 시작해서 스트리트 페스티벌까지 그런 게 다양하게 너무 많고. 그리고 특히나 다른 도시보다 베를린은 완전 멀티컬쳐예요. 전 세계 사람들이 다 몰려 있잖아요. 여기는 여덟 사람 중에 한 사람이 외국인이야. 그러다 보니까 다문화 속에서 살다 보니까 사는 게 너무 다양하고 여러 면으로 많이 문화를 접할 수 있는 도시가 베를린이에요." (연구참여자 7)

특히 베를린은 '창조 도시 베를린(Creative City Berlin)'으로, 문화예술에 대한 독일 정부의 관심과 정책의지 아래 많은 예술가와 '문화 창조 산업(Culture and Creative Industries)'이 유입되었다. 독일은 「기본법」 제5조 3항에 "예술, 학문, 연구, 교육은 자유롭다"라는 명시에 입각하여 예술의 자율성과 독립성을 보장하고 공공 문화생활의 다양성을 장려하고 있다. 또한 '문화국가'로서 협력적 문화 연방주의 원칙에 의거한 문화예술정책 수행이 지역의 권장 사항임을 「기본법」 30조에 명기하여 '분권화', '보완성', '다원성'의 원칙을 고수했다. 또한 '예술가 사회보험'*을 통해 문화예술 종사자들을 보호하

* 예술가 사회보험(Künstlersozialversicherung): 대부분 예술가가 고용관계에 놓이지 못하고 자영예술가로 활동하면서 적은 소득으로 인해 경제적인 어려움을 겪고 있는 것은 독일도 마찬가지다. 이에 따라 고용관계를 갖지 못한 프리랜서 예술가들을 사회보험체계 안에서 보장하기 위해 독일 연방정부에서 1981년 관련법을 통과시켰다. 이를 통해 예술가들이 법적 사회보험 가입대

고 있다. 베를린은 예술가를 위한 마케팅과 지원을 아끼지 않았고, 고급 예술 문화 인프라를 구축하는 데 주력했다. 그뿐만 아니라 베를린 시민의 자발적인 참여를 촉진하는 다양한 프로젝트도 지원했다. 이러한 시민참여형 프로그램은 시민으로 하여금 베를린 내 문화시설에 애착을 갖게 했으며, 문화예술에 대한 높은 사회적 인식 구축과 지역 문화를 풍요롭게 하는 데 크게 기여했다. 이렇듯 독일 정부의 문화 정책 지지는 시민의식을 향상시키고, 삶의 질을 높이는 등 사회적 응집력의 중요한 업무를 수행하며 베를린의 전반적인 예술성 생산과 문화 활력을 높여 활발한 문화 향유의 선순환 구조를 촉진해왔다.** 전 세계에서 모인 아티스트들은 창의적 자유가 허락되는 베를린에서 건축물, 예술 공간, 벼룩시장, 아트 서점, 콘셉트 스토어 등 도시 곳곳에 저마다의 개성을 마음껏 표출했다. 이로써 다양한 문화가 한데 모여 전 세계인을 매혹시키고, 음식과 패션, 음악, 출판업까지 두루 통하는 모든 문화의 장으로 거듭났다.

> "저 같은 경우에 그림은 그냥 일기 같은 거예요. 자기가 하고 싶은 얘기를 써 내려가는 그런 것을 하는 것이 가장 살아있는 예술이 아닐까 싶어요. 외국에서 공부를 하든 어디서 하든 자기 이야기를 하는 게. 진실 되게 하면 그게 예술이 돼요. 그리고 자신도 위로가 되고 또 나중에 어떻게 좋은 결과를 가져올 수 있을지 않을까 그런 생각이 들어요. 그러니까 내 얘기를 먼저 만들어야 그걸 그려야 할 거 아니에요. 내가 뭘 느끼고 이것이 중요한 것이지 알아야지. 먼저는 나의 이야기를 해

상 자격을 취득하여 근로자와 같이 의무적으로 연금보험, 의료보험 및 요양보험에 가입할 수 있다. 예술가 역시 근로자와 동일하게 사회보험료의 50%를 자기가 부담하고, 나머지 50%는 국가가 20%, 언론, 출판사, 갤러리 등의 저작권 사용자가 30%씩 납부하는 시스템으로 운영된다.

** https://www.econovill.com/news/articleView.html?idxno=367542

야 한다. 그게 다 영감이 되는 거예요. 나는 여행을 가요. 다 좋았는데, 가장 좋은 곳은 내가 혼을 뺏길 정도로 그 안에 몰입된 곳은 있어요. 그런 것들이 저와 자연과의 어떤 뭐랄까 무언의 대화라 해야 하나 무의식의 대화라고 해야 하나, 그런 것이 너무 좋은 거 같아요. 그런 데가 꼭 한 군데가 아니지만. 참, 오로라도 봤어요. 가만히 보는 거예요. 그런 것들이 내가 나중에 어떤 식으로 표현할지는 모르겠지만 정말 좋은 느낌인 거 같아요. 저한테는 상당히 인상적이었어요." (연구참여자 6)

연구참여자 6은 우리의 삶이 예술과 여행을 통해 풍성해지기를 바란다. 한국은 자신을 끊임없이 소진하는 자기 착취의 '피로사회'다. 이러한 피로사회에서 현대인은 피해자인 동시에 가해자다(Han, 2010). 현대 사회의 성과주의에 매몰되어 경제적인 성공만을 위해 정진하는 것이 아닌 삶을 풍성하게 하는 예술이 한국 사회에 더욱 필요한 때다.

2) 문화예술에 대한 지원

독일에서는 난민을 위한 사회 정착 프로그램도 마련되어 있고, 외국인을 위한 문화예술 활동이나 독일어를 배워 의사소통을 원활하게 할 수 있게 하는 교육기관들이 있다.

"독일에서는 난민들한테 할 수 있는 그런 프로그램이 다 있고 그거 외에 외국인들이 독어를 배운다던가 아니면 문화예술 활동을 한다던가, 여러 가지를 배울 수 있는 폴스크스혹슐레(Volkshochschule)라는 게 있어요. 독어뿐만 아니라 영어, 불어, 흥미로운 강좌들이 다양하게 다 있어요. 그게 구마다 다 있어요. 언어뿐만 아니라 거기서 노래를 배운다, 기타를 배운다, 피아노를 배운다, 다양하죠. (중략) 한국 사람들은 돈 많은데 어떻게 다 쓰는지 몰라. 돈은 정말 많아. 그런데 사는 거 보면 잘 입고 잘 먹고 그거밖에 없는 거 같아요. 여기는 그거 외에 내가 이렇게 예술 활동도 하고 콘서트도 가고 극장도 자주 가고 잠깐 주말에 여행도 가고. 그런 거를 즐기면서 살아야 해요. 그게 바로 선진국의 생활수준이에요." (연구참여자 7)

코로나19로 인해 많은 분야가 심각한 피해를 입었지만, 특히 공연예술계는 직격탄을 맞았다. 이것은 독일도 예외가 아니었다. 그럼에도 독일 연방정부가 공표한 긴급지원(Soforthilfe) 정책을 살펴보면, 시와 지역에 공식적으로 등록된 프리랜서 예술가들에게도 해당하여 많은 예술가가 혜택을 받을 수 있었고, 외국인이라도 자격을 갖추면 수급자에 해당하도록 했다. 예술의 가치를 높게 여기는 독일에서는 일거리를 잃은 예술가들을 지원하려는 노력이 정부와 개인 차원에서 활발하게 이루어지고 있다. 독일의 메르켈 수상은 2020년 5월 9일 이루어진 담화에서 문화예술 분야에 대한 중요성을 강조하며 추가 지원을 약속했다. "문화는 우선순위 목록에서 가장 위에 있다(Kultur steht ganz oben auf der Prioritätenliste)"라는 수상의 연설과 그에 따른 5천만 유로(약 663억 7천만 원)의 추가 지원금은 위기의 코로나19 사태에서도 독일 문화예술계가 지탱할 수 있는 든든한 힘이 될 것이다.*

* https://webzine.sac.or.kr/?p=3191

연구참여자들이 독일에서 경험했던 많은 문화예술 활동이 다문화 사회에 필요하다. 한국의 많은 이주여성에게 문화예술적인 공간과 지원을 제공하여 다양한 예술 활동을 할 수 있도록 독려해야 할 것이다.

4.
복지와 교육

연구참여자 3은 복지 차원에서 이주민이 함께 모일 수 있는 공간의 필요성을 제기했다. 그 이유는 연구참여자 3이 거주했던 프랑크푸르트에서 시장선거가 있을 때 시장 후보자들이 한인 교민의 표와 선심을 사기 위해 교민이 원하는 것을 물었다고 한다. 비록 선거에서는 낙선했지만, 시장 후보로 출마한 이들이 한인 교민, 즉 이주민의 표에도 신경 쓰며 그들의 복지 공간에 대해 신경을 쓰고 있다는 사실이 당연하면서도 신선한 자극으로 다가옴을 알 수 있었다.

"재작년이던가 프랑크푸르트 시장선거가 있었어요. 근데 에스페데(SPD)*하고 체데우(CDU)**라는 당이 많이 나오는데, 현 시장은 에스페데에서 나오신 분이고 체데우에서 여자분이 나왔거든요. 근데 그때 한국 기자하고 인터뷰하고 싶다고 했어요. 그래서 제가 갔었어요. 프랑

---

* SPD(Sozialdemokratische Partei Deutschlands, 독일 사회민주당)

** CDU(Christlich Demokratische Union Deutschlands, 독일 기독교민주연합)

크푸르트 내에 한국인 만 명 정도는 살고 있는데 그 사람들이 독일에서 받은 걸 많이 알고 있어요. 선거에서 한 표라도 받고 싶은 거야. 그래서 한국 기자 인터뷰하고 싶다 한 거 같아요. 그래서 인터뷰하면서 프랑크푸르트에 한국기업이 많이 들어오길 원하고, 활성화시키길 원하고, 한국 사람들이 많이 뭘 세우고 그러면 좋겠다. 한국 사람들은 부지런하고 참 좋대요. 칭찬을 많이 하더라고요. 그래서 한국 사람들이 만약 들어온다면 한국 사람들에 대한 복지로 양로원이라든가 한국 사람, 아시아 사람만을 위한 양로원이나 복지시설을 세워줄 수 있느냐 했거든요? 거기까지 생각해본 적은 없지만, 한국 사람을 위해 시장이 된다면 그런 걸 많이 모색해볼 것이고, 소통도 많이 할 것이고 프랑크푸르트를 키워나가면서 한국 사람의 복지를 세워준다 했는데, 떨어졌어." (연구참여자 3)

한국 사회는 최근 사회복지 관련 이슈가 커지고 있고, 사회복지의 대상과 범위도 확대되어가고 있다. 사회복지의 정의도 다양할 수 있으나, 이종수(2009)는 "한 사회 안에 공존하는 모든 구성원이 일생 동안 행복하고 안정된 삶을 누릴 수 있도록 하는 사회적 노력"이라고 했다. 여기서 '모든 구성원'이라 함은 이주민도 포함하는 것은 물론이다. 사회복지 가운데 연구참여자 3이 제기한 복지 공간 마련은 공공재로서 공공건축의 의미로 볼 수 있겠다. 공공건축 공간의 가치는 다양한 가치 유형으로 사회가치, 경제가치, 문화가치, 환경가치 등으로 나누어볼 수 있다(황순재 외, 2018). 이 중에서 사회구성원으로서 이주민에게 더욱 필요한 것은 사회가치와 문화가치라 하겠다. 사회가치는 구성원 모두가 참여할 수 있는 열린 공간으로 결속된 공동 결합체와 유기적인 교류를 할 수 있는 소통의 장으로 사회적인 상호작용을 창출할 수 있을 것이다. 또한 문화가치는 물리적 공간을 넘어 지역의 고유한 지역성과 모국의 향수를 나눌 수 있는 공간으로 사용할 수 있을 것이다(황순재 외, 2018).

1) 모국어와 모국 역사

연구참여자 2는 독일에 거주하고 있어도 가끔씩 한국을 방문할 때마다 이주민센터를 찾아가 이주민과 많은 이야기를 나눈다고 했다. 그녀는 타국에서의 삶을 먼저 경험했기에 누구보다 이주민의 애환을 이해하고, 돕고 싶어 했다. 그래서 이주민과의 만남이 즐겁다. 그리고 이주민에게 자녀 교육에서 한국어만 가르치지 말고 외국어, 즉 엄마 나라의 언어와 모국의 역사를 가르치라고 당부한다. 자신은 독일에서 자녀들을 키울 때 독일어만 가르치고 한국어를 잘 가르치지 않은 것이 후회스럽다고 했다. 물론 자녀들이 성장한 이후에 자녀들의 요구에 따라 한국어를 가르치게 되었지만, 이제는 글로벌시대여서 다국어를 하게 되면 직장 구하기도 훨씬 수월하다며, 어렵지만 노력해야 한다고 했다.

"이주민들 한국 가기만 하면 제가 거기 방문하는데 그 친구들이 그러면 간담회 비슷하게 조직해서 만나요. 제일 먼저 묻는 게 그거예요. 제가 이야기하고 싶은 건 한국어를 저는 많이 못 가르쳤다. 그래서 절대로 한국어만 가르치지 말고 외국어도 가르쳐라. 그러면 그게 우리한테만 좋은 게 아니라 애들한테 좋다. 글로벌시대에 다국어를 하면 직장 구하기 훨씬 쉽다. 여기는 독일어, 한국어 잘하면 여기저기서도 모집하고 그래요. 훨씬 쉽다고 그렇게 이야기해요. (중략) 굉장히 힘들겠지만 그냥 당당하게 살아야 해요. 그러면 자식들도. 근데 힘들겠죠. 왜냐하면 그렇게 학교 가면 애가 왕따 당할까 그런 걱정 때문에 힘들겠지만 될 수 있으면 모국어도 가르치고 모국 역사 같은 것도 가르치고. (중략) 특히 2세들은 나중에 한국 사회를 이끌어갈 애들인데 교육 문제를 신경써야 한다고. 한국 교육부는 너무 힘들겠지만 힘을 써야지 안 그러면 어떻게 되겠어요?" (연구참여자 2)

따라서 연구참여자가 강조하는 것처럼 자녀들이 학교에서 왕따 당할까 두려워하거나 숨지 말고 자녀들의 엄마로서 당당하게 살아가야 한다. 자녀들의 높은 자아존중감은 부모와의 친밀한 관계에도 영향을 주므로(김혜균, 2008) 엄마 스스로도 자존감을 높일 수 있도록 역량 강화에도 힘을 쏟아야 할 것이다.

"이 사람들이 한국말을 해야 한국을 이해하고 성장할 수가 있지. 말을 못하면 터키 사람처럼 문제거리가 됩니다. 그러니까 제가 한국에 있는 시어머니들이 외국에서 온 며느리를 못살게 군다고 들었습니다. 절대로 그러면 안 되는데 그게 정말 저는 가슴이 아픕니다. 내가 동네마다 나가서 정말 얘기하고 싶어요. 제가 마음이 아픕니다. 우리가 경험했기 때문에 독일에서 사랑받진 않았지만, 그 나라에서 처음부터 교육시키고 그랬으면 더 빨리 성장했을 겁니다. 그렇지만 그렇지 않았기 때문에 자기 나름대로. 큰 시에서 온 사람들이 그런 기회가 많았습니다. 말을 배울 기회도 많았고 공부를 많이 해서 의사도 되고 그런 사람

들도 있어요. 그렇지만 저는 시골에 있었기 때문에 아무것도 없었습니다." (연구참여자 4)

독일에서 이주여성으로 살아가는 연구참여자 7 역시 자녀들에게 모국어인 한국어 교육을 중요하게 여겼다. 특히 한글학교에서 자녀들이 교육을 받을 수 있도록 함으로써 한국어뿐만 아니라 한국의 역사도 배울 기회를 제공했다. 이러한 자녀들의 경험은 어머니 나라에 대한 관심과 애정으로 이어질 수 있었다.

"언어를 내가 굉장히 중요하게 여기기 때문에 우리 애들한테도 언어를 중요시 여겼어요. 그래서 한국어를 너희들이 잘하든 못하든 일단은 엄마의 언어기 때문에 어느 정도는 알아야 된다. 그래서 한글학교를 꼭 한국어뿐만이 아니라 한국에 대해서 조금이라도 더 알 수 있게 하는 공간이 있잖아요. 그래서 한글학교를 찾는 게 중요해요. 그래서 우리 애들이 한국을 엄청 좋아해요. 사실 몇 번 가보지는 않았지만 '마마 한국 간다' 그러면 '나도 갈래' 그래요. 너무 좋아해요! 우리가 이 다문화가정이니까 한국 가정들의 자녀들은 예의 발라요. 자녀들이 왜냐하면 이중문화를 가지고 컸기 때문에 그 양쪽 문화를 다 이해할 수 있고 받아들였기 때문에 예의들이 바르고 어른들한테 말하는 것도 확실히 좋은 거 같아요." (연구참여자 7)

언어와 더불어 음식도 문화에서 매우 중요한 부분이다. 연구참여자 7은 어머니 나라의 음식 문화를 통해 자녀들이 정체성을 구성하는 데 긍정적인 영향을 끼칠 수 있음을 강조했다.

"엄마의 모국어, 그게 엄청 중요하고요. 특히나 독일 사람들은 언어에 대해서 굉장히 존중을 해요. 그래서 나 같은 경우에도 사실 '한국어로 꼭 가르쳐라'고 해요. 그런데 그거 우리 친척들 가족들뿐만이 아니라 외부 사람들까지 다 우리 애들은 좋겠다고 해요. 얼마나 좋아. 그게 독일 사람들 마인드예요. 언어에 대한 관심도 많고. 그거 굉장히 존중을 해줘요. 그리고 다문화를 굉장히 존중해요. 여기 사람들, 독일 사람들이 엄청 존중해요. 그래서 이 문화라는 건 솔직히 언어도 중요하고 그다음에 습관도 중요하고 그다음에 뭐가 중요하냐 하면 음식도 중요하거든요. 사실 음식이 그 문화에 일부분이잖아요. 그래서 음식도 중요해요. (중략) 남편이 한국 언어나 한국의 음악이나 아니면 한국의 음식이나 이런 건 전혀 몰랐죠. 그런데 나를 알고 나서부터 알기 시작하고, 관심도 많아지고. 한국을 한번 갔다 오고 나서 한 3개월 동안 한국어 노래를 했어요. 한국어 노래를! (웃음) 그래서 저는 내년에도 같이 갈까 지금 생각 중이에요." (연구참여자 7)

김갑성(2006)에 의하면 다문화가정 자녀는 출생 직후부터 낯선 언어와 문화를 가지고 있는 어머니로부터 양육되는 것이 일반적이다. 그렇기 때문에 일반 또래와 다른 경험을 할 가능성이 크고, 어머니의 서툰 한국어 실력과 모국어와의 혼용 등 문화적 장벽으로 정체성 혼란 등 여러 측면에서 어려움을 겪는다고 했다. 반면, 다문화가정 자녀들이 모계의 언어와 문화에 노출되는 것, 즉 이중언어교육이 자녀에게 긍정적인 정체성을 높이고, 이중문화 역량을 갖추는 데 중요한 요소라는 사실을 입증한 연구도 있다(박현선 외, 2012; 정해숙 외, 2013).

2) 열린 대화와 토론

자기 생각을 스스로 형성하는 게 독일 교육에서는 매우 중요하게 여겨지므로 독일에서는 토론에 익숙하다. 누구나 어디서나 열린 마음으로 대화를 하고 어떠한 문제에 대해서도 토론하는 것이 독일의 특징이라 할 것이다.

> "가끔 한국에서 조카들을 만날 때가 있는데, 걔네들이 다 한국 최고의 대학을 다녀요. 근데 제대로 된 토론을 하지 못 하더라구. 공부는 잘했겠지. 그런데 자기 자신의 생각들을 제대로 말로 표현하는 것에 힘들어하고. 문제는 어떤 철학도 없는 것 같아. 여기 독일 애들은 아주 어렸을 때부터 토론하는 문화 속에서 교육을 받지. 토론을 잘하려면 먼저 잘 들어야 하는데 이런 훈련들이 한국에서 안 되어 있으니 토론 문화가 부족한 거지." (연구참여자 5)

한국과 독일의 토론문화에는 많은 차이가 있다. 예를 들어 시사토론을 할 경우, 한국에서는 서로 말을 마구 잘라먹는 모습을 흔히 볼 수 있다. 서로 잡아먹을 듯 노려보면서 소리를 지르며 싸우는 모습으로 끝나는 경우도 많다. 그러나 독일의 토론에서는 그런 살벌한 풍경을 찾아보기 어렵다. 첨예한 사안을 놓고도 서로 증오하지도 않고, 남의 말을 끝까지 다 듣고 난 후에야 자기 말을 시작한다. 이는 말하는 방식이 아니라 듣는 방식이 다르다고 할 수 있다. 타인의 말에 경청하는 것이 대화의 시작이다. 독일에서는 열띤 토론일지라도 결코 서로에 대한 존중을 잃지 않는다.

“한국에서는 자신과 다르면 나쁘다고 그냥 공격만 하지. 존중할 줄 모른다고. 그래서 정치가들이 되게 싸우는가. (웃음) 여기서는 나랑 마인드가 완전히 다르다 해도 일단 존중을 해요. 마음을 열고 대화를 하죠. 다른 사람들도 그렇게 계속 그 마인드 가지고 토론해요. 거기서 또 바뀌어, 이렇게 나중에 합쳐져요. 그래서 독일 정치 시스템이 굉장히 복잡해요. 복잡하고 작은 데서부터 시작해요. 이 결론을 낸 거를 가지고 또 몇 사람이 토론을 해요. 그러면 또 다른 방향에서 또 토론을 해. 계속 올라가서 높은 분까지 올라가서 거기서 결정해요. 한국은 위에서 내려오는데 여기는 밑에서 올라가요. 그게 시스템이야. 그러니까 한국 교육시스템이 많이 바뀌어야 되는 게 그렇게 아이들이 자립식으로 생각할 수 있게끔 기회를 주고 토론을 시켜줘야 해요. (중략) 여긴 객관식 없어요. 여기는 질문을 하나 주면 내가 공부한 거에 대해서 쓰는 거예요. 그리고 툭 하면 프로젝트야. 그래서 한 테마를 놓고 세 명 네 명 팀을 짜요. 그 프로젝트에 대해서 조사를 하고 발표를 해야 되는데 애들을 발표를 시키게 돼요. (중략) 어렸을 때부터. 그래서 애들이 어디 가서 토론을 하고. 그래서 자기 생각을 발표할 수 있고 또 토론할 수 있는 거예요. 그게 바로 여기 교육 시스템이에요. (중략) 한국은 그러니까 마인드가 바뀌어야 해요. 많이 토론을 해야 해요. 토론! 토론을 해서 서로 열고 대화를 할 수 있게끔 어린아이들이 학교에서 같이 토론하면서. 어린아이들이 들고일어나서 앞에 올 세계를 어린아이들이 지키게끔 만들어주게 해야 해요. 유럽에서는 그게 많아요. 학생들이 수업 때 나가서 데모해요. 내일은 데모한다, 그래서 광장에 나가서 학생들이 다 나가서 데모하고 그래요. 무슨 데모냐, ‘우리는 공부하기를 원한다. 선생님들이 부족하다.’ 고등학생들이 데모한 적 있어요. 우리 공부하기 원한다 딱 플랭카드 들고 데모했어요. '위 원트 스터디(We Want Study).' 또 중학교서부터 많이 시작해서 고등학교 애들이 앞으로의 자연환경에 대해서 그리고 잘 알아요. 그래서 환경오염에 대해서 토론을 많이 하고 우리가 사는 시기를 지금 어른들이 망가트리고 있다, 이렇게 얘기를 해요. 그러니까 지금 정치가들 앞에서 외쳐요. 자기들이 살 세상을 바꿔 달라, 우리 세계를 우리가 살 수 있게 해달라고. 이렇게 데모한다니까요. 그렇게 한 건 자기네들이 토론할 시간을 만들어서예요. 이게 여기 교육시스템이에요. 소통할 수 있게끔. 그러니까 한국 애들은 그런 걸 안 하잖아요. 토론을 안 하잖아요. 그러니까 자기 마인드가 없는 거예요." (연구참여자 7)

생각할 힘을 길러주는 것이 독일 교육에서 중요한 목표다. 독일은 객관식 시험 문제가 없고, 글쓰기와 발표 위주로 평가한다. 한국이 주입식 암기식에 치우쳐 있다면 독일은 사고력 향상을 위한 토론과 글쓰기가 주를 이룬다. 또한 소모적인 경쟁 없이 서로 협력하는 문화에서 공부하도록 하는 독일의 교육은 많은 시사점을 준다.

3) 올바른 성교육

시민의식을 성숙하게 만드는 것은 교육의 힘이다. 독일에서 중요하게 여기는 세 가지 교육은 '성교육', '정치교육', '생태교육'이다. 특히 성교육은 나와 자아의 관계를 형성하는 교육이라 할 수 있다. 자유분방한 담론 속에서 생명과 인권의 가치를 배우는 독일의 성교육은 구체적이고 체계적이다.*

성교육은 성에 관한 교육에 그치는 것이 아니라 정치교육과 연결된다. 테오도어 아도르노(Theodor Adorno)는 "민주주의의 최대 적은 약한 자아"라고 했다. 독일에서는 올바른 성교육이 강한 자아 형성에 기여하므로 민주주의를 지탱하는 가장 중요한 정치교육이라고 본다. 지그문트 프로이트(Sigmund Freud)는 인간성을 자아(ego), 초자아(superego), 리비도(libido)로 구성된다고 하며, 리비도가 생겨날 때 비로소 자아가 형성된다고 했다. 그러므로 성은 생명, 인권과 관계가 있어 강한 책임감이 요구된다.

> "한국 뉴스 보면 성범죄가 너무 많아. 어떻게 어린아이들까지. 어후 끔찍해. 독일은 아주 엄격하지. (중략) 성범죄를 예방하는 첫 단추는 성교육이 제대로 되어야 해요. 대충 하지 말고. 여기 독일에서는 두루뭉술하게 하지 않고 아주 정확하게 성교육을 해서 올바른 인식이 있도록 하는데, 어렸을 때부터 제대로 성교육을 해서 가르쳐줘야 해." (연구참여자 5)

독일은 1992년부터 성교육을 의무화하고 있다. 자유로운 교육법을 인정하는 대신 목표는 분명하다. "성적 자기결정권을 존중하게 하라"라는 것이다. 성 정체성으로 공격을 해서도 받아서도 안 된다. 성 정체성은 '인간의 권리'로 교육된다. 따라서 성 정체성으로 인한 차별, 혐오는 사회적으로 용

* • 3세 이상부터 초등학교 이전: 신체와 성에 대한 입문 과정으로, 임신과 출산에 대한 실제를 이해함.
• 초등학교 저학년: 신체 및 성에 관련한 기초 상식과 일상 속 아동 성폭력에 대비함.
• 초등학교 고학년 이후: 또래들과 자연스럽게 피임법과 각종 성 관련 고민을 다룸. 특히 각종 성희롱이나 성폭력에 대처하는 구체적인 방법을 배움.

인되지 않는다.

> "정말 내가 한국에서 바꾸고 싶은 게 성교육이야. 성교육! 내가 어려서부터 스페인에서 일할 때부터 그리고 독일에 오니까 한국인 입양아 단체를 지도하시는 한국분이 있었어요. 그래서 입양자들을 모아서 서로 토론도 하고 했는데, 그런데 몇 사람을 추려서 한국에 같이 가고. (중략) 그런 입양자들이 베를린에 꽤 많아요. 그런데 베를린뿐만 아니라 독일에 전체 많고 유럽에 전 지역에 다 있어요. 스페인에도 있고 그래서 엄청 많아요. 정말 많거든요. 그런데 그걸 얼마 전에 사람들이 아직도? 그러니까 너무 속상하더라고요. 왜냐하면 입양자 나온다는 그 자체는 솔직히 아직도 후진국이라는 소리거든. 그게 차이야. 바뀌어야 해요." (연구참여자 7)

독일 성교육의 목표는 보건에 관련된 지식은 물론 사춘기의 신체적 변화, 생식 주기, 다양한 피임방법 효용 등에 대한 이해를 높이고자 한다. 또한 성교육은 자기결정과 자율성, 개인의 가치관 등의 개발을 지원한다. 이러한 독일의 성교육은 전반적으로 신체적 · 감성적 · 사회적 인간관계의 다양한 측면에서 포괄적이고 종합적인 내용을 담고 있다. 따라서 올바른 성교육은 성에 대한 긍정적인 태도, 평등, 자율, 자긍심에 기반한 긍정적인 가치체계의 형성에 기여한다.

한국은 「양성평등기본법」 제7조에 의해 관계 중앙행정기관의 장과 협의하여 '양성평등정책 기본계획'을 5년마다 수립하고 있다(여성가족부, 2018). 이에 남녀평등 의식 · 문화 확산, 성별 고용격차 해소 및 여성 대표성 제고를 위한 정책 다각화, 일 · 생활 균형 직장문화 정착, 여성폭력 예방 및 대응 강화 등의 필요에 의해 제2차 '양성평등정책 기본계획'(2018~2022)이 추진되었다. 그럼에도 세계경제포럼(WEF)의 「2020년 세계 성 격차지수 보고서(Global Gender Gap Report 2020)」에서 한국의 성 격차지수(GGI, Gender Gap Index)는 0.672점으로 153개국 중 108위를 기록했다.*

이러한 맥락에서 한국도 어릴 때부터 독일 같은 인권의 가치를 배우는 성교육이 필요하다. 성에 대한 근본적인 인식의 전환이 있어야 양성평등도 가능해질 것이며, 나아가 생명의 존엄함에 대한 윤리적 실천도 이루어질 것이다.

---

* http://www.hani.co.kr/arti/international/international_general/921192.html

맺음말

이 총서 9권은 독일로 이주한 한인여성의 개인 삶에 주목하여 이들의 생애사적 내러티브를 심층적으로 연구하여 초국적 정체성을 탐구했다. 이 연구를 통해 타자로서, 그리고 역동적인 주체로서 다양한 삶을 살아온 여성들이 직접 말할 수 있도록 했다. 아렌트(Arendt, 1996)는 인간 주체의 형성에서 말할 수 있는 권리가 인간을 인간답게 존재하게 하는 전제조건이며, 자신의 이야기를 말함으로써 공적인 공간에서 행위의 주체가 될 수 있음을 강조했다. 이 연구는 개인의 생애에서 나타난 정체성의 다양한 의미를 살펴보기 위해 한인이주여성의 이야기에 주목했다. 한인이주여성에 대한 기존의 선입견과 편견은 그들을 더욱 '타자화'한다. 이주자이자 여성으로서의 삶을 영위해온 한인이주여성은 이중으로 침묵하게 되었다. 그러므로 이 연구는 여성들이 스스로 목소리를 낼 수 있도록 함으로써 이들에게 내재한 주체적 여성의 삶을 발견하고자 했다.

우리가 만난 독일 한인여성은 가족과 국가를 위한 희생만으로 이주한 것은 아니었다. 자신의 삶을 개척하려는 적극적 의지와 능동적 실행이 이주의 주된 원동력이 되었다. 따라서 한인이주여성은 '수동적 타자'가 아니라 이제는 독일의 시민사회에 참여하며, 주체적으로 살아가는 혼종적 정체성을 담고 있다. 독일 한인이주여성이 경험한 문화의 혼종성은 상호문화적(intercultural) 공간으로 구현된다. 한국을 떠나 독일에서 일하고, 결혼하여 가족을 이루며 이주의 삶을 경험한 한인이주여성의 문화적 혼종성은 이들의 초국적 정체성과 연관된다(최승은, 2020).

1960~1970년대에 독일로 간 여성들은 당시 한국의 남성중심적 사회 질서를 부당하다고 생각했다. 가부장제는 가족으로부터 시작해서 학교와 일터라는 제도적 사회단위들을 통해 강요되고 재생산되어왔다. 경제적으로 가난했던 시절, 가부장적 문화의 굴레는 더욱 강했다. 그 문화에서 벗어나는 가장 확실하지만 쉽지 않은 방법 중 하나는 아예 외국에 나가는 것이었다. 그렇게 일찌감치 '탈남'한 파독 간호사분들도 존재하며, 가족의 문화가 선진적이어서 유학길에 오른 여성들 역시 자신의 분야에 존재한 남성중심적 서열화에 대해 비판적이었다. 반면에 근대화 과정에서 주체적 '개인'의 존재론과 그 개념화에 성과를 내온 독일에 와서는 자신들의 고국보다 앞선 젠더관을 만나게 된다. 유럽 사회에서 동양 여성의 젠더 문제는 인종 · 민족 문제와도 긴밀하게 연결되어 있다.

타일러(Taylor, 1997)는 '인정의 정치학(politics of recognition)'이라는 개념으로 다문화주의의 철학적 기반을 제공해주었다. 여기서 '인정'은 보편적인 인간의 존엄성을 전제로 한다고 볼 수 있다. 종교, 이념, 가치관과 관습, 젠더 등의 문화적 그리고 개인적 차이를 차별로 보지 않고 인간이라는 존재에 대한 기본적인 존중감. 이러한 윤리의식이 일상생활 속에 녹아들지 않으면 다름에 대한 이해와 존중은 이론에 불과하다. 계층, 계급, 나이와 젠더, 사회적 지위에 따른 서열화가 일반화되어 있는 사회에서는 '개인'의 존엄성조차 차별적으로 인식된다. 따라서 그런 사회에서의 '인정'은 곧 투쟁일 수밖에 없다(Honneth, 1996). '인정'은 소수의 기득권층이 다수의 사회적 약자를 위해 베푸는 아량이 아니다. 초국가주의 맥락에서 민족-국가의 주류 세력이 새로이 유입된 이주민 개개인과 공동체에게 '베풀어'주는 특혜 역시 아니다. 인류사에서 '우리'와 '저들'의 구분은 언제나 있어왔다. 개인에게 있어 자신과 타자(부모와 형제 포함)와의 구분이 곧 자기정체성 형성에 기본이듯, '우리' 집단과 다른 공동체에 대한 인식은 사회적 소속감과 연대의식에 필요하다. 하지만 자와 타의 구분과 경계가 언제나 배타성을 전제로 형성되는 것은 아니다. 갈등은 변화의 원동력인데, 그 갈등이 파괴적이거나 생산적인 주기를 반복하면서 인간은 소통과 공존의 지혜를 습득한 것이다.

오늘날 한국 사회는 다문화적인 생활세계로 변모하며, 이질적이고 다양한 문화를 가진 개인들이 서로 소통하고 관계를 맺으면서 공동체를 만들어가고 있다. 이들 사이에 일어나는 소통과 관계의 양상을 반세기 전 독일로 이주한 한인여성의 목소리를 통해 돌아보는 것은 분명히 타자 지향적인 성찰이 될 것이다. 모든 인간은 일생 동안 자신의 실존과 사회적 관계 속에서 역동적으로 상호작용하며, 개인의 삶은 개인의 운명을 뛰어넘어 세계를 위한 변화의 공간이자 변화의 가능성이 된다. 우리가 만난 한인이주여성의 삶은 관계의 다양성을 제공하며, 많은 창조적 변화, 성숙과 성장을 만들어낸다.

인간의 문제는 '사이'의 문제다. 인간은 홀로 존재하는 것이 아니라 언제나 더불어 존재한다. 특히 마르틴 부버(Martin Buber)는 인간 사이의 관계를 중요시하며, 인간은 서로 연결되어 있음을 강조했다. 대화적 관계를 통해 '나'와 '너'가 만날 때 진정성을 획득할 수 있으며, 타자를 인정하고 포용할 수 있다. 이러한 구체적이고 상호적인 포용 경험이 진정한 대화적 관계를 만든다. 인간의 자기 상실과 원자화는 인간과 인간 사이의 관계가 깨어진 것에서 기인한다. 인간은 객체화될 수 없는 주체이며, 인격으로서 공존히는 '나'와 '너'가 되어야 한다(Buber, 1979). 대화적 관계는 서로를 위해 존재하는 것이며, 살아있는 상호성이자 생생한 상호작용을 하는 연대성으로 나아간다. 타자와의 온전한 만남을 통해 모두가 살아있는 상호관계에서 공존할 수 있다. 이러한 상호적 관계성 안에서 정체성은 지속적으로 협상하게 된다. 독일 한인이주여성은 끊임없는 정체성 협상을 통해 삶을 영위해나가고 있으며, 경계를 자유롭게 횡단하며 초국적 행위자로서 주체적으로 살아가고 있다.

"삶은 정체성을 만드는 과정"이다(Weber, 2002). 따라서 인간은 끊임없이 새롭게 구성된다. 우리의 삶은 모든 영역에서 상반되는 충동을 하나로 통합하는 가운데 이루어진다. 변화의 힘과 항구성, 결집성과 개방성, 정체성을 지키는 것과 낯선 것을 받아들여 새로워지는 능력, 삶은 변화와 유지, 위험과 안전을 넘나든다(Knapp, 2015).

한국을 떠나 외국으로 이주한 재외동포는 약 750만 명에 이른다(외교부, 2019). 이제는 한인 디아스포라를 기억하며 한국에 거주하는 수많은 이주자를 환대할 때다. 다문화 사회를 이루는 다양한 구성원은 각자의 위치에서 초국적 정체성을 구성하며 삶을 살아가고 있다. 모든 생명은 존엄하며 공존해야 하는 존재들임을 잊어서는 안 된다.

참고문헌

강진구(2012).「소설에 나타난 파독 간호사의 재현 양상 연구」.『다문화콘텐츠연구』13, 161-195.

고재백(2013).「독일 사회국가와 민간복지단체의 연계체계의 역사적 형성과정」.『독일연구』26, 225-267.

곽연실(2020).『'고난의 행군' 이후 북한여성의 정체성 재구성』. 이화여자대학교 박사학위논문.

구본규(2013).「다문화주의와 초국적 이주민: 안산 원곡동 이주민 집주지역의 사례」.『비교문화연구』19(2), 5-51.

김경희 · 김지영 · 임주리(2012).「정신간호사의 전문직 자아개념과 소진의 관계에서 심리적 임파워먼트의 매개효과」.『정신간호학회지』21(3), 229-237.

김민아(2017).『노인의 사회참여 활동이 노년기 행복감에 미치는 영향』. 서울한영대학교 박사학위논문.

김민정(2015).「1900년대 초중반기 필리핀의 한인이주에 대한 성찰적 연구」.『사회와 역사』107, 251-284.

_____(2018).「조국에 대한 공헌과 재외한인으로의 인정: 미국과 독일의 재외한인여성 비교」.『아시아여성연구』57(1), 7-47.

김상임(2004).「한국인 파독 간호사가 말하는 이주노동자의 삶」.『노동사회』90, 62-66.

김성봉(2004).「봉사학습과 교육과정 탐구영역의 확장」.『교육과정연구』22(3), 229-249.

김영란(2018).「독일의 아동복지 정책과 관련 법제 연구: 정부의 양육지원 제도를 중심으로」.『독일연구』, 37, 163-200.

김영순(2018).「문화번역을 통한 한국어 교육의 방향」.『한국언어문화교육학회 학술대회』, 37-47.

_____(2019).『이주여성의 상호문화 소통과 정체성 협상』. 북코리아.

김영순 · 임지혜 · 정경희 · 박봉수(2014).「결혼이주여성의 초국적 유대관계에 나타난 정체성 협상의 커뮤니케이션」.『커뮤니케이션 이론』10(3), 36-96.

김영순 · 최승은 · 황해영 · 정경희 · 김기화(2019). 『결혼이주여성의 주체적 삶에 관한 생애담 연구』. 북코리아.

김영진(2003). 「독일 한인들의 기업경제 활동」. 『유럽 한인사』. 재외동포재단.

김영천 · 한광웅(2012). 「질적 연구방법으로 생애사연구의 성격과 의의」. 『교육문화연구』 18(3), 5-43.

김용찬(2007). 「여성노동자 국제 이주와 이주 수용국가에서의 조직화의 관계: 한인 여성노동자의 독일이주와 조직화 사례 분석」. 『사회과학연구』 15(3), 182-216.

김용해(2017). 「연대의 가능성과 인간의 의무」. 『생명연구』 46, 17-58.

김태균 · 박명준(2010). 「국제개발협력 사업에의 시민사회 결합방식: 일본과 독일의 거버넌스 유형과 한국적 함의」. 『시민사회와 NGO』 8(2), 193-234.

김태원(2017). 「게오르그 짐멜의 이방인 이론과 상호문화」. 『인문사회21』 8(2), 69-88.

김택호(2017). 「파독 광부. 간호여성 출신 재독동포 소재 소설 연구: 정도상의 푸른방과 변소영의 거의 맞음을 중심으로」. 『한국문예비평연구』 55, 127-153.

김학선 · 홍선우 · 최경숙(2009). 「파독간호사 삶의 재조명」. 『산업간호학회지』 18(2), 174-184.

김학선 · 홍선우 · 최경숙 · 이애주(2011). 「해외 취업 간호사의 나이듦: 파독간호사를 중심으로」. 『한국산업간호학회』 20(2), 185-1194.

김혜선(2014). 『글로벌 이주와 초국가적 가족유대』. Idam Books.

김희정(2015). 「정신병원 근무 간호사의 업무환경에 대한 경험 탐색」. 『정신간호학회지』 24(1), 61-72.

나혜심(2009a). 「파독 한인여성 이주노동자의 역사: 1960-1970년대 한인간호인력 독일행의 원인」. 『서양사론』 100, 255-285.

______(2009b). 「독일 한인간호여성의 노동의 성격」. 『독일연구』 17, 111-140.

______(2009c). 「한인여성간호노동자의 독일이주와 한인가족 내 여성의 역할」. 『여성과 역사』 11, 43-74.

______(2012). 「복지국가와 이주노동력, 그 긍정적인 관계에 대하여: 1950-70년대 독일과 여성이주노동자를 중심으로」. 『여성과 역사』 17, 129-158.

______(2014). 「독일의 대한개발원조와 한인 여성의 노동이주: 개발원조 담론과 그 실체 사이에서」. 『독일연구』 28, 37-68.

______(2016). 「독일로 간 한인여성노동자의 난민성」. 『역사문제연구』 20(1), 167-205.

______(2017). 「독일의 대한개발원조사 연구: 미제레오를 중심으로」. 『독일연구』 35, 123-163.

남혜경 · 김영순(2018). 「재독 한인국제결혼여성의 생애사에 나타난 이주의 의미」. 『교육문화연구』

24(6), 667-685.

______(2019). 「재독 한인 국제결혼여성의 문화 간 커뮤니케이션에 관한 연구」. 『다문화 사회연구』 12(1), 45-77.

문성호 · 정경은 · 한지연(2009). 「청소년기의 자원봉사활동 과정 연구: 근거이론 적용」. 『청소년연구』 16(3), 181-208.

민웅기(2010). 「현대 관광과 시공간 소비의 의미 변화: 시공간의 시장화, 상품화 현상 및 체험 소비의 인문학적 고찰」. 『순천향인문과학논총』 27, 329-352.

______(2014). 「현대 관광 확산의 추동요인에 대한 사회문화적 분석: 한국 사회에서의 관광 동향 및 변화상에 대한 고찰을 중심으로」. 『여가학연구』 12(2), 125-147.

박경용(2018). 「파독광부의 디아스포라 노동 경험에 대한 내러티브 탐색: 탄광의 막장 안과 밖에서」. 『다문화와 디아스포라 연구』 13, 139-182.

박성희(2016). 『질적인 생애사 연구방법론』. 박영스토리.

박수정 · 고희경(2012). 「애도 미술치료 프로그램이 유방암 절제술을 받은 여성의 충격완화와 스트레스 감소에 미치는 효과」. 『미술치료연구』 19(3), 653-675.

박승(1969). 『한국경제성장론』. 일신사.

박재영(2013). 「파독 간호사 · 광부의 독일정착과 삼각이민 연구」. 『다문화콘텐츠연구』 15, 335-364.

박정의 · 성지연 · 윤성태(2020). 「호주 한인 여성들의 애국심과 문화변용전략」. 『다문화 사회연구』 13(1), 217-246.

박채복(2018). 「'이주노동자'에서 '한인여성'으로: 한인여성의 독일이주의 역사화」. 『유럽연구』 36(3), 295-318.

박휴용(2005). 「아시아 이주노동자의 언어인권에 대한 언어생태론적 고찰」. 『아세아 연구』 48(4), 205-232.

______(2009). 「이중문화 길들이기: 재미교포부모들의 이중어교육에 대한 열망과 언어정체성」. 『이중언어학』 39, 113-145.

백옥미(2014). 「노년기 자원봉사활동 참여궤적에 따른 신체적 정신적 건강과의 관계」. 『노인복지연구』 66, 329-351.

서울역사박물관(2017). 『국경을 넘어, 경계를 넘어』. 서울역사박물관.

손대원 · 윤서옥(2017). 『한인들의 삶과 문화: 재회 한인 동포 생활문화 현지조사보고서 II』. 국립민속박물관.

손병우(2006). 「대중문화와 생애사 연구의 문제설정」. 『언론과 사회』 14(2), 41-71.

송영창(2012). 「데리다의 무조건적 환대와 타자성」. 『프랑스문화연구』 24, 97-127.

송태수(1995). 「재독 한인교포들이 베를린에서 맞이한 한가위」. 『월간 사회평론 길』 95(10), 112-117.

심민수(2009). 「새로운 패러다임의 한민족 정체성 교육을 위한 민족교육 모델 연구: 유태인들의 민족 정체성 교육을 중심으로」. 『교육문제연구』 35, 63-94.

심영희(2011). 「다문화 사회와 이주민의 정체성: 국제결혼이주여성의 초국적 장의 경험과 정체성 연구」. 『비교한국학』 19(1), 7-44.

안미나 · 박소정(2020). 「신체적 상실을 경험한 여성암 환자의 애도를 위한 미술치료 질적 사례 연구」. 『예술심리치료』 16(1), 77-110.

양영자(2010). 「재독한인 1세대 여성의 가치관과 정체성의 변화과정에 대한 생애사 연구」. 『한국사회복지학』 62(3), 323-351.

______(2012). 「이주여성의 생애사에 재현된 젠더의 구성과정: 재독한인여성의 생애사를 중심으로」. 『한국사회복지학』 64(2), 325-354.

______(2013). 「재독한인 노동이주남성의 젠더 정체성 생애사적 사례재구성 방법에 기초하여」. 『한국사회복지학』 65(3), 79-106.

______(2015). 「재독 한인 광산노동자의 생애 이야기 재구성: 내러티브 정체성을 중심으로」. 『비판사회정책』 49, 281-329.

______(2016). 「재독 한인여성의 생애체험에 대한 질적 사례연구: '노동이주여성 되기'」. 『한국사회복지학』 68(1), 141-168.

여성가족부(2018). 제2차 양성평등정책 기본계획. 여성가족부.

외교부(2019). 2019 재외동포현황. 외교부. file:///C:/Users/Youngchul%20Jo/Downloads/2019_overseas.pdf

윤광일(2017). 「한국인 국가정체성의 정치심리학」. 『문화와 정치』 4(4), 5-41.

윤용선(2014). 「1960-70년대 파독 인력송출의 미시사: 동원인가, 선택인가」. 『사총』 81, 421-450.

윤인진(2013). 『세계의 한인이주사』. 나남.

윤택림 · 함한희(2003). 『새로운 역사쓰기를 위한 구술사 연구방법론』. 아르케.

은영(2017). 「파독간호사의 경험」. 『근관절건강학회지』 24(2), 119-129.

이광규(1996). 『세계의 한민족 1』. 통일원.

이석구(2014). 「초민족 시대의 디아스포라 모델과 정치학」. 최문규 외(2014). 『문화, 정체성, 차이』. 연세대학교대학출판문화원.

이선희(2013). 「파독간호사들의 (제한적) 페미니즘 형성과정」. 『독일연구』 25, 165-192.

이성록(2007). 『자원봉사 활동관리 이론과 실제』. 미디어 숲.

이성봉(2009). 「한 · 독 경제협력에 대한 제도적 분석과 개선방안」. 『질서경제저널』 12(1), 63-83.

이수자(2004). 「이주여성 디아스포라: 국제성별분업, 문화혼성성, 타자화와 섹슈얼리티」. 『한국사회학』 38(2), 189-219.

______(2006). 「지구화와 이주과정에서 발현되는 문화혼성성: 재독 한인여성과 재한 외국인여성의 문화적용 비교분석을 중심으로」. 『한독사회과학논총』 16(2), 191-228.

이승훈(2005). 「한국 사회운동가들의 정체성 형성과정: 사회운동 참여 경험을 중심으로」. 『경제와 사회』 66, 12-38.

이영석(2014). 「파독 근로자의 국가발전에 대한 기여 담론과 국가적 예우」. 『독일어문학』 64, 219-240.

______(2015). 「파독 근로자 출신 독일 교민들의 현황과 한국에 대한 의식」. 『한국독일어문학회』 23(2), 127-152.

이영조 · 이옥남(2013). 「1960년대 초 서독의 대한 상업차관에 대한 파독근로자의 임금 담보설의 진실」. 『한국정치외교사론집』 34(2), 171-194.

이외영(2002). 「부모의 양육태도와 유아의 사회적 능력에 미치는 영향」. 대구가톨릭대학교 대학원 석사학위논문.

이용일(2012). 「독일의 이민정책과 한국 노동이민」. 『유럽 한인의 역사』. 국사편찬위원회.

이유재(2010). 『동서독의 양진영에서. 한국전쟁에 대한 11가지 시선』. 역사비평사.

이정모(2003). 「독일 한인동포사회」. 『유럽 한인사』. 재외동포재단.

이종호 · 노연희(2017). 「결혼이주여성의 사회적 자본, 문화적응 스트레스와 문화적응 간의 관계」. 『다문화콘텐츠연구』 24, 235-273.

이혜림(2017). 『결혼이주여성의 문화적응과 사회 · 경제적 참여에 관한 연구』. 성균관대학교 박사학위논문.

이효선(2007). 「파독 간호사의 생애발달에 관한 질적 연구」. 『사회과학논총』 23, 153-179.

이효선 · 유연숙(2017). 「독일로 이주한 한인 1,2세대의 생애발달경험에 관한 재구성 연구: 삶의 전략을 중심으로」. 『다문화와 평화』 11(2), 113-138.

이희영(2005a). 「이주 노동자의 생애 체험과 사회운동: 독일로 간 한국인 1세대의 구술 생애사를 중심으로」. 『사회와 역사』 68, 281-318.

______(2005b). 「사회학 방법론으로서의 생애사 재구성: 행위이론의 관점에서 본 이론적 의의와 방법론적 원칙」. 『한국사회학』 39(3), 120-148.

______(2005c). 「이주 노동자의 생애 체험과 사회운동: 독일로 간 한국인 1세대의 구술 생애사를 중심으로」. 『사회와 역사』 68, 281-316.

이희원(2009).「레비나스, 타자 윤리학 페미니즘」.『영미문학페미니즘』 17(1), 237-268.

장미경(2002).『페미니즘의 이론과 정치』. 문화과학사.

장승진(2010).「다문화주의에 대한 한국인들의 태도」.『한국정치학회보』 44(3), 97-119.

전복희(2019).「독일 페미니스트 담론에서 젠더와 인종의 교차성에 대한 고찰: 독일 이슬람 이주여성의 불평등 문제에 대한 담론을 중심으로」.『정치정보연구』 22(2), 121-141.

정선이 · 김순애 · 김숙영 · 이주영(2017).「1960-70년대 파독간호사의 문화갈등과 자아정체성」.『한국엔터테이먼트산업학회논문지』 11(3), 71-86.

정영훈(2010).「민족정체성, 그리고 한민족의 민족정체성」.『한국민족학회』 9, 1-30.

정용숙(2012).「독일의 한인 이주 여성, '탈이데올로기화와 역사화'」.『독일연구』 24, 201-208.

정호영(2001).『민족정체성 형성에 관한 정치사회학적 연구』. 고려대학교 박사학위논문.

주정일(2000).『아동복지학』. 교문사.

진시원(2003).「사회 구성주의를 통해 본 유럽의 정체성」.『국제정치론집』 43(3), 137-162.

최승은(2015).『상호문화교육의 관점에서 본 초등교사의 음악교육 경험에 관한 연구』. 인하대학교 박사학위논문.

______(2020).「독일 한인이주여성의 초국적 정체성에 관한 생애사적 내러티브 연구」.『언어와 문화』 16(3), 369-390.

함진옥(2016).『결혼이주여성의 문화적응 스트레스 감소 프로그램 효과성에 대한 메타분석』. 원광대학교 박사학위논문.

허성호 · 정태연(2010).「자원봉사활동이 청소년기 발달에 미치는 영향」.『한국청소년연구』 21(3), 143-164.

홍두승 · 권태환 · 설동훈(2009).『사회학의 이해』. 다산출판사.

홍성태(2012).「사회운동과 리더십_운동리더십의 이론화를 위한 시론적 모델」.『한국사회학』 46(2), 1-33.

홍애령(2014).「삶 속의 실천을 위한 예술 활동 탐색: 예술 활동의 의미, 실천 방법 및 유형」.『문화예술교육연구』 9(1), 19-41.

홍은화(1995).『한국인의 정체성 연구: 민족 정체성에 대한 태도를 중심으로』. 고려대학교 박사학위논문.

황도경(2013).「독일의 의료보험 개혁 동향」.『비교법현안분석』, 56-67.

Agar, M. H. (1986). Speaking of Ethnography. CA: Sage.

Alba, R. D. (2009). Remaking the American mainstream: Assimilation and contemporary immigration. Harvard University Press.

Aldrich, V. C. (1963). Philosophy of Art. 오병남 역(2004), 『예술철학』, 서광사.

Anderson, B. (1998). Imagined Communities. London: Verso.

Appadurai, A. (2004). The capacity to aspire: Culture and the terms of recognition. Culture and public action, 59, 62-63.

______ (2006) Fear of Small Numbers. 장희권 역(2011), 『소수에 대한 두려움』, 에코리브르.

Arendt, H. (1996) The Human Condition. 이진우 역(2019), 『인간의 조건』, 한길사.

Atkinson, R. (1998). Life story interview. Thousand Oaks, CA: Sage.

Basch, L., Schiller, N. G., & Blanc, C. S. (Eds.). (2005). Nations unbound: Transnational projects, postcolonial predicaments, and deterritorialized nation-states. Routledge.

Bauman, Z. (2003). City of Fears, City of Hopes. London: Goldsmiths College.

Bayertz, K. (1999). Four uses of "solidarity". In Solidarity (3-28). Springer, Dordrecht.

Beauvoir S. de (1949). Deuxieme Sexe Tome. 조홍식 역(2016), 『제2의 성』, 을유문화사.

Berry, J. W. (1980). Acculturation as varieties of adaptation. In A. Padilla(Ed.), Acculturation: Theory, Models and Findings(9-25). Boulder: Westview Press.

______ (1997). Immigration, acculturation, and adaptation. Applied psychology, 46(1), 5-34.

______ (2005). Conceptual Approaches to Acculturation. in Acculturation, edited by Kevin M. Chun, Parmela Balls Organista and Gerardo Matin. Washington D. C.: Decade of Behavior.

Berry, J. W., & Sabatier, C. (2011). Variations in the assessment of acculturation attitudes: Their relationships with psychological wellbeing. International Journal of Intercultural Relations, 35(5), 658-669.

Bhabha, H. K. (1990). DissemiNation: time, narrative, and the margins of the modern nation. Routledge.

______ (1994). Introduction: Locations of culture. The location of culture, 2, 1-27.

______ (2002). The Location of Culture. 나병철 역(2012), 『문화의 위치』, 소명출판.

Bhabha, H. K., & Rutherford, J. (2006). Third space. Multitudes, (3), 95-107.

Bloom, W. (1990). Personal Identity, National Identity, and International Relations, Cambridge University Press.

Booth, C. L., Mitchell, S. K., Barnard, K. E., & Spieker, S. J. (1989). Development of maternal social skills in multi-problem families: Effects on the mother- child relationship. Development Psychology, 25, 403-412.

Bourdieu, P. (1977). Outline of a Theory of Practice. Cambridge, MA: Cambridge University Press.

______ (1986). The form of capital. In J. G. Richardson (Ed.). Handbook of theory and research for the sociology of education. Westport: Greenwood Press.

Brewer, M. B. (1991). The social self: On being the same and different at the same time. Personality and social psychology bulletin, 17(5), 475-482.

Brewer, R. M. (1999). Theorizing race, class and gender: The new scholarship of Black feminist intellectuals and Black women's labor. Race, Gender & Class, 29-47.

Buber, M. (1964) Reden über Erziehung. 우정길 역(2010), 『교육강연집』, 지식을만드는지식.

______ (1979) Ich und Du. 표재명 역(2001), 『나와 너』, 문예출판사.

Butler, J. (1990). Gender Trouble. 조현준 역(2008), 『젠더 트러블』, 문학동네.

______ (1993). Bodies that Matter. London: Routledge.

______ (2004). Undoing Gender. 조현준 역(2015, 『젠더 허물기』, 문학과지성사.

Calhoun, Craig(1994). Social Theory and the Politics of Identity, Calhoun, Craig(ed). Social Theory and the Politics of Identity, Oxford, UK and Cambridge, USA: Blackwell.

Carlson, C. E., & Blackwell, B.(Eds.). (1978). Behavioral concepts and nursing intervention. Lippincott Williams & Wilkins.

Casey, K. (1992). Why do progressive women activists leave teaching?: Theory, methodology and politics in life-history research. I. F. Goodson(Ed.), Studying Teacher's Lives. Routledge.

Castells, M. (1997) The Power of Identity. 정병순 역(2008), 『정체성 권력』, 한울아카데미.

Castle, S., & Miller, M. J. (2003). The age of migration. New York: Guilford.

Charim I. (2018). Ich und die Anderen. 이승희 역(2019), 『나와 타자들』, 민음사.

Cho, K. I. (2006). Mode of leisure consumption and cultural capital: Bourdieu's cultural theory. Korea Tourism Society, 30(1), 379-401.

Choe, J. H., & Daheim, H. (1987). Rückkehr-und Bleibeperspektiven koreanischer

Arbeitsmigranten in der Bundesrepublik Deutschland.

Citrin, J., & Sears, D. O. (2014). American identity and the politics of multiculturalism. Cambridge University Press.

Cole, A. L & Knowles, J. G. (2001). Lives in Context: The Art of Life History Research. Rowman & Littlefield.

Davies, B., & Harré, R. (1999). Positioning and personhood. Positioning theory: Moral contexts of intentional action, 32-52.

De Almeida, M. V. (1996). The hegemonic male: Masculinity in a Portuguese town (Vol. 4). Berghahn Books.

Derrida, J. (2004). De l'hospitalité. 남수인 역(2004), 『환대에 대하여』, 동문선.

Diener, E. (1984). Assessing subjective well-being : Progress and opportunities. Social Indicators Research, 31, 103-157

Doty, R. L. (1996). Sovereignty and the Nation: Constructing the Boundaries of National Identity. Biersteker, Thomas J. and Cynthia Weber (Eds.), State Sovereignty as Social Construct, Cambridge University Press.

Giddens, A. (1991). Modernity and self-identity: Self and society in the late modern age. 권기돈 역(2010), 『현대성과 자아정체성』, 새물결.

______ (1992), The transformation of Intimacy. Cambridge: Polity Press.

Goodson, I., & Sikes, P. J. (2001). Life history research in educational settings: Learning from lives. Open University Press.

Hall, R. (1999). National Collective Identity: Social Constructs and International Systems, Columbia University Press.

Hall, S. (1990). Cultural Identity and Diaspora. Jonathan Rutherford(Ed.), Identity: Community, Culture, Difference, London: Lawrence & Wishart.

Hammack, P. L. (2015). Theoretical Foundations of Identity. Kate C. McLean and Moin Syed (Eds.). The Oxford Handbook of Identity Development, New York: Oxford University Press.

Han, B. C. (2010). Müdigkeitsgesellschaft. 김태환 역(2012), 『피로사회』, 문학과지성사.

Haraway, D. (1991). Simians. Cyborgs, and Women: the reinvention of nature. London: Routledge.

Honneth, A. (1996). The struggle for recognition: The moral grammar of social conflicts. MIT Press.

Huntington, S. P. (2004). Who We Are? 형선호 역(2017), 『새뮤얼 헌팅턴의 미국, 우리는 누구인가』, 김영사.

Jamieson, L. (1999), Intimacy Transformed? A Critical Look at the Pure Relationship, Sociology, 33(3), 477-494.

Jenkins, J. C., & Form, W. (2005). Social movements and social change. The handbook of political sociology, 331-349.

Jenkins, R. (1996). Social Identity. Routledge.

Jones, F. L., & Smith, P. (2001a). Diversity and commonality in national identities: An exploratory analysis of cross-national patterns. Journal of Sociology, 37(1), 45-63.

_____ (2001b). Individual and Societal Bases of National Identity; A Comparative Multi-Level Analysis. European Sociological Review, 17(2), 103-118.

Knapp, N. (2015). Der Unendliche Augenblick. 유영미 역(2016), 『불확실한 날들의 철학』, 어크로스.

Kunovich, R. M.(2009). The Sources and Consequences of National Identification. American Sociological Review, 74(4), 573-593.

Lacroix, T., Levitt, P., & Vari-Lavoisier, I. (2016). Social remittances and the changing transnational political landscape.

Lent, R. W., & Brown, S. D. (2013). Social cognitive model of career self-management: Toward a unifying view of a adaptive career behavior across the life span. Journal of Counseling Psychology, 60(4), 557-568.

Lent, R. W., Brown, S. D., & Hackett, G. (1994). Toward a unifying social cognitive career theory of career and academic interest, choice, and performance. Journal of Vocational Behavior, 45(1), 79-112.

Levinas, E. (1979). Le temps et l'autre. 강영안 역(1997), 『시간과 타자』, 문예출판사.

Lévi-Strauss, C. (1983). The raw and the cooked. University of Chicago Press.

Levitt, P. (1998). Social remittances: Migration driven local-level forms of cultural diffusion. International migration review, 32(4), 926-948.

Levitt, P., & Glick-Schiller, N. (2004). Conceptualizing simultaneity: a transnational social field perspective on society. The International Migration Review, 38(3), 1002-1039.

Malkki, L. H. (1995). Purity and Exile: Violence, Memory, and National Cosmology among Hutu Refugees in Tanzania. Chicago: University of Chicago Press.

Marotzki, W. (1991). Bildungsprozesse in lebensgeschichtlichen Horizonten. Biographieforschung und Erwachsenenbildung. Bad Heilbrunn: Verlag Julius Klinkhardt, 182-205.

McDowell, L. (1999). Gender, Identity and Place: Understanding Feminist Geographies. U of Minnesota Press.

Norton, B. (1997) Language, identity, and the ownership of English. TESOL Quarterly, 31(3), 409-429.

Phillipson, R. & Skutnabb-Kangas, T. (1997). Linguistic human rights and English in Europe. World English, 16(1), 27-43.

Phinney. J. S.(1990). Ethnic identity in adolescents and adults: review of research. Psychological bulletin, 108(3), 494-514.

Picard, M. (2001). Die Welt des Schweigens. 최승자 역(2001), 『침묵의 세계』, 까치.

Radhakrishnan, R.(1996). Diasporic medications: Between home and location. Minneapolis: University of Minnesota Press

Redfield, R., Linton, R., & Herskovits, M. J. (1936). Memorandum for the study of acculturation. American anthropologist, 38(1): 149-152.

Risse, T. (2002). nationalism and Collective Identities: Europe Versus Nation-State?, in Paul Heywood et al. (Eds.), Development in West European Politics, London: Palgrave.

Safran, W. (1991). Diasporas in modern societies: Myths of homeland and return. Diaspora: A journal of transnational studies, 1(1), 83-99.

Said, E. W. (1978). Orientalism. New York: Pantheon Books.

Said, S. (2001) The discourse of identity in Greek rhetoric from Isocrates to Aristides (pp. 275-99). na.

Sam, D. L., & Berry, J. W. (2010). Acculturation when individuals and groups of different cultural backgrounds meet. Perspectives on Psychological Science, 5(4), 472-481.

Sen, A. (2006) Identity and Violence: The Illusion of Destiny. 이상환 · 김지현 역(2009), 『정체성과 폭력』, 바이북스.

Shapiro, D. L. (2016). Negotiating the Nonnegotiable. 이진원 역(2017), 『불가능한 협상은 없다』, 까치글방.

Shulman, S. (2002). Challenging the Civic/Ethnic and West/East Dichotomies in the Study of Nationalism. Comparative Political Studies 35(5), 554-585.

Simmel, G. (1992). Soziologie: Untersuchungen über die Formen der Vergesellschaftung. Frankfurt am Main: Suhrkamp.

Smart, C. (2000), Divorce and changing family practices in a post-traditional society, Family Matters, 56(winter), 10-19.

Smith, A. D. (1991). National Identity. Reno, Las Vegas: University of Nevada Press.

Taylor, C. (1997). The politics of recognition. New contexts of Canadian Criticism, 98, 25-73.

Theiss-Morse, E. (2009). Who Counts As an American?: the Boundaries of National Identity. New York: Cambridge University Press.

Ting-Toomey, S. (2015). Identity negotiation theory. The international encyclopedia of interpersonal communication, 1-10.

Tiryakian, E. A. (1997). The wild cards of modernity. Daedalus, 126(2), 147-181.

Van der Veer, P. (Ed.). (2015). Handbook of religion and the Asian city: Aspiration and urbanization in the twenty-first century. Univ of California Press.

Vertovec, S. (2007). Super-diversity and its implications. Ethnic and racial studies, 30(6), 1024-1054.

Ward, C. (2013). Probing identity, integration and adaptation: Big questions, little answers. International Journal of Intercultural Relations, 37(4), 391-404.

Ward, C., Bochner, S., & Furnham, A. (2001). The psychology of culture shock. Routledge.

Watson, J. L. (1987). From the common pot: feasting with equals in Chinese society. Anthropos, 389-401.

Watzal, L. (1985). Die Entwicklungspolitik der katholischen Kirche in der Bundesrepublik Deutschland. Matthias-Grünewald-Verlag.

Weber, A. (1994). Collective identity formation and the international state. American political science review, 384-396.

_____ (1999). Social Theory of International Politics, Cambridge: Cambridge University Press.

_____ (2002). Life after Kant: Natural purposes and the autopoietic foundations of biological individuality. Phenomenology and the cognitive sciences, 1(2), 97-125.

West, C., & Zimmerman, D. H. (1987). Doing gender. Gender & society, 1(2), 125-151.

Worden, J. W. (2002). Grief Counseling and Grief Therapy. 이범수 역(2009), 『유족의

사별슬픔 상담과 치료』, 해조음.

Wright, S. (2007). The right to speak one's own language: Reflections on theory and practice. Language Policy, 6, 203-224.

Yoo, J. S. (1996). Koreanische Immigranten in Deutschland. Interessenvertretung und Selbstorganisation, Hamburg: Kovac.

Young, I. M. (1990). Justice and the Politics of Difference. 김도균 · 조국 역(2017), 『차이의 정치와 정의』, 모티브북.

찾아보기

ㅇ

ㅈ

저자소개

김영순(金永洵) kimysoon@inha.ac.kr

독일 베를린자유대학교에서 문화변동에 관한 연구로 철학박사 학위를 취득하고, 현재 인하대학교 사회교육과 교수 겸 대학원 다문화교육학과 학과장으로 재직 중이며, 인하대학교 부설 다문화융합연구소 소장, 다문화멘토링사업단 단장, BK21FOUR글로컬다문화교육연구단 단장 등을 수행하고 있다. 또한 학문후속세대를 위해 질적 연구방법론 캠프를 지속적으로 개최하고 있다. 주요 공동저서로 『다문화 생활세계와 사회통합 연구』, 『중국계 이주민의 다문화 생활세계 연구』, 『동남아시아계 이주민의 다문화 생활세계 연구』, 『중앙아시아계 이주여성의 삶: 이상과 현실 사이』, 단독저서로는 『다문화교육의 이론과 이론가들』, 『다문화교육과 협동학습 경험』, 『다문화 사회와 공존의 인문학』, 『이주여성의 상호문화 소통과 정체성 협상』, 『시민을 위한 사회 · 문화 리터러시』 등이 있다.

최승은(崔承恩) choise@inha.ac.kr

오스트리아 빈 대학교와 대학원을 졸업하고, 인하대학교에서 상호문화교육에 관한 연구로 교육학 박사학위를 받았다. 경인교육대학교, 인하대학교에서 강의를 했으며, 현재 인하대학교 다문화융합연구소에서 연구교수로 재직하고 있다. 주요 공동저서로 『동남아시아계 이주민의 생활세계 생애담 연구』, 『결혼이주여성의 주체적 삶에 관한 생애담 연구』, 『디아스포라와 노스탤지어: 사할린 한인의 삶과 이야기』 등을 집필했고, 『언어, 문화 그리고 비판적 다문화교육』을 공동으로 번역했다. 주요 논문으로는 「이주 어머니(migrant mother)의 자녀교육 경험에 관한 연구」, 「국내 외국인 유학생의 문화적응 경험에 관한 현상학적 연구」, 「독일 한인이주여성의 초국적 정체성에 관한 생애사적 내러티브 연구」, 「Exploring the Meaning of Double Nostalgia in the Life Histories of Sakhalin Koreans」 등이 있다.

정경희(鄭京憙) jungkh414@naver.com

인하대학교 대학원에서 사회교육을 전공했으며, 「대안학교장의 실천적 지식에 관한 생애사 연구」로 교육학 박사학위를 받았다. 이후 동국대학교 교육연구원에서 박사후과정을 거쳐 현재 인하대학교 사회교육과에서 강사로 재직하고 있으며, 한국문화의 창의적 탐색, 다문화교육의 이해, 대안교육 등의 강의와 연구를 수행하고 있다. 주요 공동저서로는 『질적연구의 즐거움』, 『다문화 생활세계와 사회통합 연구』, 『중국계 이주민의 다문화 생활세계 연구』, 『결혼이주여성의 주체적 삶에 관한 생애담 연구』 등이 있다.

정진헌(鄭塡憲) poem04@unikorea.go.kr

미국 일리노이대학교 문화인류학 박사학위를 취득했다. 독일 막스플랑크 종교와 민족다양성 연구원에서 전임연구원, 서울랩 코디네이터, 베를린자유대학교 한국학과 겸임교수, 괴팅엔대학교 인류학과 및 막스플랑크 종교와 민족다양성 연구원 초빙학자, 프랑크푸르트괴테대학교 외래교수를 역임했으며, 현재 통일교육원 교수로 재직 중이다. 주요 저서로는 *Migration and Religion in East Asia: North Korean Migrants' Evangelical Encounters*, *Building Noah's Ark for Migrants, Refugees, and Religious Communities*, 『무엇이 학교 혁신을 지속가능하게 하는가』 등이 있다.